细读

# 东汉兴衰史

刘秀·董卓

勾学舜 著

华龄出版社
HUALING PRESS

**图书在版编目（CIP）数据**

细读东汉兴衰史/勾学舜著．-- 北京：华龄出版社，2022.12

ISBN 978-7-5169-2438-9

Ⅰ.①细… Ⅱ.①勾… Ⅲ.①中国历史－东汉时代－通俗读物 Ⅳ.①K234.209

中国国家版本馆 CIP 数据核字(2023)第 004071 号

**责任编辑** 李 健 彭 博　　**责任印制** 李未圻
**责任校对** 张春燕　　**装帧设计** 天下书装

| | | | |
|---|---|---|---|
| **书　名** | 细读东汉兴衰史 | **作　者** | 勾学舜 |
| **出　版<br>发　行** | 华龄出版社 HUALING PRESS | | |
| **社　址** | 北京市东城区安定门外大街甲 57 号 | **邮　编** | 100011 |
| **发　行** | （010）58122255 | **传　真** | （010）84049572 |
| **承　印** | 三河市富华印刷包装有限公司 | | |
| **版　次** | 2023 年 3 月第 1 版 | **印　次** | 2023 年 3 月第 1 次印刷 |
| **规　格** | 710mm×1000mm | **开　本** | 1/16 |
| **印　张** | 28 | **字　数** | 420 千字 |
| **书　号** | ISBN 978-7-5169-2438-9 | | |
| **定　价** | 78.00 元 | | |

# 前　言

一千个人眼里，有一千个刘秀，有无数个夸张的董卓，但真实的刘秀和董卓只有一个。造成如此多的形象，要么是有一千个评价标准或角度，要么至少有999个是错误的。用个体的标准和角度，看待或评价历史人物，是每个人的权利，但一家之言、以偏概全，则不具备传播和借鉴意义。一定要说某个苹果是辣的，那叫个体感受不可替代，基本就是抬杠。总之一句话，不能你以为，也不能我以为，把事实放在桌面上，多数人都这样以为才行。纠正偏差、丰富角度、清晰标准，才能看见一个更加真实的刘秀或董卓。

但国人的标准常常难以量化，所以不清晰。中国的哲学体系，不是建立在清晰的概念和严密的逻辑基础上，这与西方哲学有较大的不同。一句"道可道，非常道"，直接把国人折磨了几千年。但是国人也不是没有标准的，人之常情之下的将心比心就是标准。作为标准的"常情与人心"，是无法统计但可推断大多数人的认知，虽难以明确描述，却基本都明白是怎么回事。举一个例子：有人说秦始皇不好色，证据是史书上没有秦始皇妻妾成群的记载，甚至连皇后是谁都不知道。有人反驳，说秦始皇有33个孩子，怎么能说不好色？问题是，有33个孩子就一定好色吗？到底有几个孩子才叫不好色？没人能给"好色"定个大家认同的标准。但是大多数人认同的结论是：秦始皇好色。33个孩子已经足够，比一般人家多多了，无须再证明。

至于出现不同的刘秀和董卓，也缘自史料记载的局限和对史料的理解程度。以史料为基础，经过专家的评价，未进行深入研究的人，会认为刘秀那是一个多么完美的皇帝啊！董卓是一个多么残暴的混蛋啊！范晔在《后汉书》中说刘秀"举无过事"，"举"在这里是"全"的意思，就是说刘秀一辈子没做过错事；陈寿在《三国志》里说董卓是自从有书本以来最"暴虐"的人。还有很多人说，刘秀是对爱情最专一的皇帝，证据就是刘秀对阴丽华的种种好；至于像董卓这样的"粗鄙暴徒"，简单推测，他除了玷污宫女，怎么可能懂得爱情！本书把东汉最优秀的皇帝和最残暴的武将放在一块研究，不仅仅是因为一个是开国皇帝，另一个是祸国权臣，而是要通过对东汉一头一尾两个重要人物的研究，说明史书上对历史人物的评价和结论未必成立，分析“直柔”性格和“暴虐”作风之真伪，进而明辨东汉成立到灭亡的历史逻辑，总结出创业和职场的经验教训。

所以有必要先说一说关于刘秀和董卓的史料形成过程。

现代人对刘秀和董卓的认知，主要源于《后汉书》。东汉从公元25年开始，到公元220年结束，记载这段历史的正史书籍，最主要的是《后汉书》，作者范晔。范晔出生于公元398年的晋朝，《后汉书》成书于公元440年左右的南朝刘宋时期。东汉之后是三国两晋南北朝，范晔著此书时，距离刘秀去世已经过去近四百年，东汉灭亡二百多年，东汉的人，范晔一个也没采访过。他要写书，不可能凭空捏造，一定要参考史料。在三国两晋时期，写东汉的书籍很多，有13本甚至24本之说。有明确记载且比较出名的，有9本。在这9本里，范晔参考最多的，是华峤的《汉后书》和袁宏的《后汉纪》。华峤和袁宏当然也不能凭空捏造历史，他们最主要的依据是原汁原味的东汉史籍《东观汉记》。也就是说，范晔和那9本的基础史料同源，只不过他参考了写得比较好的前辈著作。

这就牵连到了《东观汉记》。《东观汉记》是东汉明帝、章帝、安帝、桓帝、灵帝五位皇帝在位时，陆续让史官编纂的。参与编纂的人中，比较有名的有班固、崔寔、卢植、蔡邕、马日磾、杨彪等。班固这个人，有才华，但喜欢为皇帝唱赞歌，汉明帝看中他这两点，才允许他参修官史。从另一个角度看，班固是个官迷，六十多岁了还想进步，投靠外戚大将军窦宪，帮助其吹捧功绩，最后受窦宪牵连，被陷害致死。蔡邕呢，有才华但是依附过董卓，王允不相信他的人品，或者怕他同情董卓，不让他继续修史，还把他杀了。《东观汉记》关于刘秀的记载，形成于刘秀的儿子汉明帝时期，当时叫《世祖本纪》，主要的编著者就是班固。刘秀62岁去世时，班固才25岁，正在陕西老家自费写《汉书》，年轻无官职的他，对刘秀的情况肯定不会有多么透彻的了解。那么，汉明帝叫他编著《世祖本纪》后，他又靠什么写呢？

正常逻辑是应该查阅档案。可刘秀时期有档案吗？一般来说，东汉纳入正轨后，关于奏章、圣旨等档案应该是有的，但是刘秀称帝前碌碌无名之时，以及全国统一前兵荒马乱之时，甚至统一后非公开或禁忌报道的言行则未必有。况且刘秀做皇帝时期，根本就没有史官。也就是说，刘秀如果不想让人知道他到底干了什么没干什么，就没人记载和敢说。

国人历来重视历史，国家可以亡，但是历史不能亡，这叫“国亡史存”。在中国古代，历史可不只是简单的记录，它有丰富的功能。第一是有震慑的作用，能限制皇帝和高官胡作非为。因为如果皇帝搞得太过分，史学家会让他留下千古骂名。第二是后代帝王治国理政重要的参考资料。有先例的事情好办，没有就难办，不服就按先例办你。第三才是文化传承。因为历史重要，史官就显得格外重要。春秋战国时期，史官的记录国君是不能看的，即便国君有心毁掉不利于自己的记录，也要掂量掂量世袭制下史官的父死子继，兄弟相承，那股宁可杀头也要实事求是记载的倔强，一定程度上保证了历史的真实性。齐国“崔杼弑其君”的故事，就说明了史官不都屈服于强权。秦始皇时期和汉武帝时期，都有太史令记载历史，但力度相对春秋战国时差了很多。王莽时期有“柱下五史”，参考的是春秋时期“右史记言，左史记事”制度。到刘秀时期，九卿之一的太常下面，也设太史令，可那时太史令的职责，主要是管天文历法，没有史官的职责了。也就是说，秦汉到王莽时期一直延续的史官制度，在刘秀时期废掉了。

有人说，班固任职的“兰台令史”不是应该履行史官的职责吗？兰台令史是九卿之一的少府所属的六百石官员，职责是管理奏章、文件收发和校对藏书，也没有史官的责权。班固写史，是汉明帝给他的单独任务，属于兼职。

此外，起居注和著作郎也和史官相关。起居注记录的是皇帝在皇宫的言行，一般为女官或内史负责，王莽时期有，东汉从汉明帝的老婆马皇后编写开始，刘秀时期没有。著作郎是负责修史的人，东汉第一个专职著作郎是和董卓同时期的蔡邕，所以刘秀时期也没有著作郎。

总之，关于刘秀时期的档案，只有皇帝的圣旨、大臣的奏章、官员任命的文件、度田的一些报表等极其有限的资料，这从《后汉书》中的记录就能看得出来。如此，刘秀在非公开、非正式、非需要等情况下干的事情，就没人记录。所以，班固写《世祖本纪》的依据，应该有一些来自当时人的回忆或口口相传，未必那么全面、真实、准确。

汉明帝刘庄看完《世祖本纪》，觉得很满意。儿子负责审核老子的生平记录，如果不满意，班固是不想好好活了，所以毋庸置疑其中吹捧和避讳的成分一定存在。《东观汉记》大体编撰完成之后，当时很多人还是比较认可的，毕竟解决了有无问题，甚至把它和《史记》《汉书》并称。魏晋时期的华峤，却说《东观汉记》“烦秽”，得重写。烦，就是杂乱无主题；秽，就是看着都恶心，不可信。可离开《东观汉记》，华峤也不能凭空捏造出来刘秀的事迹，所以最多是把实在恶心的记载删减调整而已。

如此，发源于班固的后世访谈和部分档案资料，审察删减于刘秀之子，重整去除于魏晋华峤，丰富削笔于东晋袁宏等人，最后范晔写成的《后汉书》，到底有多少可信的，主要还是看其记录，是不是符合当时的生态环境及人之常情。所以要想看到更真实的刘秀，就要在不合逻辑的记载中找出破绽，从大臣们原始的奏章中找出线索，通过多角度分析，才能得出刘秀是个什么样人的结论。拿过来就相信或排斥，不如不看历史。

另外，《东观汉记》里是否有董卓的记载，因为该书在元代全部遗失，说不清。董卓控制朝廷的时间，发生在汉灵帝的儿子汉献帝期间，这期间的事情，因为没人有心情和胆量公开修史，《东观汉记》里应该不会写董卓。董卓在长安统治时期（公元 190—192 年）的表现，是谁记录的，更不明确。公元 196 年，汉献帝从长安逃回洛阳，东归途中，李傕、郭汜等人一路追杀，即便有资料，汉献帝也会让大家为保命而扔掉，怎么可能背着没用的竹简长途狂奔呢？所以关于董卓的事，最大可能是汉献帝东归后唯一活命的重臣杨彪，在许昌靠回忆和访谈写成的。如果是杨彪写的，他和袁绍、曹操在董卓问题上观点一致，怎能不敞开了骂董卓？估计一提到董卓，曾被董卓欺负过的杨彪就会气得浑身发抖。总之，东汉在职官员，官修《东观汉记》，写什么不写什么，如何美化或丑化，其实是件复杂的事。范晔在此基础上，个人出资写《后汉书》，又处于被贬官、郁郁不得志时期，既会受到史料的制约和影响，也会根据其个人写作目的进行二次加工。再有，范晔生活时代的刘宋皇帝，是刘邦亲弟弟刘交的后代，在涉及刘氏和皇权问题上，范晔也不能不有所隐晦。综上，《后汉书》一定会存在史实不实的问题。

范晔写《后汉书》的目的，是“正一代得失”，就是记录评点东汉时每个大人物、每件大事的对错，以指导后人。从整体效果上，此书极大宣扬了忠、孝、仁、义等正能量，树立了居安思危、朝乾夕惕、德位匹配等价值观和人生观，毋庸置疑达到了目的。但正是因为太想正得失，太想让“乱臣贼子惧”，所以这本书的内容有点像年底总结，好人基本没做过坏事，坏人做过的好事更少，好人都在光荣榜上，坏人都在审判台上。这就造成了历史人物脸谱化，每个人大体可以一目了然定性。谁都知道，现实生活中很难分辨和界定一个人的好坏、一件事情的对错，如此《后汉书》里记载的史实，难以让人完全相信。其实后人并不需要它来告诉到底是谁对谁错，只是希望它记录一个真实的东汉。范晔可能同样面临史料不足的问题，所以《后汉书》没法做到。本书没有指责的意思，范晔能给后人留下这么一本书，已经很不错了，苛求完美实在不该。不过有句话说得好，人和人之间不在于说了什么，而在于故意隐藏了什么。为防范风险故意没说的那部分，更重要。

涉及对董卓的记载，还有一本书，是陈寿写的《三国志》。陈寿出生在刘备时期的蜀汉，他倒是见过东汉末期的一些人。蜀汉灭亡后他归顺了西晋，在公元280年左右写完《三国志》。陈寿也是私人出资写书，加上他考据较为认真，所以《三国志》的真实性得到普遍赞誉。可为了追求真实，他把很多他认为不靠谱的历史记录都删除了，如此造成记录太过简单，让人看不懂。再加上存在个别前后不同甚至相悖的记录，造成读者不知该以哪个说法为准。南朝皇帝让裴松之注释《三国志》，如此裴松之罗列添加了一些史料，真假让读者自己判断。

这就产生一个如何看待历史资料真伪的问题。有人一口否认史书的真实性，认为看一个任人打扮的小姑娘，没什么意义。

首先，要肯定的是，即便是很一般的正史著作，关于重大的历史性事件，也是相当可信的。比如，公元25年刘秀称帝；赵构、秦桧杀害了岳飞；关羽杀掉颜良；1908年光绪去世等。这些事实，不能因为没见过就不承认。

对于史书中的记录，正确的史观，是史料和文物考据相结合，互相验证后才会选择相信，甚至需要动用大量现代的技术手段进行证实，从来没有简单接受孤证。故宫博物院和原子能科学研究院，曾用放射性同位素，对光绪皇帝的遗物进行检测，得出了其死于砒霜中毒的结论，从而推翻了《清史稿》中光绪“病亡”的记录。再比如复旦大学用基因检测的方法，证明了曹参与曹操没有血缘关系，进而推翻了《三国志》中的说法。

其次，不能否认，正史中肯定存在着诸多的夸张、曲笔、掩盖和吹捧，甚至恶意误导，让人不由得质疑。比如，《后汉书》中记载，王莽通缉刘縯的价格，是10万金、食邑五万户，而《汉书》中记载的价格，仅万户、5000万钱。这就必然至少有一个是假的。因为这种存在，所以需要读史者仔细分析和辨别，否则，以假史为鉴，容易掉进坑里。除了事件本身的真伪，要小心的地方，还有原因事件和结果事件之间的逻辑关系。常见的逻辑是：因为张三做了A，造成了李四做了B，最后形成王五的结果C。这样的历史逻辑不胜枚举。比如，因为岳飞要迎回二圣，赵构就杀了岳飞，造成南宋苟安；因为马援对来探望自己的后辈梁松不够礼貌，刘秀的女婿梁松就寻机举报了马援，造成刘秀不让马援下葬等。ABC都是历史事实，但是它们之间是否一定存在因果关系，是不是还有其他原因，甚至更为重要的原因，确实可以质疑。只要不符合人之常情，都可以怀疑。能在一个政权里登上最高舞台的人，大部分不是简单人物，都是有较高理性的人。理性的人经过周密思考后，做出的决策和事情，一定存在着他自认为的合理性，以及别人未必知道的理由，所以史书作者所列的逻辑未必符合历史事实。

史书记载也是作者一家之言，最起码没有失败者的抗辩书，这就给后人留下了怀疑和探索的空间。用字母 A 代表原因事件，B 代表结果事件，C 代表影响事件，D 代表事后评价，那么，你认为的历史可以是 $A_1B_1C_1D_1$，他认可的历史可能是 $A_2B_5C_4D_7$，都未必错。不变的是事实，可探讨分析的是逻辑关系。谁的观点更趋近于合理或真实，那谁的观点就更有价值，仅此而已。

一边学习了解，一边对比分辨，如此读史，就会非常累。不但分辨累，还有更累的地方。

第一，刘秀毕竟是开国皇帝，他的经历别人没法体验，评价他的言行是否符合逻辑，涉及有没有资格的问题。这与言论自由无关，与感受力有关。普通观众也可以写影评，但总感觉不那么到位。在孔子讲的小故事里，一生只活了三季的蝉，有什么资格与经历过一年四季的人讨论问题呢？因为没有达到相应的认知高度、没有承受现实责任的压力，对大人物再熟悉，也难以准确评价那个当事人。没有帝王将相的经历，去评价帝王将相，这叫向上不兼容。当然向上不兼容也可以评价，只是这种评价有一定难度，不敢说一定揣摩准确，所以累。

第二，是有没有能力入戏的问题。初看或粗看一两遍《后汉书》，没什么感觉。只有集中时间翻来覆去地读上多遍，基本置身于东汉的生活状态，才能触摸到刘秀的一些思路，同时还要结合大量的资料，方能基本确定刘秀的想法。比如，公元 39 年刘秀发布度田命令，如果以度田为刘秀的阶段性目标，再看《后汉书·刘秀传》中的建武十五年到十七年（公元 39—41 年），就会发现满篇都在讲度田：给 10 个儿子封爵是为了度田，恢复设立三校尉是为度田，任用欧阳歙为司徒是为度田，刘秀出差也是为度田。如果不清楚刘秀要干什么，就不明白史书到底要讲什么，只能走马观花，无的放矢。可凭什么就确定某件事是刘秀某时期的主要目标呢？除了将心比心般入戏，没什么站得住脚的理由。

第三，如何判断东汉的生态环境，是很难的问题。举一个简单的例子就明白了。东汉时，1 顷等于多少亩？这个小问题，网络上的回答基本都是错误的。为什么需要回答？因为史书经常以顷作为土地数量的计量单位，不知道换算，就不知道百姓的贫富生活情况；为什么难以回答？就是因为古代和现代计量单位差别很大。不了解当时的计量单位，就不能把握当时人们的生活水平，也就无法把握贫富的差距和尺度。即便是观赏历史题材的宫斗戏，也无法看透读懂，看热闹而已。

可有些事史书上压根没提，最多偶尔一说，所以根本无法透彻地了解东汉的基本情况。比如，东汉各期的物价水平、官员的工资外收入、地方政府对农民的摊派额度、国家一定时期的男女比例、识字人数比例、人均身高和寿命等。对这些基础信息不甚了了，对东汉一个普通的五口之家的生活状况如何，东汉政府历年财政收支情况如何，等等，都是想当然。建立在想当然基础上，对东汉各项决策进行分析、对各个人物进行判断，偏颇自然难免。经济基础对上层建筑有重大影响，缺钱的刘邦和有钱的刘彻，决策定然不同；没钱的刘秀和有钱的刘秀，决策也会不同，展示出的性格也会有不同。

根据史书记载上的逻辑，本书整理了一些计量单位之间的换算关系和基础信息，这是本书采取的经济假设和前提。

**东汉与现代计量单位折算**

| 序号 | 东汉单位 | 等于现代数量 | 单位 |
|---|---|---|---|
| 1 | 1尺 | 23.1 | 厘米 |
| 2 | 1步 | 6 | 尺 |
| 3 | 1步 | 1.386 | 米 |
| 4 | 1亩 | 240 | 步 |
| 5 | 1亩 | 300 | 步 |
| 6 | 1亩即1大亩 | 461 | 平方米 |
| 7 | 1里 | 415.8 | 米 |
| 8 | 1里$^2$ | 375 | 大亩 |
| 9 | 1顷 | 100 | 大亩 |
| 10 | 1石粟米 | 约30—110 | 价格：钱 |
| 11 | 1匹布 | 约600 | 价格：钱 |
| 12 | 1口棺材 | 约2000 | 价格：钱 |
| 13 | 1头牛 | 约6000 | 价格：钱 |
| 14 | 1辆车 | 约3000 | 价格：钱 |
| 15 | 1头猪 | 约1000 | 价格：钱 |
| 16 | 打工月薪 | 约500 | 价格：钱 |
| 17 | 每个士兵吃粮 | 1.8 | 石/月 |

还有一个重要的指标，是汉代1亩地能产多少谷子。这个问题深了，无

数的论文研究这个问题。这个问题还特别重要，因为不知道亩产，所以不知道当时农民是否能够吃饱。汉代的亩，分大亩和小亩，大亩相当于现在1市亩面积的70%，461平方米；小亩相当于现在1市亩的30%，192平方米。比较多的说法是，汉代1亩是1大亩。1大亩产粟3石，等于现在的81市斤。在电影《周恩来回延安》中，有一个农民说，1973年的亩产是120市斤。汉代0.7市亩产81市斤，折算后1市亩产量117市斤，比较靠谱。

刘秀时期人口约2000万，土地约4亿大亩，五口之家户均有100大亩土地。可年产8100市斤粮食。三年下来，完全能储备五口之家一年的口粮，并不怕来个灾年，日子过得相当平稳，也就不会被兼并土地。古代官员决策也是算过账、有统计数据做依据的。比如，这攒下的口粮，第一，为度过灾年的储备，他们有每四年中有一个灾年的历史经验。第二，男子23岁才去戍边。之所以要23岁，是当时20岁才算成人，连续3年丰收后，积累了够吃一年的粮食，出去戍边后家人不至于挨饿。第三，农民造反多发生在灾年秋收时的八九月份，或次年三四月份，这期间要重点防范和救济，因为储粮消耗完、新粮无收成之时，或次年春耕没有种子的时候，绝望的农民容易铤而走险。

随着人口增加和土地开垦，东汉人口高峰期达5000万，土地7亿大亩，每户平均72大亩土地，每年能够结余1500钱左右。这就是对东汉五口之家的生存状况判断。当然，如果发生天灾人祸、地方政府有额外的摊派，或者物价和粮价不成比例地波动，那就很难说了。

| 序号 | 项目 | 金额 | 单位 | 依据 |
|---|---|---|---|---|
| 1 | 总亩数 | 70000 | 万大亩 | 《续汉书．郡国志五》 |
| 2 | 按大亩折算为市亩 | 48730 | 万市亩 | 0.691折算率 |
| 3 | 总户数 | 970 | 万户 | 《续汉书·郡国志五》 |
| 4 | 总人数 | 4915 | 万人 | 《续汉书·郡国志五》 |
| 5 | 每户种植面积 | 72 | 大亩 | 1行除以4行 |
| 6 | 大亩产量 | 3 | 石 | 《后汉书·仲长统》 |
| 7 | 每石粟产量 | 27 | 市斤 | 《关于汉代亩产的估计》 |
| 8 | 大亩产量 | 81 | 市斤 | 8行乘以9行 |
| 9 | 市亩产量 | 117 | 市斤 | 667平方米/461平方米乘以9行 |
| 10 | 全国年产量 | 5670000 | 万市斤 | 1行乘以9斤 |
| 11 | 实际年产量 | 5103000 | 万市斤 | 1行乘以9行 |
| 12 | 每户产量 | 5103000 | 万市斤 | 按90%计算，<br>扣除去壳及蔬菜部分 |
| 13 | 每人产量 | 1038 | 市斤 | 12行除以4行 |

续表

| 序号 | 项目 | 金额 | 单位 | 依据 |
|---|---|---|---|---|
| 14 | 每户田地税 | 175 | 市斤 | 按 1/30 缴纳土地税 |
| 15 | 五口口粮 | 2409 | 市斤 | 成人 1.5 市斤矢；<br>小孩 1.2 市斤/天 |
| 16 | 剩余粮食 | 2676 | 市斤 | 13 行—15 行—16 行 |
| 17 | 折算成石 | 99 | 石 | 第 17 行除以每石 27 市斤 |
| 18 | 余粮折钱 | 5948 | 钱 | 每石按 60 钱测算 |
| 19 | 人头税 | 280 | 钱 | 2 个成人 240 钱，2 个小孩 40 |
| 20 | 刍稾税（饲料税） | 40 | 钱 | 每顷 55 钱 |
| 21 | 衣服 | 1000 | 钱 | 1 匹麻 600 钱，三年一身衣服 |
| 22 | 践更 | 1333 | 钱 | 3 年 4000 钱 |
| 23 | 过更 | 300 | 钱 | 以钱代替服劳役 |
| 24 | 食盐、农具、医药 | 1500 | 钱 | 盐、药、农具、生活用具 |
| 25 | 农户年结余 | 1495 | 钱 | |

此外，国家税收政策也关乎农民生存状况，下表列示了东汉初期的税收即财政收入情况，也作为判断东汉整体情况的经济基础假设。

**东汉基本税收制度（金额单位：万钱）**

| 序号 | 项目 | 内容 | 计算方式 | 优惠政策 | 初期年税收 | 税赋计算标准 |
|---|---|---|---|---|---|---|
| 1 | 税 | 田租 | 按产量的比例，1∶30 | 卿以上，免 | 96000 | 按 4 亿亩计算 |
| 2 | | 刍稾 | 每百亩 55 钱 | 卿以上，免 | 17600 | 按 4 亿亩计算 |
| 3 | | 资源使用费 | 山川湖海<br>园林使用费用 | 不详 | | |
| 4 | 赋 | 口赋 | 7—14 岁，每人 20 钱 | | 17120 | 每户 2 个小孩 |
| 5 | | 算赋 | 15—56 岁，每人 120 钱 | | 102720 | 每户 2 个壮年 |
| 6 | 徭役 | 正卒 | 一生两年，本郡/<br>京城各一年 | 符合条件免 | | 扣除 20%<br>特权阶层，<br>按每户 1 人计 |
| 7 | | 戍卒 | 一生一年，<br>守边疆 | 符合条件免 | | |
| 8 | | 更卒 | 本县每年<br>一个月 | 符合条件免 | | |
| 9 | | 更赋 | 不去服役，正卒<br>2000 钱，更卒 300 钱 | | 102720 | |
| 10 | 合计 | | | | 336160 | |

需要说明的是，以上数据并不一定正确和完整，因为有些数据史书并未全部清晰记载，有部分推测和估计。比如，封侯的贵族以及免除赋税徭役的官员、太学生等，占有土地的比例，本书按 20% 估计，真实情况无法准确查

到；田租按亩产1/30收取，但亩产是变数，当时是按固定基数还是每年据实，并不了解。这些虽非主流，但唯恐细节决定成败，所以只能说难以判断东汉的生态环境。

即使生活在东汉的人，也不一定了解东汉。现代社会，即便信息技术广泛应用，也未必人人了解豪门的生活，未必知道十八线小镇的具体社会状况。如此，在把刘秀和董卓放入各个历史场景的时候，只能对其所作所为进行逻辑分析推测，所以本书不敢说是以正史明确记载的史实为依据所写的历史，就是一些故事，看着有启发就好。但是，脱离史实、标新立异、用夸张甚至庸俗的观点取悦读者，也不是本书的写作态度。尽量贴近史实，理性客观公正描述历史人物，才是本书的宗旨。

最后，简单梳理一下《后汉书》里描述的东汉灭亡的逻辑。曹魏等三国能代替东汉，是因为曹操、刘备、孙权创业以后形成的实力；曹操之所以要创业，是因为对董卓不满，随大哥袁绍起兵；袁绍之所以起兵，是因为董卓夺权，抢了士大夫集团的奶酪；董卓之所以能夺权，原因在于他带兵进京；而董卓之所以进京，是因为外戚和豪族召他来杀光宦官；之所以要杀宦官，是因为宦官长期控制朝局且打压士大夫集团；宦官之所以能控制朝局，是因为宦官得到了皇帝的信任和授权；之所以能得到皇帝的信任，是因为对皇帝产生威胁的外戚，在宦官的大力帮助下被铲除，皇权得以稳定。

由嚣张外戚的因，结出了宦官专权的果；由作恶宦官的因，又结出军阀董卓的果；由军阀董卓的因，又结出豪族袁绍起兵的果；由袁绍起兵的因，又结出曹魏代汉的果。按这个逻辑，是外戚专权造成东汉灭亡。这个逻辑当然存在问题，在另一个朝代可以演绎成另外的结局，但是基本符合东汉的情况，东汉就是按这个逻辑走过来的。

东汉虽然是这个逻辑，但也存在很多个疑问。比如，刘秀为何在明知外戚王莽篡汉的教训，仍重用外戚？宦官那么“坏”，为什么还能把控朝廷？历史为什么选择了董卓而不是别人？面对董卓这种强横霸道型的领导，东汉的文武官员表现各异：袁绍、曹操辞职创业，王允、何颙潜伏暗杀，皇甫嵩、荀爽默默忍受，蔡邕、丁宫附逆苟活，这就引出一个在职场面对高压的出路选择问题，到底该何去何从？豪族子弟袁绍、袁术、曹操对抗董卓的结果如何？等等。从东汉实际情况看，一方面因为外戚和宦官的斗争，导致豪族逐步壮大、皇权逐步缩小；另一方面因为民族战争和农民起义，造成文官地位降低、武将权力提升。经历了一降一升的过程后，终于通过皇帝外逃的契机，武将找到了机遇点，如此东汉才断崖式衰落。所以东汉灭亡的逻辑不是单一的线索，而是至少两条线索的纠缠，比较复杂。

# 目　录

## 上部：刘秀

**下部：董卓**

# 上部

# 刘秀

# 第一章　位面之子耶

按科幻世界的说法，刘秀是“位面之子”，意思是运气爆棚，属于上天或外星球眷顾的真命天子。这种观点和史书的观点接近，如果刘庄听见会很高兴。正史史书再怎么修正，希望贴近事实，但根本问题没有解决，那就是刘秀之所以运气这么好，是因为天命所归。现代人这样认识历史，恰恰中了史书的圈套。不过，刘庄和班固等人即便希望树立这样的观点，也要把刘秀平定天下的艰难写透，否则岂不是说刘秀没什么突出的优点，只是运气太好而已吗？

刘秀运气好，证据有好多个。比如，昆阳之战，刘秀带领 2 万部队，打败了王莽的 42 万大军；还有在逃离蓟县眼看城门关闭的危急时刻，铫期闯门帮助刘秀成功出城；过呼陀河时本来没冻的河水迅速结冰，帮助刘秀一行过河，逃过王朗的追捕；过河后走投无路之时遇到一个白胡子老头，告诉他信都郡太守任光没有投降王朗，可以去信都躲避，如此等等。

每个人都有想睡觉遇到枕头的时候，所以成功不排除运气的成分。在刘秀所有的运气之中，有一个仿佛上天注定，就是他父亲刘钦给他起那个叫作“刘秀”的名字，与谶语“刘秀当为天子”相符。刘秀出生前就注定的预言，到底是巧合还是天意呢？对于这种容易扰乱视听的事情，一定要首先掰扯清楚，以便排除干扰。要弄清得从几个方面来说。

第一，图谶是啥？图谶是一些术士儒生，借用远古河图洛书的名义编写的、用来预测未来的、包含画面和文字的图或书。一般儒学大师对其是持鄙视态度的，说它是“不经之学”，故称“纬学”。经学和纬学，类似于现在的科学和神学。“亡秦者，胡也”，“代汉者，当途高也”，这些都是谶语，包括后世人编撰用来忽悠人的《推背图》。

第二，刘秀出生在公元前 6 年 12 月甲子日夜，换算成现在的公历纪年法，是公元前 5 年 1 月 15 日。“秀”字的本意是什么，至今没人说得清楚，因为写《说文解字》的许慎，比刘秀小六十多岁，出于为尊者讳的顾虑，他在书里没给解释。后人根据字形演变，推测“秀”的大概意思，是庄稼结了果实以后下沉的样子。还有一种解释：古人把既开花又结果的植物叫“实”，如桃李；不开花只结果的叫“秀”，如谷糜；只开花不结果的叫“英”，如牡丹。

如此，“秀”就有几层含义：一是不开花只结果，有不张扬、注重实效的意思；二是结了果实以后能自然下垂，有谦虚恭敬、做人低调的意思。刘秀的父亲刘钦，当时任济阳县县令，他之所以给这个儿子取名刘秀，据《后汉书》记载，是因为公元前 6 年，济阳县当年有一颗谷子，一茎九穗；根据《后汉纪》记载，是因为当年济阳县丰收。刘钦给这个儿子取名“秀”，因为一茎九穗或丰收，又加了一层果实累累、大获丰收的喜悦。客观地说，这在当时是个好名字，而且西汉及其以前，叫这个名字的人非常少。

第三，公元前 6 年，一个叫刘歆的人，把名字改成了“刘秀”。汉朝叫刘歆的人非常多，这里所说的刘歆是刘邦的弟弟刘交的后人，他和他父亲刘向写过一部神书，叫《山海经》。刘歆本人是经学大师，历史上的地位和贡献都不小，不过也喜欢搞些谶语之类的东西。他刚工作时和王莽是同事，关系极好，后来还结成亲家，是帮助王莽篡位的四大台柱之一。公元前 6 年，汉成帝的侄子刘欣继位，即汉哀帝。刘欣的“欣”，和刘歆和“歆”同音，出于礼法中为尊者讳的要求，官员刘歆要改名字。改名的原因是清楚的，但为什么要改成“刘秀”，不得而知。有一种可能，是刘歆曾任职于内秘府，有机会接触世人罕见的皇家藏书，包括《赤伏符》，所以改名刘秀。当然这只是一种猜测。

公元 23 年，昆阳之战后，在全国人民都知道王莽败局已定的情况下，刘歆在一个叫西门君惠的道士和卫将军王涉等人的怂恿下，密谋劫持王莽。尚未起事消息走漏，被王莽剿灭，刘歆被杀。

第四，公元 22 年左右，“刘秀当为天子”这句话有所流传。证据就是有一天，刘秀跟着大哥刘縯、二姐夫邓晨等人，在南阳首府宛城，请一个叫蔡少公的谶学大师吃饭。蔡少公这人，史书没记载他的来龙去脉，除了这顿酒，没别的事迹。席间蔡大师说，“刘秀当为天子”。大家伙忘了身边就有一个刘秀，直接问老蔡：“你说的刘秀，是那个改了名字、现在是国师的刘歆吗?”老蔡还没回答，刘秀在一旁插嘴说：“你怎么知道不是我呢?”大家一听哄堂大笑。

第五，公元25年春，基本平定河北的刘秀准备称帝，可是，第一没有传国玉玺，玉玺尚在刘玄手里；第二没有皇帝诏书，刘秀当皇帝缺少依据。谶语，作为上天的预言，成为最简易、最有效、最急需的依据。如此，刘秀让自己的太学同学、在长安的疆华，去找关于“刘秀”当皇帝的谶语。当时，刘秀另一个同学邓禹正在长安附近带兵打仗，邓禹和疆华找到了一本《赤伏符》，由疆华带到了河北柏乡县，解决了刘秀称帝的依据问题。

第六，历史上确实有《赤伏符》这本书，但是具体何时出现何人所著无人知道。这本书里确实有一句话，“刘秀发兵捕不道，四夷云集龙斗野，四七之际火为主”。刘秀称帝时发的公告，采用的话是“刘秀发兵捕不道，卯金修德为天子”。

以上大多是史书记载。

分析史实，就会发现问题。

第一，谶语中并无“刘秀当为天子”这样的话。原话是“刘秀发兵捕不道，……，四七之际火为主”。“火为主”的意思，是指刘姓人当皇帝。也就是说，捕“不道”的是刘秀，但是没说当皇帝的一定是刘秀，姓刘即可。刘縯发兵打王莽，最后称帝的是刘玄，所以发兵的和称帝的未必是一个人，认定发兵的人就是皇帝，存在逻辑漏洞。

第二，“刘秀发兵捕不道”中所指的“不道”之人，既可以指王莽，也可以指王莽的敌人；既可以指刘歆起兵讨伐王莽，也可以指王莽派遣刘歆讨伐刘縯和绿林军。这是一句放之四海而皆准，且两头堵的话。这种模棱两可的话，王莽看了不能说什么，刘玄看了也不好挑理。

第三，“四七之际火为主”中“四七”指什么，不明确。说是二十八行，是十一也行，可怎么都与实际不符。西汉是公元前202年2月建立，到公元25年6月刘秀称帝，不到228年，因为没有公元元年，所以满打满算227年。

即便到了公元26年，刘秀也不是天下之主，当时称天子的还有五六个人呢！西汉从刘邦开始，到王莽已传了14帝，扣除吕后杀的两个小孩也是12帝，与11这个数无关，如果非要把汉废帝昌邑王刘贺也扣掉，当然能凑出11帝，可那就太牵强了，刘秀之前还有皇帝刘玄呢。如果把刘邦当作刘1代，刘秀是刘9代，也与11这个数无关。谶语与实际不符，只能是谶语错了。谶语错了，只能说谶语不具备神灵性，是人为胡编的。

第四，从刘歆临死前都相信"刘秀当为天子"这句话、他认为其失败原因在于不是原名叫刘秀而是后改的，《赤伏符》不是刘歆所编撰。如果刘歆真有预测未来的能力，就不会想要扣押王莽而找死。

从图谶从不明示、总让人难以捉摸这一特点看，"刘秀发兵捕不道"这种赤裸裸指名道姓的风格，不符合图谶的特点。《赤伏符》是一部古书，是古书，字体就和现在字体不同，根据汉代主要是小篆这种字体推测，是"刘秃发兵捕不道"也未可知。毕竟当时"秃"和"秀"太像了，甚至不加区别。"秃"的本意，最初是指一个人背着一捆庄稼，后来成了多义字，有指人的头发像禾苗一样稀疏的，也有"秀"的意思，再后来才集中于光秃秃了。如此，"刘秃发兵捕不道"当时到底是啥意思，就完全摸不着北了。可在迷信纬学的经学大师刘歆看来，肯定不能是没意思的"刘秃"，而是"刘秀"，所以，他才改名叫刘秀。他最初改叫"刘秀"的目的，除了因为这个名字好，最多也就是在谶语中有大有作为的吉利隐含义，可能也没想那么多。所以他改名之后，这本书并未流传，王莽那时权力熏天，刘歆也不敢胡搞。一直到王莽末期，看到天下汹汹，他才利用自己学生众多的便利，暗中宣传这本书，目的是掌兵夺权，出人头地。这也是蔡少公等人，在王莽末年才说出"刘秀当为天子"这话的原因。

当然还有一种可能，《赤伏符》原文说的就是"刘秀"而不是"刘秃"。按常理推测，公元前7年刘歆改名刘秀，公元前5年刘钦参考名士的名字，给新生的儿子起名刘秀，这也再正常不过。

第五，其实当时谁要想当皇帝，都能找到适合自己的谶语。公元26年真定王刘扬就找到一个，"赤九之后，瘿扬为主"，意思是汉代经历九代以后，一个长瘤子并叫刘扬的人做皇帝。于是脖子上长肿瘤的刘扬准备起兵，结果是刚露苗头就被杀了。公元25年4月，公孙述称帝，他也找到一个，“西太守，乙卯金”等，结果还是被杀。

综上分析后，基于善意的想法，所谓的刘秀与谶语吻合，最大可能，是刘歆根据一本水平不高的预言类图书，改了自己的名字，然后想利用这个图谶造势，恰巧被同名的刘秀沾光而已，与上天和外星球一毛钱关系都没有。估计刘秀拿到《赤伏符》这本书后，因为谶语和现实不符，当皇帝依据不足，往脸上贴金都觉得不好意思。为了补上这个漏洞，刘秀在就职诏书上，将错就错并略做修改，最后成了“刘秀发兵捕不道，卯金修德为天子”。至此，谶语和现实一致了。

总之，无论刘钦给刘秀起名字的背后是什么原因，哪怕刘秀叫其他的名字，只要想找，总能找到相关的谶语，实在找不到临时编一个也行，自欺欺人而已。

无论《后汉书》还是《后汉纪》，里面并未夸大和相信谶语，刘秀时期的大儒桓谭和郑兴都当着刘秀的面直截了当地说不相信谶语。拿谶语说事的是现代人，标题党哗众取宠而已。至于这些谶语对刘秀的创业有没有作用，也只能说信则有不信则无。很多追随、支持过刘秀的人最后成了刘秀的敌人，证明不相信的人大有人在。

还有人说刘秀运气好，是因为他个人素质优秀，比如说他大度宽容，文武全才，会带队伍，勤政爱民，朴素节约，爱情专一，等等。不能否认，刘秀有勤劳、勇敢、宽容等个人素质，能成为一代开国帝王，肯定有其过人之处。但一定要总结刘秀独一无二，或者出类拔萃的优点，实在勉为其难。而乱世当皇帝要拼素质比道德，恐怕小学生都不信。要证明其优点与运气有直接关系，更是事后的夸大。

刘秀从小到大，经历了很多人生的苦难。重新读一读孟子的《生于忧患，死于安乐》：舜发于畎亩之中，傅说举于版筑之间，……。故天将降大任于是斯人也，必先苦其心志，劳其筋骨，饿其体肤，空乏其身，行拂乱其所为，所以动心忍性，曾益其所不能。人恒过，然后能改，困于心，衡于虑，而后作；征于色，发于声，而后喻。入则无法家拂士，出则无敌国外患者，国恒亡，然后知生于忧患而死于安乐也。读完，再拿刘秀的一生，对比孟子说的所有苦难，看看刘秀是多么的不容易：

苦其心志：9岁丧父；母丧时外公不理不埋；王莽对刘氏打击致使家族衰落；小长安一战家里五口人被杀；眼看成功时哥哥刘缜被杀。

劳其筋骨：在昆阳以命相搏、以寡敌众、一日数战；在河北曾四处逃窜。

饿其体肤：从蓟县逃出后“乏食”，冯异给他找来豆粥等充饥。

行拂乱其所为：哥哥被杀后，陷入四面危机之中，处处受监视。

动心忍性：面对绿林军对他的生命威胁，他白天高高兴兴地结婚，晚上被猫在里偷偷哭泣。

困于心，衡于虑：兄长死后，在洛阳的刘秀天天想逃出牢笼，走刘玄之丞相的关系才得以去河北。

征于色，发于声（形容经过激烈的讨论辩论）：邓禹、任光、邳彤多次劝诫刘秀；祭遵杀了刘秀的贴身服务员。

按孟子的成才逻辑，刘秀可不仅是靠运气才成功的，那是真刀真枪、真抓实干、始终艰苦奋斗在一线，才得到的天下，符合“吃得苦中苦、方为人上人”的因果。所以说他是“位面之子”，实在牵强。

但是，能因为刘秀经受过磨砺、知错能改、积极振作并明白事理，皇位就铁定是他的吗？这可能是史书设计的另一个圈套，因为要比谁更惨，更能听进劝诫，更百折不挠，刘秀未必排第一，那个多次失败、屡败屡战的汉中王延岑，比刘秀更富创业精神。

要弄清楚刘秀创业成功的秘密，还要从头说起。

# 第二章　出身与教育

刘秀是汉室第9代宗亲。从刘1代刘邦开始算，刘2代惠帝、文帝，刘3代景帝，刘5代到长沙王刘发。刘5代皇帝是汉武帝刘彻，也就是说，从刘4代刘发开始，长沙王的子孙与皇帝绝缘。长沙王刘发的第13个儿子，刘5代刘买被封春陵侯。这个爵位，到刘8代刘敞结束。看下表可知，从刘6代刘外（刘秀的曾祖父）开始，爵位与他的后系子孙绝缘。

<table>
<tr><td colspan="16">刘5代春陵侯刘买</td></tr>
<tr><td colspan="10">刘6代春陵侯刘熊渠</td><td colspan="6">刘外（太守）</td></tr>
<tr><td colspan="5">刘7代春陵侯刘仁</td><td colspan="5">刘利</td><td colspan="4">刘回（郡都尉）</td><td colspan="2">刘茂/刘匡</td></tr>
<tr><td>刘敞</td><td>刘庆</td><td>刘宪</td><td>刘弘</td><td>刘梁</td><td colspan="2">刘子张</td><td colspan="2">刘外（早亡）</td><td>刘歙</td><td colspan="3">刘钦（县令）</td><td>刘良</td><td></td><td>刘浮</td></tr>
<tr><td>刘祉</td><td>刘顺</td><td>刘嘉</td><td></td><td></td><td>刘玄</td><td>刘骞</td><td>刘显</td><td>刘赐</td><td>刘终</td><td>刘缜</td><td>刘仲</td><td>刘秀</td><td>刘栩</td><td></td><td>刘护</td></tr>
</table>

也就是说，刘秀出生时，家族已与皇帝直系出了五服，与侯爵绝缘三代。

刘发被封长沙王。一看封地位置，就知道他母亲的地位肯定低下。刘发是丫鬟所生，母子都不受待见，汉景帝把刘发封到了当时欠发达地区长沙。当时的长沙地势低，潮湿，瘴气较重。谁都希望到自然条件好一些的地方生活，为此，公元前45年左右，刘7代族长、春陵侯刘仁，主动向汉元帝提出申请，愿意以减少封地和食邑为条件，置换到南阳郡居住。秦统一之后，“迁不轨之民于南阳”，使六国富豪和擅长经营的商人及手工业者云集南阳，促进了南阳经济的发展，尤其冶铁业发达，是全国冶铁中心。另外，西汉时在南阳兴修水利，所以南阳这个地方相对比较富庶。经皇帝批准，刘仁带着堂弟刘利、刘回等470户的人家，从湖南搬到了南阳郡蔡阳县（今湖北枣阳附近）白水乡（刘秀称帝后升格为章陵县）。现在的南阳市和汉朝的南阳郡范围不一样，白水乡在现在的湖北可能性大一些。刘秀的老家到底在今天的哪里，并不明确。

刘秀同辈的兄弟，历史上有名有姓记载的有十多个，其中在家族中地位最高的是刘祉，他是春陵侯一系的嫡长子。

刘秀的曾祖父是二千石的太守，祖父是比二千石的郡都尉，父亲刘钦和叔叔刘良是六百石或千石的县令，从官职上看一辈不如一辈。从趋势上看，到刘秀这一辈，基本上是日到黄昏，属于十万皇族子弟的边缘家庭。

《后汉书》记载，刘秀的生母叫樊娴都，《后汉纪》里，名字叫樊归都。可见很多事情古人从起始就没弄明白。“都”有雍容典雅的意思，一听就是富贵人家的孩子，据说樊娴都不穿着整齐不出门，是个讲究人。樊家世代生活在荆州南阳郡湖阳县，当家人樊重（刘秀的外公）是大地主，家有良田 3 万大亩，还有房、塘、桥、路、林、庙等资产。3 万亩是什么概念？将近 13 平方千米，相当于 2000 个标准足球场的面积。樊重发财，靠的是五条。第一是术业精通，世代善于种庄稼和经商，“世善农稼，好货殖”。第二是勤俭节约，“物无所弃”。第三是管理有方。“庄客仆人，各得其宜。”第四是眼光看得远，沉得住气。举一个例子：说樊重想做一套琴瑟乐器，但是主要材料梓漆木材很贵，他舍不得花钱，就自己种梓树和漆树。当时的人都笑话他，说等你做出琴瑟，还不得猴年马月。可是经过数年，他的树长成了，琴瑟也做出来了，大家都佩服不已。第五是三代没分家，也就是说他的家产是三辈子人共有的，“三世共财”。由此可见，樊重是靠家族的合力和能力发家致富的，家族里没人做官。

史书上说，樊重这人有钱但不是守财奴。证据之一，是他的两个外甥因为财产打架，老爷子引以为耻，每人给了 100 大亩地，要求他们罢手。这个事因为涉及亲属关系，不能完全证明樊重大方，放在一旁。证据之二，樊重临死前，要求儿子樊宏把手里的借据全部烧毁，意思是债权都不要了，一笔勾销，金额高达几百万钱。债务人听说后，都觉得不好意思，纷纷过来还钱，可樊重的儿子樊宏，也就是刘秀的舅舅拒绝接受。

史书无非想用这个故事，证明刘秀的外祖父为人慷慨大度。但是，凡是不合常理的事情都值得怀疑：一个靠勤俭致富、连制作乐器的木材都要自己种植的地主，真能舍得几百万钱一下都不要了？关键是债务人怎么那么有觉悟，听说债权人快死了，齐刷刷来还钱？即便是现代社会，老赖还多着呢！债权人活着的时候不还，快死了才还，是什么意思呢？有钱且也想还的，为什么早不还？有钱但不想还的，更不会此时来还了；没钱的，根本还不上，来干吗？所以此事一定另有隐情，或者是造谣。这件事不可信，樊家发财的原因就不可信。唯一可信的，是樊家巨富。

总之，刘秀的父亲是皇族宗室加官员、老妈是大富千金，刘秀在白水乡这个小地方，是根红苗正、令人艳羡的小少爷，集官 N 代富 N 代于一身。刘秀出生在兖州陈留郡济阳县，大致位置是现在的河南开封市兰考县，生日是公元前 5 年的一月十五日。古人计算年龄和现代人不同，如果有人在公元 3 年公历 2 月问刘秀是几岁，刘秀会回答 9 岁。而按现代社会计算是刚满 7 岁，或 7 周岁。一下子差出两年，对理解东汉的人物就会产生影响。本书采用《后汉书》的时间表示方式，即农历纪年。读者只要在理解时，年龄减去 1—2 岁、月份加上 1—2 个月，就大体可以换算成现代的年龄和时间。

父亲刘钦先是做济阳县县令，后来又做南顿县（今河南周口市项城、袁世凯的老家）县令。从刘秀称帝后，公元 43 年不情愿地免南顿县 2 年徭役、公元 44 年给济阳县一次免 6 年徭役情况看，刘钦很可能在济阳工作 6 年，在南顿工作 2 年多。刘秀应该从小跟随父母一块在济阳生活，妹妹也出生在济阳。刘钦到南顿后，刘秀随母亲等人回了舂陵白水乡。汉代官员每五天才有一天假期，又没有小长假，请假 3 个月就算自动辞职，所以 6 岁以后刘秀见到父亲的次数很少。总之史书上对刘秀 9 岁以前的表现记载为零。

刘秀兄弟姐妹六个，依次是大姐刘黄、二姐刘元、大哥刘縯刘伯升、二哥刘仲、刘秀刘文叔、妹妹刘伯姬。从这几个名字中，结合刘邦的兄弟姐妹，能总结出以下特点和问题：第一，男孩儿是按伯仲叔季排序的，有秩序；第二，刘钦不怎么喜欢二儿子，因为给他起名没用心，等同于叫刘老二；第三，刘秀的二哥和刘邦的二哥同名，都叫刘仲，感觉有故意的成分；第四，女孩的名字都很大，“黄”是中间、金子的颜色之意；“元”是第一的意思，“伯”是老大的意思。最小的女儿竟有个“伯”字，非常不严肃，缺乏秩序感。因为以上因素，有一种感觉，部分人的名字，可能存在后改的可能，包括刘秀这个名字。因为男孩叫这么大的名字，不合礼法和习惯，只有皇帝公主才敢这么叫。所以刘秀小时候是不是真叫刘秀，存疑，起兵之前改过也有可能。刘秀就给自己的儿子改过名字，长子原来叫刘疆，后来改成刘强；汉明帝原来叫刘阳，被立为太子后改为刘庄。所以不能排除刘秀一家为了一定目的而改名的可能。因为没有证据，仅仅是一种猜测，不多说。

刘钦做过多年县令。西汉的县令，根据所管辖人口的多寡，分六百石和千石两级。级别六百石的县令月薪 70 石粟米，千石县令月薪 80 石—90 石粟米。一个人一个月 1.5 石米绝对够吃了，所以县令的收入可以说很高。不过县令的月薪不是自己一个人花，他手下还养着数量不等的掾属，自己实际净得多少因人而异，但无论如何足够 8 口人生活。况且汉朝官员的真实收入，跟薪水未必画等号。

公元 3 年，刘钦去世，长子刘縯 19 岁，未成年，没法接班当官，只能成为普通农户，不过继续享受刘氏宗亲免徭役的政策。刘秀当时 9 岁，跟随做县令的叔叔刘良，在安徽宿州市萧县上小学。

西汉的小学，不仅是指学校，还指文字学。学校分公立学校和私塾。8—14 岁的孩子，到学校学习汉字的造字方法、音韵知识，以及《孝经》《论语》等内容，类似现在的小学语文。

刘钦去世时，刘秀的两个姐姐早已嫁人。刘秀的大姐夫是谁没有记载，二姐夫叫邓晨。

邓晨家住南阳新野县，祖上三代是两千石的高官。邓晨家和南阳新野县另一个大地主阴家有姻亲关系，阴丽华的母亲就是邓氏家族的人。阴家比樊家富裕得多，光土地就有 7 万大亩。史书把合理致富的理由都用在樊家了，不知该怎么描述阴家的发家史，于是就杜撰了一个故事，说发家人阴子方（汉宣帝时期），某天看见了灶王爷，之后马上用黄羊祭祀，从此不可遏制的好运接踵而来，想不富都不行。这个明显用来骗人的解释，证明阴家巨额财产来源不明。不过阴家也没人当大官。

另外，刘秀还有几门厉害亲戚。刘秀的奶奶是张良的后代，而张家有好多好多人是高官，后文会讲到。刘秀的姑祖父叫来众，是西汉末年的谏议大夫，级别比八百石。

亲属有富有贵，刘秀的家族，了不起。可是，站在皇帝和老百姓的角度，这些大地主应该受到限制。因为大地主、大官僚通过土地兼并，逐步控制了佃农，同时利用优惠政策和虚假瞒报等手段，不缴或少缴税赋，国家的税收会日趋枯竭。特权阶层的土地兼并，最后会造成皇帝和基层农民没钱、大地主和官僚巨富的橄榄型社会经济结构。在此结构下，一旦出现连续的天灾，国家无钱救济灾民，灾民就由流民变成暴民，周期性的农民起义就成为王朝周期性灭亡的逻辑。所以，皇帝和官僚地主之间抢夺自耕农田的矛盾，是封建王朝的主要矛盾之一。另外，大地主与官员通过联姻相互勾结，在当地形成豪强势力后，能左右地方政府的决策，对皇权也会产生巨大威胁。西汉末期汉哀帝看到了这个问题，为维持统治，开始限制土地兼并和抑制农奴化的改革。可是，他自己比谁都不讲规则，给男宠董贤一次就赏赐20万大亩土地，最后改革不了了之。面对广大农民挣扎在死亡线上的局面，有识之士开始对刘汉王朝失望了。

王莽在西汉将倾之时穿越而来，他不是从现代穿越回去的，而是从周朝穿越过来的，复古是他的主流思想。公元前1年，王莽执政，掌握实权。王莽确实属于一个异类，绝对的人才，他做事非常到位，能让人出乎意料地满意。比如太学扩招。

公元4年，王莽经姑妈，也就是太皇太后王政君批准，在长安城南郊为太学生修建了一万个住宿的房间，之后太学生总数由1000人扩招至10800人。王莽扩招，得到了全国学生及（潜在）家长的拥护，表现就是，所有太学的建筑物，儒生和民众10万人用20天就建好了。王莽扩招，对刘秀家族的影响，就是哥哥刘縯、堂哥刘嘉（曾由刘钦抚养），都靠扩招上了太学。如果按从前的“好文学、敬长上、肃政教、顺乡里、出入不悖”五条标准，不务正业、结交匪类的刘縯，根本上不了太学。

公元8年，王莽称帝，把刘氏宗亲中担任太守以上官员的，一律改任朝中的谏议大夫，剥夺了管理地方的权力。公元9年，所有刘氏侯爵变成子爵。公元10年，除了32个拥立新朝有功的刘氏宗亲，其余宗室都不允许做官。公元12年，全国所有公侯及以下796人的爵位封地，以土地需要重新丈量为名，实质性全部取消（有三家未取消），取消以后每个月可到京城领几千钱生活费。对刘秀家族的影响，就是爵位没有了，封地没有了，官位也没有了，该缴税缴税、该服役服役，彻底成了老百姓。此时的刘良，如果没有在此之前辞职的话，这次也给免了。

谁都能感受到，王莽在打压西汉的特权阶层，尤其是刘氏宗亲。

公元9年，王莽进行土地改革，规定：一家男人不超过8人的，土地不得超过900亩。基本意思是，按井字形把土地平分9块，一块100大亩，1个成年男子有1块地，另外由这8个成年男子共同种植中间的1块，作为国家的收入，此为井田制。超标的土地，原业主要分给没达标的家族其他成员、邻里、乡党。

这项改革实在太狠了，无论以前的土地是买的、开荒的，还是国家封赏的，总之超标就清退，那不是要了大地主的命吗?

问题马上来了，樊阴两家怎么办？这时候你知道樊重给两个外甥土地的原因了吧？那是国家政策要求，未必是他发善心。至于百万钱债权全部免除什么的，很可能是想抵减该分出去的土地。可没地的人不干，所以在他临死前，纷纷来向樊家要地，而不是来还钱的。来还钱也是一码归一码，该还的还，该要的要。问题怎么解决的呢？这就不晓得了，知道的是王莽为了推行改革，采取了严刑峻法，同时被迫又放开了土地和奴隶买卖。允许买卖，实际上是允许地主买来的土地和奴婢，还让卖家买回去。可没钱怎么买回去呢?很明显，这项政策很难执行到位。

刘秀家有多少地？史书未记载。祖上舂陵侯分过来一些，所以他家里肯定是有地种的。如果按王莽的政策，刘氏三兄弟、一家八口人（不算大姐、二姐，加刘秀的大嫂和两个侄子）应该最多有300大亩土地，毕竟刘秀还没成年。这些土地，够刘家生活，中农水平，谈不上富裕。要不是王莽改制，他家可能还达不到300亩土地。

从公元10年到20年，全国刘氏配合王莽改制、观望进展，没人闹腾。

公元10年，16岁的刘秀在萧县读完小学，之后随着被罢官的刘良，第二次回到老家舂陵白水乡。15—17岁，本该是读大学的时候。王莽时期大学里学习的内容是六经，即《诗》《书》《礼》《乐》《易》《春秋》。汉代没有现代的中学，小学之后就是大学，大学之后是太学。史书没有刘秀读大学的记录，但要说他在家闲着不去读书，估计樊娴都也未必同意。

王莽在对太学扩招的同时，在各县设立了一个吏职，叫五经缘，专门负责考核推荐太学生。从刘秀后来能上太学看，他还是有一些五经底子的，否则五经缘不同意，他上不了太学。就像现在，你再有钱，但不识字，还是上不了高级管理人员工商管理硕士（EMBA）。所以16—20岁的刘秀应该还在读大学，只是不那么系统，和家族里刘信、刘顺这些同龄人一块上私塾，同时要帮家里种田。此时的刘秀，已经失去了官N代、皇族的光环，不再是有人环绕吹捧的少爷。在王莽大变革的时代，整个刘氏家族都处于内心愤愤不平、对外夹着尾巴做人的适应阶段。家道中落带给刘秀的失落一定存在，所以别人用三年学完的课程，他拖拖拉拉学了四五年，一直到公元14年，20岁才算结业，其间值得一说的事迹完全没有，江湖上对其名字也没人有一丝的兴趣。20岁以前，刘秀几乎没什么朋友，他认识的人中，也没有几个在他未来的事业上有多大的帮助。对比20岁名扬羌人的董卓，刘秀差远了。

公元14—19年之间，刘秀到长安读太学，专业是《尚书》，老师是庐江人许子威。当时的制度规定，基础特别优秀的可以提前入学，比如刘秀的同学邓禹13岁就入了太学。基础一般的，18岁也可以进太学，刘秀比正常人晚两年，入学时在班级里属于大龄。王莽时期进太学，除了年龄和基础知识，没什么硬性门槛，有钱就能上，相当于自费大学生，好处是毕业考试成绩前100名可以安排国家编制内的工作。在学校里，刘秀认识了新校友邓禹、疆华、严光、高获（欧阳歙的学生）等人，和老熟人朱祐是同时期校友。朱祐比刘秀大四五岁，认识虽早、感情也好，但玩不到一块儿，朱祐更愿意与刘縯亲近。太学的校友，是刘秀创业的资源之一，但属于非主流资源。靠同学帮助获得成功，在历朝历代都是小概率事件。

《尚书》是孔子修订的一本书，有“上古之书”“帝王之书”“书上之书”等意思，主要是讲尧、舜、禹、皋陶、商汤、周文王的一些理念和当时的历史。孔子修订了100篇，每篇有百十个字，散文体。这本书因秦始皇焚书坑儒而失传。汉文帝喜欢儒术，登基后四处寻找这本书。一个叫伏胜的儒生，曾在其家墙壁里偷偷保存了一套《尚书》，出土后才又有了《尚书》，只不过因为保管不当只剩29篇了。这套书出来以后，朝廷选派年轻学者晁错去向伏胜学习，可伏胜已经九十多岁了，吐字不清，只有他女儿能和他交流，这样，经伏胜的女儿翻译，晁错记录了这29篇。因为是用当时的大白话记录的，所以叫《今文尚书》。刘秀所学的就是《今文尚书》。至于孔安国从孔子老宅发现的《尚书》，是用先秦六国文字编写的，很难读懂，故名《古文尚书》。孔安国因牵涉巫蛊事件，他修订的《古文尚书》被晾在一边无人问津，没有流传开。

在有老师指导的情况下，流利背诵这29篇，理解大体意思，一年足够；吃透精神，主要是道和德这些内容，两三年也差不多了。刘秀底子一般，悟性也一般，所以四五年下来，学习成绩一般，史书上说他“略通大义”，基本上就是60分的水平，好一些的都是“精通大义”，再好一些的就进入前100名，直接当官了。刘秀学习书本知识的能力一般，他主要精力也没用在学习上。他在太学干了这么几件事。

第一，做小买卖。他和一个姓韩的同学，合伙买了一头驴，搞运输，相当于现在开小货车搞快递。还干过在中药丸里加蜂蜜、以“良药甜口”为差异化产品策略，做医药代表。

第二，刘秀入学时年纪偏大，相对成熟一些，再加上他关心时事，国家一有政策出台，他马上给同学讲解，高谈阔论，成为班里的新闻发言人。那时一个班360人。

第三，他在长安租了个地方，接待从南阳来长安出差的人，并负责打听消息，告知群众舆论等，挣点佣金。比如，他为堂兄刘祉家佃农拖欠田租一事，告状告到王莽的同学、长安官员严尤那里。基本相当于南阳私人驻京办主任。

当然，也少不了斗鸡走狗取乐。此时的刘秀，积极投身于社会实践，所以知道不少家长里短、吏治得失方面的事，社会经验不少。

后来的皇帝，在太学阶段，干的就是这些事，不属于老实学生。学霸邓禹，却觉得刘秀不寻常，内心里很佩服。另类学霸严光，对刘秀不屑一顾。刘秀呢？把神童邓禹当小屁孩看，内心却对严光佩服得不行。严光后来当面评价过当了皇帝的刘秀，说他“比念书那会儿强点”。很明显，严光即便想给刘秀留点面子，也实在找不出刘秀领悟力高超的地方。

严光，和后来太子刘疆的老师王丹很像，属于看问题能看到本质的人。

什么叫看到本质呢？比如一个小伙子结婚，他几个哥们帮忙张罗。看着都在忙活，可严光在，会告诉新郎，哪个哥们是真心帮忙的，哪个哥们是来泡妞撩伴娘的。邓禹会告诉新郎什么呢？邓禹会让喜欢撩妹儿的去当伴郎，真心帮忙的去登记收份子钱。严光的识人比邓禹的用人要深一层，没有严光的邓禹，容易做出用人不当的事情。

西汉的太学，要有钱可以读一辈子，但是毕竟有床位和资金限制，实在读不出名堂，自知不是那块料，三五年就卷铺盖回家了。刘秀就是这样，考试进不了前100名，24岁左右，第三次回到老家白水乡。

此时的刘秀，已经完全成人了。他长什么样子呢？史书有记载。第一，身高7尺3寸。按西汉标准尺子，1尺等于23.1厘米，所以刘秀的身高是1.69米，和李连杰一般高。《后汉书》记载长得最高的人，是李通的父亲李守，身高9尺，即2.08米。不过《后汉书》里的数字与《后汉纪》里的数字经常不同，《后汉书》里的数字偏大，尤其是军队人数和死伤人数。《后汉纪》里李守身高8尺，1.85米。当然，要是用海昏侯墓出土的尺子衡量，1尺等于19厘米，刘秀还不到1.4米，感觉不太靠谱。第二，刘秀的面相，是“大口，美须眉，隆准，日角”。一说日角，就知道是假的。日角，是个异相，类似于电视剧里包公额头的那个月牙，除了画上去的，不可能真有。日角是指两个眉毛各自中间往上，各有一个半括号，括号里的部分凸起，像一个小碗扣在额头中央。额头中部凸起的人很多，但是要凸起到日角的程度，确实没见过。隆准是指高鼻梁大鼻子。大鼻子意味着能吸收更多氧气，氧气通过血液供给肌肉，能满足肌肉运动和增长的需要，所以大鼻子的人身体一般都不错。大口的人，按相术上说法，如果身材也高大，则官运财运都好；如果身材矮小，基本有口无遮拦的毛病。虽说相术不可信，但刘秀还真有口无遮拦的毛病。美须眉，是指胡子和眉毛漂亮。说胡子眉毛漂亮，就是说眼睛不突出，眼睛要是一般，这人漂亮不到哪里！比较一下，《史记》对刘邦的描写是：隆准而龙颜，美须髯；《资治通鉴》记载刘邦“日角、隆准”；《东观汉记》对马援的描写是：七尺五寸，眉目容貌如画。这两者与刘秀的区别和联系是，写马援提到了眼睛，因为没必要弄虚作假，所以马援是真英俊；刘秀是按刘邦的样子抄的。另外，没有对刘秀的耳朵和肤色进行记载，说明没什么特别，与“大耳贼”刘备不同。总之，刘秀长相是高鼻梁、大嘴叉子，眉毛胡子很规整。这么一个当时中等身材的男人，叫帅哥没毛病，未必有多漂亮。按相术所说，五官之中一官成，保十年富贵，刘秀鼻、口、眉三官成，应是30年富贵。从公元25年6月称帝，到57年2月去世，31年时间富贵，靠谱。

从公元10年开始，王莽像疯子一样，推行他的复古理念。他推行的币制改革、讨伐匈奴、“五均六筦”、违法连坐等政策，确实不得人心。稍微解释一下“五均六筦”。“五均”全名是五均赊贷，五均是平衡物价的意思。王莽在长安、洛阳、邯郸、临淄、宛城、成都这6个当时的一线城市，设立五均司市师，负责两项工作。一是稳定物价，即国家储备粮食、布匹等，市场涨价百姓买不起时按市价抛售，增加供给；市场跌价伤农时以市价收购，增加储备。市价以每季度中月为准，即2月、5月、8月、11月。现在很多国家也采用这种办法，其实就是“平准法”。二是赊贷。赊是临时借钱给城市的百姓，用于应对突发事件，比如祭祀、丧葬等，不收利息；贷是长期借钱给工商业者，收取月3%利息。“六筦”是国家对6个事项进行直接管理，“筦”即“管”，包括盐、铁、酒3项国家专卖；造币由国家垄断，造币的原料，包括金、银、铜、锡、贝壳、乌龟壳等国家专买，谁有都必须只卖给国家，铸币垄断和原料专买合计为1项；从山林湖海草原中取得的财物要交税，是1项，即对渔民、猎户、畜牧业征税；再加上五均赊贷1项，则为六筦。“五均六筦”看着挺好，可执行起来就变味了。比如，某人抓了一只鸟，官府说这只鸟属于国有山林，那就要缴税，不交钱就下狱。更别说那些逼人贷款、不让酿酒、违法铸币连坐等事情了。总之在严刑峻法之下，贪官污吏横行之时，监狱里的人越来越多，多到没地方关押，不得不从“秋后问斩”，改成四季随时杀人。

官员是政策的执行者，他们要是腐败，多好的经都能念歪了。王莽忙着按古籍改地名、改官名、改人名，整天文山会海、文件频发，可都不是什么正经事。下边的官员哪有王莽的文化水平，不能理解王莽要干什么，怕被他莫名其妙处理，也不敢和他说实话，总是报喜不报忧，这样十几年下来，百姓无端违法的事情就越来越多，再加上连续的天灾，流民越来越多，等到王莽知道时，已经遍地烽火。

王莽还是爱民的，知道后马上要求流民回家，赦免罪行，设法安置。可官员私自盗卖赈灾粮食，把肉羹拿给王莽看，说流民吃的就是这些，王莽也就信了。

如此，刘秀太学结业回家前后，社会上出现了回头思念大汉朝这一现象。

# 第三章　创业领路人

国家一乱，反对派就会闹事。《后汉书》记载，刘縯天生就是一个不安分的主儿，自从王莽篡汉，他就开始骂骂咧咧，心怀光复汉室的大志。具体表现就是不管家里那些种田经商的小事，整日花钱结交豪杰，收养宾客。

刘家最多只有300大亩土地，能有多少闲钱供刘縯经常请客胡吃海塞？可能是刘钦留下了很多财富吧！可如果刘钦的遗产足够多，在刘縯已经19岁接近成年的情况下，不至于把刘秀交给叔叔刘良抚养，家里还要接受刘良的接济。所以判断遗产未必有多少。如果仅靠遗产和家产，刘縯长期维持不挣钱还四处散钱请客的生活，刘秀在太学打工读书，刘家只能用一个词形容，“穷装”。以“不穿好正装不出门”出名的樊娴都，努力维持着家庭的尊严。

作为家里长子的刘縯，他比刘秀更能感受到家里江河日下式的衰败和社会地位断崖式的下跌。王莽改制，使他失去了未来当官的可能。

史书没有记载刘縯的老婆叫什么名字，如果出自名门，应该有记载。从刘仲和刘秀身上，能看出刘縯为何难娶名门。公元22年39岁的刘縯起兵时，刘仲30岁左右，刘秀28岁，都没有结婚。可以断定，因为家庭的落魄，他们有打一辈子光棍的风险，娶名门之女根本不可能。要不是刘縯年纪大、结婚早，他连小户人家的女子都未必能娶到。在王莽时代，把女儿嫁给没前途的刘氏子弟，简直是把女儿往火坑里推。所以，一个县城里的美女阴丽华，就成为刘秀心中的女神。

刘縯的不安分和不满，会在当地的刘氏家族里有一定的市场，但要说跟着他起兵造反，都没有这个胆子，日子过得去的情况下也没那个必要。所以刘縯整日结交豪侠、收养宾客，十几年下来，除了自己家那几个实在亲戚，一个有名有姓上得了台面的人都没有交下。

由于哥哥不走寻常路，家里经常藏匿一些犯罪分子，所以不时有官府的人员上门盘查。窝藏罪犯也是犯罪，刘秀不得不经常到住在新野的二姐家躲避。24—28 岁的刘秀，主要的事情是种田、经商、躲避。他曾到宛城倒卖过粮食，也曾在新野被抓进过监狱，时间很短，原因不详。此时的阴丽华正在新野，史书未记载他们是否有交往。

连刘縯这样指使、包庇、纵容罪犯，且杀过人的人，都没被抓进监狱，说明王莽时期所谓的暴政，并不像史书记载那样严重，社会还在按传统运行。如果看《资治通鉴》，能清晰感受到司马光对王莽那种彻骨的憎恨，极尽谩骂之能事。实话实说，王莽未必有那么坏。试举两例。第一，他以国家财政困难为由，公元 16 年以前一段时间，高级官员工资不能全额发放，每个月只发给布 2 匹或帛 1 匹，但是官员竟然没有闹的，实在是难得。第二，公元 16 年王莽开始制定公务员薪酬体系，月薪从 66 石到万石，其中最重要的激励政策，是规定公务员工资和农民收入挂钩。即如果全国是丰收年，他自己按最高伙食标准吃饭，减产则按减产比例、以 10% 为台阶依次降伙食标准；地方官也按农民收成比例发工资。司马光说因此公务员实际拿不到工资，所以贪污横行。其实错误的是司马光。公务员工资来自税收，税收来自百姓，百姓零收成，公务员零收入，百姓大丰收，公务员拿全额工资，理论上没毛病，总不至于百姓颗粒无收，县令收入不变吧？那县令哪有救灾积极性！再说，贪污一定是因为收入低吗？真未必。

王莽改制，确实有严苛的地方。比如，私自铸币五家连坐，但是要说农民起义是因为暴政，实在牵强。开始于公元 17 年的农民聚集事件，起因主要是自然灾害和个人恩怨，天灾是主要原因。对王莽极尽谩骂的《资治通鉴》记载，公元 21 年，“四方皆以饥寒穷愁起为盗贼，稍稍群聚，常思岁熟得归乡里，众虽万数，不敢略有城邑”。因为饥饿而聚集，向富裕地方乞讨抢掠，形成流民，到庄稼成熟时还希望回老家，说明百姓不恨王莽。他们没有以推翻王莽政权为目的，行动上也不打城池，遇上当官的也不杀。后来追随刘秀的马武，在绿林时曾追上围剿自己失败逃走的荆州牧，抢了他驾车的马，“终不敢杀牧”。可见，流民是要吃饭，而不是要造反。说什么王莽暴政造成的农民起义，实在有失公允。在自然灾害面前，地主的抗灾能力强，所以是农民先起义。如果是暴政，应该是地主先反抗才对。地主利用了农民吃饭的欲望，夺走了王莽的政权，最后剿灭了农民起义，这才是事实。

刘缜一直憎恨王莽，让自己接不了班、当不上官。骂了王莽好多年，自然灾害给了刘缜机会。史书记载，刘缜起兵有三个原因：第一，“莽末，盗贼群起，南方尤甚”；第二，“王莽暴虐，百姓分崩”；第三，“枯旱连年”。这三个原因，按逻辑应该是：因为灾害和暴虐，盗贼群起，刘缜判断，此“天亡王莽之时”，如果起兵，可“复高祖之业”。刘缜起兵的原因归根结底就是一句话，“国家大乱，我要趁机当皇帝”。本书把追求个体或家族对物质和精神的满足称为欲望；把完成一项难度极高、完成后使自己和很多人受益的事业称作梦想；把抛弃自己甚至家族的欲望、去做一项多数人受益的事业称为志向。如此，刘缜最多算是有梦想，但绝不是志向。委屈和梦想，使他成为被压制的落魄地主阶级中，最先反抗的人。刘缜基本成功之后，其他地主、官僚、豪强才蠢蠢欲动，纷纷割据。后来的事实，就是这么血淋淋展示的。

刘缜看到了机会，也放大了机会，但是别人为什么要和他一块干呢？这和当时的形势紧密相关。站在当时的湖北枣阳县村民的角度，面临的是一个非常急迫而又危险的局面。

刘秀的老家枣阳县，往东是桐柏山、大别山，往西是武当山、荆山，往南是冲下绿林山的绿林军，往北是南阳郡首府宛城，以及洛阳等地。枣阳距离宛城和绿林军驻地基本都在 200 公里左右。两山夹一沟的地形特点，决定了南部的绿林军一旦北上，湖北枣阳在劫难逃。而绿林军为了粮食，最有可能会北上富裕的宛城，之后奔向洛阳、长安。即使南阳宛城驻扎着太守甄阜、郡都尉梁丘赐率领的郡兵，附近还有王莽手下的严尤兵团，绿林军也会为吃饭铤而走险。

缘于绿林山的绿林军，纯粹是一群吃不上饭的农民，最初为挖野菜摘野果而聚集在大洪山脉中。因为僧多粥少，矛盾频发，于是自发产生了民间纠纷的仲裁人——王匡、王凤。又因为要对抗王莽军队的围剿，进而推举这两人为领袖。这群没有组织机构和目标纲领的乌合之众，为了生存，竟然几次打败围剿的地方部队，掳掠了很多妇女，聚集了 5 万余人。多人聚在一起，又不讲卫生，天气一热，瘟疫暴发，很快死了一半人。没办法，绿林军分头下山，到新市的是王匡、王凤、朱鲔、马武、张卬；到下江的是王常、成丹。此时的绿林军，不是一个山大王领着一群手下喽啰那样的组织，而是类似于宋江和其他梁山好汉之间的关系，首领和其他人是平等的，都是老百姓，首领最多是“话事人”，威信来自个人化解矛盾和处事能力。首领和普通人之间没有行政命令和服从的关系，只是为了活着而抱团取暖的一群流民。

要吃饭，必然想向北进入相对富裕的南阳。新市兵向北进攻随县（距离枣阳 65 公里），平林人陈牧、廖湛带人相应，称为平林兵。新市兵和平林兵一部从湖北随县向北，进入了河南桐柏县。王常、成丹率领的下江兵，更是进入了后来和白水乡属于一个县的上唐乡。

枣阳，直接面临着绿林军的武装洗劫，还有瘟疫传播的危险。那几万绿林流民要是过来，会比上亿只蝗虫都厉害。此时的舂陵村民，面临着如何规避风险的难题。即便没有绿林军要过来抢掠，此时的村民也面临着困难。因为灾害，舂陵乡民马上也要断粮了。《资治通鉴》记载：公元 20 年，“大雨，六十余日”；公元 21 年，“关东大饥，蝗”；公元 22 年，“关东人相食”，“蝗从东方来，飞蔽天”。有蝗虫必是旱年，虽说灾害未必都影响枣阳白水乡，但是粮食歉收是一定的。《东观汉记》记载，公元 22 年“南阳旱饥”；《后汉书》记载，“南阳饥荒”。总之，枣阳县面临的是南有绿林要抢劫、北有官军要征粮、自身受灾缺粮食的困难局面。大多数人为了吃饭，也要往北方富裕的地方去，所以最好的选择是跟随南来的绿林军北上去抢王莽，这才是大伙愿意跟随刘縯起兵的原因。至于刘縯的动员能力或刘秀的安定人心作用，大部分是吹嘘。有多少人承认刘縯是老大，都是疑问。

经过连续 15 年的砸钱，公元 22 年旧历十月，刘縯凑起了七八千人，在没有导火索和标志性事件的情况下，冒冒失失地起兵了。八月秋收，十月起兵，说明公元 21—22 年，连续两年就没有多少收成，如果没有政府救济，几乎是生存不下去的。但不是所有家庭都没收成，刘秀家就“独收”，说明受灾程度不一样。最初随刘縯起兵的是白水乡刘姓本家人及宾客，包括老人、妇女和小孩，还有附近县乡自愿跟随的百姓。当然，但凡是有风险的创业，总有人不支持或反对。刘縯的亲叔叔刘良就不支持，没办法而已。樊家更是一点也不支持，刘縯的亲舅舅樊宏是在刘縯兵围唐河城之后，以政府派出的劝和大使身份留置在刘縯大营，一个人加入革命队伍的。邓晨家族里，除了邓晨这一系，不支持的也大有人在。但是王莽的连坐很厉害，如果不跟着起兵，要么自己走进监狱，要么成为本家的敌人与本家亲戚作战，要么逃走避难，结果都不好过。此事刘祉最有体会。公元 7 年太守翟义扯旗反莽，作为翟义侄女婿的刘祉就受到了影响，父亲刘敞和自己都入狱。要不是王莽那时尚未称帝，刘氏还有利用价值，当时就灭族了。刘縯起兵，叔叔刘良、姐夫邓晨、同辈的大哥刘祉等，只能跟着参军。

刘縯的计划是妹夫邓晨在新野配合，宛城"官二代"、大富子弟李通、李轶兄弟在宛城配合，这样里应外合一举可占领新野和南阳首府。可刘縯这边刚起兵，李通那边就暴露了。李通的父亲李守在长安被王莽捕杀，宛城的家人被杀 64 口。至此宛城里应外合的计划破产。要说刘縯有多么信任和指望李通，也未必，这两人有仇。李通有个同母弟弟叫申屠臣，是著名的医生，曾因为不给刘縯面子出诊就医，被刘縯派人杀了。刘縯的霸道，注定他得罪豪杰的概率大于结交豪杰。

史书记载：刘縯起兵后，觉得兵力不足，他又不认识绿林军的人，于是派堂弟刘嘉去引诱绿林军，联合发兵。凡是不合逻辑的地方，一定是史书曲笔产生的隐瞒，类似于解释就是掩饰。为什么不合逻辑呢？

首先，刘縯起兵后，万一绿林军不同意联合该怎么办？那岂不是把他的家族晾在光天化日之下了？自身力量不足，又没有帮手，且已打出造反的旗号，政府军围剿如何应对？这不是犯糊涂吗？

其次，即使绿林军同意联合，总得有个章程吧！打下地盘或抢到物资、俘虏如何划分？即便是一纸空文，实力决定一切，翻脸也得有借口和理由不是？

最后，很难想象，刘縯准备很长时间的起兵，竟没有任何政治口号。不说恢复汉室，也不要说一些反莽吃粮的话吧！最起码搞个谶语，或在石头上刻几个字、先埋好再挖出来之类的迷信活动。他之所以没有搞这些，唯一的解释，就是不需要、没必要、不应该。什么情况下不需要呢？加入绿林军、接受绿林军的领导，才不能提出自己的主张。

所以，所谓春陵军联合引诱绿林军，其实是落魄皇族的遮羞布，本质是刘縯提前派人联络并忽悠绿林军，贬低严尤兵团和甄阜郡兵的战斗力，夸大自己的人脉和里应外合的能力，把绿林军忽悠北上，之后带着族人和乡里，加入了绿林抢劫集团。绿林军本来就要北上，一听有人接应，自然更快出发。他们走到哪儿吃到哪儿，谁跟着走都可以，根本不存在同意不同意、接纳不接纳的纠结，所以跟滚雪球一样，队伍越来越大。舂陵军同样没有自己的组织机构，不是一个独立的组织，除了自己命名的“柱天都部”，自封老大的刘縯，别人什么职务都没有，只不过因为疫情和亲情、乡情的关系，相对绿林军更紧密一些而已，人员没散。绿林军和舂陵军是什么关系呢？实在不好说。可以说没关系，想分手随时可以一拍两散；也可以说有关系，一旦进入队伍里，就要接受指挥、享受庇护，如此才能组团抢粮，否则，分开之后，遇到莽军不易生存，是相互依存求生的关系。但是因为没有任何承诺，也没有责任权利的约束，称为联合、合作都很勉强，类似组团徒步的驴友关系。

刘縯比较清醒，毕竟他不是为吃饭而起兵，而是要借着这支队伍，实现自己夺取王莽政权的目的。所以，第一，他很快与王匡、王凤建立起联系，并取得了很大程度的信任和话语权，这对太学生出身，又是混社会的刘縯来说并不难；第二，告诉刘秀等家人，要学会保护自己，别傻乎乎地冲在前头，炮灰是绿林军的事儿。

刘秀跟着起兵时，是骑着牛上的战场。他把自己当成太上老君或者写《道德经》的老子了。把打仗当成求仙旅行，实在滑稽。刘秀家有钱请客吃饭，没钱买一匹马，还是带头大哥的亲弟弟，这是要造反的节奏吗？最大的可能，刘秀当时是为避免正面作战而跟在队伍后面的后勤人员，否则，骑着牛上战场不是找死吗？即使刘家没钱，外公樊家总不能不管吧？

还别说，樊家真就不管。在刘縯起兵头两天，樊娴都在娘家病死了。樊重樊老太爷对女儿的后事根本不闻不问，造成樊娴都尸体都没人埋葬。后来还是一个叫樊巨公的族人，把她草草埋了了事。樊娴都之死，史书没有更多说明，但对女儿不管死不管埋，天下这样的爹不多，樊重这一行为，与历史描述的大善人形象严重不符，更像一个吝啬鬼。当然还有一种可能，樊娴都是因为瘟疫而死，樊家因害怕传染才不管。如果再大胆一点猜测，把樊娴都当作山东的吕母，与绿林军谈判而染上瘟疫，回来后劝父亲造反未遂，最后病逝，也未必不符合历史事实。而樊家如此鲜明地拉开距离的态度，证明大地主家族，是不支持刘缜起兵反莽的。

刘秀骑牛上战场，也可以说明，那时候 18 岁的阴丽华对他肯定没什么感觉。如果阴丽华迟迟不结婚，是在等 28 岁的刘秀，现在男朋友要造反，搏一个前程，阴丽华不至于不帮男友一把吧！即便刘秀要志气拒绝，阴丽华也不支持造反，可刘秀真要干玩命的事了，阴丽华却袖手旁观，置若罔闻，不是说明了一切吗？

刘缜等人从枣阳县出发，进入南阳市地界，经过新野县、唐河县等外围小规模战斗后，占据了新野县东北的棘阳县城。打下岑彭当县长的棘阳，春陵军和绿林军没有规则的矛盾暴露出来：绿林军对春陵军战利品过多非常不满。如果之前有协议，谁抢的归谁，按协议执行，恐怕不会有多大矛盾。正因为没有规则，才不是联合，绿林军才有意见。面对矛盾，刘秀和大哥刘缜商量后，只好把家族的战利品收缴上来一些，交给绿林军。这不仅是妥协，更是最古老的规矩，这个规矩就是没有约定的情况下的平均分配。

在棘阳，邓晨带领一千多族人宾客到达。邓晨到来，说明一个问题，即绿林军没有进入邓晨和阴丽华的老家新野县内。刘缜既没有进入邓家做内应的新野县，也没有攻入樊家所在的湖阳县，而是选择了没有亲戚居住的棘阳县，说明刘缜是刻意保护自家的亲戚。

打下棘阳，继续向北，在通往宛城、一个叫小长安聚的地方，绿林军与南阳甄阜、梁丘赐的部队遭遇。当时是大雾天气，绿林军大败，被迫退回棘阳县。小长安聚一战，刘仲、刘元及其三个孩子、刘良的妻子和两个儿子、刘嘉的妻子和孩子全部被杀。很明显，后勤部队遇到了敌人的正规军，老人、妇女、儿童死伤惨重。刘秀靠在湖阳县外抢了自己起兵生涯的第一匹马，带着妹妹逃走了。紧接着，刘祉在宛城的母亲、妻子、弟弟、儿子全部被杀。邓晨在新野县的祖坟被挖开，祖宗尸体被焚烧。

刘缜和刘秀真正尝到了为梦想付出代价的滋味。

经历惨败后面对强大的敌人，绿林军有了撤退的想法。是啊，被忽悠也有清醒的时候，王莽不好对付，弄不好今后没脑袋吃饭了。如果绿林军撤走，刘缜要么跟着进山打游击，要么就被晾在光天化日之下，任人宰割。形势危急，刘縯一面劝阻原绿林军，一面拉拢在南阳桐柏县一带活动的绿林军下江兵首领王常，增强了实力后，再战莽军。先斩甄阜、梁丘赐，再败莽军严尤、陈茂。连续两场硬仗取胜，相当于拿下两个超级大客户，部队一下子缓解了生存危机，而且声名远播，陆续来参军的有十余万人，震动了全国和王莽。此时在长安游学的阴家代表人阴识，也扔了书本，带着一千多族人宾客，参加了创业队伍。

连续两个胜利之后，革命队伍迅速壮大，没有健全的组织机构，难以有效管理，于是，在公元 23 年 2 月，绿林军正式建立组织机构。刘縯的堂哥刘玄被立为皇帝，史称“更始皇帝”。刘良为国三老，绿林军的大佬王匡和王凤为上公，绿林军新市部朱鲔为大司马，刘縯为大司徒，绿林军平林部陈牧为大司空，绿林军下江部王常是廷尉大将军，绿林军张卬是卫尉大将军，刘祉是太常将军，刘秀为太常偏将军。刘良任职的国三老，是个负责教化百姓的虚职，地位尊贵，皇帝当以父亲的礼节对待，但没实权，不管事儿。新市兵、春陵兵、平林兵，分割三公，按权力，刘縯排第五，相当于在董事会里只有一票，而其余四票是一致行动人，政权被绿林军控制。

按 4∶1 的军事实力，或者按春陵军加入绿林军的历史渊源，这样安排极其正常，并没有亏待刘縯。只不过当时的主要任务是打仗，带兵的大司马权力最大，没有地盘的情况下大司徒刘縯只能管管后勤。不过，董事会确定的职责分工，还是大司徒刘縯带兵打宛城，而不是大司马朱鲔，说明绿林军并未剥夺刘縯的军权，不能说刘縯创业的果实，被农民军窃取。所以，当绿林军将领张卬征求刘縯对立刘玄为帝的意见时，除了争取拖一拖再立皇帝，刘縯再豪横也没什么话好讲，只能接受。如果是联合，张卬不需要征求刘縯的意见，刘縯也不必管绿林的事，合则干，不合就散呗！如果连散都散不起，离开人家活不下去，那还有什么好说的。

公元 23 年 2 月到 5 月，刘縯率部围攻宛城。宛城的守将是严说和岑彭。以绿林军加归附来的百姓之实力，平原野战玩命尚可，攻城就难了，因为缺少攻城的器材和作战经验，所以刘縯只能采取围困的办法。如果围而不攻，其实谁指挥都差不多，难以体现刘縯的军事才华。刘縯没能快速拿下宛城，大家对他逐渐失望，加上军粮供应困难，也会抱怨刘縯。从三个月宛城内就撑不住、开始人吃人看，灾荒同样严重影响了宛城人的生活。吃饭的压力像大山一样压在所有人的心头。绿林军没有根据地，靠抢敌人的物资生活，势必坐吃山空。此时，刘縯对阴家、邓家、樊家的保护，就会引起绿林军极大的不满。可事已至此，多说无益，绿林军只能分兵去其他地方抢粮。这样刘秀、李轶跟随绿林军王凤、王常、马武部北上，陆续打下平顶山市叶县、漯河市的舞阳县、郾城区。春陵军一部在刘稷的带领下进入平顶山市鲁山县。此时，无论是刘縯率领的攻城部队，还是绿林军新市部、平林部、下江部、春陵军、投降过来的十余万人，团队已经基本打乱，分别由不同的将领指挥了。也就是说，靠家族和乡里关系维系的春陵军，湮没在统一的汉军之中。

王凤和刘秀这支队伍把粮草源源不断地供应给刘縯带领的攻宛军，终于严说和岑彭挺不住了。同时，在前线指挥攻城的刘縯，和后方筹集粮草的刘玄、朱鲔等人的矛盾，也积累到爆发的点上。

公元 23 年 5 月岑彭投降，刘縯进入宛城。公元 23 年 6 月初刘秀取得昆阳大捷，之后又拿下颍阳（登封）、父城（宝丰）。在父城，刘縯的护军朱祐跑来报告刘秀，刘玄带领绿林军的朱鲔、春陵军李轶，杀了刘縯、刘稷。刘秀从父城回到宛城，替刘縯向刘玄赔礼道歉。

局势陡变，一片肃杀之气。为什么会这样呢？史书在这又模糊了，只说绿林军忌恨刘縯的军功威名，害怕刘縯的威严明察，所以才起了内讧。

# 第四章　刘縯因何死

先说刘縯的军功。刘縯生前，看似有杀甄阜、胜严尤、取宛城三大业绩，但除了宛城，没有证据证明刘縯是指挥杀甄阜、胜严尤两战的主帅或统领，事实上也根本不可能让刘縯做统帅。即便刘縯是战役的总设计师，也必须经绿林军各位大佬同意才能执行下去。三大战役，除了拉住下江兵王常，没有证据证明刘縯有多少突出贡献。而要拉住王常，王常的老领导王匡、王凤更有力度和感情基础，用不着刘縯冲在前头。《后汉纪》里说杀掉甄阜一万多人、严尤两千人；《后汉书》里说两万人、三千人，都是大家伙拼命的结果，宛城围困也没什么可圈可点之处。说刘縯比一般绿林首领贡献大可以，但要说他军功大到遭人忌恨的程度，却也未必。

再说说刘玄这个人。第一件事，起兵前的刘玄，和刘縯一样，亲眼见证了家族断崖式的败落。比刘縯还惨的是，他的弟弟被人杀了。刘玄为给弟弟报仇，结交了一些黑道人员，当时都称为“宾客”。还没来得及下手，宾客被捕，牵扯到了刘玄，刘玄逃走，加入了陈牧为首的绿林军平林部。他因此成为舂陵刘氏第一个创业者和革命者。他逃了，可他父亲刘子张却因此被抓。弟弟的仇没报，老爹又被抓，刘玄的命够苦。为了救出父亲，刘玄装死，让人把自己的灵柩抬回老家。这样蒙混过关，刘子张被释放。

刘玄可能是自己装死，也可能找个已死的人假冒自己，无论如何，没有政府内部人帮忙，他难以蒙混过关。所以刘玄为父亲脱身而布的这个局，很能体现他的智慧。当然，如果有人出主意帮忙，他又靠花钱摆平，不能说明刘玄有多厉害。

发生在刘玄身上的第二件事，是在绿林军立他为皇帝的大典上，他羞愧流汗，举着手说不出话。一个皇帝如此腼腆，叫人看着很为他着急，还使不上劲，所以大家都觉得他懦弱。其实以这件事证明刘玄懦弱，有点过分。你想，昨天还是部队里的一个临时小头目（安集掾、更始将军），今天突然被一群造反的大哥立为皇帝，底下黑压压跪着一帮曾经对自己整天吆五喝六的老领导，谁能在这种境况下不紧张？他要真把自己当回事，马上就有人骂他甚至砍他！一个刚吃饱饭的傀儡，哪里有在自己老领导面前挥洒自如的自信？换成谁都会汗流浃背。汗流浃背是没经验、没自信最真实最自然的表现，而不是没能力的表现，不能对他求全责备。再说，人还是会成长的。

第三件事，王莽死后，汉军占据洛阳之时，在定都洛阳还是长安的问题上，无论是绿林派还是春陵派，都一边倒地想把都城建在距离家乡近些的洛阳。大儒郑兴建议刘玄说："长安的百姓之所以杀掉王莽迎接你，是人心思汉，你要想安定全国百姓的心，应该首先到长安祭祀祖先，之后定都长安，这样大家就认定你是刘氏正统，且以忠孝治国，全国百姓才能相信你，才会把你当主心骨，你的皇位才名正言顺。如果以先剿灭赤眉军为由在洛阳拖延，那是舍全国民心而去追求一城一地的得失。万一有人在长安聚众起事，你在洛阳能睡得着吗？"刘玄听后，决定定都长安。当傀儡皇帝八个月就能力排众议、顶住绿林派和春陵派的集体压力，定都长安，能说刘玄懦弱吗？从事后效果看，后来赤眉军到长安，主动向刘玄政权投降，说明定都长安的正确性。至于赤眉军后来对封赏不满意，又闹起来，那是另一回事。

从以上三件事来看，要说刘玄懦弱，不是那么充分。后来刘玄又两次设套，要除掉不听话的绿林诸王，还成功杀掉了老领导陈牧、成丹、申屠建，更证明刘玄并不懦弱。不但不懦弱，还有些心狠手辣。他之所以给人懦弱的印象，是因为他性格偏内向，最初又缺乏历练、表现不那么得体而已。

刘玄和刘縯，是出了三服的堂兄弟，关系不会多亲，从弟弟被杀刘玄不找刘縯帮忙而找外人帮忙就能看出来。但毕竟两人从小一块儿长大，彼此熟悉。以刘縯的性格，肯定看不起刘玄，因为刘縯自认为是豪杰，且专门结交豪杰。刘縯结交的人，应该是《水浒传》里阮氏三雄那样敢杀人放火又缺钱、缺心眼的人，不会是性格内向、爱动脑筋、爱用伎俩的刘玄之辈。史书上讲，刘縯"性刚毅"。"刚"字的意思，是山岗旁边立把刀；"毅"字，是一头因愤怒而竖起毛的猪旁边，立着一把长矛。这两个字都是死硬到底、一言不合就动手的意思，结合刘縯杀医生申屠臣的事件，可见刘縯，那绝对是说一不二，沾火就着的主儿。和这样的人共事，要是能和谐才怪。从刘縯的处事来看，除了在刘玄要杀抗命的刘稷一事上“固争”之外，并无“刚毅”的表现，说明史书把他很多豪横、强势、不容人等事情都回避了，毕竟，刘縯是汉明帝刘庄的亲大爷。况且人都死了，还说那些不中听的干嘛！刘縯被杀前，除了刘良和刘秀提醒他要提防刘玄和李轶，没有别人提醒刘縯；被杀时，刘氏家族一个上前帮忙说话的人都没有，包括刘钦抚养长大的刘嘉，可见刘縯多么不得人心。所以可以断定，刘縯之死，有其性格上强势霸道的因素。

春陵军和绿林军，双方领导层起兵之前没有任何交往，缺乏基本了解和信任，有文化的落魄地主和流氓无产者之间，处事理念和做事习惯一定存在很大的不同，走到一起只是互相需要，所以矛盾会有很多。比如，绿林军为满足衣食，必然眼光短浅，注重短期效益，所以军纪就差，而春陵军为夺取政权，注重形象和影响，军纪相对严明。定位不同的情况下，打下一座城池后，对城内的百姓，就会一个要抢，一个要保。三观不同的两个集团，就像驴唇对不上马嘴，吻不到一块。

绿林军选择刘玄做皇帝，有他的道理。第一，刘玄是春陵刘氏子弟，和刘縯平辈，用他做旗号合适；第二，刘玄较早加入绿林军，和绿林军更熟悉，因此有文化上的认同感，遇事处理上便于通融和掌控；第三，立刘玄能平衡绿林军和春陵军的关系，防止队伍分崩离析。绿林军里，大多数人未必有多少见识，可朱鲔不同。历史对其无专门传记，明确记载的事却有五件之多：一是杀刘縯的主谋；二是刘玄封他为王，他以刘邦白马盟誓的誓言“非刘氏不得为王”为由拒绝；三是不同意刘秀出抚河北；四是他和李轶共守洛阳，杀掉了和冯异暗通款曲的李轶，致使刘秀长期攻不下洛阳，被迫接受他的投降；五是刘秀后来还任用他做了九卿之一的太仆，干了两年多，最后得以善终。从这五件事上看，朱鲔的政治谋略、做人原则、识人眼光、军事能力、处事才干，以及杀伐决断，都是一顶一的高手，尤其是杀刘縯的时机选择，杀李轶的决绝，绝对稳准狠。有这么个明白人出主意，立刘玄为帝顺理成章。

刘邦杀功臣的教训，朱鲔不会不知道。如果立刘縯为皇帝，以刘縯的刚毅性格，不可能容下军纪败坏的绿林军首领。为将来考虑，选一个易控制、文化认同自己的刘姓人当皇帝，才能保住富贵，这符合广大绿林军首领的共同利益，同时也给了春陵刘氏面子，不影响团结。谁在绿林军里都会赞同，所以站在绿林军的角度，立刘玄没有问题。

除了刘縯和刘玄，绿林军还有一个选择，就是立刘祉为帝。刘祉是春陵侯的嫡长子，是刘縯同辈中的大哥，为人宽厚，作战也可以，“宗室皆敬之”。以刘祉在刘氏中的地位和声望，绿林军不可能考虑不到刘祉，同样，在张印等征求刘縯意见时，为强化刘氏家族势力，刘縯也可以退而求其次，提名刘祉代替刘玄。如果绿林军要立刘祉，刘縯更没脾气，而刘縯要提名刘祉，绿林军也要思量。之所以最后没立刘祉，一是刘縯根本没提名刘祉，想的全是自己；二是绿林军的头领，不愿接受非绿林系的人领导，从利益和情感上，都排斥春陵系，而排斥春陵系，实际上还是因为讨厌刘縯。

如果把绿林诸将领比作豹子、黑熊、鳄鱼、野猪，把春陵军比作老虎带领一群狼，处于刘玄的位置，有两个选择：一是在两者之间求平衡；二是依靠一方干掉另一方。第一个选择，刘縯能活，因为刘縯一旦死了，平衡就会打破。但是即使保持平衡，刘玄还是个傀儡，摆脱不了两头受气的命运。所以刘玄更愿意选择第二个。那刘玄会选择依靠谁呢？刘玄要想不做傀儡，就得有自己的势力，最值得相信和依靠的当然是本家兄弟，而要本族兄弟和老乡支持自己，迈不过强势刘縯这道坎。刘縯不死，刘玄掌控不了春陵系，掌控不了春陵系，就只能是个傀儡。先杀刘縯取得春陵老乡的支持，再陆续收拾绿林军，是刘玄的最佳选择。所以，刘縯只能死。这是刘縯被杀的根本原因，当然还有直接原因。

刘玄称帝后，大家普遍加官晋爵，刘縯的爱将刘稷被封为抗威将军。造反的时代，封号叫抗威将军并没什么恶意和不妥，但是刘稷拒绝接受，也不回朝参加刘玄的登基大典，拒绝参拜新皇帝，只有一句话告诉刘玄：“起兵的是刘縯、刘秀兄弟，你算哪根葱？”

别看绿林军平时纪律差，但在这个时候，却没人不捧着刘玄，偏偏春陵系的刘稷拎不清。绿林派担心春陵派不服气，必然要杀一儆百，刘稷因此被触了霉头，这叫不打穷的，不打懒的，专打不开眼的。其实刘稷的行为说明了一点，就是刘縯等人一贯豪横，遇到不顺自己意志的事就爆。用朱鲔的心里话说，这世界上有脱离政治的军事吗？皇帝的命令你不接受，就是抗旨，抗旨是什么罪？当然是死罪，管你功劳天大还是兄弟本家。但是在刘縯的地盘抓刘稷，势必会引起刘縯的反抗，于是，在刘玄、朱鲔、李轶的谋划之下，趁着攻破宛城、大部队支援昆阳造成刘縯手下部队人数大量减少的机会，刘玄带兵抓捕了刘稷，引诱刘縯前来救援。刘縯得知刘玄要杀刘稷后，果然赶过来，“固争”，就是顽固地为刘稷争辩。这又是不服皇帝刘玄命令的表现，也是两人被杀的直接原因。在刘玄最需要立威的时候，刘縯和刘稷不但不支持本家兄弟，反而充当反对派，不服到顶撞皇帝的程度，最后被当作儆猴的“鸡”，有什么可冤屈的呢？

刘玄杀刘縯的理由是成立的，对刘縯却是不公正的，也是不讲情面的，所以背后的逻辑还是权力斗争。不能说落魄皇族和农民军之间的矛盾，或者春陵派和绿林派之间的矛盾是刘縯必死的理由，刘縯死后刘赐做了春陵系的代表，和绿林军就能够和平共处，所以刘縯自身性格的原因才是主要的。这种攻击性太强的性格，谁都会从讨厌到害怕再到消灭。

刘縯的教训相当惨烈，属于比较典型的创业者，在享受成果的前夜，被大股东兼合伙人踢出局的事件。总结教训有如下几条。

第一，刘縯创业过早，他要为时机付出代价。刘縯起兵时，王莽的军事实力还很强大，先起兵就要先与莽军硬碰硬。自身实力不足的情况下，刘縯不得不进行融资，融资就得释放股权，释放多了，就对公司失去了控制权。

第二，刘縯走捷径的心态有问题，他要为依赖付出代价。他起兵后让刘嘉去引诱绿林军。引诱，无非是用利益和前景去忽悠，以胜利后抢到的财产换来对方的支持，短期目的也达到了。可是，看似合伙人能带来更多的资源，更容易成功，没看到合伙人可以反客为主，将来有被吞并的风险。你利用一个比你还强大的哥们帮你追求女孩子，结果如何还用说吗？创业，可以合作但不能依赖加利用别人。

第三，刘縯对自身认识不足，他要为豪横和大意付出代价。当绿林军内定立刘玄为帝、征求他意见之时，张卬当面拔剑要求当天必须决定；当刘玄摆鸿门宴，申屠建给刘玄出示玉玦时，刘縯毫不在意，事后刘秀提醒他，他也一笑置之。这些都是对方要抛弃他的信号，他竟毫不在意，不做准备，真不知他的自信是哪里来的？昆阳之战取胜的消息一传来，意味着王莽政权离倒台不远了，也意味着内部夺权上升为主要矛盾，此时，刘縯必死的因果链条完全充分，他仍没有准备，还在为刘稷“固争”，思想如此大条，焉能不死？

刘縯利用绿林军打天下，绿林军也借刘縯之力，把自身由抢饭吃提升到抢地盘的境界。境界提高一大截以后，绿林军以为，既然通过自己的努力就能让公司上市，那还要你刘縯在一旁叽叽歪歪、虎视眈眈干啥？杀了算了。

刘玄杀了刘縯之后，封了20个诸侯王，稳定了局势，刘家人没一个敢站出来反抗，绿林军也实现了虚君实利的梦想。可是，事情到此还远没有结束，刘玄这个皇帝的执政能力不行，绿林军又是乌合之众，内讧不断发生。别人看刘玄不行，自然又有人出来创业，如此全国进入无序竞争阶段。

刘縯用自己的一生，给了刘秀很多的营养和反面教训。是他，带领刘秀走上革命的道路；是他，用自己的死，促使刘秀走上创业之路；是他，用自己的悲惨结局告诉刘秀，“刚毅”难有好结果，促成了刘秀“直柔”性格的形成。遇到一个好哥哥，是人生大幸。

# 第五章　形势推人走

以刘秀在太学的表现，就知道他不是个安分守己的好学生。太学结业后，回到老家的刘秀，陷入宁静和单调的环境中，枯燥和无聊成为主旋律，应该不那么舒坦。一生真的就要在种田和经商中度过吗？一年下来挣不了几个钱，更看不到光明的未来，二十四五岁了，什么时候能做上执金吾、娶上阴丽华呢？

因为心情不太好，刘秀和村里人交往就不多，见到谁也不愿意多说话。不过从他勤于稼穑、庄稼收成不错，以及宛城贩谷等事情看，刘秀郁闷归郁闷，但行动并不消极，过日子还是很勤快的。

刘秀决定起兵的原因，史书记载：第一，“莽末，天下连岁灾蝗，寇盗蜂起”；第二，“南阳饥荒，诸家宾客多为小盗”；第三，“李通以图谶说之”；第四，“王莽败亡已兆，天下方乱”；第五，尤其是哥哥“必举大事”，不跟着起兵必受牵连。基于此，他才决定跟着造反。

刘秀起兵的五个因素：天灾人祸、饥荒、迷信、机会、被迫。看一下这五个因素，是否必须起兵。

第二，说天灾人祸。新莽末年，水、旱等天灾不断，百姓哀鸿遍野。说被迫。刘秀经常去新野和宛城，如果绿林军进入枣阳，他躲出去很容易，况且母亲已经住在湖阳县城，所以无牵无挂的刘秀，没有必要太在意绿林军来洗劫的压力。他被迫起兵，主要是为哥哥所迫，来自连坐法令。如果刘秀真的不想起兵，逃走还是可以的。吴汉（后来成为刘秀的手下）因为门客杀人就逃到了渔阳，靠贩马为生。如果刘秀坚决不想起兵，逃到某个同学那儿躲一阵子，不是不可以。当时的流民多了，政府难以追查。被迫，是刘秀参与起兵的重要原因，但不够充分。

第三说迷信。蔡少公那句“刘秀当为天子”的话，除了邓晨，没有人相信，刘秀当时自己都不信。至于李通那句“刘氏当立、李氏当辅”，即便刘秀不知道这句话是算命先生王况编写、忽悠太守李焉的，直接根据原文分析刘秀也不会轻信：怎么能证明谶语中的刘氏就是指舂陵刘氏呢？刘姓皇族可有十万个男人呢！万一谶语指的不是自己，就凭刘李两家去造反，那找死的概率几乎是100%。何况刘縯的观点是先闹先死。刘秀要相信这些不着边际的话，书是白读了。

第四，说饥荒，更不会是主要因素，毕竟刘秀家土地有收成。阴家和樊家，刚开始都没动，说明灾荒不至于饿死。

第五，要说机会，就更不靠谱。前文讲了王莽末期的情况，国家虽乱，但乱民都是以吃饭为目的，有粮食就消停了。对付想要夺权的刘氏，王莽多了不用，派十万大军，刘縯怎么对付？一万余种田的男女老少，对抗十万正规军，胜利的概率不会到1%。不能说赤眉军打败了王莽第一猛将廉丹，就证明王莽的军队没有实力。农民军为吃饭活命，无路可退自然玩命，可刘氏这些尚能吃得上饭的人，有那种不要命的精神吗？刘秀自己都是“见小仗怯”的人。从事后看，假设刘秀在昆阳战败，那舂陵刘氏就会从王莽的大新朝人口统计表中全部抹掉。所以机会不到1%，而风险更大。

综上，五个理由都可以起兵，但即便捏在一起，都不充分，所以，判断刘秀只是大概分析了全国形势，结合了令自己不满意的现状，迫于连坐法令，稀里糊涂、随波逐流就起兵了。真的看清了，可能就不敢干了。人生就是一场误打误撞的旅行，撞到风口上的，成了；撞到枪口上的，死了。至于撞到哪儿，哪条路正确，事前人类根本看不清楚。所以人生最重要的不是选择的问题，因为已知条件永远不够，未知的变数又实在太大，怎么选都不一定正确。人生是行动问题，在成长这一系列动作中，逐步形成了梦想或使命，这样活着就简单充实且幸福了，因为没那么多要选择的烦恼，以使命和梦想为标准，自然无怨无悔地走下去，成功失败无所谓。如果没形成使命志向或梦想，那就会经常左右犯难。刘秀当时只有欲望，没有梦想和志向，所以面对起兵这个问题，肯定有纠结，这就是最初刘秀并不积极起兵的原因。打下江山固然好，收益无穷，可机会不到1%，干还是不干，关键看三条。第一条，到达成功的路有多远？第二条，在路上自己会不会死去？第三条，到达目标的时候，分蛋糕的人，能不能有自己那份儿？有了这些纠结，即使起兵了，也会想方设法保护自己，逃避面对面拼杀。

这些问题对刘縯来说就没有纠结，因为对他来说无所谓，拼一把死了也值得，谁让自己就有这个梦想呢？但是对刘秀不行，他还年轻，还没娶媳妇，日子还长呢！刘良就是这么劝诫刘秀的："你和你哥志向不同，你来掺和啥！"所以可以断言，没有刘縯，刘秀绝对不会起兵。一个引路人刘縯，忽悠得周边很多人冲动，加上自己的无知无畏，再加上被迫，刘秀就跟着起兵了。他连一匹马都没准备，拎着一把刀，骑着牛上了战场。

有梦想的创业，叫使命指引，生死无憾；无梦想的创业，叫听天由命，富贵在天。

刘秀的成功，恰恰证明，无梦想也能成功，前提是得有人领着，并愿意当他前进的成本和阶梯。

难道仅凭刘秀在太学时说的一句"仕宦当作执金吾，娶妻当得阴丽华"，就认定刘秀缺少梦想吗？年轻时的话，不能全部当真。虽说与说过"大丈夫当如此尔"的刘邦，说过"彼可取而代之"的项羽，说过"王侯将相宁有种乎"的陈胜相比，刘秀与他们不在一个档次上，但阅历增长以后，也是可以改变的。所以还需要其他证据。试举几例证明刘秀并无梦想。

第一，从太学毕业回家种田后，刘秀踏踏实实种田经商，因此被刘縯取笑，说他类似于刘邦的二哥刘仲。刘秀家有个现成的二哥刘仲，刘縯不取笑他，却偏偏取笑刘秀，连自己哥哥都这么说，总不会说刘秀是故意隐藏了梦想吧？

第二，从对女人的态度上看，初恋阴丽华曾是他爱情的全部，与阴丽华结婚不到一年，见到郭圣通，立刻也恩爱得不行，很快就生了长子刘彊。估计那时候他才明白，自己喜欢的，或者适合自己的女人，不是唯一，而是一批中的任何一个。连爱情都可以轻易改变，很难让人相信他有真实可靠的梦想。

第三，公元24年，刘秀到河北招抚各郡县，遭到王朗通缉，不得已逃到没有投降王朗的信都郡太守任光那里。任光只有几千人马，根本不是王朗的对手，这时候刘秀征求任光的意见，说咱能不能去投降城头子路和力子都。这两伙都是农民武装，类似于赤眉军和绿林军。刘缜就是因为依赖绿林军、最后被绿林军杀害，刘秀遇到困难就忘记教训，还要依附别人，这是有梦想的表现吗？

第四，同年，和成郡太守邳彤带着两千人投靠刘秀，刘秀有了六七千兵马，虽不是王朗的对手，但也算有了一定实力。在这种情况下，他却提出让这两郡人马把他送回长安去，回到杀他哥哥的刘玄、朱鲔身边。要不是邳彤明确反对，把他拉回到创业的路上，他还真就有可能泯然众人矣。邳彤的话很有力度，他说，即便我们想送你回去，你也回不去，因为河北兵不愿意抛家舍业去长安，半路都会逃回来，如此没法保证你的安全。刘秀这才不再提回长安的事了。任光和邳彤支持刘秀，无论是否有刘玄的因素，都是拼上身家性命的行为，刘秀没有试探任光和邳彤忠诚度的必要，如此，遇到困难就想回长安，只能说是缺乏创业梦想、目标不清晰、不坚定的表现。

第五，史书上记载，刘秀打败王朗后，刘玄封他为萧王，之后他才与更始政权产生二心。这也说明刘秀在成气候之前，根本没有独立发展的志向。

综上，刘秀的梦想、野心，要么没有，要么比刘缜差多了。那么，刘秀的成功，是怎么得来的呢？直截了当地说，是一步一步被形势逼迫，或被大家伙抬着、架着上去的。一个几乎毫无梦想的人，最后竟当了皇帝。成功，竟然是被迫的！

首先，刘秀起兵，被迫是主要因素。因为是被迫，所以再怎么纠结也没用，稀里糊涂起兵，满脑子想的是如何保护好自己。

其次，刘秀战场杀人，也是被迫的。小长安聚一战，刘秀亲人死去十几口，这份刺激实在血腥，二姐及二姐的三个孩子，就因为没马可骑，刘秀被迫抛下她们，随后她们被砍死。正是自家人的鲜血刺激，才使刘秀真正成为一个战士，才有了昆阳不顾一切地搏杀。刘秀之前根本没杀过人，也不会什么功夫，一切都是形势逼迫。人才的成长之路，是压力产生动力、动力产生努力、努力产生能力。家人被杀的仇恨，成为鼓舞刘秀征战的动力。

再次，刘秀在昆阳拼命，也是被迫的。这要多说几句。

史书记载的昆阳之战很简略：公元 23 年 5 月，王莽派大司徒王寻、大司空王邑，带领42万大军进攻刘縯和绿林军。路过小小的昆阳城，顺路包围。刘秀跟着宗佻、李轶、马武、邓晨等13骑出去搬救兵，之后带着从漯河搬来的八九千救兵，和昆阳城内留守的八九千人，冲击敌军大营，砍死王寻、打败王邑。这次作战，在陨石、暴雨、狂风的帮助下，在对手王寻、王邑的错误指挥下，在刘秀略施小计频频得手的情况下，尤其是平时“见小敌怯”的刘秀，忽然表现大变样，“见大敌勇”，一马当先，砍下敌人首级数十个，一举摧垮了王莽的主力军团，一战成名。

无论史书怎么夸张，汉军以少胜多是铁的事实。在这个事实前提下，来证明刘秀的勇敢冲锋是被迫的。

史书上可没说刘秀是被迫冲锋，反而是主动。之所以不可信，是因为不合常理。第一，史书上说刘秀做绿林军的思想工作、用利益诱导他们与莽军对抗等，没有人记载和写回忆录，班固是怎么知道的呢？第二，用不着刘秀做思想工作，绿林军的每个选择都是必然的。故意给刘秀脸上贴金的话，当然不可信。

王莽的40万大军（《后汉纪》）开过来，在昆阳的王凤、王常等人，该何去何从？无非三条：守、逃、降。如果逃，只有三个地方：宛城、漯河、绿林山。宛城无险可守，莽军尾随而至后，与宛城守军内外夹击，汉军必败，所以回宛基本是跳火坑。漯河兵力9000人，还分布在两个地方，不如昆阳一地人多，且昆阳“城小而坚”，去那里不如守昆阳。回老家，恐怕回不到老家就会被莽军追上，从此没了希望不说，生命也会不保。所以守昆阳是王凤最佳的选择，只是因为没地可逃，这种理性的选择，需要刘秀聒噪吗？

既然要守，首先要通知宛城，因为一旦汉军拿下宛城，刘玄、刘縯可以救援昆阳；其次要到漯河搬兵。没必要到宛城搬兵，拿不下宛城，刘縯不会救援昆阳，因为来了也救不了，那时候谁都没想到莽军那么弱。而且莽军大举前来，最主要的目标一定是宛城，而不是昆阳，所以只要宛城吸引走大批莽军，剩下的由昆阳和漯河来对付，压力小多了。防守也要集中兵力，故必然要到漯河搬救兵。如果说漯河的部队是刘秀靠利益引诱而来的，可能性不大，谁愿意放弃眼前的利益，为了未知的利益，以区区9000人投身于40万敌军的虎口之中呢？所以能搬来他们的，应该是靠形势、权力、义气这些东西，而这些东西，属于绿林的可能性大一些。你想，如果漯河不支援昆阳，万一昆阳守军投降，漯河的人往哪里跑？所以根本就不需要刘秀做过多工作。不过，即便知道必须支援昆阳的道理，漯河援兵的恐惧也是避免不了的，战斗力一定会大打折扣，为此，就需要模范来带头。

刘秀之所以在昆阳拼命，是因为昆阳大战是汉军和莽军的决战，刘秀已没有退路。如果刘秀不冲在前头，春陵派就不能冲在前头，春陵派不冲在前头，犹豫彷徨的漯河绿林军就不能随着冲锋。如果调动不了漯河绿林军的积极性，昆阳必定救不了。如果昆阳之战失败，宛城也敌不过王莽大军。宛城再败，刘縯的政治梦想就全部破灭了。一旦被围在大山里，绿林军为了生存，吃掉春陵军是必然的。即便为了自己的未来，刘秀也得冲锋在前，指望任何人都没用。昆阳之战与以前的所有战役，根本不同之处在于输不起，输了就会在地球上消失。所以刘秀在昆阳的拼杀，是形势所迫。

万幸的是，刘秀拼死冲锋那天，宛城的援军已经到达。刘縯在昆阳之战的前三天已经拿下了宛城，救援昆阳的步兵已经到达昆阳外围。证据就是在宛城被刘赐俘虏并任用的任光（后来的信都郡太守）、在宛城被刘玄委任为偏将军的赵熹，都参加了昆阳大战，赵熹还在昆阳负了伤。也就是说，除了刘玄的禁卫军和刘縯的亲军，以及宛城投降的岑彭等降兵，近 10 万的围宛部队参加了昆阳之战。刘秀的勇，不是以 3000 人或 2 万人敌 40 万人（包括很大比例的运粮队），而是有 10 万人撑腰和后援情况下的玩命。

刘秀一战成名。只是没有想到，为解昆阳之围，大量部队支援昆阳后，刘縯自己的护卫队伍不足，被刘玄和朱鲔抓到了机会。

当然，如果用阴谋论解释刘秀的昆阳之拼，更加符合逻辑。比如，刘玄和朱鲔早就对刘縯动了杀机（刘秀看得到这一点），所以分开刘縯、刘秀兄弟后，朱鲔想分别陷害刘縯和刘秀。对付刘縯的是刘玄和朱鲔，监督刘秀的是李轶。刘秀多少能感受到自己的危险。莽军到来后，刘秀的风险并未缓解，反而更大，因为王凤他们投降的概率增加，只要投降，一定会以春陵刘氏的人头做投名状，毕竟王莽最主要的敌人是刘氏，而不是流民。也就是说，刘秀的敌人来自两个方面，绿林系要杀他，王莽也要杀他，拼命是他唯一的选择。一个人的拼杀没什么意义，所以刘秀一定要忽悠住绿林系，最差的结果也是让自己逃离昆阳，而搬救兵是最好的理由。

王凤等人并不怕刘秀逃走，除了宋佻、李轶盯着刘秀，还有朱鲔看着刘缜的两个儿子。刘缜的两个儿子在宛城外军营，刘缜就不会逃走，刘缜不逃走，刘秀逃走就不可怕。

刘秀摆脱困局唯一的选择，是不要宛城增援、让刘缜全力打宛城，同时利用漯河有限的兵力，在昆阳拖住莽军。那剩下的，除了带头冲锋，别无选择。所以，宛城主动拼命还是被逼的。

又次，刘秀和阴丽华的婚礼也是被迫的。这倒不是说刘秀不想和阴丽华结婚，而是刘秀选择在哥哥被杀的当月，与阴丽华举行婚礼，在时间选择上是被迫的。

刘秀听到朱祐的报告，得知刘缜被杀害后，立刻从平顶山宝丰县回到宛城，除了向刘玄道歉谢罪，根本就没提到刘缜被冤枉一事，也没穿丧服，就像根本没发生过刘缜已死这事一样。紧接着，刘秀和阴丽华结婚。

刘秀在刘缜大丧之月办喜事，而且还处在追杀莽军的战争期间，明显很不正常，即使他愿意，阴家有必要这么急迫吗？除非阴家也扛不住压力。那就只能是刘玄和朱鲔或明或暗地威胁阴家同意他们尽快结婚。刘玄和朱鲔的目的，就是要利用这次婚礼，表面上帮助刘秀完成夙愿，实际是考验刘秀是否怀恨在心，同时，意欲采取恩威并施的手段，告诉舂陵诸刘顺我者昌；同时，利用一场喜事，冲淡刘缜被杀的血腥和内部敌对的氛围。

从朱鲔的角度考虑，刘缜被杀后，不可能不想斩草除根，他们最想杀的，是刘秀和刘缜的两个儿子。但是刘秀表现很乖顺，一副刘缜死有余辜、自己不计前嫌且深深自责的样子，朱鲔没找到什么破绽，刘玄也有些不忍心。朱鲔顺势给刘秀一颗甜枣，借着满足刘秀欲望的机会，建议刘玄以皇帝的名义，赏赐刘秀马上结婚。目的除了试探，还有找碴儿和回旋几层意思。如果刘秀顺利同意，说明刘秀接受了朱鲔送出的阴丽华这一礼物，可以缓和和刘秀的矛盾；如果刘秀抗旨不同意结婚，那就说明刘秀怀恨在心，韬光养晦只为蒙骗过关东山再起，必须挑拨刘玄，择机杀掉刘秀。

在刘玄和绿林军的主持下，阴家也不敢不同意，否则，抢了你老家。于是，一场皆大欢喜的婚礼，就在亲人血迹未干的悲痛中举行了。

这次婚姻对刘秀来说，也有复杂的目的。一是通过这次婚礼，刘秀刻意告诉刘玄、朱鲔、李轶等人，我刘秀对美好生活很向往，不想和你们纠结刘缜之事，刘缜是自作自受，他的死，与我刘秀无关。二是通过这次婚礼，刘秀要缓和与绿林军中那些大老粗的矛盾，争取同情。刘秀毕竟和绿林军很多人一块参加了多次战斗，也属于战友，借着结婚的机会拉近感情，多少能起到遏制刘玄、朱鲔继续迫害自己的作用。三是通过这次婚姻，加深与南阳大地主之间的联系。母亲家族樊家、老婆家族阴家、姐夫家族邓家，都是大地主，如果刘玄一定要彻底翻脸，那就是与老家所有大家族为敌。四是通过这次婚礼，传递一个信号给刘氏，刘缜之死是他自作自受，你们不替他出头没什么错，连我刘秀都只顾自己结婚高兴，你们就更别自责了。刘秀这次大婚，让所有人都放下了一颗悬着的心，再怎么说内讧都不是好事，所以让风波尽快过去对大家都好。刘玄因此封刘秀为破虏大将军、武信侯。

刘秀的第一次婚姻，无疑掺杂了政治的意味；这次婚礼，更是政治婚礼。只不过因为刘秀说他是真的喜欢阴丽华，所以不能彻底界定为政治婚姻。是不是政治婚姻，全凭刘秀自己说，那就没什么可讨论的了。

最后，刘秀出走河北招抚，还是被迫的。虽然通过结婚淡化了矛盾，但刘秀知道，自己仍处于危险之地，以朱鲔的心机，势必继续死死盯着自己，平安只是暂时的，只要留在洛阳，没有出头之日不说，一旦犯错刘玄也饶不了自己。另外，因为不敢报仇，也会有人鄙视自己的懦弱，在这种怜悯、鄙视、威胁的目光之下，刘秀会极其不舒服。他必须想办法离开绿林派把控的朝廷，这才有了去河北招抚的一步棋。

总之，参军起兵、战场杀人、昆阳冲锋、第一次婚礼和出走河北，对刘秀来说都是被迫的，形势和外界因素，就这么一步一步把他逼上了自然而然的创业之路。当然不能说刘秀本身就毫无主动性，在面临压力的情况下，刘秀没有消沉，反而能够把压力转化为动力，这就难能可贵了。

# 第六章　被动地创业

公元23年9月，新婚3个月的刘秀，从宛城到洛阳，为建都打前站。之后从洛阳出发，奔向河北，奉命进行招抚工作。

公元23年9月，王莽在长安被杀，面对全国大部分地区群龙无首的局面，刘玄派出各路的招抚大使，去招降各地的官员。刘秀去河北是一路，主要是冀州；鲍永去并州是一路；韩鸿去幽州是一路；李铁去青州是一路；等等。各地方官员对局势大都持观望态度，关键看刘玄的政策。少数地方官开始自治，蓄谋割据一方；个别的希望另立皇帝。赤眉军等流民武装，有派人与刘玄见面，接受招安的；也有独自扩大势力范围谋求割据的。公元23年10月，宗室刘望在王莽前手下严尤、陈茂的辅佐下称帝，当月就被刘玄派人灭了。总体来说，当时的国家，除了刘玄的更始政权，还没有其他称帝的政权。

刘秀离开洛阳的时候，身份是更始政权里的破虏大将军，在河北代行大司马职务，武信侯。他持有招抚的符节，能够任命当地的地方官，包括太守及其下级，理论上权力不小。只不过手里没有军队，河北的地方官要是服他，刘秀就有吃有喝，要是不服他，他也没办法。这里所说的河北，是指黄河以北的广大地区，范围与现在的河北省有区别，还包括现在河南省东北部、山东省北部部分地区。当时的河北，为吃饭而造反的农民流寇军事集团遍地都是，安全性很差，这也是一般人不愿意去河北招抚的原因，当然也是刘玄派刘秀去的原因。

最初跟着刘秀出发的，主要是代理大司马刘秀的掾属，包括朱浮、宗广等人，还有冯异、铫期、王霸、坚镡、祭遵、臧宫这6个颍川人。王霸带着十几个伙计，整个队伍应该不到百人。注意，刘秀不是白手起家，他最起码有大司马的排场、任命官员的权力，以及自己的班底。作为刘玄派出的一路招抚大使，也不可能很寒酸。这些人里，臧宫是下江兵出身的校尉，因为一直跟随刘秀作战，深得刘秀信任。其余5个颍川人都是刘秀在昆阳之战前后，在颍川结识的小吏或富二代，都愿意追随刘秀。因为他们比较能干，或有人推荐，刘秀也就带上了他们。云台28将中，颍川有7人，除了这6人，另外一个是傅俊，他稍晚半步加盟。

也就是说，刘秀最初创业的主干班底，既没有太学同学，也没有本家族人，而是工作中刚刚结识三四个月的颍川人。

此时的刘秀，在外人眼里，是皇帝的堂弟、王爷（李通）的大舅哥、太守（邓晨）的小舅子，本身是代理大司马、侯爷，属于大权在握，而且是有巨大发展潜力的老革命和绩优股。这几十人跟着刘秀混，随随便便就能得到一个县长或县令的官，甚至太守或州牧也不是没有可能，这比他们原来"吏""曹掾"的职位，可是有本质地提高，是从吏到官的跨越。所以可以肯定，他们追随刘秀，有个人的利益诉求，而不是单纯喜欢或看好刘秀、纯粹为了辅佐刘秀创业。当然，刘秀因为昆阳之战而出名，他们对刘秀的敬佩，也是追随的原因。

刘秀进入冀州地面的前两个月，还是比较愉快的。冀州各地政府官员一听说刘氏政权派人来招抚，且只要表示投降，原来的官位可以不变，当然很受欢迎，反正王莽已死，何乐而不为？所以一路有好吃好喝好招待，没遇到什么麻烦。

刘秀要去的第一个大站，是邯郸。在去邯郸的路上，老同学邓禹、前部下县令马成，先后追随而来。

刘秀以为邓禹也是来谋求一官半职的，就问邓禹："你想要个什么官啊？"没想到邓禹说："我不要什么官，我来是来帮助你'威德加于四海'的，这样我也可以名留青史。"刘秀不信邓禹有那么高尚，还想和邓禹调侃。邓禹却正色给他分析，说："你不必在意河北现在有很多支农民武装，动辄数万人，他们只不过是一些靠武力抢劫的鼠目寸光之辈，百姓并不支持他们。更始帝刘玄，话语权有限，他手下那些将军们各自为战，也成不了气候，天下再次分崩离析的形势马上就会出现。如果你招揽英雄，得到民心，就可以做出汉高祖刘邦那样的建国伟业，拯救数千万人的性命。"邓禹一句"立高祖之业，救万民之命”，给刘秀以巨大的刺激和震撼，一下子醍醐灌顶，使刘秀似乎感受到了生命的意义和活着的动力。梦想这东西，在刘秀的心里萌芽。刘秀进入河北，开始并未有过的独立创业的想法，正是邓禹的话，帮助刘秀树立了梦想、明确了志向。当然一次不够。后来，面对强大的王朗，刘秀又不自信了，在广阿拿出地图问邓禹：“你曾说我一定能得到天下，可你看看，全国一百多个郡，现在我只控制一个，什么时候才能得到天下呀?”面对气馁的刘秀，邓禹开导他说：“从古至今，能取得天下的人，不看眼前有多少领土，关键看其德之厚薄。现在天下大乱，老百姓都希望像你这样的人当他们的皇帝，只不过他们还不知道你在这里而已，你别着急。”邓禹这些话，指引和鼓励着刘秀，一路向前。

到达邯郸后，偏将军傅俊带着十几个宾客追随过来。颍川人傅俊，还有王霸，都是和刘秀一块参加过昆阳之战的人。

公元24年正月，邯郸人王朗诈称自己是汉成帝之子刘子舆，称帝起兵。汉成帝是西汉倒数第3任皇帝，是汉宣帝之孙、汉元帝之子，正儿八经的大汉皇帝。王莽死后出现的权力真空时期，出来一个汉成帝的儿子，自然有号召力，所以王朗一时间势力很大。有了刘子舆，冀州没几个地方还买刘玄和刘秀的账，刘秀遭到王朗的通缉，瞬间成为人人喊打的目标。刘秀等人被迫离开邯郸向北逃。在河北省定州市，刘秀遇到一个来拜访自己的小伙子。他说：“你们不用跑，王朗就是一个诈骗犯，你们怕他干什么，等我回上谷郡搬救兵，之后帮你们消灭王朗。”刘秀哪能信一个比自己小9岁、认识不到两个小时的毛头小伙子信口开河之言，敷衍两句，带着这个家伙继续向北逃往天津蓟县。这个小伙子，就是后来云台28将之一的耿弇。蓟县是幽州的地界，到了蓟县才知道，蓟县的广阳王刘接投降了王朗，刘接要是知道刘秀跑到这里，肯定会逮捕他。刘秀无奈只得又跑了。耿弇又对刘秀说：“渔阳太守彭宠是你老乡，上谷太守是我老爹，我回去劝说他们两个派出上万精兵，一定可以打败王朗，你跑什么呀!”刘秀觉得耿弇太能忽悠，说话不着调。其实刘秀心里知道，凭什么渔阳太守彭宠听我的？我能给彭宠什么回报啊？你们只知道我是皇帝的堂弟，不知道皇帝和绿林军有多想要我的命啊！自己现在能低调求得活命就不错了，想要推荐或任命高级官员，刘玄和绿林派肯定不会同意，甚至可能把自己调回去。没有后盾，刘秀心里就没底，也就没自信找彭宠。

刘秀等人又饿又怕，惶惶如丧家之犬，铫期闯开城门，王霸谎称河水冰冻可行，如此在上天眷顾之下，才逃出蓟县。因为不知道曾投降刘玄政权的河北官员，现在是什么态度，所以“狼狈不知去哪儿”！彷徨中，回头发现，耿弇不见了。同时王霸带来的随从也有好几个不见了。刘秀拍着王霸的肩膀说，“努力，疾风知劲草啊”。这个时候的刘秀，已经跌到命运的谷底，要不是冯异给他弄来一点点豆粥和麦饭，刘秀就得连续挨饿几天。更始政权的破虏大将军、代理大司马，就混得这么惨！

正不知去哪儿呢，偶然之间，运气来了，一个白胡子老汉告诉他们，信都郡（今河北衡水冀州区）的太守任光没有投降王朗，你们可以去找他。这一句话，提醒了刘秀。刘秀以前认识任光。任光是宛城的公务员，在宛城投降汉军后，因为他衣着光鲜，绿林军要扒他的衣服自己穿，正巧被刘赐看见，解救后收为下属。他以偏将军的身份参加了昆阳之战，所以和刘秀认识。后来刘玄任命他为信都郡太守。既是熟人，又是无奈的选择，刘秀因此来到了信都郡。

史书在此又使用了曲笔，目的是突出刘秀的命不该绝。其实，河北可不止一个任光的信都郡没有投降王朗，最起码邓晨任太守的常山郡（赵子龙的故乡，今石家庄市）也没有投降王朗。刘秀不可能不知道邓晨上任，因为邓晨上任常山，是在刘玄刚进洛阳之时，刘秀出使河北之前，刘秀当时身在洛阳，怎么可能不知道二姐夫的工作安排呢？刘秀此时不是没地方可去，是史书故意这么写，突出刘秀的艰苦曲折和上天眷顾而已。

信都郡成为刘秀命运的转折点，从此开启了开挂模式。到信都没几天，太守任光、郡都尉李忠、县令万修带领4000人马，和成郡（今河北晋州）太守邳彤率领2000精锐骑兵，邓禹在当地招收了2000人马，邢台大族刘植率领数千人，邢台大姓耿纯带领2000子弟兵，都陆续聚集过来，军队数量一下子达到万人。刘秀有了最初的军事资本，相当于A轮融资1亿元，新股东为河北六杰：任光、李忠、万修、邳彤、刘植、耿纯。释放的股权，仅是成功以后封侯、每人最多食邑一万户（6人最多6万户，东汉初428万户，

6/428 =1.4%)、合计1%左右的股份而已，还是期权，且只有分红权，没有最终决策权。

到这里，可能有人要问，凭什么不用刘秀主动，别人就来投资呢？何况李忠、邳彤、万修、刘植和耿纯这些河北人，以前根本就不认识刘秀。

说透耿纯，就全清楚了。当时的河北，局势动荡，既有独立称帝的王朗，也有烽烟四起的流民军团，普通百姓经常被各种蛮霸势力掠夺，社会极不稳定。当地的有识之士，即手里有一定资源、想干点大事的人，希望有个能人出来，整合资源，扫平恶势力，恢复地区稳定。于公来说，还百姓以安居乐业；于私来说，可以成就一番大业。就像现代社会的全民创业，有的人变卖家产独立创业，类似于直接奔着当皇帝去；有的人看好某个人和某个项目，投资做小股东并参与经营管理，与人合作创业。对邢台的官二代耿纯来说，自己当皇帝没有号召力，所以只能投资做小股东，可眼前没有看好的人和项目。整天在家琢磨没用，他要亲身考察一下天下到底谁行。他首先到山东拜访了李轶。刘缜死后，刘玄一直很重用李通、李轶、李松三兄弟，派李轶去招抚山东一带的官员，李轶因此有机会任命耿纯的父亲为济南太守。耿纯和李轶在王莽时期，家境地位基本一样，可李轶飞黄腾达了，今非昔比，是位高权重的舞阴王。耿纯去见李轶，在传达室等了好几天。李轶可能确实忙，主要还是没把手下官员的儿子当盘菜。见面之后，耿纯和李轶一聊，觉得李轶没啥水平，把李轶损了一顿后，就扬长而去了。他怎么损李轶的呢？他说："没看见你们哥们儿为百姓做什么好事，但是官位和收入却嗖嗖增长，这不是什么好事情。战战兢兢都不一定能保住富贵，更何况像你这么傲慢和自满呢。你一定不能成功，不信走着瞧。"耿纯的观点，不是什么谶语之类的上天注定，"李氏当辅"，而是想保富贵就要为百姓做好事，个体的收入和贡献要匹配、超过就是损德、损德则必败等。

耿纯把李轶说得愣眉愣眼的，心想大户人家的子弟也不能这么冲吧！不过李轶还是很有风度，给了耿纯一个骑都尉的官职。耿纯根本就没把这个空头官位放在眼里，不予理会。离开李轶之后，他又来到第二站邯郸，拜见刘秀。刘秀很热情地接待了他，聊了一会儿，耿纯感觉不错，总之没有贬损刘秀。接着出来参见了刘秀的团队，感觉管理水平和文化氛围与众不同。他亲身感受之后，有了结交之心，送给刘秀几匹马和几百匹帛，作为见面礼。

耿纯之行，与后来的马援考察公孙述和刘秀之行、陈宫引吕布占兖州赶走曹操、陈登引曹操占徐州赶走吕布等是一回事儿，“臣亦择君”，其实就是手里拿着钱，在找好项目和好的管理者，目的是造福一方，同时希望有个靠山。除了李轶和刘秀，邢台正北有石家庄的大地主真定王刘扬，正南有驻扎在邯郸的皇帝王朗，这两人耿纯可能都熟悉，和刘扬还是亲戚，所以连尽职调查都免了。综合比较之后，他认为傀儡刘玄手下的无德诸王、假刘子舆王朗、脖子上长瘤子的刘扬，都成不了气候，倒是踏踏实实的刘秀有可能。而且此时刘秀还是冷灶，一旦协助刘秀成功，将来必受重用，可以通过刘秀实现自己造福一方的梦想。看好董事长后，加大投资，押上身家性命，这就是耿纯的眼光和选择，也是邳彤、刘植等貌似无条件加盟刘秀的背后原因。

那么，刘秀到底有什么吸引力呢？这确实不容易说透。毕竟，经历过一天之内死了多位亲人、万马军中冲杀以寡敌众并最后取胜、亲哥哥突然惨死自己也身陷险境这些事的人，内心强大到什么程度，不是谁都可以体会得到的。但是要说强悍，刘秀敌不过刘縯；要说运气，刘秀比不了刘玄；要说当地关系，刘秀比不过本地户王朗。耿纯之所以选择刘秀，应该是因为刘秀比他们更有合适做皇帝的品质，比如宽厚、开朗、随和、谦虚等，比较有发展和好合作。

另外，当时全国范围内，有本事又没遇到明主的才干有好多，比如耿弇等，他们属于想干大事但自身力量不足、迫切希望加入一个能开创新局面的组织。现实生活中这样的人遍地都是，他们需要一个有声望、有实力的人来整合资源，形成一个强大的集团。见到刘秀这种没架子、干正事、有潜力的革命先驱，自然希望能一起合作。

刘秀落难了，急需外部资源注入；落难的刘秀，正是耿纯等低价抄底投资的好机会。于是，河北有识之士聚集在邢台，合伙辅佐刘秀打王朗。多少有些运气成分的刘秀，拿到这些资本后，在无法回到长安工作的情况下，就只能与邯郸王朗死磕了。但是，要向南打邯郸，得防着身后的石家庄，刘秀不得不与真定王刘扬结交。因此，被迫接受当刘扬外甥女婿的条件。刘扬当然不会把丑女恶女嫁给刘秀，那样不但结不了盟，还可能坏事。大富人家的女儿郭圣通有“母仪之德”，当年 18 岁，比阴丽华还年轻，花一样的年纪，刘秀因祸得福，不但解决了后顾之忧，还白捡了个大美女，而且是一位相当旺夫的德女，这让刘秀出乎意料地满意。

刘秀带兵前进途中，陆续又有一些人来投奔。在河北保定招收了杜茂，在邢台市见到了堂哥刘嘉推荐来的朱祐、贾复和陈俊。大军进到巨鹿附近时，常山太守邓晨，主动跑过来，要求入伙。刘秀觉得一个人入伙不如一个郡入伙，这样邓晨就回到郡里给刘秀输送粮草。邓禹、马成、杜茂、朱祐、贾复、陈俊，都是南阳人，简称“南阳六杰”。

在扫清王朗外围势力期间，幽州的渔阳（北京怀柔、昌平一带）、上谷（河北张家口怀来）两郡 4000 铁骑和 2000 步兵，在吴汉、盖延、王梁、寇恂、景丹、耿弇的带领下，在邢台隆尧县东一个叫广阿的地方，投奔了刘秀，此为幽州六杰。幽州六杰的加盟，实话说比河北六杰和南阳六杰更管用，对刘秀的支持力度更大。他们要的股份不比河北六杰多，条件也没有任何增加，但对东汉成立的贡献，却要大得多。第一，幽州六杰本身都是将才，尤其是吴汉、耿弇、景丹，都是一代名将；寇恂，更是杰出的管理人才，类似于萧何一样的人物。第二，幽州突骑对刘秀战斗力的提高，起到了杀手锏的作用，确保了刘秀在平原野战中战无不胜。第三，幽州兵源、战马、军需物资的供应，也是其他地方不可比拟的，确保了刘秀在创业初始阶段的优势地位。可以这么说，颍川六杰解决的是团队有无问题，河北六杰解决的是资本多少的问题，南阳六杰解决的是战略高下的问题，幽州六杰解决的是核心竞争实力的问题。

耿弇，那个“说大话吹牛皮”的小伙子，还真实现了诺言，把部队给刘秀带了过来。刘秀和宛城人吴汉之前是否认识，史书上没讲。如果没见过，他那么推崇刘秀，实在找不出原因。王莽末年，吴汉的门客犯法，吴汉便和同乡、前渔阳郡太守的儿子彭宠（曾是莽军战士，因弟弟在汉军中，不愿敌对而做了逃兵）逃到渔阳。彭宠投奔了父亲的好友，吴汉以贩马为生。后经人介绍，彭宠和吴汉认识了刘玄的招抚使韩鸿，请客送礼之后，彭宠直接干上了渔阳郡代理太守，吴汉干上了渔阳郡安乐县县令。一个逃兵，一个逃犯兼马贩子，忽然之间成了郡守、县令，刘玄的政权能好吗？那时候的老百姓，生活在什么状态下呀！

幽州的渔阳、上谷铁骑，经常与匈奴作战，经验丰富，实力超群，天下闻名。有了这友骑兵部队，在平原上对付流民军团，刘秀基本可以战无不胜。换句话说，如果幽州突骑支持王朗，估计王朗也失败不了。问题是，幽州铁骑的领导人彭宠、耿况（耿弇的父亲），为什么会选择刘秀呢？

彭宠支持刘秀的原因是，彭宠是刘玄集团任命的临时太守，刘秀是刘玄派出来的招抚大使，他俩属于一个集团公司的，与王朗合不来。况且彭宠如果能和老乡刘秀交好，既间接巴结了刘玄，有望解决转正问题，又可以稳定和提高自己在幽州的地位，弄好了，当个幽州牧也不是问题。所以彭宠支持刘秀很积极，除了派吴汉、盖延、王梁带兵前去支援，还主动供应粮草军资，源源不断。当然，彭宠也可以既不支持刘秀，也不支持王朗，但是彭宠的小兄弟吴汉和耿况的大总管寇恂，都明确支持刘秀，彭宠也没必要坚持中立。

上谷郡太守耿况，又是另一种情况。耿况是靠王莽堂弟的关系，坐上太守位置的。王莽败亡后，耿况担心自己的位置不稳，就派儿子耿弇去给刘玄送礼。出差路上，耿弇的随从都投奔了王朗，光杆司令耿弇没办法，就顺路去拜访了刘秀。有枣没枣打一竿子，能和刘秀扯上关系也是一条出路，这才有了耿弇与刘秀的会面。

耿弇离开上谷出差没几天，刘玄的招抚大使（很可能还是韩鸿）到了上谷，耿况交出印绶，表示投降。按照投降即可接着干的原则，招抚大使应该对其安抚鼓励一番，之后交还印绶给耿况。这基本就是个程序。不知什么原因，到耿况这儿程序变了，招抚大使没有交还印绶，也没说为什么。这让耿况很担心，毕竟自己是王莽的裙带，担心位置因此不保。第二天一早，耿况的手下寇恂，带着兵马，半要半抢地把印绶给夺了回来。安抚使手里兵少，自然只能认㞞，可心里肯定火大了。如此之下，耿况更不踏实，担心刘玄派兵来搞自己。翻来覆去睡不好觉的时候，王朗派人来，要求耿况带兵归顺。面临新的选择，耿况召开会议研究何去何从。这时候寇恂提出，刘縯的弟弟刘秀不错，礼贤下士，可以信赖。谁都知道刘玄杀了刘縯，这时候寇恂不说刘玄，也不说王朗，而说刘縯、刘秀，潜台词是抛开刘玄和王朗，走第三条路，只支持刘秀。耿况担心凭自己一郡的兵马支持刘秀，对抗不了王朗，寇恂就提出拉上渔阳郡的彭宠，且私自杀了王朗的代表。就这样，耿况不得不和王朗断交，进而支持刘秀。对耿况来说，无论是什么目的，此时支持刘秀就是支持刘玄，耿况这么做，将来刘玄也不会再提他抢印绶一事。他支持刘秀，属于半被迫半自愿。

上谷能支持刘秀，主要是寇恂的功劳。耿况是陕西人，在上谷是外来户，除了六个儿子，没有自己的家族势力和家乡子弟兵。寇恂是本地人，大姓，子弟兵很多，从抢印绶、先斩后奏杀王朗的代表等手段上看，在上谷是一个敢拍板的强硬人物。他选择刘秀的原因，史书记载的，一是他认为刘秀的哥哥刘縯，是一个真正敢和王莽对着干的人，有胆有志；二是听说刘秀礼贤下士。寇恂只是道听途说刘秀的为人，就敢于带兵投靠，实在不能说理性，在王朗和刘秀之争尚未明朗之前，待价而沽、观望一段时间才是最佳选择。如此义无反顾，只能证明两点：第一，王朗确实不行，是个冒牌货，如果王朗是刘永（另一称帝的刘氏），可能寇恂未必支持刘秀；第二，像寇恂这样的大族子弟，希望借此机会，建立不世之功，即立皇帝。只要这个候选人行，无论是刘秀还是刘永，可以早扶植、早立功、早受益。他看中候选人的标准，是“礼贤下士”，和耿纯看重的“德位相匹、造福百姓”，明显存在区别，寇恂在意的是我们帮你上位之后，你能否回报我们士大夫集团，与候选人对百姓的态度无关。

彭宠和耿况支持刘秀，其实看重的是刘秀背后的资源，不是刘秀这个人；吴汉和寇恂支持刘秀，看中的是刘秀本人的基本素质和能力，与其背后的资源关系不大。一半在背景，一半在自身，是刘秀能获得幽州资本的原因。

王朗闹得气势很大，刘玄那头也着急，作为市场上处于垄断地位的唯一供应商，他不允许有人出来和他竞争，于是，派出尚书令谢躬，带领六员大将，进剿王朗。谢躬还有另一个使命，就是监督控制刘秀。

刘秀有河北冀州派、幽州派、真定王等支持，又有刘玄的谢躬部帮忙，王朗败亡就是板上钉钉一样的必然。

刘秀二到河北以后，客观地说，创业的风口已经到来。站在刘秀的角度，只要打出刘氏的旗号，就有追随者，大家都需要刘氏皇帝这个品牌的产品，可供给者有限。王朗冒称刘子舆，假冒伪劣产品都有十万消费客户，就是证明。没称帝的厌新将军刘茂，独立打出反王莽旗号，照样能存活，也是证明。站在市场和客户的角度，无非是采购谁家产品的问题，押准的就是开国功臣，没押准的就是炮灰。有眼光的人，看候选人的出身、能力和人品；没眼光的人，看候选人的势力。

在刘秀和谢躬的联合打击下，王朗灭亡。王朗灭亡之时，就是刘秀抛开刘玄、独立创业的开始。接着，刘秀派吴汉和耿弇回到幽州，杀了刘玄派来的幽州牧苗曾，以及派来的新任渔阳、上谷太守，带回幽州十郡的精锐突骑。

有了幽州突骑，扫荡流民军团就像秋风扫落叶。刘秀收降了农民军铜马武装后，又拥有了大批步兵，如此就可以攻占城池了。利用冀州和幽州的武装，刘秀开始横扫河北的流民军团，包括他一度想去投靠的城头子路和力子都。之后在河南省焦作，刘縯收服的手下岑彭投降过来，本家刘隆从南阳投奔过来。公元 24 年底，刘秀杀掉谢躬后，谢躬的手下马武也投奔过来。至此，云台 28 将全部到位，其中颍川七杰，河北六杰，幽州六杰，南阳六杰，加上后加入的降将岑彭、绿林马武、宗室刘隆 3 个南阳人。南阳籍功臣中，严格意义上说，吴汉属于幽州派，任光属于冀州派，马武属于绿林派，不能把他们当作纯南阳派来对待。

公元 25 年 6 月，刘秀在河北邢台柏乡县称帝。从洛阳出发，到柏乡称帝，只用了 20 个月。当然，公司从站稳脚跟，到统一全国市场、挂牌上市还有一定距离。全国 13 个州，刘秀称帝时，基本只占有冀州和幽州 2 个州，只有后来的袁绍地盘的一半大。不过，那时全国局势已经发生了翻天覆地的变化，刘玄政权面临垮台，分封的诸王成为一个一个独立的割据势力。同时，市场上都在模仿刘氏公司的产品，刘氏公司的知识产权和品牌已经不具备垄断性和独特性，市场上出现了前所未有的乱局。

在刘玄还活着的时候，刘秀就称帝，战略上确实值得推敲，因为背叛原单位而称帝，显得不够正义和正统，相信刘玄的百姓不那么接受刘秀的合法性，就不会支持刘秀。刘秀不如等到刘玄败亡，招降其旧部再称帝，显得维系正统。而且绿林军和赤眉军两股最大的农民势力还在，刘秀没必要过早出头，冒尖找打。可是，不称帝就不能股权实名化，就不能分红，创业元老有顾虑。刘秀称帝前，核心兵力全部是河北派，包括信都郡、和成郡、渔阳郡、上谷郡，以及归附投降的河北各郡县和大族。这些人，刚和刘秀认识半年，之前几乎没有感情和信任基础，现在合作取得了初步收益，急着要回报也应该被理解。耿纯说得明白：“俺们河北这些人，之所以跟着你混，就是希望你称帝后落实我们的官位、爵位和封地，你要老是模棱两可、羞羞答答不称帝，大家伙可就要跟别人混去了，谁不想早点过上好日子呢？等将来统一全国再分封奖励，指不定有多少人来抢蛋糕呢！”刘秀称帝前，刘秀的铁杆粉丝邓禹、冯异都不在身边。邓禹带着两万部队在西征长安，对付赤眉军；冯异在洛阳附近，对付绿林军的朱鲔、李轶兵团。刘秀征求这两人意见后，觉得形势不错，称帝风险不大，也就同意了。不过在称帝问题上，刘秀连续推辞真不是故作谦虚，毕竟，万一将来失败，皇帝连条后路都没有。称帝，也是大家推着他走的。

从刘秀出走河北开始，在颍川七杰、河北六杰、南阳六杰、幽州六杰的步步推动下，刘秀迅速完成了从打工到创业称帝的过程，其间与郭圣通结婚、称帝两件大事，都有被动、被推动的因素，但结果和效果都还不错。从刘秀的创业历程看，他不是先有梦想、再定目标、再有规划、制订定计划、分步实施的创业，和历史上雄才大略的秦始皇、汉武帝、唐太宗、宋太祖不一样，刘秀属于走一步看一步，具备条件就进一步的人。钻研的精神、系统的思考、组合的动作，达到完美的结果，这种周密系统的逻辑，在刘秀身上看不到。

# 第七章　对手都有谁

刘秀统一全国的进程，分为两个阶段。第一阶段是公元24—29年，这六年对付全国纵向整个中部和东部的军事集团。第二阶段是公元31—36年，这六年主要收拾西北的隗嚣政权和西南的公孙述政权。中间的一年，打过一次隗嚣，失败后以休整为主。打公孙述时，基本是80%的中国打四川一省，拿下它只是时间问题。

在刘秀统一全国的过程中，他的敌人很多，但让后世记住有瑜亮之称的，还真没有。刘邦称帝，最大的敌人就是项羽，曾经被项羽打得屁滚尿流，亲生孩子都推下车子以便逃跑；李世民的敌人有窦建德和王世充；赵匡胤的敌人是大辽国，到死也打不过辽国；蒙元军队横扫天下，但大汗蒙哥还战死在四川，上帝折鞭；朱元璋的对手有陈友谅和张士诚；努尔哈赤的对手有孙承宗、袁崇焕。可在刘秀诸多的敌人中，很难挑出一个像样的来。

对待敌人，刘秀要是不亲征，就跟专业棋手下一群业余棋手一样，经常是四五线同时开战，一对多，他右有邓禹左有贾复，自己或坐镇洛阳指挥，或四处出差指导，顺便搞些祭祀等活动。下面来看看他的对手情况。

公元23年2月刘玄称帝，到刘秀统一天下，陆续称帝的有11个人。这11个人里，扣除刘秀、刘玄、被刘玄轻松灭掉的刘望和刘婴、称帝当月因内讧被杀的孙登5人，和刘秀作对的有6个，分别是诈称刘子舆的王朗、公孙述、赤眉军立的刘盆子、宗室刘永、军阀李宪、匈奴支持的自称刘文伯的卢芳。刘氏和非刘氏都有，意味着市场上供应商很多，可以充分竞争。

除了自称天子的，还有自封为王的，或接受某位天子分封为王，但相对独立的，也有6个，分别是甘肃隗嚣、襄阳秦丰、连云港董宪、山东张步、汉中延岑、荆州田戎。

历史上曾经支持过或投降过刘秀的，后来又起兵反对刘秀的，也有 6 人，分别是真定王刘扬、自封燕王的彭宠、破虏将军邓奉、涿郡太守张丰、讨难将军苏茂、平狄将军庞萌。

此外，就是名称怪异的流民武装，包括铜马、尤来、五校、檀乡、获索、青犊等，太多，没必要记住。客观说这些流民武装的战斗力不一定弱，只是因为没有口号、宗旨、组织、根据地等，是为吃饭而抢掠的武装集团，显得很不上档次，合称流民军团，笼统算刘秀的一个敌人。再加上刘玄去世前后的一些手下，包括弄死刘縯的朱鲔、李轶、和汉军动过手的尹尊、刘秀设计消灭的谢躬，还有一个独立创业、自称“厌新将军”的舂陵刘氏刘茂。把这 6 股散户也称作刘秀的敌人。

那些据一城或数县自保的独立武装还有很多，与刘秀的大军相比，都是小不点儿，不提也罢。

这样算下来，刘秀共有 24 个敌人。这些敌人，经常相互联合，比如延岑后期跟随了公孙述，张步、董宪后来投靠了刘永等。

**6 位称帝的天子**

| 序号 | 称帝时间 | 姓名 | 实际控制人 | 败亡时间 | 结果 |
|---|---|---|---|---|---|
| 1 | 公元 23 年 12 月 | 王朗、刘子舆 | 刘林 | 公元 24 年 5 月 | 城破被杀 |
| 2 | 公元 25 年 4 月 | 公孙述 | 公孙述 | 公元 36 年 11 月 | 战场被杀 |
| 3 | 公元 25 年 6 月 | 刘盆子 | 赤眉军 | 公元 27 年正月 | 肉袒投降 |
| 4 | 公元 25 年 11 月 | 刘　永 | 刘　永 | 公元 27 年 7 月 | 被部将所杀 |
| 5 | 公元 27 年 | 李　宪 | 李　宪 | 公元 30 年 1 月 | 被手下军士所杀 |
| 6 | 公元 29 年 | 卢芳、刘文伯 | 匈　奴 | 公元 36 年逃到匈奴 | 公元 41 年再逃到匈奴，至死未回 |

**6 股称王的势力**

| 序号 | 起事时间 | 姓名 | 名号 | 败亡时间 | 结果 | 封其王者 |
|---|---|---|---|---|---|---|
| 1 | 公元 24 年 | 隗嚣 | 朔宁王 | 公元 34 年 10 月 | 连病带饿带气而死 | 公孙述 |
| 2 | 公元 21 年 | 秦丰 | 楚黎王 | 公元 29 年 6 月 | 肉袒投降后被杀 | 自封 |
| 3 | 公元 22 年 | 董宪 | 海西王 | 公元 30 年 2 月 | 被吴汉部下杀死 | 刘永 |

续表

| 序号 | 起事时间 | 姓名 | 名号 | 败亡时间 | 结果 | 封其王者 |
|---|---|---|---|---|---|---|
| 4 | 公元27年2月 | 张步 | 齐王 | 公元29年10月 | 公元29年肉袒投降 | 刘永 |
| 5 | 公元23年 | 田戎 | 翼江王 | 公元36年7月 | 兵败被杀 | 公孙述 |
| 6 | 公元27年2月 | 延岑 | 武安王 | 公元36年11月 | 兵败被灭族 | 自封 |

6位反水的将领

| 序号 | 起兵时间 | 姓名 | 名号 | 败亡时间 | 结果 | 背景 |
|---|---|---|---|---|---|---|
| 1 | 公元26年1月 | 刘扬 | 真定王 | 当年 | 被当面刺杀 | 宗室 |
| 2 | 公元26年4月 | 苏茂 | 讨难将军 | 公元29年10月 | 战败被杀 | 朱鲔部下 |
| 3 | 公元26年8月 | 邓奉 | 破虏将军 | 公元27年4月 | 降后被杀 | 邓晨侄子 |
| 4 | 公元26年2月 | 彭宠 | 燕王 | 公元29年2月 | 被奴仆所杀 | 渔阳郡太守 |
| 5 | 公元27年11月 | 张丰 | 涿郡太守 | 公元28年5月 | 战败被杀 | 归顺郡太守 |
| 6 | 公元29年3月 | 庞萌 | 平狄将军 | 公元30年1月 | 战败被杀 | 谢躬部下 |

6位阶段性敌人

| 序号 | 开始对抗时间 | 姓名 | 名号 | 结束对抗时间 | 结果 | 背景 |
|---|---|---|---|---|---|---|
| 1 | 公元25年2月 | 朱鲔 | 左大司马 | 公元25年9月 | 活命 | 绿林军 |
| 2 | 公元25年2月 | 李轶 | 舞阴王 | 公元25年7月 | 被杀 | 南阳李氏 |
| 3 | 公元24年2月 | 谢躬 | 尚书令 | 公元24年12月 | 被杀 | 不详 |
| 4 | 公元25年7月 | 尹尊 | 郾　王 | 公元26年4月 | 不详 | 绿林军 |
| 5 | 公元25年2月 | 刘茂 | 厌新将军 | 公元25年7月 | 投降 | 春陵刘氏 |
| 6 | 公元24年4月 | 流民 | 铜马大枪 | 公元36年7月 | 剿灭 | 饥民 |

对手多，说明对手散，没有集中成一个或几个强手。这些敌人，大部分都是割据一方，老老实实过小日子，既没有统一天下的志向，又缺少刘秀的号召力和团结力，所以割据以后很少主动出击，等着刘秀来揍，因此败亡是迟早的事儿。对手散而守，是刘秀能较容易统一全国的原因。即便这样，刘秀也用了 13 年才全部将他们消灭。

这么多敌人，怎么出现的呢？主要原因是刘玄的政权不行了。

更始帝刘玄在公元 24 年 2 月进入长安后，分封了 6 个同姓王、14 个异姓王（含拒绝接受王位的朱鲔，刘玄后期分封的忽略不计）。封完之后，刘玄开始在长安花天酒地，吃喝玩乐享受生活，不理朝政，一切事务交给其岳父打理。诸王回到自己的地盘，想干啥干啥。绿林军本来军纪就差，上头没人管当然更肆无忌惮。刘玄不想管，估计也管不了。同时皇位来得容易，突然暴富不知道该怎么把握，也没觉得要珍惜。就这样，看似有个政权，其实和没有差不多。一个不管事的皇帝，一群割据的诸侯王，另外就是根本没人管的王莽留下的空白。在这些空白的基础上，当然就会生出新的皇帝和割据势力。

11 个天子中，有 8 个贴上刘氏商标。这是不是百姓思汉、大势所趋呢？班彪就是这么认为的。也有人不这样认为，比如隗嚣。要说西汉末年，百姓的日子也很苦，所以王莽才要改革，大家才支持王莽改革。因为王莽改革失败，大家又想汉朝的好了。百姓是很容易好了伤疤忘了疼的。可那时候的人没有办法，因为除了汉朝，不知道该想谁。想项羽、秦始皇吗？太强横霸道！想春秋战国吗？不统一老打架，受不了；再往前，尧舜禹、夏商周？被王莽学了个遍，仍搞得一塌糊涂。全国上下没有选择，只有汉朝可想。人心思汉，也是无奈。不想创新，遇到不顺心的事就想起以古为师，这是古人的文化习惯，没办法。

公元 24 年末，浩浩荡荡的赤眉军因为对刘玄的封赏不满，掉头进攻长安。刘玄派朱鲔、李松、苏茂与赤眉军开战，失利。面对强大的赤眉军，绿林军内部一些将领想逃回老家。要逃也要带着刘玄逃，否则缺少旗帜、难以聚集人心。但刘玄没过够好日子，不想逃。这就必须劫持刘玄。可是，这时的刘玄突然不懦弱了，连续搞先下手为强，于是，一连串的内讧上演。实力大减的绿林军，更加难以抵抗赤眉军。公元 25 年 9 月，刘秀在河北称帝三个月后，赤眉军进入长安，10 月刘玄投降赤眉军，12 月被杀。

刘玄一死，他封的那些王，立刻成为没娘的孩子。同姓王还好，因为刘秀称帝了，转投刘秀即可。刘秀在河北创业时，他们都跟着刘玄或独自享福，没几个人想着帮一帮刘秀，日落西山你不陪，东山再起你是谁？所以刘秀的开国功臣里，没有一个舂陵刘氏。刘隆是南阳刘氏，刘植是巨鹿刘氏，都不属一个系。

刘玄封的异姓王，终于品尝到立“文化认同自己的弱者”为帝的苦果，此时连投降都不知该走谁的关系！一年前刘秀巴结他们的情形再也看不见了。有时候想想，虽说绿林军杀害刘縯不应该，可绿林军又该怎么办呢？立强者刘縯，成功后有被刘縯杀掉的风险；立弱者刘玄，有最后一块儿失败被敌人杀掉的风险。怎么着都是个死。比死还难受的是剧情反转，以前杀刘縯后，刘秀还得对他们毕恭毕敬、赔着笑脸，现在要投降人家，还要脸吗？不要脸就能有好果子吗？未必！可不投降就得打，打的结果要么战败被杀，要么被手下砍了脑袋成全他们去投降，要么死扛，结果很可能被灭族。如何是好？

14 个异姓王里，和刘秀动过手的，只有朱鲔和尹尊。刘秀没杀投降的朱鲔，公元 26—27 年，任命其为九卿之一的少府，可谓用心良苦，重用他，对招降别人有利。

更始政权里，还有个既不想得罪刘秀，也不肯归顺刘秀的尚书令谢躬，早在公元 24 年就被刘秀设计杀了。

**刘玄更始政权诸王后果一览**

| 序号 | 同姓王（刘茂不是） | | 异姓王 | | | |
|---|---|---|---|---|---|---|
| 1 | 刘祉 | 投靠刘秀 | 王凤 | 隐居绿林山 | 王匡 | 降后被刘秀部将宗广所杀 |
| 2 | 刘赐 | 投靠刘秀 | 李通 | 投降刘秀 | 胡殷 | 降后被刘秀部将宗广所杀 |
| 3 | 刘庆 | 被赤眉军所杀 | 朱鲔 | 投诚刘秀 | 廖湛 | 投降赤眉军后被刘嘉所杀 |
| 4 | 刘歙 | 投靠刘秀 | 尹尊 | 败降刘秀 | 李轶 | 刘秀故意泄密被朱鲔所杀 |
| 5 | 刘信 | 战败投降 | 王常 | 投降刘秀 | 成丹 | 被刘玄杀掉 |
| 6 | 刘嘉 | 投靠刘秀 | 张卬 | 不知所终 | 陈牧 | 被刘玄杀掉 |
| 7 | 刘茂 | 投降刘秀 | 宋佻 | 不知所终 | 申屠建 | 被刘玄杀掉 |

春陵一系那个刘秀爷爷辈的刘茂，没有和刘缜、刘玄搅到一块，18 岁时独立起兵，自称厌新将军。初期他和刘秀的手下交过手，不过刘秀称帝次月，他就投降了刘秀。

同姓和异姓王重新站队后，有一个任用问题。在刘秀的政权里，春陵刘氏只有四个人当过官。刘嘉归顺后做了三年太守（感谢他推荐过贾复等三人）；刘秀的发小兼太学同学、堂哥刘顺做了多年太守。剩下的两个，就是刘缜的两个儿子。自己亲侄子当然要用心培养，刘秀让他们做了太守。其余的，包括刘歙、刘祉、刘赐、刘茂等白水起兵的一干人等，一概没有职位，最多只是封侯，好吃好喝供着，不给事儿干。刘秀这么干，是刻意地功劳去家族化：俺刘秀创业靠自己，不是依靠家族势力！这说明刘秀对家族漠视刘缜被杀其实是有怨恨的，故此，打天下时再难也不用老家人，连邓晨也只是让他暗中帮助自己。可见刘秀心中那份自尊和要强何其强！

看看刘秀对待外戚，就知道他怎么看待宗室了。刘玄称帝后，要提拔樊宏，樊宏不干，回家继续当地主。等刘秀称帝，舅舅樊宏马上出来做官，光禄大夫，比二千石。公元 25 年底刘秀接阴丽华来洛阳团聚，也邀请了大舅哥阴识，这样阴识加入刘秀的阵营，做了函谷关都尉、侍中（在皇帝身边供随时答疑的高官）。李通做过刘玄的柱天大将军、西平王、荆州牧，他于公元 24 年娶了刘秀的妹妹刘伯姬。李通归顺后，刘秀任其为九卿之一的卫尉。邓晨作为开国功臣，更是做了十几年太守。很明显，刘秀厚待外戚而不重视本家，除了其对漠视刘缜被杀的怨恨，还能是因为什么呢？

总体来说，刘玄死后，刘秀接纳了所有的同姓王和亲属，包括刘玄的三个儿子，清洗了异姓王，基本接手了刘玄遗留的人事。当然，伴随绿林灭亡而成长起来的敌人，就要靠刘秀自己去面对了。

因为下文要讲刘秀直接指挥的五大战例，所以本章只简单讲几个敌人的灭亡。

军阀李宪，拥有九座城池，十多万人。刘秀只派了一个二流将军马成，带着刘隆等三位将军，四郡士兵，围困舒城一年多，就砍死了李宪。

宁夏人卢芳，编了一套自己身世的故事，自称是汉武帝的曾孙，把匈奴忽悠信了。匈奴单于挺讲义气，说：“当年我们中途衰落，汉朝出兵帮助过我们，现在汉朝中途衰落，我们应帮助他们”，于是立卢芳为汉帝，建都山西忻州，抢占了五原、朔方、云中、定襄、雁门五郡。这是公元29年的事情。其后吴汉和杜茂多次攻打卢芳，都不成功。公元36年，卢芳内讧，逃到匈奴去了。公元40年向刘秀投降，刘秀封其为代王。代王，历史上的任务就是防备和对抗匈奴，刘邦的二哥刘仲就曾被封代王，几乎被吓死。卢芳是刘秀封的唯一一个异姓王。在卢芳求见的过程中，刘秀爽约，卢芳不明缘由、内心不安，又叛逃回匈奴，十几年后病死在匈奴。

邓奉是比较能打的将领，因为反对吴汉在南阳的滥杀无辜，起兵攻打刘秀的汉军，打败吴汉，打伤贾复，活捉朱祐，颇有胜绩。公元27年8月，刘秀御驾亲征，带着吴汉、岑彭、朱祐、贾复、耿弇、王常、傅俊、臧宫、坚镡、刘嘉、耿植、刘宏、郭守等诸多名将和邓奉打群架，邓奉是铁打的也扛不住，1个月左右，邓奉选择投降。在刘秀招抚河北期间，阴丽华一家曾在南阳接受过邓奉的保护，客观上对刘秀有恩。而且邓奉还是邓晨的侄子，邓奉也没杀俘虏朱祐，刘秀完全可以保留邓奉一命，可是最后，肉袒归降的邓奉被刘秀砍了脑袋。

涿郡太守张丰，从起兵到失败，也就半年的时间，打败张丰只用了祭遵一员将领。

刘秀成功的原因，主要是手下人才济济。下面看看刘秀手下谁是主打的大将军。

# 第八章　五虎大将军

汉明帝刘庄把开国28个最大功臣的画像，展示在洛阳南宫云台阁，从此有了云台28将之说。除了最初的28将，汉明帝又增加了李通、王常、窦融、卓茂4人于云台。窦融和卓茂算不上多么重要的开国功臣，所以本书扣除他俩，加上因亲戚关系没列上云台的来歙、邓晨，如此形成开国32功臣。本书以后提到的开国功臣，都是按此口径。

这32人里，谁可以称得上刘秀的五虎上将呢?

右将军邓禹、大司马吴汉、征西大将军冯异、征南大将军岑彭、虎牙大将军盖延、横野大将军王常、骠骑大将军景丹，这7个人是32位开国功臣里，刘秀最看重的人。因为景丹在公元26年，即刘秀称帝次年就病死了；邓禹奉命在长安与赤眉军独立作战，出发时2万部队，战败回来24骑，名誉大损，称不上名将了，所以扣除景丹和邓禹，其余5名即为刘秀的五虎大将。虎牙大将军铫期、骠骑大将军杜茂、强弩大将军陈俊、建义大将军朱祐、建威大将军耿弇，都不属于五虎大将。当时是没有五虎大将这个提法的，这只是本书的总结。本书之所以这样认为，原因有三：第一，32位功臣里，史书记载去世时称为“薨”的，只有上面提到的7位，其余的人都是“卒”。薨和卒的区别，是诸侯王和士大夫的地位差异。第二，32位功臣里，有谥号的15位。除了早亡的景丹，其余6位全部有谥号。第三，7位全是万户的食邑。史书明确记载的万户侯，包括24岁就是万户侯的邓禹、刘秀专门谈话商量封地问题的景丹，以及明确食邑万户的盖延。经分析推断的万户侯是吴汉、冯异、岑彭、王常。吴汉的食邑是4个县，王常在更始帝刘玄那食邑已经8个县，冯异和岑彭是方面军一把手，他们食邑万户属于正常。

对五虎大将，有歧义的是两个人。第一个是盖延，让人觉得不称职。盖延原来是渔阳群太守彭宠的护军，相当于警卫团团长，级别不高。他身高八尺，拉得动300斤的弓，和董卓、岳飞水平差不多。追随刘秀以后很受重用，曾带领马武、马成、刘隆、王霸四员大将攻打自称天子的刘永，也算是一个集团军的总司令。公元26—30年初这4年多的时间里，他的队伍里出了两个叛将，一个是讨难将军苏茂，公元26年杀了睢阳郡太守，投降了刘永；另一个是平狄将军庞萌，公元29年杀楚郡郡太守，投降了董宪。4年多时间里两个手下重要将领投降敌方，问题性质基本一致，相当于在一个地方跌倒两次，不由得让人怀疑盖延带兵的水平。而且，正是因为庞萌的反击，盖延一败涂地，刘秀不得已才御驾亲征。所以说盖延是名将有些名不符实，不太符合一流大将的标准，只不过刘秀喜欢。

第二个是耿弇，感觉受到刘秀刻意打压。耿弇是上谷郡太守耿况的长子，属于刘秀的装甲兵团司令。东汉统一战争中，全国1181座城池（西汉末年少于此数），他打下了300多座；全国103个郡，他平定了46个郡，一生几乎没打过败仗。可就是这样的战绩，根本没被列入刘秀的一流战将之列，封地也仅仅是扶风郡的好畤县和美阳县两个地方。那两个地方因为赤眉军的掳掠已经人烟稀少。而且，耿弇的谥号是“愍侯”，“愍”有怜悯可惜、国家多难、使民挫伤、祸乱国家等意思，不是一个非常好的词。可以这么说，相比劫掠南阳、四川的吴汉，重要战役经常失败的盖延，绿林军出身的王常，耿弇没列入五大虎将，确实有失公平，明显和刘秀打压有关。

刘秀如何玩弄帝王权术，暂且不表，先说说耿弇的军事素养。

公元29年，刘秀派耿弇配合吴汉，去山东、河北一带剿灭流民军团。在一件不那么重要的事情上派两员大将，可见刘秀当时兵强马壮，且不太重用耿弇。在德州的平原县，耿弇俘虏了四万多流民武装。之后，耿弇带着泰山郡太守陈俊、骑都尉刘歆（刘植的堂弟），部分上谷突骑，以及这四万的俘虏，开始了对山东军阀张步的进攻。

张步和隗嚣类似，都是王莽末年割据一方的人物，曾表面上服从过刘玄政权，后又接受刘永的任命，不过本质上还是个创业者，不真心服从别人。趁着各位天子之间争斗没人顾得上他的机会，他们悄悄发展起来，以自己三个弟弟为骨干，占据了 12 个郡，盘踞在山东潍坊一带。

耿弇从德州进入济南地界，目标明显是奔着张步去的，张步也做好了准备。他派手下大将费邑把守济南，另外在德州禹城东南、德州齐河县北增设了两个据点，采取“一头两须”的阵势，等着耿弇来攻。

耿弇首先进攻齐河县，围三缺一。小小的齐河当然抵挡不住四五万人的攻击，半天就被攻破，守军撤走。这也不算什么，张步采取的就是层层抵抗、步步消耗敌军的策略，都知道大战在济南。

耿弇推进到济南历下附近。处于防守一方的费邑，让自己的弟弟带兵驻扎在历下的另一个据点巨里，以互为犄角的阵势，准备用两个拳头痛击耿弇。

巨里和历下城都有护城河，要攻城必须先填平护城河，耿弇命令手下士兵砍伐树木，用于填充护城河，同时打造云梯等设备。这期间双方发生过小股规模战斗，彼此都抓到过对方的俘虏。准备得差不多了，耿弇下令，3 日后进攻巨里。同时，故意疏于管理被关押的俘虏，让俘虏逃回去。俘虏逃回去后，把耿弇攻打巨里的时间告诉了费邑。到日子以后，耿弇派兵包围巨里，开始填埋护城河。费邑一看情报准确，就从历下城出来救援巨里。耿弇让三千流民武装假意进攻巨里，自己提前率领骑兵埋伏在高坡上。看到费邑兵到，率领突骑冲出，一顿砍杀。此一战，阵前砍了费邑的脑袋。之后耿弇把费邑的脑袋挂在高杆上，吓得费邑的弟弟逃出巨里，投奔张步。

收复济南之后，耿弇继续东进临淄。

张步的弟弟张蓝率领精兵两万，驻扎在临淄西北的西安城。张步另安排郡太守带领一万多人把守临淄城，西安城和临淄城之间相距 16 公里。古代战争，防守一方一般都要至少安排两个据点，这样第一可以互相照应支援，第二也是为防止被包饺子。这两个据点之间的距离，以 50 里为佳。汉朝的一里为 415 米，相当于现在一里的 80%，古人的 50 里就相当于现在的 20 公里。为什么 50 里为佳呢？因为援兵从出发到到达，步兵需要三四个小时，在这段时间之内，一般情况下进攻方攻不破城池，反而锐气渐消，此时援兵赶到，正好可以内外夹攻。

西安城小而坚，临淄城大兵少，耿弇根据探马报来的消息，直接进兵到两城之间，形成三点一线的阵形。耿弇有五万人，不可能同时进攻两座城，如此布局，西安和临淄，不知耿弇要先打谁。

耿弇驻扎以后，下令五日后攻西安城。张蓝得到情报后，不停增加防守力量，日夜不敢松懈。到第五日，汉军半夜吃饭，凌晨突然到达临淄城下，到中午时分就拿下了临淄。张蓝根本就没敢出城救援，当他得到临淄城破的消息，吓得弃城逃走了。

半夜吃饭时，除了耿弇，连他的警卫团长都不知道真正攻击的目标是临淄。其实首先攻击西安城也不是不行，按《孙子兵法》所言，兵力一倍就可以攻城。如果汉军分出一万兵马阻击临淄援军，用四万兵马攻打西安城也可以。但是耿弇出兵时，对着疑惑不解的手下将领说："第一，西安守将听说我们要攻打他们，必然会严防死守，攻城难度大，而攻打临淄是出其不意。第二，攻下临淄，张蓝和张步之间就会隔绝，张蓝不敢固守西安城，必定撤走，这叫打一取二。如果先打张蓝，万一打不下来，死伤必多，即使打下来，张蓝逃进临淄，我们就很难打下临淄。第三，我军深入敌境，没有后方补给，十天之内，必定不战自乱，所以首先拿下粮食充足的临淄，势在必行。"

耿弇所言非常有道理，这对汉军来说是最佳的选择，可万一张蓝出兵救援怎么办呢？耿弇怎么知道张蓝就不敢救援呢？除了虚张声势、故布疑阵以外，历下之战就是耿弇给张蓝上的一节军事课：万一出兵途中被幽州突骑冲杀，那可就是死路一条。前车之鉴，设身处地地一想，当时谁是张蓝，都未必敢出兵救援。

搞定临淄，耿弇停止了进攻，下了一封战书给潍坊的张步：怎么样？你服吗？不服就过来，我在临淄等着你。张步看了战书哈哈大笑，你个傻大兵（他管耿弇叫"大耿"），尤来、大彤十万大军都被我击败，你人少兵疲，竟敢和我叫板，找死啊！

张步率领三个弟弟，出兵 20 万，从潍坊来到临淄。二话不说，上来就打。耿弇怕张步主力不出来，叫刘歆首先接战，且打且退。张步看汉军实力有限，率领中军就冲进了耿弇的大营。耿弇带着他的突骑在高处观看，见对方主力已出，立即率领突骑就冲杀过去。一支箭射在耿弇的大腿上，耿弇直接砍掉露在外面的箭杆，继续战斗。双方混战一天不分胜负。休息一夜，次日继续厮杀。此时刘秀正在山东临沂郯城、江苏连云港一带，讨伐董宪、庞萌等，听说耿弇被张步攻击，要亲自去来救援。陈俊于是对耿弇说：“敌人人多气盛，我们不如暂时回营休整，以待皇帝来后再行厮杀。”耿弇说：“皇帝马上就要到了，我们作为臣子的，应该准备牛肉好酒来招待皇帝，怎么能让皇帝帮我们收拾烂摊子呢?”耿弇坚持厮杀。其实，郯城距离临淄三百多公里，刘秀即便马上出发也得好几天才能到达，肯定指望不上，只是给耿弇画个大饼而已。耿弇率领汉军，从早晨战到黄昏，张步慢慢支撑不住，开始撤退了。耿弇早就预料张步会退兵，预先埋伏了两队人马，见张步要撤，这两支伏兵突然杀出，张步彻底溃不成军。汉军一路追杀，几十里的道路上全是敌军尸体，缴获辎重就有两千多车。张步逃回寿光。

战役结束好几天后，刘秀才赶到。面对如此胜利，刘秀发自肺腑地夸奖耿弇。他说：“当年韩信平定齐国，就是在历下，今日将军你取得的胜利，功劳不在韩信之下。可当初韩信打败齐国，是因为齐国已经被郦食其劝降，韩信是出其不意、攻其不备才取胜的，而你却是面对面厮杀取得的胜利，你比当年的韩信，可难多了！当年你在南阳的时候，曾经提出过平定山东的建议，我以为你是想当然，没想到你竟做到了。真是有志者事竟成啊!”

能说出这番话，可以证明刘秀对耿弇的佩服和赞叹发自真心。回头看耿弇，在兵弱粮稀、孤军深入的情况下，所采取的一步步战术：齐河县围三缺一，历下城围点打援，临淄城声东击西，对张步以逸待劳，厮杀中奋勇当先，最后还留有预备队，终于以少胜多，消灭了敌军有生力量，实在是不可多得的经典案例。

耿弇的军事素养和水平，最起码比盖延、王常要厉害吧！可是连个“薨”都没混上，不是刘秀偏心，又能是什么呢?

# 第九章　刘秀五次亲征

第一次亲征，王朗之战。

公元24年初，刘秀进入河北邢台，取得真定王刘扬支持后，开始了攻打邯郸的第一战——李育把守的柏人县。虽然在城外的战斗中取得了小胜，但愣是攻之不下，不得已退守广阿。幽州两郡兵团在广阿加盟，谢躬带领的人马也加入攻击王朗的序列，实力大增后，刘秀放弃攻打柏人，准备先拿下巨鹿。巨鹿守将是名不见经传的王饶，他坚守不出，刘秀一个多月也没打下来。王朗从邯郸派人救援巨鹿，汉军抵挡不住，这时景丹率领的上谷突骑冲出，一举摧垮了王朗的救援部队，把刘秀看得目瞪口呆，啧啧赞叹："吾闻突骑天下精兵，今乃见其战，乐可言也。"刘秀见到上谷突骑的战斗力，才知道自己在昆阳那点水平，实在不值一提。即便城外取胜，还是拿不下巨鹿。不得已，刘秀再退而求其次，绕道过去打邯郸。

公元24年4月，刘秀带领大军围攻邯郸。进攻了二十多天后，王朗的手下李立反叛，打开城门投降了汉军，这才拿下邯郸。

王朗从起兵到被杀，不到半年的时间，说明没多少实力。可是，刘秀亲自指挥的三次攻城，柏人、巨鹿、邯郸，都存在久攻不下的情况，说明汉军的攻坚能力真不行。刘秀一生都没有很好地解决这个问题，昆阳之战后打颍阳、父城就久攻不下，后来围攻隗嚣于西城、上邽，仍无可奈何。刘秀攻城的战术基本就三点：第一，围困，等你没粮了跑出城，再在平原野外靠幽州突骑砍你。第二，诱降或劝降。刘秀指挥的战役，80%都是靠对方出了内奸才取得的胜利。第三，围点打援。刘秀手里的王牌，就是幽州突骑，离开突骑他难打胜仗。

所以，要说刘秀指挥作战有什么厉害之处，反正从打王朗是没看出来。

第二次亲征，流民之战。

邯郸之战后，吴汉和耿弇回到渔阳和上谷，把幽州十郡的兵马都拉到了冀州，至此，刘秀真的是兵强马壮。有了突骑，剩下的事，就像割韭菜一样，去肆意砍杀流民军团。

公元24年秋天开始，刘秀在邯郸、邢台、石家庄、保定、廊坊、天津、唐山，到河南省北部，这一大块华北平原上，一路砍杀流民军团，到公元25年3月基本结束。之后刘秀在天津蓟县接见彭宠，又在保定安葬士兵，经石家庄回到邢台柏乡县称帝。

追剿流民军团，是一场没有胜负悬念的屠杀。刘秀等人，带领幽州突骑，在河北广阔的平原上，纵马挥刀，真可谓意气风发。公元25年正月，在追杀尤来这支武装时，刘秀从石家庄一路追到唐山。将近五百公里的路程，把尤来追得实在受不了了，气急败坏的尤来军团杀了个回马枪。刘秀没想到对方会反击，仓促迎战。可手下士兵大多在四处追杀，刘秀身边人少，短兵相接又不是刘秀的长项，所以刘秀很快转身逃走。跑到河坝高处已无路可逃，不得已直接跳了下去，刘秀的狼狈可见一斑。幸亏下边有个幽州战士，把马给了刘秀。这时，耿弇从远处赶过来，频频放箭，射死追赶刘秀的流民，马武也拼命砍杀追兵，刘秀这才逃脱。战场上狭路相逢，本属正常，但像刘秀这样转身逃跑的老大，着实不多。想想后来的袁绍，带领两百来人遭遇到公孙瓒上万人的攻击，毫无惧色，带头冲杀，能说没差距吗?

此时汉军的建制已经散了，好不容易在保定集合，可找不到刘秀了。谣传刘秀已经被杀，这下子大伙着急了，不知该怎么办。关键时候吴汉站出来说："大家不要慌，刘秀死了怕什么，刘缜的儿子还在南阳，难道我们会没有主人吗?"过了几天，刘秀自己找过来，大家这才安心，继续狂砍尤来军团。通过这件事，大家认识到刘秀的重要性，开始劝刘秀称帝。

这虽然只是刘秀一路胜利的小插曲，但也说明了刘秀的冒进思想，以及打流民没有什么指挥和战术。同时，纪律是汉军的一个问题。

第三次亲征，赤眉之降。

发源于为子报仇的吕母、起事于不识字的樊崇，从山东日照崛起的赤眉军，基因里带有因饥饿而产生的反抗和没文化带来的短视。流民加暴民，无政治诉求、无组织机构、不建立根据地，是赤眉军的特点，所以，虽然起兵较早，可一直没有形成势力范围。为了生存，他们从山东徒步到江苏北部，经安徽进入河南。曾投靠刘玄，但因没得到实际利益，反目后杀进陕西和甘肃，从几百人扩张到三十万人。

在长安附近，面对饥荒和大雪，为了生存的赤眉军展示出来超强的战斗力，他们先打败绿林军，后打败邓禹率领的部队，公元 25 年 10 月接受了刘玄的投降。在进入隗嚣势力范围凉州时遭到了阻击，之后折回长安，挖掘了汉朝的皇陵之后，带着大量文物古董，准备回山东老家。

几十万张嘴，几十万把刀，走到哪里就是哪里的灾难。他们的归途，恰好要经过首都洛阳，于是刘秀早早做了准备。

赤眉军归途第一战，要打败驻扎在长安附近杜陵的延岑。南阳人延岑是一个草根创业者，“死中求生”这个成语就出自他的嘴口。王莽末年他独自起兵，因为实力不够，他两次战败并投降刘嘉，两次又脱离刘嘉单干，曾占据过三辅，做过汉中王。刘秀崛起以后，他被冯异追着打，先后投靠秦丰和公孙述，最后在四川被吴汉灭门。公元 26 年 8 月，赤眉军要拔掉驻扎在杜陵的延岑。延岑不敌，败走，没想到延岑手下人诈降赤眉军后，又来联系延岑，这样延岑杀了个回马枪，里应外合，一举消灭了赤眉军十万余人。延岑创造了两次打败赤眉军的纪录，在江湖上也算是一号人物。

赤眉军败走后，找不到粮食，被迫绕过杜陵东归。公元 27 年正月，在崤山脚与冯异的汉军相遇。赤眉军之所以叫赤眉军，是因为他们没有统一的军装，为了和别人区别，把自己的眉毛涂成红色。冯异利用了他们这个无知的办法，把汉军士兵的眉毛也涂成红色，之后暗中再用其他标识区别，如此，战场中的赤眉军完全摸不清楚状况睁眼瞎，愣眉愣眼中被肆意砍杀。没文化是真可怕。崤山一战，赤眉军被冯异俘虏八万多人。

经过延岑和冯异的两次打击，三十万赤眉军，到达洛阳附近的时候，只剩十万左右了，而此时刘秀的大口袋，早都张开了。刘秀亲征，大多会带上耿弇，虽然他不喜欢耿弇，但知道有耿弇在，他会更安全。这就像宋江对林冲，不喜欢归不喜欢，关键时刻还离不开。顺着赤眉军的进攻路线，刘秀以洛阳为口袋底，耿弇驻扎宜阳县，破奸将军侯进驻扎新安县，一个三角形的大口袋已经布好，此布局看一看洛阳或河南省地图就一目了然。刘秀听说冯异在崤山俘虏了赤眉军八万多人时，知道剩余的十多万赤眉军就是一群行尸走肉了，所以亲临宜阳县摘胜利果实。你想啊，如果要打，只要把那八万多俘虏的衣服扒下来，刘秀的士兵换上，之后再涂红眉毛，赤眉军还怎么打？再说，赤眉军已经好些天吃不饱饭了，哪里还有力气打？

十余万赤眉流民，揣着沉甸甸的古董，忍着咕咕叫的肚子，站在高处一看，刘秀的军队已经在等他们了。此时的汉军，旌旗招展，盔明甲亮，骑兵方阵数万人，步兵方阵数十万人，无数的弓箭手箭在弦上。赤眉军当时就傻了，他们哪里见过这么精锐的正规军？这还怎么打？刘盆子的哥哥来见刘秀，还瘦驴拉硬屎，说："我百万大军来降，陛下怎么对待我们？"刘秀说，饶你们不死而已。一听这个条件，赤眉军的高官们高兴坏了，樊崇等三十多人光着大膀子趴在地上磕头，活命要紧。十余万人至此才得一饱。刘秀还问他们："你们服气吗？如果不服我马上放你们回去，明天咱们硬碰硬打一场。"大老粗樊崇不敢对答，由其丞相回答说："总算找到了组织，能过安稳日子了，今日就像孩子脱离虎口，回到亲妈身边，高兴都来不及，哪里还敢抱怨？"

赤眉军给刘秀献上了从长安得来的传国玉玺。至此，纵横十来年的赤眉军团，灰飞烟灭。此役刘秀没动一刀一枪。这哪里是战争，简直就是一场受降仪式，看不出多少刘秀的指挥水平。

第四次亲征，追杀叛将。

说这两个人之前，先说一个皇帝，叫刘永。中国历史把刘秀作为正统皇帝，刘永就成了非主流。刘永是刘邦的十世孙，比刘秀小一辈，也是正儿八经的皇族。刘永的父亲被王莽所杀，所以当得知刘玄称帝后，刘永马上去拜会刘玄，刘玄恢复他梁王的爵位，定都睢阳。等到刘玄大势已去，公元25年10月，刘永利用自己有封地的条件，称了天子，他比刘秀称帝晚4个月。刘秀和刘永都是汉室宗亲，他俩都为了争夺天下，本质并无不同。

刘永的手下大将，除了刘永几个不出名的亲兄弟，还有地方豪杰、流民军团、割据势力等，性质和刘秀也没什么不同，只不过比较松散。值得一说的，第一个是赤眉军出身的董宪，他曾经斩杀了王莽的第一武将廉丹（廉颇的后代），之后割据在连云港一带；第二个是割据琅琊六县起家的张步。刘永称帝后，他们两个加盟到刘永集团，这样，刘永的势力范围基本在河南、山东南部、安徽和江苏北部一带，拥有28座城池。

公元26年2月，刘秀派盖延为帅，带领马武、马成、刘隆、王霸、苏茂等将军，去消灭刘永。可出去不到2个月，苏茂因和盖延发生矛盾，叛逃到了刘永那里。苏茂曾经是朱鲔的属下，随朱鲔一块投降了刘秀。苏茂叛逃后盖延继续进攻刘永。刘秀可能感觉到盖延能力不够，让吴汉帮助盖延，这样，吴盖联军围住睢阳城，一直到城中粮尽。公元27年7月，刘永、苏茂等出逃，在路上刘永被手下叛将砍死。苏茂等人拥立刘永的儿子刘纡为梁王，继续抵抗。在汉军的打击下，刘纡、苏茂等人投奔了董宪。此时，刘秀认为盖延打残兵败将已不是问题，就把吴汉撤走去剿灭五校等流民军团了。

盖延在徐州打败苏茂，继续进军。汉军势头一时很猛，引起董宪集团的恐慌，驻扎在现在临沂市兰陵县的董宪手下将领贲休，暗中联系汉军准备投降。董宪得知消息，立刻发兵猛攻兰陵，贲休向盖延求救。这是公元28年3月的事情。刘秀当时正在河北邯郸出差，根据战报做出指示，要求盖延不要救援兰陵，而是去进攻董宪的驻地郯城。刘秀的意思，是让盖延围魏救赵。从地图上看，山东兰陵县离山东郯城很近，30公里左右。盖延的具体位置不明，应该在徐州到兰陵之间的某地，但离郯城比兰陵更近。

盖延并未听从刘秀的意见，直接去救援兰陵。将在外，可能有他的道理。可是，董宪是什么人？是杀了王莽第一武将廉丹的人，盖延哪里是他的对手！盖延进攻围城的董宪，董宪稍作抵抗就撤了。盖延顺利进入兰陵城，可早晨起来一看，兰陵被董宪重重围住。兰陵无粮，盖延害怕了，赶紧突围，奔向郯城。可是，郯城早有准备。盖延既丢了兰陵，又未拿下郯城，如此，成了孤魂野鬼，四处流窜。刘秀来信批评盖延说："我当时让你们打郯城，是出乎董宪的预料，现在你已中计，再去郯城已经没意义了。"盖延的水平也就如此，被董宪玩得团团转。



狼狈不堪的盖延，于公元29年3月，突然被手下将领庞萌狠狠踹了一脚。庞萌杀了楚郡郡太守孙萌后，投降了董宪，而且对盖延反戈一击，打得盖延惨败，仓皇北渡泗水，之后破坏船只，拆掉桥梁，这才躲过一劫。《后汉书》对东汉的开国功臣整体心怀敬意，所以，笔下留情。再怎样遮盖，也可以想象到盖延的狼狈！部队打光了，脸也丢尽了。

庞萌曾是谢躬的手下。庞萌在谢躬被吴汉杀死后，于公元24年末投降刘秀。刘秀对他很不错，任命他为侍中，就是经常跟在皇帝身边，随时解答皇帝提问的人。庞萌为人谦逊恭顺，深得刘秀的喜爱，刘秀曾经在公开场合评价庞萌说："可以将孩子托付给他，也可以把国家重任托付给他。"这个评价实在太高了，前一句是可为托孤之臣，说明其忠；后一句是可为社稷之臣，说明其能。一个又忠又能的人，怎么就突然反了呢？况且，庞萌从归顺刘秀开始，已经四年多，要反早就反了，现在深受皇帝信任，而且刘秀势力越来越大，他反而要造反，肯定有不能容忍的理由。此事后文再说。

盖延的兵败，让刘秀大为恼火，看来，盖延真是烂泥扶不上墙，算了，还是我自己来吧！公元29年7月，刘秀亲征董宪。董宪听说刘秀亲征，立刻收缩战线，和庞萌等进攻微山县旁边的桃乡城。

刘秀带着三千铁骑，几万步兵，火速赶到距离桃乡约25千米的微山县。到达以后，刘秀并未着急进攻，而是招集吴汉马上赶来。刘秀出战是要打群架的，这次他带了王常、王梁、马武、王霸、李忠、耿纯，让耿弇、陈俊拖住张步，防止张步支援董宪。耿纯因为曾从马上摔下来，受了伤，所以一般不出战，子弟兵由其堂弟率领。这次出征，刘秀很重视，连李忠带耿纯都带出来了。

桃乡汉军听说刘秀来了，士气大振，董宪因此打不下桃乡，又来攻打微山县。二十多天里，刘秀只守不攻。董宪迟迟没有进展，逐渐气馁，这时吴汉带兵到来。如此，微山的部队、桃乡的部队、吴汉的部队，联合起来揍董宪，刘秀更是亲自带兵冲杀。士气不佳的董宪大败，逃到山东滕州防守。

孤城不易防守，最好是有两个点，这样可以互相支援。可董宪兵力有限，于是他就诱使流民军团的五校军，驻扎在距离滕州10公里左右的建阳，成犄角之势。刘秀挥师进驻滕州西北40多公里的蕃县，按兵不动。将领们积极要求出战。刘秀说："别着急，五校军缺粮，住不了几天就得走，他们走了咱再揍董宪。"果然，没几天五校军就断了粮食，撤走了。刘秀带领大军，三天打败董宪军，苏茂投奔张步，董宪、庞萌开始逃亡。汉军从深山追到郯城，再到连云港，最后追击董宪、庞萌到湖泽之中，董宪和庞萌被杀。

刘秀继续挥兵北上山东临淄，追击苏茂。此时，耿弇和陈俊早已开始进攻张步。等刘秀到达临淄时，耿弇已经打败了张步的主力。之后耿弇进击逃到寿光和昌乐一带的张步。刘秀派人通知张步和苏茂，谁要是砍了对方的脑袋，就接受谁的投降。于是张步带着苏茂的脑袋，光着膀子投降刘秀。

至此，刘永、刘纡、董宪、张步、苏茂、庞萌全部平定。

回顾这次亲征，刘秀指挥可圈可点的地方，在于微山县和蕃县的两次等待，一次是在等吴汉过程中，消耗董宪军队锐气；另一次是等待五校军撤走，再集中兵力攻打滕州。可以说，这两次等待从设想到实施，节奏把握都非常到位，但要说有多新奇独特却也未必，等自己一方人员到齐了或对方人员退走一部再打，是再正常不过的，这并不需要什么军事素养，人之常情罢了。

第五次亲征，凉州之战。

公元30年初，刘秀平定了中国中、东部地区，全国只剩下割据凉州的西北隗嚣军事集团和四川的公孙述政权。刘秀略微休整后，准备先收拾隗嚣。之所以要先收拾隗嚣，是因为要进入四川，有一条从北向南经汉中的路，有隗嚣在，第一，汉军过不去；第二，即使过去也有隐患，不先解决隗嚣，打公孙述时将腹背受敌。

从公元27年开始，通过来歙、马援、窦融等渠道，刘秀和隗嚣一直联系密切，隗嚣甚至已经把儿子送到洛阳七杰，可以说政治解决隗嚣眼看要大功告成。可是最后，隗嚣就是不到洛阳，也不准汉军通过自己的地盘。这样，刘秀和隗嚣翻了脸，只能刀兵相见。至于隗嚣为什么不归附刘秀，后文再说。

首先看凉州天水人隗嚣的实力。凉州位于现在的河西走廊，大致相当于甘肃省和陕西省的一部分，东边与陕西长安地区接壤。西汉时凉州有十郡一都尉，相当于10.7个郡，分别是敦煌、酒泉、张掖、张掖属国都尉、武威、金城、北地、安定、天水、陇西、武都。属国都尉是建郡之前的军政合一组织。这10.7个郡里，在公元32年刘秀和隗嚣开打之前，真正属于隗嚣控制的，只有天水郡、安定郡的一部分、武都郡的一部分，另外对安定郡、武都郡、陇西郡的部分地区，隗嚣通过拉拢当地大族和羌人豪帅，能够实施一定影响。敦煌、酒泉、张掖、张掖属国、武威、金城这5.7个地方，有个类似于五地联保的组织，负责人是窦融和梁统。另外，北地郡被刘秀控制。北地和匈奴挨着，经常受到匈奴和卢芳的骚扰。也就是说，隗嚣名义上是凉州老大，但实际控制区只有2个—3个郡。其整体实力和刘秀根本没法比。不过当时的天水郡比较安定和富庶，另外隗嚣这人谦恭纳士，王莽政权和刘玄政权里很多著名的学者和名士，为躲避战乱去隗嚣那里，所以一时之间天水成为全国文化中心。

公元30年4月，因为刘秀要借路而隗嚣不允，刘秀先下手为强，派盖延统军打隗嚣，一个月后盖延战败逃回。刘秀再次对盖延失望，改用来歙。公元32年春，来歙和祭遵突袭略阳（今陕西省汉中市阳县，西汉属于益州武都郡，东汉属于凉州武都郡）成功，汉军进入隗嚣的地盘，相当于楔进了一个大碉堡。来歙的突袭令隗嚣措手不及，急忙亲自带领兵马围攻略阳。来歙死守，隗嚣硬攻，从春天打到秋天，依然僵持。隗嚣派出自己的全部主力，仍打不下来，只得向公孙述求援。公孙述派出李育带领一两万人加入围攻略阳的战斗。来歙总共两千多人，危在旦夕，急忙向刘秀求援。

刘秀先是让吴汉和从隗嚣处来的降将王遵坐镇长安支援来歙，之后御驾亲征。第一站来到了陕西咸阳的彬县。在彬县选择进军路线时，刘秀面对隗嚣的防守体系，不知从哪里突破好，正犹豫着，马援赶来，用沙盘给刘秀进行了演示，一下子增加了刘秀的自信，用刘秀的话说，“我已经看到把隗嚣抓住的样子了”。次日进军第二站高平（今宁夏固原）。彬县距离高平有200多公里，史书记载次日就到达了，实在是夸张，有些正史也得按小说的标准来读。

刘秀到达高平，与窦融等河西5.7个郡的太守会合。这是刘秀第一次与窦融见面。窦融、梁统带领凉州五郡兵团，以及羌族、小月氏的部队，合计有数万步骑兵。

刘秀出兵从来都是打群架的，这次他把吴汉、岑彭、耿弇、马成这些大将都带出来了，而且破天荒地带上了寇恂。此外，先期驻扎在这里的还有冯异、祭遵，同时让王霸在函谷关屯田。如此强大的队伍，数十万大军，从北部的高平第一城冲向五百公里远的南部战场——略阳。

看军事战争必须对照地图，打开地图才能看明白怎么回事。很难猜到马援给刘秀出的主意是什么，为什么刘秀和窦融不从东西两侧夹击隗嚣，而是让全部主力绕到北部的安定郡，再千里行军南下攻略阳。即便是要一举灭了隗嚣，东西北三路夹击也更加经济。最大的可能是，汉军突破隗嚣的正面防御没有把握，所以绕到隗嚣身后，之后用大棒子打隗嚣的后脑勺。

隗嚣和公孙述手下这些人，哪里是打进来的汉军的对手，略阳自然解围，隗嚣垮得一塌糊涂。隗嚣带着老婆孩子向东逃到300千米外的陕西省安康市，其手下将领王元向南跑到公孙述那里求救兵，公孙述手下的大将李育向北跑到天水郡清水县，隗嚣的手下13员大将在牛邯的带领下投降刘秀。

刘秀派吴汉、岑彭围攻隗嚣，自己带着盖延和耿弇，包围了李育。仗打到这个份儿上，隗嚣已经基本走到末路了，城破即意味着割据完结。可是，这时颍川发生土匪暴乱，颍川距离洛阳很近，首都有危险，刘秀决定带寇恂回颍川。临走前，刘秀告诉吴汉，咱们兵多粮少，必要时遣散部分士兵，以维持部队能够长久围困隗嚣。另外他告诉岑彭，得陇后取蜀。很明显，刘秀已经认为灭隗嚣是板上钉钉的事了。为什么本书没把隗嚣看作刘秀的对手？就是因为刘秀亲征，基本一战就把隗嚣打得稀里哗啦，隗嚣只能防守剩下两个孤城而已。

寇恂做过颍川太守，在当地威望很高。他到颍川后，告示一贴出去，土匪就全部投降了，刘秀回去没起到什么作用。而刘秀离开凉州后，吴汉不舍得遣散士兵，果然自己先断了粮草，不得不撤退。而隗嚣的大将王元，从公孙述那里借到五千人马，突然攻击了盖延和耿弇。盖延又一次大败，拼命逃回长安。如此，王元和隗嚣得以回到天水，夺回了所有失地，顺手把北地郡也占领了，死灰彻底复燃。

刘秀的这次亲征的成果，归零。结果不重要，重要的是过程中是否有人为错误。

公元32年的时候，刘秀的敌人只剩在西北和西南两个地方的了，他已经开始裁军，说明他的战争资源足够。可是，为什么没有留下一员大将镇守洛阳、致使颍川有事自己必须回去、回去又没起什么作用呢？别人他不信任，同学邓禹、大舅哥阴识、妹夫李通总还是可以相信的吧？即使颍川叛乱，他派寇恂回去即可，为什么一定要自己回去呢？平定隗嚣不重要吗？理解不了。

另外，数十万大军、几千里拉练，真的有必要吗？有没有窦融，都能打败隗嚣，为什么一定要等待窦融呢？理解不了。因为史书记载有限，所以无法深入分析，不过表面上看，西征隗嚣失败，吴汉和盖延负直接责任，刘秀至少应该负领导责任。

来歙、冯异、祭遵、马成、刘尚继续对隗嚣作战。根据来歙的建议，刘秀用大量的粮草作为贿资，拉拢瓦解饥饿的隗嚣军团。公元 33 年，隗嚣出城找粮，连饿带病再加愤懑，归天了。隗嚣也真硬气，很明显投降刘秀能活命，他却宁死不降。隗嚣死后，其子隗纯接替他的位置，继续抵抗汉军。

公元 34 年，刘秀再一次亲征，来到现在的陕西省宝鸡市陇县。来歙、冯异、耿弇等人进攻落门聚，攻破后活捉了隗纯，王元逃到了公孙述那里。至此，隗嚣集团覆灭。隗嚣之战，祭遵和冯异病死，其实也就是战死。之后来歙、盖延、马援等在凉州继续剿匪，平羌乱，一直到公元 35 年。

回头看平定凉州的战斗，汉军是刘秀亲自指挥，二次亲征，内有物资充足之优势，外有窦融等夹击支援，刘秀手里可以说有一把好牌。隗嚣仅有两三郡之地，公孙述的援军也就两万来人，实力和刘秀相比，根本不在一个层面上。可从整个战斗过程看，是虎头蛇尾，旷日持久，隗嚣不病死，刘秀还不知什么时候能平定凉州

以上就是刘秀亲自参加和指挥的五大战役，他到底有多少军事才能，读者自己判断。有兴趣的读者可以对比一下曹操、司马懿、刘裕、李世民、柴荣、赵匡胤、忽必烈、朱元璋、努尔哈赤的一些战例，看看刘秀的高明之处到底在哪儿？

# 第十章　军事外手段

当然，单纯的军事不能说明所有的问题，更谈不上经济，要看刘秀是否高明，还需看刘秀采取的组合拳。

第一个案例：计杀谢躬。

公元24年，王朗起兵以后，刘玄派尚书令谢躬带领六员将军，去河北剿灭王朗。表面上谢躬和刘秀都是更始政权的人，但是存在一个谁听谁的问题。刘玄为防止刘秀在河北做大，当然不会让谢躬服从刘秀，刘秀更不希望刘玄派来的钉子阻碍自己的发展，这样谢躬就会比较难做。谢躬本不愿意搅进刘玄和刘秀之间的矛盾旋涡，再怎么说人家是堂兄弟，一笔写不出两个“刘”字，所以谢躬只是踏踏实实做好自己的本职工作。

站在更始政权的角度，看看刘秀和谢躬的分工。刘秀应该属于土改工作队，以文为主，主要解决思想路线问题；谢躬属于剿匪部队，以武为主，解决消灭对方实力问题。可刘秀的代理大司马职务，名义上又可以指挥河北的军队。这种人为分工成了现实的矛盾，刘秀想管理或指挥谢躬的部队，做不到。谢躬想要限制刘秀的权力，因为刘秀兵强马壮，谢躬也做不到。最初因为大敌王朗的存在，刘秀和谢躬这两个南阳人表面上还能和谐相处。

因为互相忌惮，所以分营扎寨；因为要共同打击王朗，所以经常见面。刘秀采取三个方面的办法对付谢躬。

第一，忽悠谢躬。不停地夸奖他，说他是真正的好官，勤政啊，严谨啊等等。一个人，无论是谁，如果他总夸你，绝不是好事。

第二，拉拢谢躬手下的大将。谢躬带来的六个将军里，有绿林出身的马武。马武曾经和刘秀一块从昆阳出去搬救兵，又和刘秀一块儿在昆阳城下打莽军，属于一块扛过枪的战友，自然比较熟。刘秀和谢躬联合打下邯郸后，刘秀曾设鸿门宴准备干掉谢躬，可谢躬带来的人太多，刘秀没法下手。趁着上厕所的工夫，刘秀对马武说："我手下有渔阳、上谷的突骑，可是没有合适的统帅，我想请你来统领，怎么样？"马武说："我这两下子恐怕不行。"刘秀又说："你带兵打仗时间长，比我那些坐办公室出身的文员强多了，你不行谁行？我就觉得你行。"马武见刘秀这么看重自己，虽没有答应刘秀，但心里美得很。

刘秀挖墙脚虽未立竿见影，但也不是没效果，谢躬死后马武直接跑到刘秀那里投降。刘秀能拉马武，肯定也会让手下去拉拢别人。比如让吴汉劝降谢躬的手下——太守陈康。

第三，直接给谢躬设套。

有一天，刘秀找到谢躬，说了一个计划，"我去打青犊流民军团，肯定能击溃这帮土匪。青犊军团一溃败，尤来军团也会跑，可我的兵力不够，追不过来，能否请将军您带人截杀尤来？凭您的威望和军力，一定可以大获全胜。"谢躬并未对刘秀起疑心，觉得平定地方是剿匪部队的本职工作，也就同意了。刘秀果然击溃青犊流氓军团，尤来军团果然逃窜，谢躬果然进击截杀。可尤来军团因为曾经差点杀了刘秀，所以对打刘秀的部队非常有自信，以为谢躬和刘秀是一伙，就回头与谢躬拼命。谢躬被打败，逃回大营，没想到吴汉、耿弇已经占据了他的军营，原来吴汉等人早就劝降了陈康，在他的大营里等着谢躬自投罗网呢。吴汉二话不说砍死谢躬，谢躬的部队全部落入刘秀手里。

从敌我战争的角度，兵不厌诈，刘秀这么做没什么错。可那时候他们还是联军，还都是打着刘玄的旗号，刘秀突然对谢躬下死手，确实不够正大光明。不就是要夺取谢躬的部队吗？抓了谢躬，驱逐回长安即可，何必杀掉呢？这样做，和刘玄、朱鲔、李轶杀刘縯，没什么本质区别，都是铲除异己而已。谢躬死得冤！谢躬的老婆曾提醒谢躬，说你和刘秀的立场不同，他老拿那些空话忽悠你，你可要防备他呀！谢躬没听进去，果然死在了刘秀手中。

第二个案例：借刀杀李轶。

公元25年初，刘秀任命寇恂为河内郡太守，冯异为孟津将军，一方面阻击朱鲔、李轶、武勃为首的洛阳刘玄军团；另一方面是抢占富庶地区，以便筹粮。孟津是洛阳八关之一，距离洛阳很近。

闲来无事，冯异就给李轶试探性写了一封劝降信。如何送进去的不详，总之一来二去，俩人聊得不错。李轶面对不理政事的刘玄，知道更始政权大势已去，他要为自己寻找出路，所以很想投降刘秀，回信说，“只要刘总不计前嫌，我愿意与你们一致行动”。李轶是杀害刘縯的帮凶，主谋刘玄和朱鲔还在，他不敢明目张胆地投降。暗通款曲之后，冯异就开始动手打击洛阳外围的一些军事据点，李轶也不管，这样，冯异的步子越迈越大，直接消灭了河南尹武勃的五千多士兵，而且杀了武勃。李轶关着城门置若罔闻。很明显，李轶一心是想投降了。

冯异把情况和李轶的回信，全部汇报给刘秀。刘秀转手就把李轶写给冯异的回信，故意送到朱鲔的手里。朱鲔看到之后大惊，立刻派兵诛杀了李轶。这样，借着朱鲔的手，刘秀除掉了仇人之一的李轶。可是，洛阳还在朱鲔的手里，刘秀要建都在此，必须拿下洛阳。

刘秀接着派遣吴汉、朱祐、岑彭、冯异、王梁、贾复、祭遵、王霸、万修、坚镡、刘植、侯进12位将军，围攻洛阳。可是，围攻了两个月，朱鲔死守不降。朱祐和坚镡，利用间谍打开了洛阳东城门，随后杀了进去，可最后还是被朱鲔给赶了出来。眼看在洛阳城下损兵折将，旷日持久，刘秀一筹莫展。万般无奈之下，刘秀利用岑彭曾在朱鲔手下工作过的关系，劝降朱鲔。朱鲔本来有心投降，只是也有杀害刘縯的顾虑。刘秀对着河水发誓说：“干大事者，不计小怨，鲔若可降，官爵可保。”朱鲔看刘秀是真心劝降，就带领洛阳将士接受了和平改编。刘秀对他还真讲信用，不但封侯，后来还任命朱鲔做了少府。

从这件事上看出，第一，刘秀没把事业和士兵的性命放在第一位，而是把个人私仇放到第一位；第二，李轶主动投降刘秀，刘秀不要，朱鲔拒不投降刘秀，刘秀反求，被迫饶过杀害哥哥的主谋，这个事做得确实欠考虑；第三，李轶出卖过刘縯，刘秀以出卖对出卖，也出卖了李轶，这个境界，是不是和李轶相同，显得狭隘了？还口口声声地说什么“干大事者，不计小怨”。

第三个案例：刺杀刘扬。

刘扬，就是把外甥女郭圣通嫁给刘秀的真定王。刘秀要干掉刘扬的原因，史书上说有两个：第一，是刘扬捏造自己能当皇帝的图谶；第二，是刘秀派骑都尉陈副、游击将军邓隆征召他，刘扬不让他俩进城。这些事情发生在刘秀称帝当年，公元25年的年底。

刘扬和刘秀，起初并不是上下级关系。“真定王”这个称号，既不是地方官也不是老百姓，是爵位，他只对皇帝负责，所以谈不上服从刘秀的命令。当初刘扬支持的刘秀，是刘玄政权里的招抚使，不是皇帝刘秀，所以也不存在刘扬背叛刘秀的事情。刘秀称帝后，如果刘扬支持刘玄，反倒刘秀是叛将，刘扬可依据刘玄的命令平刘秀之叛。

刘扬要有称帝之心，早就独立扯大旗了，当初何必支持刘秀反对王朗？让王朗和刘秀厮杀，他坐山观虎斗，更符合有“野心”的刘扬的利益。当初不想称帝，现在刘秀已经成了气候，他又和刘秀有亲属关系，这时才想称帝，实在是令人费解。难道他不知道王朗是怎么被灭的吗？再者，假如刘扬真要称帝，陈副和邓隆来真定，刘扬应该放他们进城，之后一举拿下，这更符合刘扬削弱敌人的目的。所以说刘扬要称帝，不太靠谱，有故意陷害之嫌。从刘扬不愿与刘秀的使者见面的角度判断，刘扬不想与刘秀继续合作倒是有可能。那刘扬为什么不愿意支持自己的外甥女婿呢？

有一种可能，是他不愿意为刘秀提供军事物资，而刘秀又急需，所以刘扬“造反”的本质是土豪太吝啬，拒绝刘秀的掠夺。为什么这么说呢？

刘秀集团的日常开支，主要来自四个方面：第一，渔阳郡太守彭宠的支援；第二，寇恂在河内郡的筹集；第三，邓晨在常山郡的支持；第四，就是从势力范围内所属地区的征集。刘秀开始统一全国的战争后，队伍越来越多，战场越来越广，战役越打越大，钱粮紧张是一定的。刘秀称帝后，对彭宠和刘扬的封赏不到位，刘扬仍旧是真定王，没有因以前支持刘秀而封地更多、子女安置更好；彭宠更是有被冷落排挤之感。所以彭宠在刘扬“造反”的次月，直接起兵反对刘秀。彭宠在起兵之前的几个月，就因与刘秀的小弟——幽州牧朱浮的矛盾，停止了对刘秀的物资供应。战争造成支出增加，但是渔阳停供造成收入减少，刘秀不往河北富户身上摊派，还能有什么办法？本来就没得到什么好处的刘扬，现在却要失去更多，刘扬能服气吗？所以不见刘秀的代表，甚至希望据垒自守，应该是刘扬本能的反应。但是，他的不支持，在刘秀看来，就是要造反。毕竟，此时的刘秀已经是皇帝，在皇帝的眼里，不服从就是抗旨，抗旨就是造反。可刘秀也不能分兵去打刘扬，毕竟刘扬仅仅是“要”称帝，还没称帝，你就凭人家有个想法就打人家，那不是诛心吗？况且刘扬有十万兵马，打不赢又被拖住怎么办？最好的办法当然是暗杀或刺杀，可谁能执行这么艰巨的任务呢？刘秀派出了耿纯。

前文讲了耿纯当面贬损过李轶，以及考察刘秀的事情，说明耿纯的胆量和眼光都很独到。他带着家族及宾客两千多人加入刘秀集团以后，派人回到老家，一把大火把老家所有的房子都烧了。刘秀问他为什么这么干？他说：“刘总，我看你要钱没钱，要粮缺粮，我带来的人，如果知道从你这得不到什么好处，就会逃回老家。我现在把他们的老宅子都烧了，他们无处可去，只能老老实实跟着你创业。”刘秀听后大为赞叹。赞叹什么呢？赞叹耿纯认准一个目标，绝对的不择手段，彻底的心狠手辣。为了夺取刘扬的物资，让忠心耿耿的耿纯去干掉吝啬鬼刘扬再合适不过了，因为耿纯还有一个身份——刘扬的外甥。在刘秀和耿纯的精心设计下，耿纯以巡视检查各地的名义，绕了一大圈，最后不显山不露水地来到石家庄。耿纯利用亲属的信任关系，把舅舅刘扬、刘让兄弟骗进招待所，二话不说，直接斩杀。这下子“真定震怖，无敢动者”。刘扬之叛，就这么平息了。史书记载，“真定王扬、临邑侯让谋反，遣前将军耿纯诛之”。革命还真不是请客吃饭，一旦利益发生冲突，马上动刀子，亲人都不放过。谁不害怕？杀一两个人而取得数万人的粮草支援，值得！可是，难道除了杀人，就没有其他办法获取刘扬的支持了吗？简单加封即可解决的问题，为什么要选择忘恩负义、痛下杀手呢？这么干也太歹毒了吧？

史书记载，因为刘扬的阴谋并未发动，刘秀后来又恢复了刘扬的封国，把爵位给了他儿子。这又是传递什么信号呢？是说刘秀大度，还是说刘秀后悔了？如果有证据证明刘扬有罪，恢复封爵就是多此一举，浪费国家税收；如果没有证据，凭什么杀人呢？所以，恢复封爵，只不过是打一巴掌之后给的那个甜枣，堵住郭圣通和众人之口而已。

第四个案例：负义彭宠。

在吴汉、寇恂、耿弇等人的建议和运作下，渔阳郡代理太守彭宠、上谷郡太守耿况，于公元 24 年初，选择支持刘秀，攻打王朗。当吴汉、盖延、王梁、寇恂、景丹、耿弇等六人在广阿见到刘秀以后，刘秀说了一句话，“当与渔阳、上谷大夫共此大功”。意思就是打败王朗的功劳，大家一块享有。而且，立刻封彭宠为大将军、建忠侯，封耿况为大将军、兴义侯。耿况和彭宠至此开始倾向刘秀，源源不绝地运送物资，支持刘秀发展。

公元 24 年 5 月，打败了王朗，刘秀被刘玄封为萧王，彭宠、耿况什么也没得到。有可能大家未必希望从刘玄那儿得到什么，都指望刘秀坐大，所以也没人抱怨。

刘秀追杀流民军团，来到天津蓟县，彭宠前来拜见，这是俩人唯一一次见面。不见面还好，见面之后彭宠明显不高兴了。刘秀也看出来了，只是不知道为什么，就问幽州牧朱浮。朱浮是随刘秀一块来河北的最早一批人，沛国萧县人。刘良任过萧县县令，刘秀跟随刘良在萧县住过 7 年时间，刘秀还被刘玄封为萧王，可知刘秀对萧县朱浮的信任程度。朱浮的一番话把彭宠的不高兴说明白了。原来，彭宠派吴汉等率领渔阳突骑支持刘秀以后，刘秀曾通过吴汉送给彭宠一把佩剑，还说过倚重作为北道主人之类的话，意思是真心与老彭结交，将来可能把幽州交给他管。老彭因此不遗余力地出钱、出兵支持刘秀。自认为劳苦功高的彭宠，以为第一次见面，刘秀定会高看自己一眼，不说赏赐高官厚禄，简单些的，如出门迎接、高兴地握手，然后并列坐在一起、把酒言欢这样的待遇，应该还是有的吧？可见了面根本不是这么回事，类似于钦差和地方官见面之礼而已，没体现出什么特殊感情和感谢，所以彭宠才失望，才不爽。

一句话，彭宠刘秀当成可以结交的好哥们儿，把自己当成东汉的原始股东，而刘秀，把彭宠当下属，当巴结自己的投机分子。彭宠投资不仅没回报，被投资方连个热情劲儿也没有，彭宠能不挑理吗？可刘秀会想，你只不过是更始政权里一个干部，哪个人、哪个兵、哪文钱是你彭宠的？都是我们老刘家的，你拿老刘家的资源做你个人的人情和股份，哪有这个道理！明显两人对对方的定位都不准确。有时候，人吃亏就吃亏在定位不清上，而决定定位是否准确的，是将来谁的作为和权力更大，谁的嘴大。可谁又知道未来能如何呢？从彭宠身上不知该总结什么。说他没眼光吗？他在刘秀危难时选择支持刘秀，很有远见，从结果看支持刘秀没有错；说他没坚持吗？被人轻视还要坚持做活雷锋，彭宠贱吗？对于用人朝前、不用人朝后、翻脸不认人的刘秀，彭宠还能当他是明主吗？如果你是彭宠，该怎么办呢？

刘秀没把彭宠的感受当回事，要忙的事情多着呢！彭宠回去以后，一直憋屈。

刘秀称帝以后，老彭原来的手下都加官晋爵了，吴汉当了大司马，王梁当了大司空，盖延当了虎牙大将军。耿况原来的手下，耿弇当了建威大将军，景丹做了骠骑大将军，寇恂做了河内郡太守。老彭还是老样子，没什么封赏。彭宠伤心了，对别人说："按功劳我应该封王，但刘秀竟这样对待我，看来是把我忘了。"唯一安慰的是，耿况也没有加封。可彭宠不这么看，毕竟人家儿子耿弇升官了啊！

当时渔阳因为远离战乱，比较稳定，而且渔阳有盐和铁，同时彭宠又做粮食贸易，所以彭宠治下的渔阳比较富裕，这就使彭宠干什么事都很有底气。因为心中对刘秀的不满，供应的粮草就几乎断绝了。他这一断，刘秀的日子就不好过，于是开始为难真定王刘扬。可见，刘扬不再与刘秀合作，极可能是军需粮草供应方面的原因。

公元 24 年 5 月，灭了王朗之后，刘秀派自己的小弟朱浮为幽州牧。幽州牧是渔阳太守的上级领导，按理这个位置应该给彭宠，除非彭宠不愿意干。刘秀这么安排，彭宠肯定会有意见。朱浮要是会做人还好，要是不会做人，二人之间必出现矛盾。史书记载，朱浮这个人，年轻，有才华，想干事，但不稳重。他做幽州牧以后，把王莽时期当地二千石以上高官，都招到自己的府上来当参谋，免费供应他们家属钱粮。幽州牧没有自己直接管理的地盘，只能向各郡征收钱粮。征到渔阳彭宠身上，彭宠反对，他认为国家当务之急是以作战为主，有粮食应该供给前线，后方的人应该厉行节约，养那么多闲人干什么！于是拒绝给钱粮。战争时期筹粮不易，朱浮决策欠妥，官员能用多少粮食？彭宠借题发挥。

这种类似的小事多了，二人的矛盾就越积越深。

领导说话，下级不听，朱浮很气恼，但是又没权力直接处置郡太守，于是写信举报彭宠，内容包括：屯兵积粮，图谋不轨，不忠；养老婆不养老娘，不孝；收受贿赂，欺压百姓，不仁；杀害朋友，不义。总之，只要有一丁点事由苗头，朱浮就夸大其词，举报彭宠，“数僭构之”。

彭宠毕竟有很多原来的手下在刘秀身边，很容易就知道了这些举报信的内容，心中不禁怒火中烧，只看刘秀的态度。公元26年春，刘秀征召彭宠进京。彭宠不知道刘秀为什么叫他去，生怕刘秀以举报信上的事情为由收拾他，不给自己申辩的机会，就一方面向刘秀申诉自己的委屈，另一方面要求和朱浮一块进京，以便当面锣对面鼓地说清楚。

刘秀就是不说为什么召见他，也没叫朱浮同去对质。从当时的情况看，公元26年春，正是刘秀对功臣实质封侯的时候，几乎所有功臣都是那年春天封的，因为景丹封地的事情，刘秀还专门找景丹谈过话，把他的封地放在老家扶风，而没放在原工作地上谷。征召彭宠很可能也是封地位置的事情，毕竟彭宠的老家是南阳宛县，而工作地在渔阳，到底放在哪里，应该听听彭宠的想法。所以判断刘秀应该是好意，之所以不告诉他为什么让他进京，也有苦衷。第一，封地的事情太敏感，大家都关心，都想分到好地方，事情没决定之前就走漏消息，都来请托，刘秀会很麻烦，所以不能说。第二，刘秀在试探彭宠的忠心。

刘秀越是不说，彭宠就越是怀疑，在家里郁郁寡欢。彭宠越是不去，刘秀也越是怀疑，就派彭宠的堂弟子后兰卿回渔阳规劝彭宠。而此时刘秀仍不说召彭宠进京的理由，就说不过去了。不怕没好事，就怕没好人，彭宠的妻子素来刚强，仔细询问之后，得知彭宠受了这么大委屈，当时就不干了，固执地劝说彭宠不接受征召。彭宠的手下也都劝彭宠不能进京。子后兰卿到渔阳后，不但没有消除彭宠的心病，反而被彭宠趁机留下，促成彭宠派兵两万攻打朱浮。如此说明，刘秀没有跟子后兰卿交底。

其实到这时，事情还没发展到最坏的地步。被围困的朱浮，给彭宠写了一封信。这封信很长，内容无非是说，彭宠你要认清形势，不要以为功劳大就与皇帝对抗，那样不会有好下场的。客观地说，朱浮这封信鞭辟入里，分析得很透彻，但是，他在信中讲了一个小故事，惹火了彭宠。

朱浮说，过去有个养猪专业户，他家母猪生了一只白头黑身的小猪。因为这种猪很少见，专业户以为是祥瑞之兆，就决定把这头怪猪送给朝廷。可走到河东郡，发现到处都是这种白头猪，就羞愧地回去了。朱浮用这个故事，是想告诉彭宠，你彭宠别以为自己的功劳很大，你撒泡尿照照，全国这么多大将，比你功劳大的人多了，就你还不满意，你是不是一头猪？

是可忍孰不可忍，彭宠气疯了，公元26年2月，狂攻蓟县城。他联合了匈奴，匈奴派来七千游骑支援他；又联合了张步和流民军团；还联合了涿郡太守张丰。他们互相派了人质，团结在一起。又联合耿况，可耿况不接受，把彭宠的使者杀了。

朱浮满以为刘秀会派兵救他，没想到，公元26年秋，刘秀只派了个游击将军邓隆来支援。邓隆驻扎在离朱浮百里远的地方，无法与朱浮形成互相支援，很快被彭宠打跑了。朱浮又写信给刘秀求援，刘秀说，第一，赤眉军要打过来，我得准备部队防守；第二，军中缺粮，等收割完庄稼以后再说救援的事；第三，你别着急，彭宠他们内部会互相残杀。最后还有一句，那就是——坚持就是胜利。从此，刘秀那边没了消息，朱浮只能独自面对彭宠几万大军的围攻。公元27年3月，彭宠攻破蓟县，自称燕王。朱浮在耿况的帮助下，逃出蓟县，到达良乡时，手下士兵不愿意跟着他，朱浮怕士兵们绑了自己，当面杀了自己的妻子盟誓，绝不找后账，并承诺将来报答他们，这才只身逃回洛阳。

逃回去以后，尚书令侯霸指责朱浮，说他激化矛盾、擅自用兵、不能死节，按罪当诛。刘秀当然不会砍了自己的小兄弟，改任朱浮为执金吾了事。

彭宠出了一口气，也就没再继续进攻，在接下来的日子里，相安无事。刘秀仿佛当彭宠不存在，不再搭理这事儿，一直到公元29年2月。

这个月，彭宠的奴仆，一个叫子密的仓头，带着另两个家奴，趁着彭宠睡觉，绑架了彭宠两口子，搜罗了彭家一些财产，又让彭宠写了出城手令，之后杀了他们夫妇，投降刘秀了。刘秀给朱浮的信中所说的内乱，终于在两年后发生了。

彭宠，就这么完了。他死后没几天，其国师韩利，杀了彭宠的儿子，投降了祭遵。彭宠造反，到此结束。

整个事件，处处体现了刘秀对彭宠的不当回事，甚至忘恩负义，也说明刘秀有时做事不长心，本来一些可避免和淡化的事情，最后造成严重的后果，实在是因小失大。

第五个案例：为什么不能用政治手段解决隗嚣？

隗嚣最初是天水的小官，后来在长安做了国师刘歆的学生，刘歆被王莽杀了以后，他逃回天水，因为有文化、见过世面，被叔叔大伯推举为首领，打出复汉讨莽的大旗。公元 24 年，刘玄征召隗嚣。隗嚣不听军师方望的苦劝，不顾自己并不了解刘玄为人和处境的风险，带着队伍进入长安投靠了刘玄。刘玄封他为右将军，级别很高，相当于刘秀身边的邓禹。

隗嚣最初对刘玄忠心耿耿，当他的两个叔伯在长安混得不爽、想逃回天水的时候，隗嚣竟杀了自己的两个亲叔伯，以证自己忠心不二。刘玄感动于隗嚣的忠心，又任命他为御史大夫。

因为刘玄不理朝政，大权旁落于外戚手里，朝局每况愈下，公元 25 年 3 月，隗嚣参与了张卬、申屠建等人劫持刘玄回南阳的阴谋集团，被告密后遭刘玄追杀。这样，隗嚣又逃回了天水，重新建立政权，开始割据一方。

邓禹进入三辅以后，隗嚣帮过汉军三次：第一次是邓禹的部将冯愔叛逃到天水，被隗嚣缴械后赶出凉州，致使冯愔被手下扣押回汉军；第二次是赤眉军扫荡到天水，被隗嚣击溃；第三次是帮助冯异打败进入三辅的公孙述势力。为此，邓禹经过刘秀批准，封隗嚣为西州大将军，有权处置凉州、朔方的一切事务。

此后，刘秀经常给隗嚣写信交好。公孙述也拉拢隗嚣，派人给隗嚣送来大司空、扶安王的任命书，隗嚣拒不接受任命，还杀了其使者。

公元 27 年，隗嚣在长安时的老朋友来歙，奉刘秀命令出使隗嚣。从此刘秀和隗嚣的联系更密切了。

到此说明：第一，隗嚣曾有一颗恢复汉室的忠心；第二，这颗心曾因为刘玄胡搞而受过伤；第三，隗嚣和邓禹、来歙关系不错，并接受了刘秀的任命，加盟刘秀政权的可能性极大；第四，隗嚣并未想要独立，否则应该与各方保持联系，不会与公孙述决绝。

公元 28 年，隗嚣派自己的手下马援，分别出使公孙述和刘秀，目的是看一下这两个政权、这两个皇帝，谁更值得投靠。这个信号，意味着隗嚣不想一直“单身”，他想“嫁人”。

公元 29 年，马援考察刘秀之后，从洛阳回到凉州，把刘秀一顿夸，之后，隗嚣送儿子到洛阳做人质。同年，隗嚣手下重要将领王元，劝隗嚣参与天下争霸，即使失败也可以固守西凉，成为偏安诸侯。史书记载，王元的话说到隗嚣的心坎里去了，正是王元的建议才促使隗嚣拒绝归顺刘秀。

不过，前前后后劝隗嚣归顺刘秀的人很多，除了来歙、马援，名士申屠刚、郑兴，以及尚未投降刘秀时的窦融，都写信劝告甚至威胁过隗嚣，晓之以理，动之以情，挟之以害，隗嚣也未必都听不进去，事情不能全怪在王元身上，还要从隗嚣的角度进行分析。这里先把隗嚣与刘秀决裂的事情讲完。

公元 30 年，隗嚣派使者到朝廷汇报，经过冯异的大营，进去歇息，不想却被仇人给杀了。刘秀听说隗嚣的使者在自己的地盘被杀，不好意思了，委派铫期出差凉州，给隗嚣送礼物。礼物却在新政被盗。刘秀预感到了与隗嚣的合作难度。

这一年，公孙述打南郡，刘秀希望隗嚣出兵征伐巴蜀，隗嚣找理由拒绝了。刘秀又派来歙给隗嚣下最后通牒，之后派盖延带领 6 员大将进攻隗嚣。以盖延的水平，第一次进攻失败。

隗嚣胜利后，给刘秀去信赔礼道歉，但是被刘秀集团认为言语狂傲，态度失礼。刘秀又派来歙出使，送给隗嚣一封信，内容简单明了，“深言则似不逊，略言则事不决，我年近四十，厌浮语虚辞，不欲勿报”。刘秀这封信，没有经历过长期谈判的人是说不出来的。那几句话的意思是：“把话说深了，好像不够礼貌；说浅了，总是没个结论。我快 40 岁的人了，你也别拿我当小孩子耍，谁都明白，其实不就是实力决定一切吗？我给你面子你还蹬鼻子上脸啊！你要是没有归顺的想法，就别扯没用的了，回信都不需要。”谈了四年多，至此彻底崩了。

公元 31 年，隗嚣接受公孙述的任命，为朔宁王，接着派兵攻打汉军祭遵部，同时增兵战略要地，准备与刘秀死磕。

刘秀这么希望和平统一、这么多人劝隗嚣归顺、隗嚣也明知道以两郡抵抗刘秀的大半个中国不是对手，他为什么还要选择坚持对抗呢？反观刘秀，一手的好牌，却没有通过政治手段和平解决凉州，造成最后与隗嚣刀兵相见、劳民伤财、伤亡惨重，到底是为什么？刘秀整合资源、并购重组的水平和胸怀到底如何？对这个问题，要系统地分析。

隗嚣第二次回到天水的时间，和刘秀称帝的时间大致相同，都在公元25年上半年。回到凉州的隗嚣，也有个内部稳定的问题，毕竟在长安杀了自己的亲大伯和亲叔叔，现在灰头土脸地回来，总得有个交代和磨合，所以在最初一段时间里，他老老实实地抓内政，并接受刘秀的任命，是很自然的事。对刘秀而言，平定中原和南方最重要，当时顾不上凉州，也会选择友好沟通。所以从公元25年到公元27年初，双方相安无事、睦邻友好，是解决各自内部矛盾的必然选择。

另外，隗嚣曾经全身心爱着刘汉政权，但是在刘玄那伤心以后，一朝被蛇咬，十年怕井绳。证据就是隗嚣曾问手下名士班彪："你说大家不约而同地选择刘氏为天子，能证明全国上下人心思汉吗？在秦朝末年，没有汉朝的时候，人们也思汉吗？"这句话，明显体现出隗嚣对刘汉的质疑：就刘玄那样的皇帝，怎么能拯救百姓于水火？谁能拯救百姓，百姓才需要谁，这和姓不姓刘、叫汉不叫汉没什么关系。这是隗嚣的心理话。他这句问话，把班彪气得半死，班彪解答不了这个问题，很快辞职到窦融那里混去了。其实那个时候，有这种疑问的不止一个两个。公元24年下半年，耿弇曾经对刘秀说："更始政权搞得民不聊生，人心思莽。"看看，部分老百姓又回头思念王莽时代的幸福生活了。由此可见，隗嚣对在长安与刘玄共事的经历深感恐惧，他不那么认可天下必然归刘，自己又参加过劫持皇帝的行动，属于曾经犯上作乱的人，隗嚣对再次归顺刘姓人一直不踏实，即便选择归顺，出于安全的考虑，也一定要有自己的地位和地盘。一句话，睦邻友好可以，但是要无保留投靠，难。

公元27年，刘秀通过来歙联系上隗嚣以后，联系密切了，但矛盾也出现了。

第一件事，是刘秀给隗嚣的一封信里，说了不该说的话。

在信里，刘秀首先表达了对隗嚣的敬意和感谢，毕竟隗嚣帮助过邓禹和冯异，这都没毛病，但是他引用一个典故，一定会让隗嚣不爽。原话是"苍蝇之飞，不过数步，即托骥尾，得以绝群"。这句话的意思是苍蝇那小翅膀，飞不了多远，可趴在马尾巴上，就可以远走高飞。如果刘秀是把自己比作苍蝇，想以此夸隗嚣，实在是过于低调，可能性不大，毕竟刘秀那时候已经称帝两年，也不符合上下文。如果是劝导隗嚣，摆明了就是告诉隗嚣：你就是只苍蝇，如果想攀高枝，来找我。隗嚣曾是刘歆的学生，可比刘秀文化深，能不明白吗？到底是你刘秀求着我归顺，还是我求着追随你，你弄清楚好不好？这句话放在谁身上谁能不生气？

刘秀经常犯这个毛病，总以为别人要图他什么，有点直男的味道。比如，在河北见到投奔来的邓禹，他就问："你大老远的来投奔我，是想要什么官位吗？"铫期劝他称帝的时候，他问："你是为了实现让大家回避的愿望吗？"意思是你劝我称帝，是不是为了你可以升官，然后实现你自己在大街上吆五喝六、要求别人回避的梦想？刘秀当皇帝后，任命自己年轻时的朋友樊晔为都尉。刘秀当初被抓进新野监狱时，樊晔曾给他送过吃的。刘秀有一次问他："一筐馒头换来一个都尉，怎么样？"这些话虽然可以看作玩笑，但说明刘秀心里，什么都是有价的，情谊也是如此。事情的本质可能也是这样，但不能说得太直白，总要照顾一下别人的感受，否则就是口无遮拦。

当然一句不得体的话不是关键，隗嚣未必一直放在心上。问题是，如果投降刘秀，如何实现"绝群"？隗嚣在刘玄那已经是右将军，相当高的职位，刘秀能给他什么呢？

第二件事，是刘秀没给隗嚣职务、爵位上的明确说法。

谈了好几年，史书上隗嚣的职务一直就是西州大将军。刘秀虽说"许以重爵"，但重爵是什么，一直没明确，明显就是一张空头支票。隗嚣要实现"绝群"，只能到中央任职，那样安全就无法保障。这个顾虑不打消，隗嚣不会进京。还是公孙述来得直接，上来就是大司空、扶安王，地位提高地盘不变。刘秀是不想给隗嚣封王的，因为第一，刘邦有规定，非刘氏不封王；第二，如果对隗嚣封王，仍在西北半独立，将来还要打，这可不是刘秀希望的状态；第三，隗嚣要封王了，那些开国功臣怎么封？所以刘秀不想承诺封王。公元 27 年，刘秀派伏隆劝降张步，伏隆明确对张步说，刘秀不能给你封王，但是可以封你 10 万户侯。就这条件，张步还是把伏隆杀了，投靠了刘永。既然刘秀价码不到位，隗嚣就只能玩命拖延。

隗嚣到底要什么呢？他确实想要封王。隗嚣的人生偶像是商朝的西伯侯，就是后来的周文王，这个理想他跟很多人表达过。后来名士郑兴劝诫他说："当初西伯侯拥有商朝三分之二的土地，还服侍商王，不敢称帝；汉高祖刘邦征战多年，一直称为沛公。你既无周文王的血统，又无汉高祖的功绩，竟然想做这件不可能的事，不是惹祸上身吗？你好好想想吧！”听了郑兴的话，隗嚣这才暂时压抑了称王的念头。

无论如何，一个不想给，一个真想要，所以谈不拢。刘秀封隗嚣为王，不是做不到，同样姓刘，刘玄、刘永做得，刘秀怎就做不得？如果真的为了止兵休武、百姓安宁，封王不是不行，后来在卢芳的问题上刘秀就做得了，最起码可以封隗嚣为“公”。这些肯定是可以谈的，但如果一直不明确，就只能是空谈。

站在隗嚣的角度，他要的确实有点多，超出了自己的实力。隗嚣既要留在凉州，又要封他为王，他自己还不能明确提出来，提出来就是要挟皇帝，所以只能等刘秀慢慢领悟。隗嚣有心投降，但不自量力，要价过高；刘秀有心招降，但不出实锤，承诺不够。两个人都没有找出解扣的办法。

来来回回谈判的过程中，隗嚣的势力逐渐稳固，手下大将杨广、王元、王捷等都支持隗嚣自立称王。实在不好理解王元这些人，为什么要这么干。因为只要称王，就是分裂国家，属于逆势而为，而且刘秀要打过来他们扛不住，在实力不够的情况下，那就是找死。可他们宁可选择分裂国家和以死相拼，也不愿意投降刘秀，一定对刘秀政权有相当大的误解或质疑。为什么会质疑？要么是对刘秀的某些做法很不认可，要么是对刘秀的整合方案极不满意。

隗嚣团队里，那些不赞同隗嚣称王独立的文人，陆续离开隗嚣，包括班彪、申屠刚、杜林、郑兴等人。这些人都是全国有名望的大师，他们的离开，隗嚣是不愿意的，但是他们的主张与隗嚣内心不符，留下也没什么用。公元30年，杜林以弟丧归葬为由离开，隗嚣曾苦苦挽留，甚至派刺客追杀杜林。同年，郑兴以送父母遗体安葬为由，带领全家离开隗嚣。那时候，刘秀和隗嚣的矛盾已经到了爆发的时刻。

第三件事，是马援见到刘秀以后，带回来对刘秀的评价。

马援是奉隗嚣的命令，分别考察公孙述和刘秀这两个皇帝，看看把自己的股份卖给谁更合适。因为卖给谁，谁的实力就会大增，股价就会上涨，所以马援去这两个地方都很受重视。马援和公孙述是发小，他先去见的公孙述。

公孙述很隆重地接见了马援，仪式规格很高，类似于皇帝接见外宾。这很可能是公孙述为体现对隗嚣的重视，所以马援的随从都很满意，但在马援看来这些都是花架子、不实在，反而觉得公孙述成不了气候，说他是“井底之蛙，妄自尊大”。

马援到了洛阳后，刘秀穿着便装，以朋友的身份轻松会面。两人首次见面，就谈得很愉快。马援在刘秀那住了很长一段时间，其间还随刘秀出了一趟差，去了襄阳和连云港，看汉军进攻秦丰和董宪，一路上马援对刘秀非常佩服。回来后，马援给隗嚣汇报，都不知道该怎么夸刘秀了，可越想夸越夸不到点上，最后夸砸了。

马援给隗嚣汇报的地点是在隗嚣的卧室。不是在办公室、会议室，更不是在酒桌上，这说明隗嚣非常重视这次谈话。第一，场所非常的私密，无第三人在场或偷听。重要的决策一定绝密。第二，一定要让马援放松，别遗漏、别隐瞒也别吹嘘。我们现在看到《后汉书》的这段记载，很可能是范晔或者班固编出来的，因为只有两人在卧室聊天，肯定没有第三人记录。要不就是事后马援自己说出去的，真假全凭一张嘴，可信度绝对打折扣。权当是真的吧！

隗嚣先问：“老马呀，你去了一趟洛阳，有什么收获呀？”

马援说：“刘秀这个人，才明勇略，不是一般人能匹敌的，而且开诚布公，坦言相告，无所隐瞒，胸怀开阔，看问题高屋建瓴，关注主要方面（“阔达多大节”），和刘邦差不多。他知识广博，处理政务的能力、文采及口才，前世没有人能比得上。”

马援说到这，其实隗嚣就已经明白马援的态度了。为什么？因为起兵以前的刘秀，只不过是个在太学成绩一般的农民，何时何地进修，能在政务和文采上达到前世无敌的程度？隗嚣和公孙述的长项都是处理政务，隗嚣还曾是国师刘歆的学生，什么学问家他没见过？他能认可马援的话吗？再说，以刘秀的知识水平，竟前无来者，骗鬼呢？这马援，分明是被刘秀蛊惑或收买了。

放弃处理政务的能力和文化水平高低的讨论，隗嚣关心的也不是这个，于是他又问：“你看他和刘邦谁更高一些？”

隗嚣的意思，是在心胸开阔、通晓人情世故方面，刘邦和刘秀哪个更强。

隗嚣更关心的是，如果自己归顺，能有一个怎样的未来？刘秀会不会杀功臣？

马援说：“刘秀不如刘邦。刘邦无可无不可，做事不讲规矩。而刘秀喜欢管理人事和政务这类事，做事都有尺度分寸，又不喜欢饮酒。”

隗嚣不高兴了，说：“如果照你所说，不是刘秀比刘邦还要强一些吗？”

是啊，按照马援所说，刘邦是粗人，做事抓大放小，放手让手下人去办，而刘秀是既能从大处着眼，又能从小处入手，还知道克制自己，可不比刘邦强吗？马援说话，前后矛盾，逻辑不通，更加引起了隗嚣对马援的怀疑。

马援佩服刘秀，应该是真的，最起码在他看来，刘秀比隗嚣和公孙述更适合当自己的领导。要说马援如此过分地夸奖刘秀，没有私心，肯定不尽然。马援是个有志向的人，早年养马发财后散尽了千金，绝对视金钱如粪土，他图的是名留青史，为的是国家安宁，在隗嚣这个破地方当小军官的日子，他早就过腻了，他希望和隗嚣一道，走向更大的平台，反之很可能成为隗嚣集团的陪葬品。因为特别想说服隗嚣归顺刘秀，造成他过于卖力地赞美刘秀，不实之词当然会引起隗嚣的怀疑。这次谈话后，隗嚣不动声色，把自己的儿子送到洛阳做人质，继续采用拖延战术。

马援没处在隗嚣的位置，很难揣摩隗嚣的心理。隗嚣把凉州的股份卖给谁，不取决于谁更强，而取决于谁更弱，因为只有在弱者的集团里，隗嚣的地位才能更重要和稳固。毕竟隗嚣不是卖了股份之后到国外定居，还要在国内打工生活。隗嚣的私心，是隗嚣决策的最根本出发点，这个私心，就是自己的地位、利益和安全。手下的部队和地盘，都是他的砝码。刘秀明显比公孙述实力强多了，正因为强，隗嚣才有更多的忌惮。所以马援的考察报告，加深了隗嚣对刘秀的忌惮。

隗嚣既然已经心向公孙述，为什么还要遣子入朝给刘秀当人质呢？第一，还是拖延。马援考察并汇报了以后，如果隗嚣没有态度，很明显就是不认可刘秀，不认可就是翻脸，以刘秀的实力，是不会接受一直这么虚与委蛇的，有可能随时进攻凉州，而那时的隗嚣准备还不充分。第二，隗嚣对儿子未必那么当回事。古人由于可以娶很多小妾，所以儿子可能很多，父子亲情没有现代人那么看重。刘邦推孩子下车以便自己跑路，王莽杀了自己的三个儿子，都是活生生的例子。隗嚣连自己的亲大伯和亲叔叔都杀，送儿子当人质的事当然干得出来。

如果刘秀真的像马援说得那么光明磊落和完美，隗嚣、王元怎么会那么忌惮和质疑刘秀呢？他们一定有个心思，那就是为什么刘扬、彭宠、邓奉、张丰、苏茂等要反刘秀呢？一两个是对方的问题，这么多人反对刘秀，难道刘秀就没问题吗？

马援没有解决隗嚣的疑惑，同时，隗嚣对刘秀挖墙脚这种做法极其不满，加深了对刘秀的顾忌。

刘秀的事迹，隗嚣不可能不打听。公元 23 年，刘秀通过收买了丁琳，夺取了颍阳；继续收买了冯异，拿下了父城；收买了马武、陈康，搞死了谢躬；收买了黄防，抓捕了冯愔。

还有一些缺少证据但过于巧合的事情发生在刘秀的敌人身上。

彭宠的仆人子密杀了彭宠，国师韩利杀了彭宠之子，是否有人指使？是否有人出高价购买彭宠父子的人头？如果没有承诺，刘秀为什么要封卖主求荣的子密为侯？

张丰的功曹孟厷捆绑张丰投降，是不是被人收买？

刘永的部将庆吾杀死刘永，被刘秀封列侯，是不是回报？

王朗的部下少傅李立，打开邯郸城门，致使王朗被杀，事后刘秀当面烧毁往来文书，其中是否有收买李立的信件？

李宪的军士帛意追斩了李宪，刘秀为什么要封他为渔浦侯？

卢芳说自己“羽翼外附、心腹内离”，其手下太守桥扈、田飒投降刘秀，是不是被策反？

这一切仿佛都可以解释为“咎由自取”，因为当领导的不得人心，造成手下将士走向光明，可次数也太多了吧！

这次是收买马援，你刘秀的手，伸得也太长了吧！

第四件事，是马援叛变。

马援借着送隗嚣长子进洛阳的机会，一直逗留洛阳，不想回凉州了。刘秀最初没给马援任命官职，时间长了，马援经济情况出现紧张，于是经刘秀同意，他带着自己的一大群随从掾属，来到长安上林苑居住。他们在上林苑种田养马，搞得有声有色，形成了一个较大的集市。总之，马援宁可不当隗器的官、宁可当农民，也不回天水了。

马援听说隗嚣接受王元割据一方的建议后，一方面写信规劝指责隗嚣，另一方面写信向刘秀表达忠心。刘秀叫马援进京，之后给了马援五千骑兵，专门用于游说劝降隗嚣手下的高峻、任禹等将领和羌族豪客，分化瓦解隗嚣。

刘秀是希望通过策反，达到不战而胜的目的。一直到战争爆发前，刘秀还不想打，希望采取围困施压，加大策反力度。这些在史书上都是明说的。

隗嚣哪能不知道马援的一些所为，气得半死，更加对刘秀不满。防火防盗防马援，估计是隗嚣的内部文件通知。

第五件事，是借刀杀人。

公元28年左右，刘秀把手下将领写的多份奏章送给隗嚣看，全是要求进攻公孙述的内容。借着这个话题，刘秀提出，你不是说听我的招呼吗？那好，你去打公孙述，以证明你的忠心。隗嚣以三辅未定，卢芳在北等理由，没有出兵。这件事让隗嚣不信任刘秀，这哪里是让我归顺，分明是让我卖命啊！一旦打公孙述两败俱伤后，我在汉朝哪里还有什么地位？

刘秀借刀杀人，大家也都明白。不远的，是借朱鲔的刀，杀了李轶，还口口声声说不计前嫌。现在合作条件还没谈拢，就让隗嚣去卖命，刘秀昭然若揭的狠毒伎俩，怎么能让人服气呢？

这就好比大公司要收购小公司，还没签协议，就让小公司损失利益去和大公司的对手竞争，确实早了些。隗嚣实力不够，也只能虚与委蛇，不敢当面撕破脸。

公元30年，公孙述进犯南郡，刘秀又一次要求隗嚣出兵，讨伐巴蜀。史书清晰记载，这么做的目的是“溃其心腹”，就是要消灭隗嚣的心腹势力。隗嚣哪里会上当，以栈道损坏为由，拒绝出兵。

第六件事，是来歙刺杀。

还是公元30年，来歙又一次出使凉州。从洛阳到凉州一个来回要走几个月，来歙非常辛苦。他见总是讨论来商量去，隗嚣就是没有个明确态度，性子刚烈的来歙，竟然当面要刺杀隗嚣。隗嚣看形势不对，赶紧躲进了内室，来歙被兵士扣押。

来歙可能并非蓄谋杀人，只是说到激动处，才绕过桌子要动手，所以最后隗嚣饶过了来歙，把他轰出凉州了事。但是此事引起了隗嚣更大的不满。

当面刺杀政敌，也是刘秀惯用的手段。吴汉杀苗曾，耿纯杀刘扬，这都是近在眼前的事，那可还不是敌我矛盾的时候呢！不满意就杀人，你刘秀也太豪横了吧！隗嚣对刘秀手下的骄兵悍将，不能不有所担心：如果归降刘秀，阎王好见，小鬼难缠，将来被欺负可怎么办呢？

第七件事，是窦融劝诫。

公元29年，窦融与刘秀接上了头，表达了忠于汉室的心情。刘秀很高兴，提起与窦融八竿子远的亲戚关系，即刘秀的七世祖汉景帝，其母窦太后，是窦融的七世姑，为了证明，刘秀还把司马迁写的《外戚世家》《魏其武安侯列传》（窦婴）赠送给窦融；同时，刘秀派人修缮窦融父亲在长安的墓地，高标准祭祀。刘秀这么做，确实是并购重组中的文化融合，值得借鉴和学习。窦融也知道刘秀的心思，马上写信给隗嚣，名为规劝实则威胁。这封信有三个核心内容。

第一，我们凉州五郡一都尉，之所以服从你隗嚣，是因为你忠于汉室。如果你背叛汉室，发动战争，那就是给凉州带来灾祸，我们不答应。

第二，现在凉州的情况，是地窄民稀，人心涣散，要打工辅佐别人还可以，要独立创业太难了。你如果想要以两郡之力抵抗上百个郡的刘汉，不会有好果子吃。

第三，你儿子已经在洛阳做人质，你如果反叛，就是连儿子也不要了。你连儿子都可以不要，别人在你眼里又能算什么？

隗嚣不回信。窦融就联合五郡自治，不再听从隗嚣的指挥，并向刘秀请示出兵的日期。到这个时候，隗嚣即便是想投降，也难以接受城下之盟了。

第八件事，是沟通断绝。

面对如此艰难的局面，隗嚣也头疼。为了争取一个好结果，他派遣使者周游，到洛阳去面谈。去洛阳要经过冯异的大营，周游进入冯异的大营后，竟在大营里被仇人杀了。双方谈判期间，一方使者在另一方地盘上被杀，这叫什么事啊？杀完之后也没听说谁被处罚。周游怎么可能在冯异大营里遇到仇人呢？仔细琢磨这件事，最大的可能，是当初邓禹的手下冯愔，背叛邓禹后进入凉州，被隗嚣的部队在天水击溃缴械，因此冯愔和隗嚣结仇。后来冯歆被手下黄防抓捕，回归汉军，而刘秀没杀冯愔。冯愔很可能是冯异本家，当时就在冯异的军营，见到隗嚣的使者，自然想起当年被缴械的仇恨，连造反都不怕的冯愔，在自己大营里杀周游，实在太简单。如果真是如此，说明汉军根本没把隗嚣当盘菜，杀周游就是抽隗嚣的嘴巴子。刘秀的部下如此豪横，隗嚣以及他的手下，肯定不愿意归附汉军。

刘秀知道这件事后，并不想追究，就因私斗处分冯异了，那岂不是自折羽翼嘛！刘秀只是派铫期出使凉州，有赔礼道歉、既往不咎、安抚隗嚣的意思。可是，礼物却在驿站丢了。大国往来，礼物和护送的军士少不了，怎么那么容易丢呢？估计这事要么是汉军自己干的，要么是隗嚣部下的报复行动。铫期最早是冯异推荐给刘秀的，都是颍川老乡，冯愔要偷铫期押送的东西，具备内外条件。冯愔的目的，是破坏和谈，破坏和谈的目的，就是要用武力铲除隗嚣。隗嚣的部下也可能偷礼物，动机也是破坏和谈，目的是反对隗嚣投降汉军。总之在路上劫走最好，如此刘秀怪不到隗嚣头上。这两件事是公孙述指使的概率不大，毕竟这么准确的情报不容易获得，公孙述的人在冯异的大营里杀人更不容易。这件事情的本质，是双方在前线作战的将领，都不希望和谈。

事情到最后，站在刘秀的角度，感觉自己是仁至义尽了。站在隗嚣的角度，是该表示的都表示了，刘秀既不能满足我的职位、爵位需求，还多次欺负侮辱我凉州人，甚至要借刀杀人，人活一口气，佛争一炷香，为啥非要到洛阳看别人脸色呢？人家表面上尊敬你，可实际上天天一个巴掌一个甜枣地搞你，真的归顺了，能有好果子吃吗？人，可以战败而死，但不能被欺负死。

在隗嚣看来，不打是不行了，不让刘秀知道自己的厉害，达不到自己的目标。于是，不再回信。

一旦沟通的心情没了，沟通的渠道也就断了，剩下的就是个打！

回头看，刘秀一把好牌，却没有和平解决隗嚣，原因还在于画大饼，没有实际的承诺，而且做过一些不光彩的事情，让隗嚣不敢对其相信。

即便隗嚣投降刘秀，结果一定会好吗？纵观投降刘秀的人，除了朱鲔，基本没有好结果。

绿林军的首领王匡、胡殷投降后，据说是又打算逃走，公元 25 年被刘秀的尚书宗广杀掉。

赤眉军的首领樊崇、逢安，投降后，据说又想反叛，公元27年被杀。另一个首领谢禄，投降后被刘盆子的哥哥刘恭刺杀而死，刘秀赦免了刘恭。

张步投降后，又是想反叛，于公元32年被杀。

秦丰投降后，送到洛阳，被朱祐杀死。

延岑投降后被吴汉灭族。

董宪准备投降，被吴汉手下韩湛杀掉，韩湛被封列侯。

邓奉，投降后被杀。

隗嚣的大将王元，投降后被任命为太守，在度田事件中被杀。

隗嚣的儿子隗纯投降后，公元42年要逃到胡地，被处死。

如此多的先降后叛，进而被杀的案例，能是巧合吗?

因为史书没有结论和证据，所以不能肯定谁对谁错。总之，从起兵到统一，刘秀绝不止军事一种手段，他通过收买、策反、刺杀、定罪处死等组合动作，陆续铲除了各路敌人。对隗嚣，刘秀并不真心用政治手段解决，他采取的那些背后的手段又多数效果不大，所以，没能和平收复凉州。

如果说刘秀有预谋地做这些见不得光的事，那执行者是谁呢？最大的可能是贾复。理由有三条。

第一条，贾复个人素质高。贾复自小好学习，研究《尚书》，得到专家的认可；贾复有计谋，别人做不到的事他往往能做到，比如，在运盐的路上遭到抢劫，别人都损失光了，他却完整运到。

第二条，贾复经历丰富。做过县掾，当过土匪，做过校尉，上过战场。关键是贾复政治上过硬，他是南阳冠军县人，刘秀的老乡，而且是刘秀的堂哥刘嘉推荐过来的，不必怀疑其忠诚度。

第三条，贾复长相端庄，一身正气，能用大道理感化说服别人。

总之，刘秀称赞贾复，说他“能击退敌人于千里之外”。什么叫“退敌于千里之外”？就是贾复打个电话，就能让人退兵。诸葛亮智退曹魏五路军，就属于退敌于千里之外。贾复凭什么？刺杀、策反、挑拨离间呗。

贾复长期以左将军身份在刘秀身边，不怎么出去打仗，但是刘秀对大家说，“贾君之功，我自知之”。意思是说，贾复在干什么，你们不知道，我是知道的，贾复老贾功劳大啊！贾复不带兵出去打仗，运筹帷幄不如邓禹，筹粮招兵不如寇恂，那他凭什么有大功？会不会是有像戴笠一样的作用呢？

可惜，用在隗嚣身上，失败了。隗嚣也正是看透了刘秀，才最后选择了武装斗争。要志气，就得不识时务；要活命，就要忍受欺凌。活着，真不容易。

刘秀创业基本讲到这里。三打隗嚣之后，隗嚣之子投降。之后岑彭、吴汉消灭公孙述、延岑，全国统一。

# 第十一章　质疑五将领

云台 28 将，除了老同学邓禹和老熟人朱祐，都是刘秀起兵以后认识的，交往时间并不长。虽说古人未必有现代人那么多心眼，但没经过岁月考验的友谊，干的又是打江山这一高风险、高收益的大事，刘秀也不得不防范手下人。通过刘秀对下属的猜忌，可以看出一些刘秀带队伍的能力和为人。

刘秀第一个猜忌的是寇恂。寇恂是北京昌平人，原来是上谷太守耿况的手下，后到广阿追随刘秀。邓禹相当于刘秀的张良，他和寇恂见面一聊，立刻惊叹于寇恂的才华和能力，认为寇恂是萧何这样的人才，马上拿出牛肉和好酒招待寇恂，可见寇恂的本事。刘秀为了守住粮草丰富的河内郡，要选择一名优秀的太守，邓禹就推荐了寇恂，并且说："除了寇恂，别人都不合格。"寇恂上任，果然一方面有效阻击了朱鲔的进攻；另一方面安抚百姓治理地方，把战略物资源源不断输送前线。这是公元 24 年的事情。

刘秀在前方打仗，经常催要军事物资。来信的次数多了，就出现了问东问西的话语，这引起了寇恂的门生——陕西人董崇的警觉。他对寇恂说："现在皇帝刚登基不久，四方不安定，可你现在占据一个大郡，内得民心，外据强敌，威震四方，名声在外，而且你的部下大多是你们寇家子弟和昌平老乡，这正是小人嫉妒、诋毁你的时候。当年萧何遭到刘邦猜忌的故事你肯定听说过，一定要引以为戒。"寇恂一听，觉得是这么个理，马上开始装病。

刘秀要打洛阳，先到达河内。寇恂接待刘秀时，提出要从军。刘秀说河内离不开你，你接着干吧！寇恂就把自己的儿子和外甥，送到前线做先锋。刘秀认为很好。

有人可能说，这不是刘秀猜忌寇恂，而是寇恂自己瞎想。以寇恂的智商，他会瞎想吗？往下看。

公元 26 年，寇恂因为捆绑拷问一个上书言事的人，被免了官。和源源不断输送军事物资相比，太守拷问一个上书者，能算多大个事？可见，说寇恂有错只不过是个借口，要寇恂离开河内才是根本原因。闲待了几个月后，因为颍川有数万人闹事，寇恂又被任命为颍川太守。寇恂到位以后，三下五除二，颍川平定。某一天，贾复的一个部将在颍川杀了人，寇恂把那个部将在闹市区斩首。当时兵荒马乱的，士兵犯法大多大事化小，寇恂这么干，引起了贾复的不满，扬言要杀了寇恂。

寇恂有才华，贾复也是读书人出身，都是明事理的。寇恂如果杀军人不对，贾复可以向刘秀申诉。寇恂因为打人就被免职，杀错了部将岂不是更该免职？贾复不申诉，明显是知道寇恂杀得没错。那贾复凭什么要报复呢？莫非贾复是个糊涂蛋？怎么可能？一定另有隐情。

隐情就是，寇恂认为自己之所以在河内郡太守任上被免职，就是因为刘秀身边的贾复（执金吾）进谗言诋毁，这次严办贾复的士兵，就是要给贾复一点颜色看看，我们幽州派不是好惹的。贾复心里明镜似的，知道里边的弯弯绕，所以表面上咋呼要与寇恂撕破脸，其实内心很虚。

寇恂也不想得罪刘秀的锦衣卫，贾复自知理亏也不敢真叫板，所以在寇恂给了贾复面子以后，和了。寇恂怎么给贾复面子的呢？当贾复所属部队进入颍川地界时（贾复最初也带过兵），颍川地方官热情招待，给双倍的酒菜，寇恂亲自迎接。史书上讲，寇恂迎接贾复的手下后，说自己身体有病，就先走了。贾复进入军营后，带兵要去追寇恂，可士兵们都喝醉了，这样贾复只好暂时放过寇恂。你想，当时酒是昂贵物资，没粮食哪里有那么多酒，怎么可能让士兵管够喝？即使喝醉了，还有醒来的时候吧，醒了再去办公室抓寇恂不是一回事？寇恂是地方官，又跑不了，为什么贾复过境而走？拿酒醉找台阶而已。

寇恂先被抽了个嘴巴（免职），他又回抽了贾复一个大嘴巴（杀其手下），然后给贾复一个甜枣（双倍酒菜），贾复自然识相（酒醉），此事终结。寇恂表面上是抽贾复的脸，真正给寇恂免官的是刘秀，无论听谁的谗言，最后决策的都是刘秀，免官的背后是刘秀对寇恂的猜忌，所以寇恂间接回抽了刘秀一记耳光。

后来某一天，寇恂进京上朝，当时贾复在座，他看见寇恂过来，起身要回避。刘秀把他和寇恂拉到一块，说："天下未定，两虎怎能私斗？今天我给你们劝和了吧！"于是俩人愉快和好。问题是，贾复不是口口声声说要找寇恂麻烦嘛，在颍川就算真是喝醉错过了，现在寇恂在洛阳送上门来，贾复怎么要回避，㞞了呢？

刘秀知道自己错了，贾复还敢闹腾吗？刘秀当初写信催要粮草，之所以七问八问，肯定是听到不利于寇恂的话了，刘秀也相信了这些话，且怀疑了寇恂。免职以后，寇恂没任何牢骚话，让去颍川就去颍川，毫无私心，以刘秀的智商，应该明白免官免错了。寇恂回抽刘秀一个嘴巴，刘秀只能认，知道此事必须尽快结束，否则幽州派和南阳派党争起来，对自己打江山没好处。

寇恂报了一箭之仇，还获得了蔺相如那样容人的名声，也就罢手了。不过，他和刘秀之间，至死也没有建立起私人友谊和信任关系，所以大才寇恂，始终是不能位列三公。刘秀对渔阳的吴汉、盖延、王梁重用，偏偏这三人都有明显的缺点；对上谷的寇恂、耿弇一直打压，而这两人的能力水平，明显比渔阳三人高出一截。刘秀用人如赶羊，跑得快的往回拉一拉，走得慢的用鞭子打一打，什么人尽其才、能者多劳、论功行赏，在刘秀这是不存在的。

不信，继续看。

公元32年，刘秀亲征隗嚣，因为颍川发生暴乱，他带寇恂来颍川平叛。寇恂干颍川太守时名声很好，他一去暴乱分子就纷纷投降了。之后，刘秀准备带着寇恂离开颍川。颍川的老百姓拉住刘秀的马车，请求皇帝留下寇恂，哪怕一年也好。刘秀没办法，把寇恂留下了，让他在颍川安抚百姓，招降土匪，却没给任何职务，反倒调郭伋做了颍川太守。寇恂在颍川闲待了一年半，之后又随刘秀二征隗嚣。一个大才，一年半时间没事干，这就是刘秀用人。

寇恂一生，先后任河内太守、颍川太守、汝南太守，后在中央做了五年多执金吾，死在任上。《后汉书》里，把他和邓禹并列立传，明显是高看好几眼。寇恂做大司空或大司徒，可以说富富有余，实至名归，可就是做不上，不是刘秀猜忌还能是因为什么呢！当然，刘秀在经济上没亏待他，寇恂一家，八人封侯，寇恂自己，是万户侯。死后，谥号"威侯"。一个文官，在刘秀时期，有这个结果，行了。

第二个被刘秀质疑的是耿况、耿弇父子。

公元27年3月，彭宠攻破蓟县，自称燕王。同年10月，耿弇陪着刘秀，到刘秀老家春陵祭祖。其间找了一个机会，耿弇对刘秀提出，让自己回上谷，带着上谷剩余的部队，消灭彭宠、干掉张丰、扫荡流民军团，之后打击张步，一举平定山东。

比刘秀小9岁的耿弇冲劲十足，刘秀却把他当小孩子看，认为他“疏阔”，意思是考虑问题太简单、太远大，不周密，不具备可行性。公元24年初，耿弇就建议刘秀，说：“彭宠是你老乡，耿况是我老爹，咱们到渔阳和上谷借到兵马，一定能平定王朗。”刘秀根本不信，就凭老乡关系，人家就借兵给你，太异想天开了。耿弇看刘秀不信，就自己回上谷了，不到3个月，渔阳和上谷骑兵就到广阿与刘秀见面了。不过这次事件也没让刘秀改变对小耿“疏阔”的印象。

这次耿弇又提出单枪匹马去幽州灭彭宠，刘秀认为他又是在吹牛，不过你既然这么自信，去就去吧。

刘秀为什么放着彭宠不打，让彭宠维持了三年时间？第一，全国的战争形势，是从河北由西向南进攻，河北北面的渔阳战略地位减弱。第二，对待原始股东，不能简单动武。刘秀攻打彭宠就是忘恩负义，全国豪杰都会看刘秀的笑话，没有人再愿意归附。第三，既然彭宠没主动进攻，就先放一放再说吧！

再者，渔阳、上谷的将领都在看刘秀怎么处理彭宠，毕竟彭宠起兵的事是刘秀的小弟朱浮惹下的。万一处理不好，渔阳部队撤回到老彭身边，刘秀恐怕就有危险了。所以彭宠的事让刘秀很棘手。解决彭宠问题最好的办法，就是有个彭宠自己的人，以私人恩怨的形式弄死彭宠，这样既不会影响刘秀的声誉，又能解决这一问题。

现在耿弇突然提出要打彭宠，刘秀肯定会想：“你没病吧？要能打我早打了，还轮得到你？再说，你回到上谷，万一劝说你爹和彭宠合伙，那可怎么办？”不过转念一想，上谷的人主动打渔阳，无论结果如何，彭宠原来的部下不会埋怨我刘秀。再说，也可以借此机会试探一下耿况的想法，小耿年轻，老耿可不年轻，让耿弇回去可以起到试探老耿的作用。

耿弇回到上谷，耿况立刻感到了风险。你想，耿弇回来了，万一刘秀怀疑耿弇要参与彭宠造反怎么办？原来耿弇在刘秀身边，算是耿况的人质在刘秀手里，现在人质回来了，这不是刘秀在考验耿况吗？况且就凭太谷这点兵力，要和渔阳匈奴联军 PK，怎么能行？如果打不赢，就会被指责不尽力，甚至勾结包庇。

耿况一席话，把耿弇点醒了，是啊，自家兄弟没有一个在刘秀身边，寇恂当时任汝南太守，景丹已死，上谷没人能和刘秀说上话，万一有人说耿家谋反怎么办？史书上讲，耿弇"自疑，不敢独进"，上书请求回洛阳伴驾。耿弇是兴冲冲回来，被老爹一盆凉水泼醒。刘秀回信说："我没有怀疑你，你为什么要回来呀！这样吧，你和王常共守涿郡，想一想进军方略。"

耿弇肯定不会说因为怕皇帝怀疑才回京，刘秀直接点破，你说刘秀怀没怀疑耿弇？到底是谁想多了？

王常，曾是绿林下江兵的首领，一直支持刘縯、刘秀兄弟，深得刘秀信任。有老江湖王常看着，没兵的耿弇也做不出什么出格的事。刘秀虽然这样说了，耿况还不踏实，立刻派自己的另一个儿子耿舒，陪王伴驾，入宫护卫皇帝，其实就是当人质。刘秀觉得"善"，于是进封耿况为隃麋侯。

彭宠和耿况派兵到广阿后，刘秀曾封耿况为兴义侯，可是没有封地，仅仅是一个称号。这次封耿况为隃麋侯，那是实打实封的，位置在扶风郡隃麋县，和耿弇的封地好畤县、美阳县都属于长安地区扶风郡。耿况一个遣子入朝，就获得实封，说明刘秀认为此时的耿况才是忠心的。之前，一直猜忌耿家，生怕上谷和渔阳联合。

至此，耿况和耿弇勉强过关。即便如此，公元 27 年 10 月到公元 29 年 2 月期间，耿弇除了与王常、朱祐、祭遵等剿匪，没参加什么大战役。之所以不打彭宠，是因为刘秀不让打，只能等待策反。子后兰卿不行，那就仓头子密或国师韩利，总之不达到刘秀的目标就不罢手。

直到彭宠死去，刘秀这才启用耿弇，让他率领上谷骑兵和流民军团的降兵，打张步。得到机会的耿弇，果然实现了他在春陵时提出的战略构想，平定了山东。

第三个被质疑的对象是岑彭。

公元27年3月，刘秀讨伐邓奉，5月回洛阳。回洛阳之前，命令岑彭：带领臧宫、刘宏等三万人攻击襄阳的秦丰。

岑彭带队出发。在襄阳西北，遇到了秦丰布下的互为掎角的两点阵型。一个是秦丰和手下大将蔡宏把守的樊城，另一个是延岑和张成把守的东阳聚。只有拿下这两个地方，才能进攻襄阳。可岑彭攻打了一个多月，没有前进半步。"帝怪以让彭，彭惧"，就是刘秀觉得很奇怪，批评了岑彭，岑彭害怕了。感觉到恐惧的岑彭当夜布置兵马，宣布次日凌晨出击，同时暗自疏于管理俘虏，故意让俘虏逃走、告知秦丰。秦丰果然中了调虎离山之计，被岑彭打得大败。之后岑彭直取湖北襄阳宜城市——秦丰老巢黎丘。

就是这么一个过程。

首先，论证一下这是不是刘秀独自或者刘秀和岑彭一起设计的一个局，故意做得逼真，以便让秦丰相信。如果是局，史书必讲，这种好计策，能够突出刘秀运用激将法的领导艺术，或者瞒天过海的用兵神策，怎能不大书特书？如果真是局，秦丰派到汉军里的间谍实在太多且级别很高，不太可信。

其次，岑彭一个多月没进展，刘秀为什么会觉得怪？这里的怪，不是责怪，否则与"让"意思重复，而是奇怪。岑彭的对手是秦丰和延岑，这两人都是身经百战、创业亦取得过阶段性辉煌，绝对称得上是一方豪杰，手下将士也不少，最起码不比岑彭少，怎么能说打就打下来呢？刘秀打颍阳、父城、柏人、邢台，不都是一两个月也打不下来吗？为什么岑彭打不下来他就觉得奇怪呢？

再次，刘秀责怪的，是岑彭的效率，还是忠心？从事后看，岑彭和朱祐，合计围困秦丰把守的黎丘22个月，刘秀也不着急，看来不是效率的问题。岑彭是南阳人，在宛城是刘𬙂救了他的命，他对刘秀不会有二心，所以刘秀也不会怀疑其忠心。那刘秀质疑岑彭什么呢？

最后，会不会是其他地方战事危急，急需岑彭救援、刘秀才着急呢？我们看一下其他将领都在干什么。主要是公元27年5月到岑彭取胜的7月，两个月时间。《后汉书·刘秀传》记录得清清楚楚。

公元27年，刘秀出差两次，第一次是到南阳打邓奉，3月到5月；第二次是10月到舂陵祭祖。其余时间在洛阳，没什么大事。

冯异在三辅地区，收拾赤眉军留下的乱摊子，剿匪，消灭割据势力。这对冯异来说很轻松。

邓禹带领24骑回到洛阳，上交了大司徒印绶，等待处理，闲得长毛。

寇恂在汝南任太守，建学校、授学生，讲《左氏春秋》，每天和过年差不多。

贾复和刘秀一块在洛阳，继续搞策反工作，重点是彭宠。马成当时是刘秀的护军都尉，马武是侍中、骑都尉，都在刘秀身边。刘秀没事他们也没事。

吴汉带兵在帮助盖延围攻睢阳，已经围了几十天，到7月刘永就到寿命了。有吴汉在，用不着岑彭。换句话说，即使岑彭拿下樊城，也不会去支援睢阳，他还要打黎丘呢！再说，杜茂、陈俊就驻扎在湖北襄阳附近休整。他们刚刚打败苏茂，确实需要休息。

臧宫、祭遵在距离襄阳不到一百公里的河南省南阳市邓州市一带，扫荡刘玄的残余势力，已经接近尾声。7月祭遵就要和朱祐围攻东阳聚。

朱祐在打扫邓奉的残余势力，收复新野县、随县。其实也在休整，调整被邓奉活捉后受到羞辱的心灵。

耿弇在邓州打败延岑后，在邓州休整。延岑跑到秦丰处立刻投入战斗，耿弇不用，汉军大将有的是，不缺他一个。也就是说，耿弇、朱祐、臧宫、祭遵都在距离襄阳不到80公里的邓州一带活动。

王梁在河北剿匪，在冀州市一带，已经有一年多了，他的任务是盯防彭宠。

综上所述，大家虽说各有各的事，但都不是生死攸关的急事，可以随时出战的至少有十员大将。

很明显，刘秀不缺大将，也没急事一定要岑彭去办。

刘秀为什么着急，岑彭又为什么害怕呢？将在外，君令有所不受，行军打仗，那也不是着急的事呀！

刘秀面临的其实是平衡危机，岑彭面临的是能力信任危机。事情起因于吴汉。南阳人吴汉，打仗可以，但是军纪很差，因为他纵兵滥杀，引起南阳人邓奉的不满和反击，吴汉被邓奉打败后，辎重全失。刘秀派大军围剿，南阳人贾复被邓奉打伤，南阳人朱祐被活捉。起兵的南阳人打败正规军里的南阳人，如此多的南阳人失败丢脸，军中的幽州河北士兵肯定会议论纷纷，说起兵的南阳人做人不可信，正规军里的南阳人作战水平低，全是刘秀平日娇惯的结果。

刘秀不得已亲征，经过战斗，邓奉投降。邓奉起兵情有可原，从感情和关系上刘秀有一万个理由饶邓奉不死，邓奉也不相信刘秀会杀他，否则直接自杀了事，何必投降。可是，没有人为邓奉讲情。这不是邓奉的人品的问题，而是很多人对刘秀偏心南阳人不满。当刘秀有心放过邓奉时，《后汉书》记载，岑彭和耿弇建议杀掉邓奉；《后汉纪》没说岑彭，只说耿弇建议杀掉邓奉。即便他俩都要杀邓奉，思考的角度也不同，岑彭是为减轻南阳集团的压力，耿弇是攀比刘秀对南阳人的偏心，但最后的结果都指向了一个——杀掉邓奉。是啊，刘扬之死，郭圣通的心情不会好；邓奉之死，阴丽华也会伤心。可凭什么杀了没起兵的河北刘扬，放过起兵反抗的南阳人邓奉？

刘秀称帝时的政权，是河北的冀州和幽州官僚集团建立的，随着战事扩展，刘秀要实现人才多元化，在多元化过程中，刘秀对自己熟人的任用一下子多了起来，熟人自然大部分是南阳人。可是邓奉的反击，把南阳集团搞得很狼狈，打乱了刘秀的用人节奏。在这种情况下，刘秀任命南阳人岑彭为征南大将军，就是希望岑彭赶紧修复大家对南阳集团的信心。可岑彭迟迟打不下来樊城，本来不着急的事，因为刘秀的压力变得急迫起来。刚刚被提拔为征南大将军的岑彭，如果拿不出业绩，刘秀就很没面子，将来就不好继续重用南阳人。这个压力传递到岑彭身上，就是你岑彭，能不能速战速决，有没有关键时候解决问题的能力。刘秀质疑和责怪的就是这个。

政治左右了军事。岑彭身经百战，但突然独当一面的时候，顿时感觉到压力山大，这不只是一场战役的胜败，而且关乎南阳集团整体的声誉，他能不恐惧吗？

刘秀扫平天下的部队，主力是幽州派，兵士里南阳人相对较少，造成刘秀不得不重用幽州派。可是，幽州派的寇恂、耿弇个人能力实在太强，刘秀有点把控不住，所以不得不利用盖延、王梁这些水平一般的幽州人，分散寇恂等人的权力和功劳，这也是盖延始终能得到重用的原因。如果有能人来分散一下幽州势力、平衡一下局面，会避免一股独大。可吴汉、贾复、朱祐被邓奉击败后，能对付邓奉的也只有耿弇和岑彭了。不可能再重用幽州派的耿弇，所以只能压一压岑彭，看能否创造奇迹。

所幸岑彭顶住了压力，围黎丘，斩蔡宏。刘秀立刻封岑彭为舞阴侯。舞阴侯曾是李轶的封爵，可见岑彭取胜后刘秀对其的感谢程度。

从对武将的使用上看，刘秀是运气的，因为他的对手不强，所以他用不称职的将军，也能打下天下。如果多几个邓奉这样的对手，刘秀用人不当的问题就会暴露无遗，肯定会出现大麻烦。虽说历史不能假设，但也不能因为成功了，就认为一切都是对的。

第四个被质疑的对象是冯异。

冯异是颍川父城县人。刘秀在昆阳之战前，打父城，最初没打下来，暂时后撤。核心抵抗者冯异以为汉军走了，出城办事，被汉军抓住，于是投降了刘秀。当时冯异的堂哥在刘秀军中，是不是堂哥联系了冯异，冯异出城先投降再献城，用人之常情简单判断，就知道如此的概率很大。

刘秀是在父城知道刘縯被杀的，他回宛城的时候把冯异留在父城。之后刘秀任司隶校尉，到洛阳打前站，又路过父城，冯异从此跟随刘秀，可以说是比较早的追随者，职务是主簿。

在去河北招抚的过程中，冯异尽心伺候刘秀，俩人感情不一般。冯异这个人不怎么说话，打仗冲锋在前，封赏躲在人后，所以有个外号，叫大树将军。就是打完仗大家都在吹嘘功劳，冯异却不参与，一个人在大树底下休息。很明显，冯异是个不愿意招惹是非的人。

邓禹的西征兵团惨败，刘秀不得不走马换将，公元 26 年 11 月，冯异代替邓禹。公元 27 年正月，冯异决定性击败赤眉军，抓了八万多人，剩下十万多赤眉军东窜。赤眉军走后，三辅地区割据势力很多，豪强大户据寨自保的更多，冯异剿灭割据势力，反击公孙述的骚扰，联合或打击豪强大户，依靠刘秀提供的粮食，救活了很多百姓。同时他以怀柔政策厚待百姓，处理冤假错案，吸引百姓回归，三年时间，把上林苑建成了热闹的都市。冯异因此在关中树立了极高的威望，有百姓竟称呼他为天子。

这不是好事吗？

未必。想想刘邦对萧何、刘秀对寇恂就知道，皇帝不喜欢有群众拥护的下属。

冯异自知在三辅地区时间比较长了，“不自安”，就上书请求回京伴驾。

战争结束好多年后，东汉也没有任期制度，王霸当上谷太守二十多年没换过地方，所以冯异的“不自安”，与任期无关，与功高震主有关。

果然，刘秀转过来一份举报信。举报信上说：“冯异专制关中，斩长安令，权威过重，百姓归心，号咸阳王。”

皇帝把收到的举报信给被举报人看，这到底是信任还是不信任？这么说吧，有人举报太监强奸宫女，你信不信吧？你要不信，会不会把举报信给太监看？肯定不会。皇帝一天那么多大事，对不相信的事，能派人跑几百里地送举报信过来吗？之所以要送过来给你看，是皇权艺术，就是要告诉你，我是信任你的，但是有人要搞你，你可得收敛点。本质是敲山震虎。

一般人都会为自己辩白，冯异也不例外，回信为自己解释，还说了一堆肉麻的话，吹捧刘秀。光写信不行，冯异专门跑回洛阳，当面解释。通过回忆河北落难时的经历，重新唤起了刘秀的信任。这样，刘秀准许冯异的妻子儿女随军。把人质归还，说明刘秀这时才把冯异当成自己人。

怀疑并敲打冯异，体现了刘秀的手腕，这些在现代人眼里其实很无聊，要么靠制度机制解决，比如三年一个任期，要么用人不疑。无论如何，对自己的铁杆粉丝、不争名利的冯异，都这么怀疑担心，对别人或更有能力的人，其提防之心还用说？所以不必高看什么皇权用人艺术，最多是一些整人的伎俩罢了。

第五个被质疑的对象是马援。

公元 48 年，荆州武陵郡（今湖南一带）少数民族发生暴动。朝廷第一拨平乱部队全军覆没。时年 54 岁的刘秀，准备继续派兵进剿，马援积极上书请战。刘秀起初并不想派马援去。第一，马援已经 62 岁，打仗确实有点老了，身子骨行不行是个问题。第二，能立战功的事，应该给年轻人更多的机会，前几年打交趾、打匈奴，马援已经够风光的了。第三，不能让别人感觉刘秀偏心。放着 45 岁的耿弇不用，偏偏用 62 岁的老马，你让马武、臧宫这些人怎么想？

可马援这人特知道感恩，甚至有些神经质，他老觉得自己食邑 3000 户有点德位不匹配，希望通过立功使自己心安。怕刘秀嫌自己年老，他还拉上刘秀，看他上马下马如何轻松。刘秀实在不好意思驳他面子，看他这么坚持，也就同意马援带兵出征，同时给他配了几员将领，包括马武、耿舒、刘匡、孙永等人。耿舒是耿弇的弟弟。

在坚持和勉强之间，马援和刘秀都没有找到黄金分割点，因此种下了祸根。

公元49年春，马援带领4万人出发。派4万人剿匪，刘秀也是下了本钱，有点大炮打蚊子的意思。试想，无论是《乌龙山剿匪记》还是《林海雪原》，剿匪哪里用得了这么多人？武陵多山，地形复杂，人多施展不开，而且兵越多问题越多，统一思想难，运输粮草也难，有时候战斗力反而越差。马援出发之前也有些顾虑，主要是身边有好些年轻的皇亲国戚，都说要出去见见世面，马援担心他们不易管理。

部队到达前线后，遭遇正在攻打县城的叛军。汉军直接冲了过去，砍死两千多叛军，其余的叛军都逃到竹林中，不见了。这一战，看似胜利，其实非常鲁莽。因为叛军知道汉军大部队增援后，会利用熟悉地形的优势分散躲避，很难再行集中歼灭，剿匪将成为旷日持久的事情。遇上对方聚在一起攻城，是难得的围歼机会，应该将其包围再打。可要包围就需要熟悉地形，且要详细布置，分工合作，马援刚到，可能对手下的约束还不具备令行禁止的能力。具体什么情况史书没记载，也不能瞎猜，总之马援失去了一次绝佳的取胜机会。

叛军退去，马援只能深入追击。进击立刻面临路线选择问题：A线（充县）路远，运粮费劲；B线（壶头）路近，要坐船，水流急。耿舒建议走A线，马援决定走B线。有分歧后，报告打给刘秀，刘秀又不在现场，只能同意主帅马援的意见。走了B线才知道，对方易守己方难攻，加上水流湍急，坐船根本就攻不上去。《水经注》云："壶头山高百里，广圆三百里，山径曲多险，其中纡折千滩。"《读史方舆纪要》云："壶头山高险如壶口，沅水经其下，湍石齿齿，一夫守之，千人莫过。"马援欲快速点敌人死穴，可没经过调查研究，在壶头结结实实栽了一个大跟头。湖南四月份天气越来越热，就这么僵持着，瘴气、中暑、瘟疫，疾病不可避免地发生了，士兵病死无数。

马援自己也病倒了。

但是马援还坚持不退。敌人有时在山上嗷嗷狂叫，马援还从石壁的洞穴中出来观察。此时，耿舒给耿弇写了一封信，把他的观点一五一十地写了出来。耿舒的观点很清晰：第一，第一战如果能夜里打，敌人不知我方人数，就可以聚歼；第二，走 A 线虽然远，运粮难，但是士气高，能逮到敌人打，现在打不着还发生瘟疫，士气低落。这些和我预料的一样。结论：马援就像一个西域商人，每到一个地方就停上几天，决策失误、影响战机，因此作战失利。

耿舒说马援像个西域胡商，每到一个地方就停几天，意思是说马援敛财，走哪儿。

耿弇一言不发，把这封信转给刘秀。

如果你是刘秀，收到信后也会认为耿舒说得对。既然自己一方兵力雄厚，就应该稳稳当当进攻，犯不着着急和冒险。在无其他信息的情况下，马援这次战役的指挥，确实出了问题。即便是手下的皇亲国戚有不听指挥的情况，也是马援的问题，看看年羹尧如何带队伍就知道。把部队带到一个死胡同，让大家聚在一起承受瘟疫、瘴气、蚊虫叮咬，既无良策进攻，又无改变现状之魄力，实在是一把手的责任。

刘秀见战事如此不堪，准备派梁松到前线做马援的监军。刘秀的大女婿梁松，此时向刘秀报告了马援贪污一车珍珠的事。原来，公元 44 年秋，马援征讨越南叛军回京，带回一车薏米种子。越南瘴气重，薏米能有效解除瘴气的侵害，祛湿，马援自己受了益，觉得很好，就带回来一车准备在洛阳种植。越南的薏米粒大，洛阳人不认识，以为是珍珠宝贝。当时取胜回京的马援，圣眷甚隆，没人敢得罪马援，也就没人向刘秀汇报。现在刘秀埋怨马援，和马援有过节的梁松，就趁机举报了马援。

梁松和马援有什么过节呢？两件事。

第一件事，是一封信惹的祸。马援曾在越南前线，给自己的侄子写了封家书，劝告侄子们不要背后议论他人，也不要结交豪放侠义的人，比如杜季良，而应该多学一学老成本分的龙伯高。这封信史称《诫侄书》（见附录）。不知什么原因，这封信被杜季良的仇人得到，并以此信为证据，举报杜季良，说老杜行为轻浮，蛊惑群众，连马援将军在万里之外都写信告诫侄子不要与他交往，由此可见老杜是个坏人。而且，老杜还和皇帝您的大女婿梁松（梁统之子，时23岁）、二女婿窦固（窦融之侄）结交，目的就是带坏这两个孩子，煽动他们胡搞。刘秀接到举报信后，把两个女婿叫过来一顿臭骂，还把《诫侄书》和举报信给梁松和窦固看。刘秀这个事处理得很随性，你把举报信给当事人看，不是挑事吗？

举报杜季良的信，实际暗含了举报梁松和窦固结交豪侠，往小里说是行为不检点，陷入轻浮的泥潭；往大里说就是图谋不轨。否则，你们这些贵戚和一个越骑司马结交干什么？认识到严重性之后，这小哥俩吓得连连磕头，脑袋都磕出了血才过关。

因为这封信，杜季良被免职，人在家中坐，祸从天上来，冤啊！龙伯高升任零陵太守，从小县长直接提拔为大郡一把手。

梁、窦挨批，表面上跟马援没关系，可是，梁、窦想不明白，为什么马援的家信会成为举报人的证据？是不是马援或其家人故意透漏出去的？同样是来自西北老哥们，且马家和窦家还有姻亲之约，你马援为什么只提醒自己的侄子而不提醒我们呢？还是有距离啊！梁、窦因此事对马援产生不满。

第二件事，是有一次马援患病，梁松前来探望，马援躺在床上没有回礼。梁松走后，马援的儿子问父亲，说梁松是皇帝的女婿，别人巴结他还来不及，人家好心来看你，你怎么不搭理他呢？马援说，我是他父亲的朋友，他再牛也是我的晚辈，我怎么能不讲礼仪呢！

因为马援没回礼，梁松忌恨马援。其实梁松忌恨的不一定是礼节，而是马援不回礼背后的傲慢。窦融、梁统、马援，当时号称“西北3杰”，关系确实不错，毕竟都是老江湖且文化同源。可是，三杰里窦融的作风是凡事不出头，拼命往后缩，生怕遭到刘秀的猜忌；梁统是只关心法制上那点事，后来到地方任职，在朝廷里的地位也不突出；而马援却争抢着要出风头、建功立业的心情非常迫切，如此，马援曝光率就高一些，显得更受刘秀的重视。窦、梁往后缩，马援往前拱，文化理念的差异就很明显，在窦、梁两家后辈看来，觉得马援有点嘚瑟。

这个事在马援看来，没什么错，既然你以晚辈之礼来探望我，又没代表皇帝，那我就按长辈对晚辈的礼节对你呗！稀里糊涂就把人得罪了。

刘秀看到梁松的举报信，生气归生气，但还有理智。他就“珍珠”一事询问了马武、侯昱（前大司徒侯霸之子），这两人都说了马援拉回来那车东西的形状，却没说是薏米还是珍珠。刘秀“益怒”，明显相信了“珍珠”一事，一气之下收回了马援新息侯的爵位。

这时马援病死在前线，刘秀下令不准把马援尸体下葬。尸体拉回洛阳后，马援一家人还不知皇帝为什么这么对待马援，也不敢把他安葬在祖坟，只好随便找块地儿埋了。当时朝野无人参加葬礼，马家陷入惶惶不可终日的悲惨境地。后来，马援的妻子带着全家，像羊肉串一样用绳子挨个把自己绑起来，求见刘秀，只是问问，我家老马到底犯了什么罪？刘秀拿出梁松的举报信给她看，这才恍然大悟。马家连续上书，解释了六次，刘秀这才允许马援尸体进入祖坟。

其实刘秀要是想弄清楚马援从越南运回来的到底是什么，非常简单，直接问当朝大司马刘隆即可。当初就是刘隆和马援一块参加的越战。即便刘隆没印象，当时的士卒肯定也有印象，四五年前的事情没那么容易忘。况且，种子种在哪里，谁种的，肯定也有证人。最差，从越南快马运过来一些，一看不就清楚了吗？可刘秀就是不深查，咬定马援贪污，还出卖了自己的女婿。

马援出事后，朋友全闪了。倒是一个相交不深的朋友、县令朱勃，给刘秀写了一封信，阐述用人不疑、功过评判的道理。他说，“夫大将在外，谗言在内，微过辄记，大功不计”，实在是皇帝应该谨慎的。刘秀看完信，大笔一挥，把他的县令职务给免了。

马援出道之前，曾一个人靠养马开荒，白手起家，挣了几千万钱。后来觉得发财没意思，就把自己所有的钱和马匹田地都送人了。马援绝对是一个不爱钱的人，这样的人怎么可能贪污呢？朱勃点出此事后，刘秀有所领悟。可即便理解，死活也不给马援平反。

其实刘秀真正生气的，未必是一车珍珠，而是这次战役的失败。第一，马援失败，证明刘秀用人不当，朝里少不了有人嘲笑刘秀。是啊，不用耿弇可以，用耿舒都比马援强，你刘秀为什么偏用年纪一大把的马援，让数万将士送死？第二，刘秀即使明知马援清白也要让他背上贪污的罪名，因为只有把马援为了私利欺骗皇帝的事坐实，才能让刘秀免责。为了自己的面子，掩盖事情的本质，刘秀太不仗义了。

马援死后，监军宋均到达前线，伪造圣旨，提出招安。叛军经过几个月的对峙，也饥困至极，最后杀了领头的，同意招安。至此，叛乱平息。刘秀赦免了宋均伪造圣旨的罪。

刘秀的铁粉朱浮，曾上书说，皇帝您用人，二千石级别的官员，有一点过错就罢免，搞得一个职位一年更换数人，很多人全年都忙在上任离任的道路上。这样搞下去，下级官员一有不满就举报上级，上级官员惧怕举报就不敢担责，只能弄虚作假沽名钓誉，长期下去，“摧长久之业”，而“速成之功，非陛下之福也”！看看，刘秀就这么任性。做事对上皇帝胃口了，怎么都好；做不好，即便是皇帝自己决策的，也要全推到你身上。所谓一代明主，不过如此。

以上五个猜忌和质疑事件，是刘秀用人的一个缩影，能说他会用人吗？

# 第十二章　如何对功臣

公元 37 年，是全国统一的第一个完整年度，刘秀开始了彻底治理国家的时代。

战争结束，马上面临的问题就是如何对待战争功臣，第一个是安置的问题；第二个是封赏的问题。

刘秀没有杀功臣。刘秀的功臣多且散，没有谁有盖世大功，且都服从管理，杀人没必要。中国历史上的开国皇帝，具备三个条件的，对功臣都还好：第一，雄才大略，自己文治武功都比较厉害；第二，有文化，见过世面、懂得道理；第三，年纪比较小，正常应死在创业者团队后面。这样的皇帝，比如杨坚、赵匡胤、铁木真，他们很少杀功臣。而刘邦、朱元璋这样的，杀功臣比较任性。刘秀基本，只是基本，满足这三个条件，他不杀功臣很正常。

战争结束时，刘秀手下的战争功臣，都没有自己的地盘和军队，小股东也是打工仔，又没犯什么错误，杀他们干什么呢？特别能战斗的邓奉，即使在群雄争霸的时代不服，刘秀都能搞定他，现在全国统一，谁敢不听命令？公元 37 年马武诛杀军吏，被免职。公元 39 年，骠骑大将军杜茂，因为劫官粮致军官死亡，被刘秀免官。他俩都只有老实受罚的份儿。全国平定时，刘秀才 43 岁，年龄比大多数功臣小，所以也不担心儿子年纪小、继位后会受欺负的情况。刘秀死时，开国功臣只剩 5 个，死后一年多，只剩马武 1 人。

从功臣的角度看，公元 37 年还在世的功臣，除了绿林军出身的马武，都是读过书的，既知晓刘邦杀功臣的历史，也明白功成身退保全富贵的道理，所以知道刘秀用循吏治国的意思以后，都能主动交出兵权，表现得很乖，刘秀也给大部分功臣安排了事情做，如此皆大欢喜。

东汉开国功臣 32 人，到公元 36 年 12 月 31 日，死了 13 个。对于剩下的

19 个，刘秀安排得不一样。

有必要解释一下，为什么全国统一不打仗后，功臣的安置会是问题？刘秀是先称帝后统一天下的，13 年时间，一边打天下，一边搞治理，是两条线同时进行的，不是分成先后两个阶段，而且越到后期，治理的分量越大。战争的用人标准和治国的用人标准不同，战争需要出奇制胜的猛人，治理需要按部就班的贤人，战争结束后，不能因为猛人有功就代替贤人，如果那样，猛人干不好贤人擅长的工作，既影响了猛人的名声，惩罚功臣又坏了皇帝和功臣的感情，同时也阻塞了贤人的进步渠道，进而影响国家发展和建设。

因为标准不同，战争结束，首要任务是要解除那些军事上非常突出但行政管理方面较弱的大将军兵权。为此，公元 37 年 4 月底，刘秀首先废除了左、右将军。左将军是贾复，右将军是邓禹，把他俩都免了，相当于把两个副总参谋长拿下了，下边各方面军司令还有什么可攀比的？只能乖乖上交兵权。但刘秀对他们俩，仅是名义上的免职，因为他俩在战争中后期基本就不怎么带兵打仗，免职后也安排了工作。邓禹是因为征西失败，威信大损；贾复是做秘密工作，不穿军装，所以免军职对他俩来说没什么影响。免职之后，刘秀给他们的职位是“特进”。“特进”是个官名，有办公室和工资，只是没有实际分管，职位比三公低一级，表面上看就是给皇帝出主意、但不承担责任的高级参谋，实际上相当于智囊及高级助理，能很大程度影响皇帝的决策，绝对是位高权重。公元 39 年 3 月，在给刘秀的儿子们封爵的问题上，邓禹、贾复、李通这三个特进都是主要参与者和奏章签名人。

刘秀名义上不用邓禹、贾复的目的，是通过他俩带头，把不想用的功臣撤下来。所以邓禹、贾复之后，第一个交权的就是建威大将军耿弇，直接免职，不给予特进，时间是公元 37 年 4 月，几乎是昨天免邓禹，今天就免耿弇。给耿弇的待遇是“奉朝请”。

“奉朝请”，其实就是“有事请来”，不是官，没有工资和办公室，仅仅是个待遇，即有权参加春秋两季的朝会，或者朝廷有事需要请教时，可以到会。奉朝请有一个好处，可以留在首都，不用“之国”，“之国”就是离京到外地封国去。

第二个被免军职的是强弩大将军陈俊，时间是公元 38 年，给他的待遇也是奉朝请。公元39年正月，建义大将军朱祐主动上交印绶，待遇同样是奉朝请。同年12月，骠骑大将军杜茂因获罪被免职，把他县侯的爵位降到乡侯。紧接着虎牙大将军盖延死去。

耿弇退役退休时，年方34岁，正是干事业的大好年纪。周岁33岁就退休，到底是幸福还是痛苦，耿弇心里清楚，他在家闲待了22年。史书上讲，虽然耿弇退休了，但是朝廷有疑难，还经常咨询他。这绝对是美化，邓禹、贾复都活着，刘秀自己也是身经百战，有什么疑难要问耿弇呢？战争时期都不问他，退休了还请教他就更不可能。马援带兵打武陵蛮夷，在进军路线的选择上，刘秀拍的板，根本没征求耿弇的意见。后来出了问题，耿舒写信告诉耿弇，耿弇把信件转给刘秀，刘秀也没请他发言。臧宫在原武县剿匪不利，病根是刘庄点破的，也没有耿弇什么事。史书上就没有任何征求耿弇意见的记载。

有人总结说刘秀不用武将，其实统一后真正弃用的，只有耿弇、朱祐、陈俊、杜茂4人。朱祐生于公元前10年左右，上交兵权时马上50岁了，干不干无所谓。陈俊年龄不详，杜茂犯了错误。

其余的功臣：

邓禹、贾复、李通3人是明着不用实际还用；

吴汉、耿纯、王梁、盖延、王霸5人是到死还在用；

刘隆、马武、臧宫3人是刚开始不用，过了一段时间又起用；

李忠、邓晨、马成3人，刘秀也一直在用，直到他们身体不灵便，才停用；

史书没交代如何安置的1人，是不怎么出彩的坚镡。

回头看，很明显，说刘秀不用功臣，其实只是不用耿弇和不知个人情况的陈俊。如果陈俊也50岁以上，只是玩耿弇1人，刘秀是把耿弇当成韩信看了。

以上19人，莫非都比只会打仗不会干别的耿弇强？肯定不是，土匪出身的马武就是例子，但马武照样被起用。再说，即使耿弇只会打仗，那打匈奴和平匪患为何不用年轻的耿弇，而用吴汉、马援这些老人，除了刻意排斥，没什么拿得上桌面的理由。

刘秀的功臣多出身于小吏，有些人在治国理政方面很有才能，比如李忠，做丹阳太守时，在公元38年全国干部政绩考核中，排名第一。邓晨、耿纯这些人，治理地方都有很好的业绩和口碑，所以刘秀区别对待，没搞“一刀切”，合情合理，应该说大部分人还是满意的。只是对耿弇等个别人的不公平对待，让人觉得，刘秀没有做到一碗水端平，他心里那个小算盘，在暗处噼里啪啦作响。

以上是职位上的安排，还有爵位上的安排。

史书记载，铫期推荐的人才冯勤，能够衡量每个人所立功劳的大小，以及封国的远近、土地的粮食产量等，所以封爵的问题，因为冯勤的能干，大家都心服口服。

史书这种片面的描述，让人觉得实在没意思，因为这明显是胡说。封地的问题，事关功臣后半生和子孙万代的幸福，是功臣重点关注和争夺的对象。冯勤，只不过是一个会计师而已，他怎么能解决业绩考核和奖金分配这么大的问题？你想，天平的一端是业绩，另一端是财富，想要天平平衡，冯勤是神仙吗？在小说里，宋江靠天书来解决地位分配，可见其难。这个问题，比打仗难多了。

先说功绩。一个人，带着五万兵马，攻击六万敌人，消灭四万敌人，占领三座城池，和一个人，带一万兵马，消灭两万人，占领一座城池，谁的业绩强？这个事，放在今天都弄不明白，古人能弄明白？更别说还有更复杂的，比如御驾亲征，比如打群架以后的功劳划分，等等。冯异对隗嚣的栒邑之战后，参战将领都想分得功劳，刘秀亲自下诏书给吴汉、盖延、马武、王常、耿弇5人，直截了当硬挺冯异。要不是刘秀下旨，众将争功谁能摆平？靠冯勤的计算肯定不行，要靠权威。

天平的另一端，是财富。如果财富用货币发放，当然很简单，一个小学毕业生就能搞定。封地，就复杂了。有的功臣封的是户数，比如朱祐7300户，马武1800户。有的是几个县，比如耿弇两个县，邓禹四个县。不排除多个县的户数与万户相当的可能，但是绝不能相等，且每个县的户数每年不等，那就存在分配多少的差异。公元37年马武诛杀军吏，被罚减少食邑500户，推测他犯错的原因很可能与食邑多少有关，所以才用食邑惩戒。公元39年杜茂截取官家的谷米和缣帛，被削减食邑。他为什么抢官粮呢？还是因为对封地和食邑不满。

前文讲过，汉代农民上交的财产和劳务，有三块：第一块是税，按产量的三十分之一比例缴纳。这并不高，再高就收不上来了，因为地广人稀，收高了农民不种地了，去做买卖更好。肥沃的和一般的土地，粮食产量差距也没多大，所以农业税不是主要的。第二块是赋，即人头税，7—14 岁的孩子每人每年 20 钱，15—56 岁的成人每人每年约 120 钱，这是大头儿。所以一个地方有多少人口，是关键中的关键。一个万户侯，可能比 10 个县的封地获利都多，也可能不如一个县。第三块是徭役，不多说。

如此，每人封地里，人口数最为关键。可是，因为战争和灾荒，人口流动性大，难以统计准确，冯勤怎么能解决人口不实的问题？此外，土地的亩数、年产量随着人口流失变化也很大，冯勤最多只能提供历史数据，丰年、灾年、瞒报还是实报，都是问题。这些问题，不是冯勤能算出来的，一万个冯勤也算不过来。

那这个问题是怎么解决的呢？史书没讲，也没说有人提意见。这种事史书故意回避不写，所以有时候史书没那么有价值。

看看功臣们都封到哪里了？对比一下问题就出来了。

东汉 32 个开国功臣，籍贯来自四个地方：南阳 11 个加 3 个亲戚共 14 人，颍川七杰加王常共 8 人，河北 7 人，西北 3 人。西北籍的功臣耿弇、景丹、万修，封地全在西北；河北的寇恂、刘植、邳彤、王梁、盖延、李忠、耿纯 7 人，封地住在河北；去世较早的 2 个颍川人傅俊、祭遵，分到颍川，这些明显是封地属地原则。此外，南阳人任光、马武、杜茂 3 人，分到冀州，这样分到河北的有 10 人。其余南阳和颍川的 17 人，就分哪的都有了。不过，有两个地方，比较特殊，第一是帝乡南阳郡，只对刘姓开放；第二是首都所在的河南尹，根本不开放，也就是说，异姓功臣的封地与这两个地方无关。

举一个分配不合理的案例。

来歙，刘秀的亲戚，封地在汝南；李通，刘秀的妹夫，封地在汝南；邓晨，刘秀的姐夫，封地在汝南；刘隆，刘秀的本家，后来也是封地在汝南；王常，刘縯的忠实战友，封地在汝南；铫期和臧宫，封地在汝南。颍川人铫期封得早死得早，颍川人臧宫是工作一辈子不用退休的人。再看几个人：刘秀家族春陵一系的大哥刘祉，封地在汝南；刘赐的侄子刘信，封地在汝南；刘秀的小舅子郭况，封地在汝南；刘秀的大舅子阴识、阴就，封地在汝南。为什么他们都分在汝南？因为汝南人口多，收的人头税就多。史书没有公元37年的人口数据，本书采用公元140年的数据作参考，那一年，全国人口第一的郡是南阳郡，人口244万；第二就是汝南，人口210万。也就是说，即便东汉初年人口按公元140年的40%计算，汝南37个县80万人口16万户，平均每个县，也至少4300户。

再看看耿弇的情况。他被封在扶风郡的好畤县和美阳县。三辅在东汉初年遭到数十万流民军团、绿林军、赤眉军、延岑等人的洗劫抢掠，人口锐减。到公元140年，扶风郡人口才9万。扶风郡15县，平均每个县1200户，耿弇两个县，也就2500户，按40%折合到东汉初年，也就1000户左右，加上耿况的一个隃麋县，户数还不如马武的1800户多。不过，史书上确实说了，公元37年增加了耿弇的食邑户数，只是不知道增加多少，感觉只是安慰一下而已。

这是按功劳进行的分配吗？不是。耿弇心里能舒服吗？不能。冯勤能摆平吗？不能。

功臣们得到封地后，次年就会知道差异。凭什么你的功劳小，户数、人数却比我多？凭什么我的户数是死数，你是变数，可以享受国家安定后人口越来越多的好处？可以相信战争年代功臣的觉悟，但是不能阻止其家庭成员的情绪，那种不平衡感肯定会化作怨言，直接捅给刘秀。

所以，即便职位上解决了功臣的工作问题，爵位上的麻烦却没有解决。缺乏考核机制和基础数据，刘秀也不好摆平，会计师水平再高也没用。

不得已，刘秀要度田。不度不行，毕竟涉及全国547位功臣。且开国之初，人口减少严重，田亩荒芜太多，确实也应该清查一下，要不赋税徭役等事情都缺乏依据。

基于这些考虑，刘秀必须度田。

# 第十三章　度田麻烦事

度田，名义上是丈量土地，实质上还包括清查人口、年龄等诸多事项，非常复杂。

首先，清查土地有难度。第一，土地所有者本能的排斥。度田的目的，无非是杜绝隐瞒和虚假。可是一旦不能作假，相关人员的利益就会受损，所以即便明知应该清查，也不会那么配合。第二，一旦清查出来超出标准的享用，那就非常麻烦。比如，墓地面积超标准，该用一亩地而用了五亩，那是违反了“礼制”，严重的要被杀头。即便不杀头，能把葬在里面的祖先挖出来吗？王莽时期都没事，你现在要翻腾吗？

其次，清查人口也是大问题。古代怎么查人口呢？叫“案户比民”，简称“案比”。案，就是长方桌；比，就是并列。每年阴历八月，粮食收完了，县太爷带着功曹，在长方桌前坐好。各地百姓按户数来，一家所有人并排站在桌前，报告或核对人数、性别、年龄、相貌、籍贯、住址等信息。当时没有照相机，怎么辨别面貌呢？靠眼睛加记忆。假设人们不讲诚信，度量的数据能可靠吗？

按制度，遇到有人因病起不来怎么办呢？背也得背来。二十四孝里的“江巨孝”的故事，就讲东汉一个叫江革的人，为了减少老母亲坐牛车的颠簸，自己拉车送老母亲去案比。

可民风再怎么淳朴，也有活心眼的，再加上地广人稀，野兽横行，能来就不错了。地主家妻妾奴婢一大群，就更有办法对付案比了，还有因为客观原因确实来不了的，比如失踪的人口。总之，能统计上80%就不容易了。至于把12岁的男孩说成3岁，叫诈小；45岁说成60岁，叫诈老，这种规避赋税徭役的造假事情多得想都不用想。《后汉书·刘平传》就记载，有人多报收入以便给国家多交钱，少报年龄以便能给国家服役。这种活雷锋如果有，那么少报收入、虚报年龄以便少交赋税不服役，就会更多，因为那样更符合人类自私的本性。隋朝时期，就有这样的案例。杨坚搞了一次“大索貌阅”，清理不实人口，一次就清理出164万隐瞒的人口、44万诈小诈老的男丁。隋朝的人口和东汉的人口差不多，五千多万人，欺诈隐瞒的情况相信也差不多。

公元39年6月，刘秀颁布“度田令”。年末，报上来的数据与原来的数据差异很大。这个结果是必然的。另外，政府官员大权在手，与豪族大户相互勾结，贪污腐败，数据不可能准。于是，就产生了陈留郡功曹带来的奏章里，夹带的那句话：颍川、弘农可问，河南、南阳不可问。刘秀对这句话很重视，详细追问，众人不答。他12岁的儿子刘庄给他解释后，刘秀才明白过来。刘庄解释说，南阳是帝乡，皇帝近亲多；河南是帝都，皇帝近臣多，地方官不敢管，所以才会出现度田不实。刘秀一听就急眼了，既然是这两个地方的官员和地主勾结，那就杀了大司徒欧阳歙、河南尹张伋，以及十几个太守，把南郡太守刘隆也给免了。给人的感觉，刘秀雷厉风行、杀一儆百，问题解决后，度田肯定能到位啊！这得深入分析。

首先说说那句“可问不可问”的话，到底是什么意思？或者说，河南谁是皇帝近臣？南阳谁是刘秀近亲？

其实刘庄的解释也不全对。一句话说透，就是：南阳大地主勾结南阳籍京官，阻碍依法度田，造成地方官不敢深入清查。

阻碍度田之事，第一，与帝都洛阳的河南籍官员和地主，没有关系；第二，与异姓功臣也无关。所有得到封地的功臣，都想知道自己封地里的田亩和人口的准确数量，所以不会反对度田。而反对弄清楚的，主要是南阳的大地主，焦点是他们在王莽时期就已拥有的土地和人口。

这里直接阐述结果。

证明如下：

《后汉书》中有记载的刘秀时期的官员，不完全统计有77人（不算退休无权的功臣）。这77人里，人数最多的是南阳籍官员，有25人，占比33%；其次是长安附近三辅地区的，合计17人，占比22%；汝南籍的4人，河南籍的3人，剩下的是散户。河南籍的3人，其一是尚书令郭贺，其二是大司徒侯霸，其三是太中大夫、名士郑兴。史书对郭贺评价很高，尤其是廉洁自律方面。侯霸在公元39年开始度田时，已经去世，郑兴也已退休，他们没有力量阻碍度田。

如此证明：第一，河南籍官员阻碍度田，不靠谱；第二，帝都里的近臣，是南阳籍为主的京官。

公元35年，就是度田的前4年，并州刺史郭伋（郭解的后人。郭解，是汉武帝时期不愿意搬迁，托关系找到大将军卫青的人，当时称为侠士，他也是中国第一个算命女大师许负的外孙子）进京谢恩，在宴会上，郭伋劝刘秀，人才应从全国范围内选拔，不宜专用南阳人。刘秀认为他说得对。从上一段的数据看，郭伋的建议符合实际，刘秀因家乡观念用南阳人要多一些。在首都任职的南阳籍官员，他们在京师又没有土地良田，为什么度田要弄虚作假？只有两种可能，收受贿赂纵容老家瞒报和在首都非法占地。

河南说清楚了，再说南阳。因为异地为官的政策，南阳的官员大多不是南阳籍的，为什么度田也不准？如果是官员受贿的问题，全国官员都差不多，为什么单指南阳？说不通。合理的解释是：南阳的问题，不是南阳官员出了什么问题，而是南阳地主出了问题。南阳的地主太牛，官员管不了。那么，谁是南阳的地主呢？

前文讲过了，刘秀的舅舅樊宏家，王莽时期就有地3万亩；大舅哥阴家，有地7万亩。南阳还有来歙家族、李通家族、邓晨家族、刘隆家族、刘祉家族、刘嘉家族。这些人，要是清查刘秀白给的封地及人口，不会有意见，但是要度原有的田，对不起，不可以。他们反对度田的核心原因，是从西汉到王莽时期，延续到东汉全国统一期间，原土地所有者与政府之间的矛盾。

原有的土地、人口凭什么不能查？

从宗室的角度，西汉时就分得的领地，如果按地域计算，比如县侯，那是从祖宗那继承的土地，所得与现政府无关，你凭什么查？如果以户数计算，比如食邑千户，多出来的是否要清退？度田之后按理应该清退，宗室当然不愿意。

从大地主的角度，清查原有土地和人口，有利益和情感两个层次的不愿意。这和他们当初起兵反对王莽是一回事。王莽改制，是要削减大地主的土地，减少地主对奴仆的控制，增加自耕农的数量，缩小贫富之间的差距。这无疑触动了大地主的利益。王莽为了推行改革，搞严刑峻法，可搞过了头，连坐的人太多，同时不搞吏治，造成贪污犯比比皆是。如此，全国上下反对王莽。大家伙支持刘縯、刘秀造反，指望的是保住自己的财产，现在你刘秀当了皇帝，反过来搞清产核资，你想干啥？刘秀虽然没明说要削减土地，但是只要清查，隐瞒的土地就会显露，今后缴税必多；没户口的奴婢就要登记，根据刘秀颁布的法令，王莽时期形成的奴婢自由转变自耕农，那买来的奴仆，不是白花钱了吗？即便奴婢不离开，所缴的人头税也必然增加。还有就是超标的，非法占有的，全都露馅了。他们怎能配合？

此时的东汉，一个活雷锋也没有了，全都急了眼。更别说还有刘秀的亲戚朋友，他们怎么也想不通，我们曾支持他们造反，现在这娃怎么能翻脸不认人呢？

南阳问题，指向的是与刘秀有亲戚关系的南阳大地主。

综上，陈留太守提出来的南阳、河南不可问，其实指的都是南阳，一个是在首都任职的南阳籍官员；另一个是南阳本地的大地主。全国官员在看刘秀怎么处理在首都任职的南阳籍京官，全国地主看刘秀怎么对待南阳地主。对他们不来真的，我们也不来真的。

总结一下，河南和南阳度田数据不准，有关联的是五类人：

1. 在河南任职的南阳籍官员，为保护自家财产而指使瞒报，造成度田不实；

2. 南阳籍京官，在首都附近非法占地，造成度田不实；

3. 南阳大地主，为了隐瞒土地和奴婢数量，胁迫或贿赂官员，阻碍度田；

4. 在南阳工作的官员，不敢得罪皇亲国戚，甚至收受贿赂，造成度田不实；

5. 南阳籍京官，给在南阳工作的官员施压，造成度田不实的。

刘秀杀张伋等太守，震慑的是第 1、第 2、第 4 类人，有一定效果，在度田问题上官员不太敢受贿了。刘秀处分刘隆，震慑的是第 3 类人，但是估计震慑不住，因为第 3 类人里阴家和樊家，根本不会在乎刘隆如何！

史书记载，刘秀惩处完官员后，“郡国大姓及兵长、群盗处处并起，攻劫所在，杀害长吏。青、徐、幽、冀四州尤甚”。基本上就是全国大乱。之所以乱，第一，官员开始较真，认真核查；第二，地主阶层失去攀比对象后，见刘秀来真的，为了保住利益不得不闹。他们杀掉地方官吏，让你度不下去。政府军去围剿，他们就逃散了，政府军一撤，又集结在一起，反正就是不让你度。各地官员，去度田可能被暴民砍死；去围剿，失败可能被刘秀杀头；度田不准确还可能被杀。所以官员们不知道该如何是好。

全国四处有大规模闹事，刘秀很棘手，有多少兵也镇压不过来。莫非刘秀不知道度田的风险吗？作为开国之君，难道做事是想一出是一出的吗？要想弄清楚，确实得从头说起。

公元 37 年 3 月，全国初定，刘秀任命韩歆为大司徒。司徒掌管民事，度田，正是民事。刘秀在公元 24 年就认识了韩歆。那一年刘秀进攻河内郡，韩歆当时是刘玄任命的河内太守，虽经朋友岑彭苦劝，韩歆拒不投降刘秀。后来经刘玄的特使鲍永劝说，刘秀又拿下了河内郡的首府怀县，韩歆见大势已去，才心不甘情不愿地投降了刘秀。所以刘秀对韩歆第一印象就不好，要不是岑彭求情，当时就把他杀了。韩歆投降后随邓禹西征，是邓禹的重要参谋。邓禹西征失败，带回洛阳的 24 骑里，就有韩歆。刘秀对败军之将韩歆，印象就更加差了。韩歆后来跟随刘秀征战，老韩毕竟是南阳籍的名士，才华肯定还可以，在征战过程中立了很多功劳，被封侯，不是县侯，最多是乡侯。后来陆续做过尚书令、沛郡太守。一句话，刘秀对韩歆很了解，但不投缘。

《后汉书》记载，因为韩歆性子直，经常顶撞刘秀。刘秀不喜欢韩歆，不是一般的不喜欢，是非常不喜欢。这就奇了怪了，刘秀可能缺中低级人才，但绝不缺高级人才，况且有邓禹和贾复在身边，为什么要用自己不喜欢的人做大司徒呢？更别说是直接把韩歆从太守提拔为“三公”，连过渡都没有，比如先做九卿之一的大司徒或光禄勋什么的！

只有一个原因，就是让韩歆去做度田的事。让一个耿直的人干难办的事，就如同让酷吏去对付豪强，正合适。而且韩歆本身就是南阳人，又是名士，且有地方工作经验，由他去做南阳方面的工作，比刘秀出面更有利，最起码可以有回旋的余地，关键时候丢车保帅也不心疼。这虽然是猜测，但符合人之常情。

没想到，快速升官的韩歆，对度田一事有很大的抵触情绪，原因是达不到刘秀的要求。

韩歆认为，度田的核心难度有三：第一，皇帝要有钢铁一般的决心，尤其是对皇族和外戚绝不手软的决心。第二，吏治的清廉。当时，全国战事刚刚结束，官员队伍不齐、素质参差，国家尚缺少严格系统的官员管理和考核体系，基本还是西汉末年那一套，在这种情况下，度田不可能有好的结果，想想王莽改制失败就会明白。第三，度田不能要求完美，在这种事情上，完美完是美的敌人。中国古代历朝历代都没能把这件事做到位，原因就是基础条件不具备。面对地广人稀、贫民流民刁民众多的情况，做不到刘秀要求的准确。基于认识的不同，耿直的韩歆自然有话直说。有一次朝会，韩歆竟然指天画地、言语激愤地说，这样干会让上天降下灾祸，致使庄稼歉收、遍地流民。他没有提出解决度田难题的方案，反而让刘秀更闹心，所以刘秀更加反感他。刘秀实在气不过，公元 39 年正月，罢免韩歆为民，让他回家种田。韩歆走后刘秀还不解气，又写了一封诏书，质问谴责韩歆。这就等同于皇帝追杀，韩歆没脸活在人世间，和儿子双双自杀了。

韩歆死了，死了就死了，刘秀换个人来干这件事。这次他选择了欧阳歙。欧阳歙在王莽时代是太学博士，相当于现在的大学教授。那时候全国教授总共才 30 人，属于国家级高端人才。有文化的人好相处，最起码态度上不会硬怼刘秀。欧阳歙在太学教的是家传的《欧阳尚书》，刘秀学的也是《尚书》，不过是《今文尚书》。欧阳歙没有直接教过刘秀，如果刘秀是一班的学生，那欧阳歙就是二班的班主任，就这么个关系。刘秀征战过程中，到过欧阳歙任县令的地方，感觉欧阳歙治理地方有一套，很是欣赏。后来把欧阳歙提拔为汝南太守。

公元 39 年正月，欧阳歙从汝南太守直接被任命为大司徒，也没有过渡。可能是刘秀看好他九年的地方工作经验，也可能是急需有名望、好合作的人来办事。不过提拔过快，提拔者肯定有其目的，对被提拔的人来说，未必是件好事。

韩歆死了以后，刘秀觉得韩歆有些观点还是有些道理的。如果没有决心和廉洁的官员队伍，度田就会费力不讨好。这样，公元 39 年 6 月，刘秀重新设置屯骑、长水、射声三个校尉官，目的就是加强军事力量，以震慑度田过程中的暴力抗法行为。这是刘秀下决心度田的表现。

同月，刘秀颁布度田令。同时，要求清查二千石以上官员的贪赃枉法和营私舞弊行为。也就是说，刘秀把度田和官员的廉洁治理一起搞了，没分先后步骤。这样，韩歆担心的皇帝决心和官员廉洁问题，刘秀基本予以了弥补和解决。

这就是马上治天下的心理。刘秀把打天下的经验复制到民事管理上了，以为通过一场战役，就可以一揽子解决问题。

没想到的是，在反腐败斗争中，首先倒下的却是欧阳歙。公元 39 年 11 月，欧阳歙因为在汝南贪污上千万钱的事情被曝出，刘秀下令将其逮捕入狱。其实这事很容易理解。欧阳歙主管度田，反对度田的人就会拿欧阳歙开刀，给刘秀上眼药，看你刘秀对贪污犯是什么态度，同时阻击度田。所以欧阳歙在汝南当官九年没事，一度田就出事了。

欧阳歙家族，一直以研究《尚书》著名。当年汉文帝时，为得到《尚书》而找到伏胜，伏胜的两个弟子因此浮出水面，其中一个就是欧阳歙的老祖宗。欧阳家八代传授《尚书》，这就是《欧阳尚书》的由来，像武林绝学一样的珍贵。欧阳歙入狱时，他的儿子还小，尚未得到真传，所以当刘秀要杀欧阳歙的时候，引起了社会的轰动。欧阳歙上千弟子跪在洛阳皇宫外求情，甚至还有弟子愿意代替欧阳歙去死。就在求情之时，欧阳歙死于狱中。没有刘秀的命令，监狱里的重要犯人不可能无缘无故地死去，所以欧阳歙之死，是刘秀点头的。

欧阳歙该不该死呢？贪污上千万钱当然该死。那他是不是真的贪污上千万钱呢？这个事倒有可能是真的。《后汉书 · 郅恽传》有一段对欧阳歙的描述。郅恽是东汉五大干才之一，他做洛阳门卫时，某天晚上愣是没让因打猎晚归的刘秀进门。能干出这种事的人，一定不是谄媚小人，性格耿直且能依法办事，所以他讲的话比较靠谱。郅恽曾被汝南太守欧阳歙聘请为功曹，在汝南一年一度的丰收节庆典上，欧阳歙当众表扬了手下一个叫繇延的督邮，明显这是提拔的前奏。而这个督邮，其实是个两面三刀的小人，擅长贪赃迎合，真抓实干不会。可欧阳歙偏偏喜欢得不得了。郅恽实在听不下去欧阳歙对繇延的赞美，酒席宴上、众目睽睽之下，毫不客气地指出了繇延的真面目，把欧阳歙和繇延搞得下不来台，繇延灰溜溜地离开宴席。郅恽以为欧阳歙会因此辞退繇延，没想到欧阳歙继续任用提拔繇延，这让郅恽很丧气，离开了欧阳歙。欧阳歙在有人当面举报的情况下依然这样处理，当时很多人认为他是收了繇延的好处，最起码用人不识。说这样的汝南太守没贪污，大概不会有人相信。

又杀一个名士，刘秀还得找人。这次他选中的是冀州人、上党太守戴涉。史书上讲述戴涉的事情不多，在度田事情上也没有什么作为，最多是上传下达，说明度田这件事，最后还是刘秀亲自抓的。

只有亲自抓，才能看见陈留太守奏章里夹带的那句“可问不可问”的话。对于刘秀来说，处理贪污犯不是什么大事，决心早就有，到该杀人的时候了。公元 39 年 12 月戴涉上任，公元 40 年 3 月，刘秀诛杀河南尹张伋，以及相关的郡太守十几个，罪名是度田不实。

如果说在度田中贪污受贿，并且造成度田不实而杀人，那没什么错误。可仅仅因度田不实就杀人，恐怕太残酷了。换句话说，就是让刘秀自己拿尺子去度田，照样度不实，也可以度田不实的罪名处死他。为什么呢？因为度实难度太大。汉朝时期的情况现代人难以想象。据记载，公元 150 年时期的东汉，在吕布的老家内蒙古包头、呼和浩特等地方，很多农民冬天没有衣服穿，一家人像狗一样赤裸在草垛里取暖。没衣服穿，怎么出门案比呢？后来名士崔寔做了当地的太守，教农民种麻，以麻制衣后，才能出门。没衣服穿的地方可不止北方边疆，刘秀时期，湖南郴州不知养蚕种桑，照样没衣服穿。像安徽庐江地区不知道用牛耕田的地方更不用多说了。更有甚者，广西到云南很多地方，打猎为生的部落，没有固定丈夫、妻子和家庭，孩子不知父亲是谁，这种情况如何案比？后来邓禹的司马任延去做了太守，这才在当地建立起夫妻、父子关系。

还有，那时候很多人根本就没有名字，你给他起一个名字，他转身就忘了。能记住的是小名，但很多人都用同一个小名，比如“狗蛋”。刘邦的二哥叫刘仲，两百多年过去，刘秀的二哥也叫刘仲，不用想就知道，叫刘仲的人得有多少。公园1300年后，朱元璋叫朱重八，他爹叫朱五四，从一到十大家随意组合后成为名字，一个村又多是一个姓，你让县官怎么对号入座？

即便在当时比较发达的地区，也有困难，试想一个场景：一对夫妇，三年前带着三个脏兮兮的孩子来案比，说其中一个孩子3岁。好，记录在案。今年又来了，说三年前那个孩子今年6岁了，你信不信？你信了就可能被砍头。因为实情是：三年前那个3岁的孩子已经死了，他家一直瞒报的另一个实际年龄9岁的孩子，顶了死去那个孩子的坑。

如此情况，要案户比民，可以。可是，没户、没爹、没名、没脸（常年不洗）、不认字、不知道年龄、语言不通，甚至根本就来不了，怎么办？县太爷就是极尽其所能，下基层核实，365天不停脚，也跑不完全县，而度田是有截止时间的。更别说什么无主田地、半山腰上的荒田、地主隐匿的土地和人口等，查细，累死也做不到；不细，随时拿一堆例子就可以举报说县官度田不实。

史书记载中，因度田不实被处分的有名有姓的人，除了春陵侯、南郡太守刘隆，河南尹张伋，还有兖州东平国相王元、徐州东海国相鲍永、琅琊太守李章。王元，就是支持隗嚣搞独立的大将军，长安人。隗嚣失败后他投降了公孙述，公孙述死后他投降了刘秀，最后仍难逃一死。鲍永，上党人，是刘玄提拔的干部，还是韩歆的铁哥们，因固执地劝阻刘秀杀韩歆，被刘秀下放到徐州，又因度田不实被举报，刘秀本来是叫他进京接受处分的，可不知什么原因，在他进京的路上，突然被任命为兖州牧。李章是河内怀县人，以酷吏闻名。他因度田不实被判有期徒刑，只不过几个月就放出来了。

被处分的人，刘秀都不怎么喜欢。那么，刘秀有没有以度田为借口，清除异己的想法呢？史书没说也不敢妄议。总之，杀了不知什么来头的张伋、免了刘隆的南郡太守官职后，帝都的南阳籍官员和帝乡的南阳亲属大地主，受到了一定打击。既然皇帝如此决心，那地方官员就个个成了酷吏，不严酷就可能被刘秀杀头，所以是严上加严。

物极必反，全国各地纷纷闹事。最为严重的青州、徐州、幽州、冀州这四个州，恰恰是功臣诸侯分布最密集的地方，尤其是幽州和冀州，河北籍功臣的老家，有10个在那里，他们原来就有土地。面对原来合作伙伴的后代的反抗，刘秀面临着重大考验。

刘秀认识到追求完美存在的问题了，不得已，改变了策略。

公元40年10月，刘秀下诏：第一，官以外的吏，以前所有的不作为等各种错误，一律不予追究，只要能抓捕盗贼就可免罪；第二，干过坏事的贼寇，五个人里杀一个人，杀谁自己决定，其余人全部免罪；第三，对官员，以抓住多少盗贼作为考核标准，同时不得再包庇藏匿盗贼。

之后，把盗贼的头目迁到其他郡，分给土地和粮食，使他们安家立业。

史书上讲，至此天下平定，牛羊自由放牧，城门都不用关。

网上有人说，刘秀度田是很严厉的，相当彻底，并以迁徙住址为例证明有多严厉。其实稍加分析就能得出结论：度田肯定不彻底。

第一，为什么对不作为、与大户和兵长勾结的官吏不再追究？以前不是连太守都杀吗？怎么对小官不杀了？明显是杀不过来开始妥协了。不被杀的官吏会感恩从而度田更卖力吗？除非是傻！连皇帝都开口子放水了，小官还逞什么强。

第二，政府有盗贼的名单吗？如果有，不再通缉，说明通缉也抓不到。如果没有，怎么知道五个人杀没杀一个？杀的是哪个？有没有人调包替换？地方政府曾被洗劫，资料肯定难以准确，如何确定和落实结果的真实性？

第三，至于迁移领头的，无非是政府掌握的有限人员，来个面子工程。真要搞，谁来确定谁是领头的？四个州有多少个领头的？谁搬家了？

所以所谓惩罚，无非是刘秀给自己找个台阶下，草草收场而已。在政权稳定和数字准确之间，刘秀肯定会选择前者。度田政策不调整，说不定会冒出来一个河北新政权，刘秀没必要冒险。

史书中讲到一个叫张宗的人，作为朝廷特派员，平定了青州琅琊郡和徐州北海郡的度田叛乱，青州、徐州害怕张宗的生猛，主动按刘秀的意思办理，有数千人被捕杀，“青、徐震栗”。这也不是没有可能，信有信的理由，你要不信也有道理，因为解决完南阳的大地主，各地再怎么闹也闹不起来了，再找几个替罪羊，实在太容易了。另外，对于冀州和幽州叛乱的解决，史书上只字未提，涉及刘秀起兵之地，包括郭圣通的家乡和一些开国功臣，谁写史书也不好讲。

度田，至此基本结束。

为什么说基本？第一，南阳的大地主是如何解决的？第二，度田的效果到底怎么样？

# 第十四章　刘秀五次大笑

经历过公元40年的度田事件后，刘秀松了一口气。公元41年4月，刘秀视察南方，到了颍川、叶县，还到了老家春陵。前后一个多月。

回到洛阳以后，某天刘秀和虎贲中郎将马援聊天。刘秀慢悠悠地说："马援呀，我非常后悔，去年杀太守、国相太多！"马援说："他们的罪过本就该死，一点也不多！只不过人死了，就不能复生了！"刘秀大笑。刘秀平时经常开玩笑，所以他的"笑""悦""甚悦"很多，但是"大笑"，《后汉书》的记载仅有五次，这是第三次大笑。

很明显，马援临时代表了广大官员和基层群众，抚慰了刘秀不自安的心情，刘秀听后舒服多了，才会大笑。从另一个角度讲，刘秀这么问马援，说明他的确反思过自己的决策。他为什么会后悔呢？因为过于严格的度田谁也做不到，既做不到准确，又杀了没做到准确的官员，刘秀才后悔。这也能证明，度田的效果，连刘秀都承认，做不到完美。马援除了迎合刘秀，他的话还有一层意思，就是对死者的同情。马援不会同情王元，在隗嚣归顺问题上他和王元的意见针锋相对。马援同情的是其他人。是啊，一句本可以不说的"不可复生"，代表了广大官员对死者的遗憾，和对刘秀马上治天下、做事苛求的一丝抱怨。

公元41年10月，刘秀废郭圣通，另封阴丽华为皇后。同月，刘秀又回了老家春陵，修缮老宅，观看风景，饮酒作乐，颁发赏赐。前后一个多月。

《后汉书》记载，早在公元30年，刘秀就把老家春陵乡提升为章陵县，且世代"复徭役，比丰、沛，无有所豫"。字面意思是免除徭役，和刘邦对待沛县、丰县一样，什么都不用交。"复"在这里就是免除的意思。在汉代，税是税，赋是赋，徭役是徭役，完全不同。如果刘秀只是免除了章陵县的徭役，与刘邦对待丰县和沛县可不同。《史记》记载，刘邦是“复其民”，那才是免除一切的意思。之所以纠缠这个，是因为公元 37 年，刘秀封刘隆为章陵侯，如果章陵县的人民，什么赋税都不缴，那刘隆封在那里有什么意义？如果缴赋税，那又和丰、沛差别很大。史书让人费解。

在老家，刘秀请亲戚邻居七大姑八大姨吃饭，酒到位的时候，一位大妈说：“文叔啊，您年轻那会儿，谨小慎微，还不怎么与人交往，对人也不热情，看着性子比较柔和，没想到您竟能成就这么大的事！”刘秀听后“大笑”，说：“我治理天下，就是要采用柔和的办法。”

这是有记载的刘秀第四次大笑，明显带着衣锦还乡的满足感，那是发自肺腑的高兴。问题来了，度田事件的解决方式，是“柔道”吗？

刘秀这次回乡之后，刘隆复起，任中郎将随马援到交趾平叛。刘隆在度田事件中被免为平民，原来章陵侯的爵位也丢了，这次刘秀又封他为乡侯。看来刘秀回老家，可不是光显摆，还是有正经事要办。办完刘隆的事，他直接回了洛阳。

公元 42 年 10 月，刘秀出差，到了秦丰原来的根据地襄阳。之后，又一次回到老家章陵县，祭祀外公之后回了洛阳。前后一个多月。

刘秀自从公元 22 年随刘縯起兵，到公元 57 年去世，总共回老家五次。第一次回老家是公元 27 年 10 月，那一年刘秀彻底收降赤眉军，亲征杀死了邓奉，之后返回洛阳。正巧，他二姐夫邓晨来洛阳看望他。说是看望他，其实是邓奉被杀，刘秀和邓晨要沟通一下感情。喝酒聊天中，说起春陵起兵之前，在宛县与蔡少公喝酒时，刘秀说了的一句“当天子的人为什么不能是我”，引起众人哄堂大笑一事，邓晨慢悠悠地说，“没想到，你竟然办到了”。刘秀听后，大笑。这是史书记载的刘秀第二次大笑。大笑之后，刘秀专程回了趟老家，祭祀祖先，并宴请父老乡亲，明显是为邓奉之乱做一些安抚工作。

第二次回老家是 8 年之后，公元 35 年 3 月，刘赐、刘终、刘祉脚前脚后去世，刘秀参加葬礼。

第三次回老家是公元 41 年 4 月刘秀南巡，第四次回老家是公元 41 年 10 月大笑那次，第五次回老家是公元 42 年 10 月，刘秀祭祀自己的外公樊重。从此之后，他再也没有回老家。公元 43 年 9 月，刘秀到南阳，但没有回老家。从此之后连南阳也没有回。

问题来了，公元40年度田风波，公元41—公元43年，刘秀连续三年四到南阳，三回老家春陵，甚至一年回两次，为什么？皇帝到哪里出差，绝不是小事，全国那么多地方，为什么逮住一个地方可劲地骚扰？刘秀连续去一个地方，当地官员不烦，刘秀自己都得烦。可以合理推测，刘秀去南阳，一定有比刘隆更大的事情。可是，那个阶段，全国除了度田没什么大事情，所以再大胆推测：刘秀一定是为了安抚度田事件中，南阳那些亲属、大地主的不满情绪才回去的，比如舅舅樊宏家族。

如果只读《樊宏传》，会受到樊宏的感动，这是一个多么宽容厚道但严以律己、德高望重却谦虚谨慎的人啊。可是，如果抱着质疑的眼光，冷眼观察樊宏的行为，再读《樊宏传》，绝对是另一种感觉。

樊宏的官位是光禄大夫，秩级比二千石，没有固定分管，主要负责回答皇帝的临时提问，说白了就是一个拿工资不用干活的闲差。每次刘秀说要见他，他就在指定地点提前好长时间跪等，表现得诚惶诚恐，不明就里的外人看了，感觉刘秀是虐待舅舅。这种刻意抬高皇帝的作秀行为，把刘秀搞得很不好意思，再要见他，都不敢提前通知。

樊宏每次上书，都亲自给刘秀写奏章，且底稿全部烧毁；在公开场合，遇到刘秀问他什么问题，他也不敢回答。正常君臣关系，有话该怎么说怎么说呗，像他那样神神秘秘、遮遮掩掩的，为什么？感觉很不正常。

其实这所有的不正常背后，肯定不是因为樊宏低调，而是樊宏根本就不会做官。他没经历过开国战争，只是短期在绿林军中待过，后来在老家据寨自保，突然之间由一个地方土财主，成为国家大臣，根本就找不着北，所以才进退失据，拿着鸡毛当令箭，写点东西又怕上不了台面，连代笔的人都不敢用，怕人家看出来他苍白的底子。当面不敢答刘秀的问话，完全是因为怕丢人。一个不自信又没水平的人，为什么来当官？帮着外甥看着那帮想占便宜的坏小子，同时追求家族的富贵呗！这样的人被度田，能没意见，谁会信呢？他有意见自己还不说，通过老家一大群人反映，你说刘秀能不进行安抚吗？

为防止舅舅一族闹事，刘秀度田那一年，把樊宏由长罗侯改成寿张侯，由乡侯提高成为县侯。樊家在度田事件中闹没闹事，史书没有记载，闹了也不会记载。看樊宏度田后的表现就能猜出一二。

公元 51 年，樊宏临死前，刘秀去探望，并问他还有什么牵挂，他说："我没有什么大功，却享受大国的食禄，我怕子孙不能保全，让我在地下都惭愧，因此希望退还寿张，让后代有个乡侯就可以了。"如果樊宏觉得接受寿张县封地有害，当初拒绝不就行了吗？刘疆连太子之位都能拒绝，阴识兄弟也曾拒绝接受刘秀封的侯爵，刘秀怎么会不允许他拒绝呢？可临死前才拒绝，刘秀就不会同意了，那不是人走茶凉吗！所以樊宏未必是真的不想要，而是他为子孙的富贵着想，提前在刘秀面前打预防针。正事不会干，保富贵的法子却很多，老江湖的套路，深啊！

最后，樊宏遗嘱中明确，不和自己老婆放在一口棺材里。夫妻同穴而分葬，樊宏开创了先例。这种死后都要分居的态度，在当时很不正常。樊宏的老婆，是刘秀堂哥刘赐的妹妹。樊宏这么讨厌她吗？还是讨厌刘家？

回头再想想从前的事，樊家那么有钱，刘秀的母亲樊娴都，死在自己亲爹家时，即便是瘟疫，兄弟竟无人过问，还是一个叫樊巨公的族人把她草草埋葬；亲外甥刘秀造反时，竟然是骑着牛上的战场，你说他这个舅舅得吝啬到什么份儿上？这个时候做出拒腐蚀永不沾、不该是我的我就不要的姿态，是不是和刘秀有历史冲突和感情矛盾呢？临死时还不忘敲打刘秀，在度田时能不撒了欢地反对吗？

做了皇帝的刘秀，装也要装得大度，毕竟不能和他们一般见识。面对全国地主都关注的樊家，刘秀不得不亲自来做思想工作。为此，刘秀不惜在度田矛盾重重时抽出时间，到南阳祭奠那个不埋葬自己母亲的外公。祭奠，就是给面子，就是给赏赐，也就是安抚。正因为这样的弥补，樊家才同意清查了土地人口。

相比樊宏，阴识、阴兴、阴就三兄弟就表现得很正常。阴识和阴兴，都是随刘缜、刘玄在战场上征战的功臣，阴识、阴兴都拒绝过刘秀的封侯。阴家比樊家富裕，但是拒绝接受封赏肯定和富裕没有必然联系。他们在朝廷上该说什么说什么，没什么谨小慎微、谦虚过度的样子。同时，是人才就推荐，不是人才关系再好也不推荐，真心帮助自己的妹夫、姐夫。

刘秀在度田那一年给阴识封侯，估计即便阴家因为度田有损失，也会弥补。不过，阴家根本不在乎这个，阴家在乎的，是阴丽华的地位。史书上并没有这么直说，但是一个什么都不要、只讲帮忙的人，肯定是等着对方领悟后自愿答谢。刘秀能不明白吗！所以公元41年，皇后换了。当然，换皇后这个事太复杂，不是阴家人想怎么样刘秀就会怎么样的。不过，刘秀做到这个份儿上，阴家阻力自然会消失，改为全力支持。

其余几家也会有不同的声音，只是李家经过王莽杀李守、赤眉军抓李松、刘秀杀李轶的打击后，李通已经悟透，一直求退，所以掀不起大浪了；邓家有邓禹家族、邓晨家族的服从，邓奉又被剿灭，势力也不大。

总之，经过刘秀给樊宏调整封地、祭祀樊重给樊家面子、给阴识封侯、封阴丽华为皇后、刘隆重新做官并封侯等一系列安抚工作，南阳的度田，得以顺利地进行了下去。刘秀当着老亲少友面的这一次“大笑”，背后有无数的心酸，那一句“以柔道行之”，是无可奈何中对度田虎头蛇尾的自我解嘲罢了。

公元43年9月，刘秀从南阳到了父亲刘钦曾任职过的河南项城县。当地官员肯定是好酒好菜招待一番，刘秀一高兴，当场承诺免当地一年农业税，不白吃你们的。项城的父老乡亲对刘秀说：“您父亲在这工作很长时间，您也熟悉这里的花花草草，每次来都有赏赐，说明您是一个重感情、不忘旧情的好人。不过，这次来，您给我们免除十年的农业税吧！”刘秀说：“那可不行，时间太长了，我自己还不知能不能活十年呢！”父老乡亲和官员们又说：“陛下是舍不得减免，何必说得那么谦虚呢！”帝“大笑”，又增免一年的农业税。这是刘秀的第五次大笑。

刘秀高兴，高兴在有人求他，他像上帝一样，给当地老百姓做了一件好事。成功后有人巴结，真好！不过这件事也反映出刘秀的精明。项城的父老是漫天要价，刘秀是坐地还钱，最后成交。成交的基础有二：第一，对当地的田亩数量和税收数量都有较为清晰的认识；第二，刘秀是要算账的，不会喝酒喝美了就忘乎所以。刘秀不是一个豪爽、不在乎钱的人，28岁以前经常做小买卖，肚子里的算盘打得响着嘞！估计他早就在心里计算过当地一年的税收有多少了。“你们这次的接待费用，大概也就一两年的农业税水平。”如此说明，度田的结果，基本还是靠谱的，有误差也在可以接受的范围之内。

刘秀离开项城，继续前进，目标是淮阳、梁国、沛国等地。为什么去这里？这里是公元40年闹得最凶的地方，特派员张宗就是在这里摆平的贼寇。刘秀要看一看，这里还有什么问题。

公元44年10月，刘秀第二次来到沛国，又考察了楚国、东海等郡。这些地方，都是当年因为度田而闹事的青州、徐州地界。

从公元45年开始，接下来的8年，刘秀只出差一次，即到长安祭祖，此外一直待在洛阳。公元53年以后，刘秀的出差，都是以泰山封禅为目的，目标全是山东。

没有资料说明刘秀到青州、徐州做了什么，但是他去了，就证明他去之前心中肯定有不安；不再去，证明心已安。心已安，说明度田风波平息了。

公元41—公元44年，四年之内，刘秀四到南阳，三到章陵，二到青徐，终于彻底摆平了度田事件。刘秀没有采取大军镇压和屠杀的方式，又基本解决了度田的障碍，应该是“柔道”了。最后的结果，不完美但基本可以接受。

公元44年度田事件刚结束，戴涉就死了。死因是他推荐的官员盗窃黄金，戴涉受到牵连，死于狱中。如此重大的度田事件，大司徒无所作为，事事要皇帝亲自出面摆平，谁是皇帝能满意？所以事情结束后，戴涉的好日子也就到头了。官员盗窃黄金，史书这么说着实可笑，直接说贪污受贿就得了。可戴涉仅仅是因为所荐非人就死于狱中，一定另有原因，消极对待度田才要了他的命。

连续三个大司徒被杀，这个职位是真不好做。刘秀接着选中的人，是老给自己提意见的太中大夫张湛。张湛一是不满刘秀废郭皇后；二是不敢干这个吃力不讨好的职务，于是在朝堂上现场直播小便失禁。刘秀没办法，只能再找人。

除与邓晨那一笑较早外，刘秀因马援一笑、探亲一笑、南顿一笑，三次大笑间三个大司徒丧命，全是因为度田。

# 第十五章　刘秀三类大怒

走出度田事件，继续看刘秀的为人。

第十四章只讲了刘秀的四次大笑，还有一次，是公元 25 年彭宠对刘秀挑理、朱浮告诉刘秀原因之后，刘秀第一次“大笑”。因为他没想那么复杂，造成最后彭宠反叛。

本章所讲的内容，都和刘秀用人有关，再用他的大怒，看看刘秀用人的一些优缺点。

刘秀的一生，很少对敌人发怒。对绿林军，他是不敢，哥哥被杀后，他只能偷偷在被窝里哭；对身边的敌人谢躬，他当面赔笑脸背后捅刀子；对隗嚣和公孙述，他也尽量拉拢说服，温和处理。引起他大怒的，都是手下或曾经的手下。

第一类大怒，怒严格执法的人。

公元 44 年，洛阳县令董宣，从刘秀的大姐刘黄的轿子里，拉出了刘黄的陪驾、一个犯杀人罪的亲随仆人，并当着刘黄的面，直接处死。皇帝的亲姐姐哪里能接受当面打脸的欺辱，就告到刘秀那里，刘秀因此“大怒”。因为县令惹亲姐姐痛哭。

因为手下的官员严格执法，引起刘秀不高兴的事情，还有好几件。

在河北创业时，负责管理军纪的祭遵，杀了一个违纪的刘秀亲随，刘秀“怒”。

公元 35 年，刘秀带队出城迎接来歙的灵柩，回来时，恰好叔叔刘良出城。刘良的车队在城门楼附近，与随刘秀入城的中郎将车队相遇，互不相让，造成了拥堵。刘良呵斥中郎将，又逼着城门侯当街磕头认错，一副不依不饶、盛气凌人的架势。刘良因此事被司隶校尉鲍永弹劾，罪名是“大不敬”。刘良当时的身份是赵王，在鲍永看来，这次事件的性质是藩王对皇家仪式的挑战，属大不敬。刘秀不高兴鲍永所为，置之不理。

公元48年，刘秀的小舅子阴就家一个叫马成的门客，因为经常偷盗不法，被洛阳令虞延缉拿。阴家找人托关系捞马成。虞延每收到一张求情的条子，就打马成两百鞭子，搞得阴家就不得不找刘秀告状。刘秀一听就发火了，这不是酷吏吗？他亲自去过问。当着皇帝的面，虞延态度强硬地斥责马成，刘秀的卫兵用大戟架住虞延的脖子，虞延也不让步。刘秀见虞延如此坚持，知道马成犯罪属实，骂了马成咎由自取后，讪讪地走了。

在皇权社会，皇亲国戚做事出格甚至横行不法，非常普遍，对身边的人管理不好，一直是刘秀的毛病。

对祭遵的处理，因主簿的劝阻，刘秀消了气，还提升祭遵为刺奸将军。对董宣的处理，因为大司徒蔡茂上书规劝刘秀，提出应该严格管理皇亲国戚，最主要是刘秀也没想杀他，强行按头让董宣道歉，董宣拒不低头，最后以赏赐董宣30万钱结案。对鲍永的处理，是直接不理。对虞延的处理，也是不了了之。

从结果看，刘秀并没有因私情而报复这些敢于执法的官员，可以说刘秀相当宽容，古代这样的皇帝的确不多，对刘秀应该肯定和表扬。不过，事情过去以后，刘秀的说法有待商榷。他曾对身边的人说，“你们以后要防备祭遵，我的舍中儿犯法尚杀之，他肯定也不会对你们徇私”；又曾对贵戚说，“你们赶紧收手吧，别落到鲍永手里”。刘秀这么讲话，不但不能有效控制贵戚犯法，却很容易把严格执法的人和皇帝身边的人对立起来，把替他卖命的人放在火上烤，他却躲在一边享受国家安定的好处，聪明但不仗义，甚至有些“阴柔”。

鲍永因度田不实被举报，虞延因刘英谋反案自杀，虽说没有证据是皇帝身边的人搞的鬼，可正直敢抗上的人下场不好，和刘秀的“阴柔”多少有些关系。

第二类大怒，怒忘恩负义的人。

庞萌是河内郡山阳县人，最初他和臧宫都是下江兵王常的部下，王常和刘縯合作愉快，一直支持刘縯，所以刘秀对下江兵印象不错。后庞萌随谢躬打王朗，谢躬被吴汉杀死以后，公元24年，庞萌投降了刘秀。庞萌这个人很懂得进退，在汉军中表现得谦虚恭顺，深得刘秀的信任和喜爱，在刘秀身边做侍中。刘秀曾经在众人面前夸赞庞萌，说他“可以托六尺之孤，可以寄百里之命”。孤指15岁以下的孩子，“百里”指一方诸侯或县令。得到这个夸奖很不容易：值得别人向他托孤，说明对其人品的相信；能治理好一个侯国，是对其能力的认可！庞萌在侍中职务上干了三年多，之后被刘秀任命为平狄将军，跟随盖延进攻董宪。时间是公元28年春。

盖延、庞萌最初进展顺利，失利从兰陵之战开始。前文讲过兰陵之战，在山东兰陵、郯城两个进击点选择问题上，盖延没有执行刘秀的命令，致使兰陵丢失，进攻郯城又失败。失败之后，开始四处流窜，其间刘秀多次告诫盖延不要轻敌，其实就是多次批评盖延。

公元29年3月，庞萌突然反叛，带领军队对自己的直接领导盖延反戈一击，把盖延打得惨败，毁船断桥才得以逃脱。刘秀一听庞萌反了，“大怒”，说道：“我曾经对你们说过，庞萌是国家栋梁，现在他反了，你们不会笑话我吧？这老贼应该被灭族。”天子恼羞成怒的结果，是御驾亲征，最后庞萌死在刘秀的追杀之下。

问题是，刘秀那么信任庞萌，庞萌为什么要反、为什么会反、为什么能反？史书上记载的理由是：刘秀下发的诏书，盖延不给庞萌看，庞萌认为盖延诽谤了自己，产生了怀疑，所以背叛。

这个理由实在说不过去。第一，刘秀不可能在战争这么大的事情上，故意挑拨盖延和庞萌的关系。第二，盖延是虎牙大将军，是主帅；庞萌是平狄将军，是部下。主帅不给部下看文件，部下就不看呗，挑的哪门子理？第三，庞萌和刘秀之间不可能没有书信往来，这条路盖延是阻止不了的，所以即使受到盖延诽谤，庞萌也有解释的渠道，为什么选择背叛？

进一步分析。首先，做了三四年侍中的庞萌，在刘秀对他越来越信任的时候，有反叛的动机吗？肯定没有。其次，作为皇帝身边人的庞萌，以平狄将军的身份进入盖延率领的部队，很可能被刘秀赋予其监军的职责。否则，刘秀怎么能及时知道部队的情况并总能找到理由批评盖延？最后，本来是降将的庞萌，自己要逃跑容易，可带着部队一起反，还能反戈一击，他如何能做到？

在史书说了，可又觉得不可信的情况下，只能推测另一种情况。

推测的过程应是这样的。

刘秀知道盖延的军事素养一般，但是渔阳突骑的重要作用不能不考虑，同时要分解耿弇的权力，所以还要用盖延。因为盖延脾气暴躁，不好合作，马武、刘隆、马成、王霸这些人不愿意在盖延手下干，所以刘秀派出了自己信任、为人好合作且有才能的庞萌。庞萌参军较早，从绿林山打到长安，又参加了对王朗的作战，可算是久经战阵的老将。刘秀认识庞萌，可能比认识盖延还早些，即便不早，最迟也就比认识盖延晚半年，相对于经常带兵在外作战的盖延，刘秀更熟悉在自己身边三四年的侍中庞萌。

兰陵之战，庞萌支持刘秀的围魏救赵之策，建议要解兰陵之围应该进击郯城，但是盖延根据形势判断，决定挽救兰陵。在庞萌看来，盖延不听自己的建议在先，不服从皇帝的命令在中，损兵折将在后，盖延根本就不是当将军的材料。可谁让他是主帅呢，自己只能服从。战斗一路打一路败下去，粮食供给困难，士兵越打越少，部队上下对盖延的不满情绪越来越大。盖延也不想打败仗，也可能部分听取意见，但是面对杀死过王莽第一猛将廉丹的董宪，盖延实在力不从心。身负监军职责的副将庞萌，不可能不劝阻盖延，甚至发生过激烈争吵，并各自将情况上报给刘秀。刘秀当然更相信庞萌的判断，所以经常写信批评盖延，如此形成了庞萌建议—盖延否决—庞萌上报刘秀—刘秀批评盖延—盖延不听而战败这一恶性循环。因为有刘秀的支持，庞萌出现了拒绝执行盖延命令的情况。战术争论并无对错，临场指挥权力在盖延，但是丧命的后果却要全体士兵承担，所以庞萌对抗盖延，落下了不听指挥的证据，同时也赢得了大部分士兵的拥戴。

庞萌提出撤换盖延，或自己离开，但是刘秀不同意。一来临阵换帅，不利于团结；二来刘秀还要依靠渔阳突骑；三来冯异在西北对抗公孙述，岑彭在围困秦丰，耿弇在进攻张布，吴汉在山东剿匪，比盖延强的一时也抽不出来。其实不换帅的理由有得是，换帅的理由也很多，说抽不出人只是不想换帅而已。岑彭在庞萌反叛的当月，就被朱祐接替，然后组织更重要的对蜀作战；剿匪这种事更不必一定要用吴汉，盖延也擅长。刘秀还在犹豫不决中，可庞萌知道，继续战斗下去，是死；回到洛阳，因违抗盖延的军令，盖延也不会给他好果子吃。刘秀能保他吗？难！自己毕竟是降将，没有其他关系，比不了幽州派。渔阳突骑，在刘秀的军队中太重要了，那是刘秀称帝最重要的支柱。刘秀都要让渔阳派三分，庞萌算什么？

战局不利，缺衣少粮，熬过了一个冬季的盖延汉军，在 3 月份到达了困难的极点。此时，同样出身绿林的董宪、苏茂，向绝望的庞萌抛出了橄榄枝。而曾与盖延合作、后来分道扬镳的苏茂的话，很能打动庞萌。最后，庞萌反了。

从盖延一生的战绩上看，他在关键战役上失败的次数比较多，说明他 1.85 米的大个子，勇敢有余，谋略不足。

从盖延带兵，四年之内两次手下反叛的情况判断，盖延这人，不太好合作。这倒不是失败者有罪的观点，而是在一个地方狠狠栽倒两次，一定有其责任。

从对盖延的事后处理看，他没受庞萌反叛的影响，刘秀亲征他依然跟随，取得胜利后，他又参加了对隗嚣的西北战争。公元 39 年“薨”时是万户侯，待遇很高。所以刘秀相信庞萌，但更依靠盖延背后的势力。

盖延难以合作又不是董宪的对手，造成战局连续失利，刘秀迟迟不予换帅，一直迁就盖延，同时庞萌又违抗过军令，最终，造成了庞萌反叛。刘秀的优柔，是重要原因。

刘秀认为庞萌忘恩负义，其实本质不是庞萌的错，而是刘秀和盖延的问题。有谁会在自己未来一片光明，又是解放的前夕，选择投降没有前途的敌人呢！一定是逼不得已。

渔阳三将，吴汉、盖延、王梁，都有不听命令的情况，在刘秀哪儿都没事。刘秀对王梁有一次“大怒”。那是刘秀刚称帝不久，根据谶语，用王梁做大司空，又根据众将推举，任命吴汉做大司马。为剿灭流民军团，刘秀规定，由大司马吴汉主管全国军队，由其统一布置指挥。可是，大司空王梁总是不按制度执行，从他任职过的野王县私自调兵，并且自行决定进攻路线。次数多了，刘秀终于压不住火，公元 26 年，派尚书宗广，拿着符节命令，到前线处决王梁。宗广很会做人，把王梁抓回洛阳。送到洛阳后，刘秀的气早消了，只是免了王梁大司空的职务，改任中郎将。

刘秀对吴汉也很宽容。本来刘秀布置任务时，有命令在先，可吴汉在打南阳时滥杀无辜，致使邓奉反叛；打隗嚣时拒不遣散多余的士兵，致使因缺粮而退兵，功亏一篑；打成都时自作主张分兵，险些造成全军覆没。接二连三不把刘秀的命令当回事，吴汉却安然无恙。

下了斩杀的命令，又不杀，还不如不下命令，造成很多事情，开始时气势汹汹，最后灰头土脸收场，时间长了，大家都知道渔阳派不好惹。降将庞萌，肯定也得罪不起渔阳派。

第三类大怒，怒不同政见者。

韩歆反对刘秀的度田完美化，在度田问题上两人政见不同。公元 39 年之前的某天朝会，刘秀拿出自己和隗嚣、公孙述之间的往来信件，读了几段给大家听。之后刘秀说："隗嚣和公孙述，都挺有才的。"刘秀赞美他俩之后，别人没接话，大司徒韩歆发言说："亡国之君都有才，桀、纣也有才。"他刚说完这句话，刘秀就"大怒"，"以为激发"。

为什么因为一句话，刘秀就大怒呢？

刘秀读信的目的，无非两个：第一个，仅仅是聊聊天，炫耀过去的荣光，怡然自得一下；第二个，告诉臣子们，像隗嚣、公孙述这样有才的人都被我打败了，度田谁敢不服？韩歆答复背后的潜台词是：皇帝当面夸别人有才，是说我们这帮人没才，还是让我们夸你更有才？如果要求有才能的人不按规律办事，比如要求度田完美化，那就能把国家搞垮了，还不如没才。

从刘秀听完韩歆的话之后大怒判断，如果刘秀仅仅是为聊天中一言不合而不高兴，他会认为：韩歆你能不能愉快地玩耍？怎么老顶着来，打断我的思路，还冷嘲热讽的？如果刘秀是为了敲打大臣，他会认为：你们说度田这个难度那个障碍，这个世界难道真有不怕死的人吗？我偏不信。

激发，是顺流而下的水，遇到阻挡以后出现浪花的样子。刘秀认为韩歆激发，定位准确，直性子韩歆，就愿意抢茬说话。刘秀对他既有过去的讨厌，又有眼前的顶撞，索性把韩歆一撸到底，赶回老家种田。此时的刘秀，不再需要宽容。韩歆父子随后自杀。

刘秀因为韩歆，大怒过两次，对政见不同的人，从讨厌到赶尽杀绝，刘秀做得实在不得人心。

再说刘秀对桓谭的一怒。

沛国人桓谭，是西汉末年的名士，经学大师，擅长弹琴和杂技，喜欢讽刺调侃俗儒。刘秀称帝后找过他，因想法和刘秀不一致，刘秀没用他。后来刘秀想找一个博古通今的学者，宋弘又推荐了桓谭，刘秀任命其为给事中。给事中是可以跟着皇帝出入皇宫办事的官员，级别不高，待遇不错。桓谭给刘秀提过一些治国理政方面的建议，比如用善政鼓励官员进取，兴农抑商等，也批评过时政，比如说刘秀对降兵虐待少恩、过于相信谶语等。刘秀除了取乐时让他弹琴，基本没接受过他的任何建议，反而对他越来越恼火。一句话，除了玩音乐，刘秀不喜欢桓谭。

公元 56 年的某天朝会，商量建设灵台的位置。刘秀先问桓谭的意见："我想用谶来决定，如何?"桓谭沉默了好久，才说："我不读谶。"刘秀问他为什么，他说谶语不是经学。刘秀大怒说："桓谭诽谤圣人，无法无天，推出去砍了。"桓谭吓得赶紧跪下来磕头，磕了好久，头破血流，刘秀才饶他一死，把他赶到安徽六安任小小的郡丞。桓谭在任职路上抑郁而死，死时 70 岁。

谶语是不是经学呢？确实不是经学，而是纬学，类似于翻字典取名字，和经学的基础理念完全不同。但是刘秀很信图谶学，他可能认为自己能做皇帝，就是靠图谶，别人要不信岂不是打破了刘秀的神话。类似用谶语决策的事情，刘秀也问过同样是大学问家的郑兴，郑兴的回答也是"我不做谶"，刘秀问他为什么不做，是反对吗？他说不反对，只是我不懂。刘秀这才没追究郑兴，可也不再重用郑兴。

对正直和不同政见者打压，迷信图谶，是刘秀被后世诟病最多的地方。

从刘秀对董宣、庞萌、王梁、韩歆、桓谭五人的"大怒"，反映出刘秀用人，有阴柔、优柔，甚至伪柔的一面。

# 第十六章　刘秀私生活

皇帝的家事，当时是敏感话题，所以史书记载不多，能理解。但是，只介绍好的、阳光的一面，一定存在隐瞒。无数个事实证明，故意隐瞒的那部分比曝光那部分更重要。况且，皇帝的家事，其实也是国事，因为皇帝每个决策的背后，都和他的成长经历和生活环境有关，而要证明其决策与其家人无关，必须要知道家庭全部成员及其背景。

对于刘秀及其家人，还有很多历史未解之谜。比如：

刘秀的大姐夫是谁？网上有人说叫胡珍，但语焉不详、来历不明。

刘秀的二哥刘仲是什么情况？出场就死了，历史记载太少，有没有把刘仲和刘秀的事迹捏在一起写的可能？

刘秀年轻时为什么会在新野被抓进监狱？

刘秀为什么带着怀孕七八个月的阴丽华去打彭宠？

刘秀女儿的母亲分别是谁？野史说的不算。

刘秀的三女婿韩光是什么背景？为什么其他四个女婿家族显赫却故意不说韩光的家族？

刘秀的阴氏岳母和小舅子，到底是什么人杀的？

估计当汉明帝刘庄审核《世祖本纪》的时候，把他觉得对父亲不利的话，全部删得干干净净。为此，可能还需要班固等人动很多“削笔”的脑筋，“削”是删减，“笔”是增加，还要润色加工使其符合逻辑。比如，为了掩盖刘秀儿子们的年龄，一律换成被立为王之后多少年计算，打死不说死时多少岁。因为后人只要知道他们死时多少岁，就能大概推断出其哪年出生，甚至能推算出是哪个母亲生的，那岂不有损刘秀的感情专一的好名声？

言归正传，刘秀的私生活，从其婚姻说起。

公元23年6月，刘秀和阴丽华结婚。本来刘秀自己就喜欢，加上能获得绿林军的信任，同时还能取得南阳大地主的支持，刘秀迫于绿林军压力的婚礼，只是因为在大哥丧期举行，竟一举三得，边际收益超高。

说刘秀本来就喜欢阴丽华，证据是那句“娶妻当得阴丽华”的话。从这句话，能得到什么信息呢？

刘秀比阴丽华大10岁，他俩不是青梅竹马的发小，也不是临近乡村长大的同学，基本上没有交集。刘秀说出“仕宦当作执金吾，娶妻当得阴丽华”这句话时，是他在太学读书期间，如此说明，刘秀对阴丽华有冲动，是在20—24岁。那么问题来了，既然从小没有交集，刘秀怎么知道阴丽华的名字呢？现代人可能会奇怪，知道名字有啥了不起的？

因为在古代，没结婚前不知道女方的名字才正常，知道就不正常了。

阴丽华，姓阴，是名“丽华”，还是字“丽华”？这个事没人说得清。王嫱字昭君，蔡琰字文姬，班昭字惠班，从这三个女人的名字看，“丽华”更像是“字”。可汉代女人，不到结婚之前，是没有“字”的。有个成语叫待字闺中，意思是姑娘达到出嫁年龄但尚未嫁人那段时间，父母还没给起“字”。女孩出嫁前没有“字”，那应该怎么称呼她呢？第一种，比如孟姜女。孟是老大的意思，孟姜女就是“老姜家大闺女”的意思。第二种，比如赵姬，就是赵家闺女的意思。因为古代小女孩出来办事的机会少，所以也没必要区分得那么细，知道是谁家的就够了。第三种，约定俗成，比如无盐人钟无盐，其实她的名字叫钟离春，可当时谁也不知道她的名字，所以都叫她钟无盐。

所以刘秀在阴丽华未嫁人时就称呼她为阴丽华，则“丽华”一定是名，而不是字。

古代男女，尤其对女子，不经过媒人，“不相知名”；非受币，不交不亲。这是《礼记》的要求，就是没经过媒人，不能知道女孩的名；没给聘礼钱，不能动手动脚。古人对名字非常重视，区分也严格。比如，男人的名里，有六个不能有：一国；二日月；三隐疾；四山川；五畜生；六器帛。古代男子20岁，长辈才给他起个“字”，表示他成人了，应该获得尊重，以后就不能“直呼其名”了，再称呼他，应该叫他的“字”。比如，刘备叫赵云就不会称呼赵云，而称“子龙”。相反，在国君和父母面前，就不能称自己的字，而应称名。比如赵云在刘备面前，自称时就是“臣赵云有本上奏”，而不能说我赵子龙如何如何。

正常什么情况下可以得知女孩的名呢？媒人到女方家，送了第一次礼物，女方父母收了，算过了第一关，叫“纳采”，纳采之后，才可以“问名”，即问叫什么名和生辰八字五行生肖，这时正式知道女孩的名。之后的“纳吉”“纳征”“请期”“亲迎”程序走完，就是婚礼洞房了。

如此程序下，刘秀怎么知道阴丽华的名呢？即使是非正常渠道得知，为何不知尊重而直呼其名？直呼其名，就像现代人直呼自己父母或领导名字一样，不但是不尊重，而且是不知礼、没文化的表现。正在学习《尚书》的刘秀，如果说出这等话，书读得如何不说，修养一定很差，被同学鄙视、老师批评是最起码的，而且说明他没把阴丽华放在心上，类似于现代社会称呼某女子为“小丫头片子”，颇有一种肤浅和孟浪的感觉。

按照正常的逻辑推测，刘秀成人后，刘家可能是向阴家提过亲的。一家有女百家求，正常。阴家不好意思对刘秀家族落井下石，所以走入结亲的第二步“问名”。在这个环节，阴家以刘秀和阴丽华八字不合为理由拒绝了。所以读书阶段的刘秀知道了阴家女子的名，被拒绝后内心愤愤不平。他在太学时期说的话，应该是“仕宦当作执金吾（yù），娶妻当得阴氏女”，用河南话说出来，既比原句押韵，也能体现出刘秀的心态。刘秀什么心态呢？不服、不平、咽不下这口气，一定要活出个样来给别人看的心态。“做官，就要做执金吾这样风光的官；娶妻，就要娶比阴丽华还漂亮的老婆”。总之，就是要发达给你们看。那种狭隘、妒忌、未曾得手的失落，跃然于纸上。

当然这是一种推测，你要非说邓晨把阴丽华的名字告诉刘秀，我也没法反驳。

刘秀耿耿于怀，阴家迟迟未嫁。转眼刘秀太学毕业，阴丽华也已满 15 岁，再不嫁人就是剩女了。可是，巨富之家的漂亮女儿，未必好嫁人。普通人家的小伙子，阴家看不上，可不普通的人家，以前还有刘氏皇族，现在没了皇族，基本就剩大地主和官员后代了，未必能找到合适的。

刘秀毕业后，时不时往新野二姐夫家跑。邓晨家，距离同县的阴家不远。

如果刘家未曾向阴家提过亲，在刘秀对阴丽华有意思的情况下，邓晨很可能进行撮合，即便他不想，刘秀也会求他。没有结果，说明邓晨的面子也不好使。如此，在结婚的最佳年龄，两人没结婚。刘秀那么仰慕阴丽华，落魄的白水乡刘家肯定不是障碍，阴丽华的父亲已死，障碍一定出在阴丽华的母亲态度上。

刘秀起兵后，成了太常偏将军，且昆阳之战一举成名，而此时县花已然成为剩女，高不成低不就，阴家也着急，但再怎么说，所谓的八字障碍还在，阴家不能这么势利吧？

此时，绿林军故意为难刘秀、让其在刘缜丧期结婚的阴谋出炉，帮助刘秀解决了所有婚姻障碍，阴家也不得不买皇帝刘玄和绿林军的面子。

刘秀和阴丽华结婚时，官位已是破虏大将军、安信侯，这应该是刘玄及绿林军送给刘秀的结婚礼物，用帮助其完成夙愿和高官厚禄，安抚一下刘秀的创伤。说实话这一招还是有效果的，后来刘秀在河北被王朗通缉的时候，还曾动过回洛阳的心思，说明时过境迁之后，相比要他命的王朗，他也不那么憎恨刘玄和朱鲔了。是啊，要是没有这两个人，刘秀和阴丽华不一定是什么结果呢！有书上猜测，阴丽华脚踩两只船，另一只船是邓奉。不能因为剩女后来在邓奉家避难，就说她和邓奉有什么。但要说没有，确实也没证据，而且有点什么更符合人性。因为没证据，缺邓奉的基础信息，所以不八卦。

总之剩女嫁大叔，皆大欢喜。结婚三个月后，公元 23 年 9 月，刘秀被任命为司隶校尉，替刘玄进入洛阳打前站。这样，刘秀把阴丽华送回南阳，之后就出差去了河北，直到公元 25 年底，才接阴丽华回洛阳。新婚后一别就是两年多。

这两年，刘秀可没闲着。公元 24 年春，刘秀和郭圣通结婚。这次婚姻，刘秀是为了获得真定王刘扬的支持，所以属于政治婚姻。但这里边有两个问题：第一，政治婚姻不一定就不会产生爱情；第二，刘扬在这场政治婚姻中会有什么好处？

刘秀和郭圣通之间是否有爱情，没有统一的结论。但是，想一想就能得出结论：刘秀身边有阴丽华等多个女人，依然在十几年内与郭圣通生了六七个孩子，说他们没有爱情，绝不可信。

刘扬希望通过政治婚姻得到什么呢？

阴家同意把阴丽华作为原配嫁给刘秀，出于绿林军压力、刘玄面子、刘秀威名及剩女现实等诸多因素，阴家不会对刘秀提出什么过分的要求。但是，刘秀要与郭圣通结婚，郭家和刘扬的要求，可就不一样了。刘扬既可以支持王朗，也可以支持刘秀，他支持谁，谁胜利的把握就大，所以刘扬有一定主动权。在刘秀有原配的情况下，如果刘扬选择支持刘秀，就不可能没条件。无论刘秀将来发展成什么样，总不会在刘秀求上门的情况下，把身为政治砝码的圣通，白给刘秀当成小妾吧？那砝码岂不成了肉包子？除非刘扬和郭家人傻。如果郭圣通不是砝码，郭刘两家也没有条件，刘秀选择接受郭圣通，只能是因为爱情了！最起码不是政治婚姻。没有人相信这不是政治婚姻，所以可以得出结论：郭圣通嫁给刘秀，一定有条件。会是什么条件呢？以刘秀当时的实力，对付王朗都困难，也承诺不了什么，如果刘扬展望未来，无论是希望刘秀在刘玄面前美言，还是刘秀将来自己做大，承诺什么都不如郭圣通成为刘秀永远的"枕边风"管用。所以刘扬的条件，必是以郭圣通成为第一夫人为前提，否则郭家凭什么把大好的姑娘嫁给刘秀当二房？这是刘秀必须要给的承诺。后来虽说刘扬拒绝支持刘秀，耿纯因此刺杀了刘扬，但真定刘家和郭家的势力还在，刘秀仍必须兑现这个承诺，如果不兑现承诺，那他就是个忘恩负义的骗子，真定刘氏的无形资产和彭宠的渔阳突骑要是联合起来，再加上郭家的富裕，刘秀创业起家的地方就会出现一个新的强敌，未来天下落入谁家尚未可知。所以刘秀在称帝次年、刘扬被杀之后三个多月，就匆忙确立郭圣通为皇后、郭圣通之子刘疆为太子，为的就是兑现承诺，稳定局面。在谁做皇后的问题上，刘秀最多和阴丽华客气一下，阴丽华非常懂事、以郭圣通已生儿子刘疆为由多次拒绝等，全是掩饰托词而已。原配必须无条件服从老公的事业，被迫接受后来者居上的现实。想想当初刘秀的仰慕和阴家的拒绝，被反转的阴丽华，委屈和无奈可想而知。

郭圣通比阴丽华小1—2岁，后来者居上，且一上就是十五六年，郭圣通肯定有过人之处。史书记载郭圣通有"母仪之德"，阴丽华有"母仪之美"，从记载就能看出来，即便郭圣通和刘秀离婚了，谁也不能对其降低待遇和看法。从郭阴两人家世比较，郭父是官员，郭母是皇族，郭家偏贵；阴父是地主，多代无官，阴母不是皇族，可是土地很多，阴家偏富。从出身看，两人半斤对八两，不分伯仲。刘秀 11 个儿子，除了许美人生的刘英，其余 10 个儿子，郭圣通和阴丽华每人生 5 个，难得的平均。从刘秀称帝到死去，郭圣通当皇后 15 年 5 个月（公元 26 年 5 月至公元 41 年 10 月属郭圣通时代），阴丽华当皇后也是 15 年 5 个月（公元 41 年 10 月到公元 57 年 2 月刘秀去世），这是惊人的巧合还是史书的安排？郭皇后失位不离家，刘秀还异常照顾；阴丽华晋级为皇后，刘秀却要求群臣不得庆祝。在有打有压中，感觉刘秀在刻意追求平衡，手心手背都是肉，绞尽脑汁希望能让郭圣通的伤害小一点。

从公元 25 年刘秀第一个儿子刘疆出生，到最后一个儿子刘京出生，其间最多 14 年。因为公元 39 年 6 月，度田之前，除了太子之外，其余 10 个儿子全部封爵，说明已经在世。封爵是吴汉、邓禹等人的建议，他们建议之后刘秀再也没生儿子，说明刘秀已经停止生育有几年了，毕竟到公元 39 年，刘秀已经 45 岁。换句话说，从公元 25 年到公元 39 年，最长 14 年期间，刘秀的两个老婆，合计给刘秀生了 15 个孩子。刘秀总共 16 个孩子，基本是这两个人生的，所以有人说刘秀比较专一。如果事实果然如此，可以得出专一的结论，可刘秀的五个女儿是不是这两人生的，没有明确记载，最起码《后汉书》《后汉纪》《资治通鉴》《太平御览》里都没有说。而这 10 个儿子，虽说史书明确记载其母亲是谁，但也可能是别人生的，之后由这两人领养。东汉皇宫这种事不新鲜，汉明帝的老婆马皇后，就领养了贾复的女儿贾贵人生的皇子；窦太后死后，汉和帝才知道自己亲妈是梁贵人。

假设这 15 个孩子都是这两个人生的，那就是说，在 14 年之内，每个人都生了 7 个左右。这就意味着，按两年生一个计算，这 14 年，两个女人谁也没闲着，怀孕、生孩子，怀孕、生孩子，就这么进行了六七个来回。问题是，在刘秀一碗水端平的情况下，忙着生养孩子的郭圣通，怎么忽然之间就由一个一向有“母仪之德”“有礼节俭”的人，变成了“既无《关雎》之德，甚至有吕、霍（霍光的妻子，谋反）之风”那样的人了？刘秀说郭圣通就像个大老鹰，狠毒跋扈，谁见到她都感到害怕，已经不配教育后代、管理后宫。她怎么突然变化这么大？

反正刘秀说郭圣通变了，得废。一个人变了，总得有些理由。郭圣通身为皇后，位达极点；子女一大群，欢乐不缺；老公常临幸，并不孤单；长子为太子，未来无忧。什么原因使她突然变成大老鹰呢？真的想不出来。刘秀做事，虽然有时候不过脑子就表态，但在糟糠之妻要下堂的问题上，绝不会冲动，一定是蓄谋已久。

《后汉书·天文志》记载，公元33年7月和11月，金星两次犯轩辕，这是皇后失势的征兆。也就是说，从公元33年开始，刘秀对郭圣通就有意见了。公元39年，彗星入室宿、犯离宫，这是整治后宫的征兆。公元41年，刘秀废后。

这段记载，说明刘秀和郭皇后的矛盾持续了七八年，有个逐步恶化的过程。

从政治形势分析，当东汉政权不再是单一河北政权以后，郭圣通做皇后的基础已经瓦解，这也是德不配位的体现。德不配位不一定是道德上出什么问题，环境变化了、不再适应了，也属于德不配位。比如冬天来了，小鸟就得飞走，这和小鸟的道德无关。公元38年河北派基本死光了，老一辈里只剩下养病的李忠，郭圣通当然没了继续做皇后的政治基础。而此时南阳人遍布朝野，哪里还有河北人插嘴的份儿。势力很大的南阳人一度成为度田的障碍，为平息南阳人的反抗，公元41年，刘秀不许任何人多嘴，立阴丽华为皇后。谁是皇后不由感情决定，而是由政治决定，在刘秀那里，爱情永远让位于政治，这才是刘秀婚姻的本质。想当初汉宣帝顶住霍光势力的压力，坚持立狱卒的女儿许平君为皇后，这种担当，刘秀真没有。

从夫妻感情的角度，刘秀本质没有变，但是伪装逐步卸下后，刘秀和以前大不相同了。全国统一后刘秀发生的变化，在每个人身上都可能发生。比如，创业阶段因为有竞争对手，所以有所顾忌，为拉拢人心，表现得谦虚谨慎；创业成功以后全国臣服，天下归一，就会自然而然地放松和任性。这种变化个人很难克服，同样的事情，以前能宽容，现在就接受不了。以对韩歆为例，他在战争时期没事儿，和平时期反倒被杀，可以作为证明。

当然郭圣通也有可能变化。因为历史未记载，所以不敢断言。如果刘秀一直是那个刘秀，不能理解郭圣通要往哪儿变？怎么也不能相信，一个理智的人会放着好日子不过，在自己老家的将军们纷纷死去后，她还要作死。如果刘秀变化了，那可就难说了。难说，放在下一章质疑里专门说。

阴丽华从不多嘴，所以不惹事儿。她知道，没什么好高兴的，那些权力风光只与位置有关，与她本人无关，谁符合政治条件谁就是皇后。她就是她，她只是她。

做了皇后的阴丽华，比郭圣通多的地方，是她的儿子刘庄后来当了皇帝。按道理应该很幸福了。可是，就在阴丽华还活着而且儿子做了皇帝之后，阴丽华的侄子阴丰杀死了阴丽华的女儿。这还不算，在刘庄的压力下，阴丰的父母——阴就夫妇自尽。阴丽华眼看着自己的侄子杀了自己的女儿，自己的儿子杀了自己的弟弟、弟媳和侄子，做了太后的自己又无能为力，是不是也够痛苦的？在权力的烘焙之下，再也没有了往日的宁静。

刘秀在废后诏书中，说郭圣通不配教育后代。看看刘秀和阴丽华对子女教育的情况：阴丽华生的刘荆，在刘秀刚死、尸体还在宫中时，就冒充郭圣通的弟弟郭况，给郭圣通的大儿子、废太子刘疆，写了一封同情郭圣通母子被废的信，意欲挑拨异母兄刘疆造同母兄刘庄的反。如此说明，阴丽华和刘秀对刘荆这娃儿的教育不那么成功。刘秀和阴丽华最小的女儿（公认），因为娇宠爱妒，与老公同时也是亲表哥的阴丰吵架，被阴丰一刀捅死，那时刘秀刚死两年。由此可见，刘秀和阴丽华对子女的教育也好不到哪里去。而郭圣通的长子刘疆，留下了辞让太子之位的美名。郭圣通被废以后，她的五个儿子都生活在皇宫北宫，这五个儿子为求学进步，就想多找些校外导师。阴丽华的弟弟阴就，以他能找到人才为名，忽悠小哥五个，诈骗了他们上千万钱。当时很多人因此事鄙视阴家人。那时（公元 47 年）刘秀还在世。他自己教育孩子的水平又体现在哪里呢？

刘秀的 16 个孩子，外加 5 个女婿，21 个后辈家人里，两个儿子和 3 个女婿因造反被杀或自杀，1 个女儿因家暴被杀，1 个女婿被处死，三分之一的后代非正常死亡。可以说，刘秀不是一个多么合格的父亲。

大潮退了，才知谁在裸泳！孩子大了，才知做父亲是否合格！

# 第十七章　对刘秀的质疑

质疑之一：刘秀对爱情专一吗？

史书上记载，刘秀的女人，只有三个，这在古代皇帝中罕见，所以有人说，他对爱情很专一。

这么说其实是不讲理。史书同样没有记载秦始皇有多少女人，能说嬴政对爱情专一吗？

刘秀真的只有三个女人吗？看一个例子。说有一天，刘秀和大司空宋弘在办公室聊天。刘秀座位后面有一排新屏风，上边画着许多仕女，聊天时刘秀频频回头看。经学大师宋弘不高兴了，态度严肃地对刘秀说，“未见好德如好色者”。刘秀马上叫人把屏风撤下去，笑着自我解嘲说：“听到正确的意见就服从，这可以吗？”宋弘回答：“陛下增进了修养，我喜不自胜。”这个小故事，出自《后汉书·宋弘传》。宋弘，就是说“糟糠之妻不下堂”那句名言的人。

从没听说刘秀喜欢或擅长画画，所以他对屏风中的画法不会感兴趣，感兴趣的一定是画中的女人。是啊，和生了一群孩子的郭圣通、阴丽华相比，画中女人绝对更具有诱惑力，最起码比宋弘讲的那些治国理政的道理让人舒坦。宋弘指出了他心中所想，刘秀不好意思了，才叫人撤去。从善如流当然值得表扬，但皇帝这么喜欢看美女，刘秀身体没毛病，后宫女人又多，说他专一，脑子一定被驴踢了。

按周礼规定，君王后宫可以有 1 位皇后、3 位夫人、9 位嫔、27 位世妇、81 位女御五个等级。刘秀早期，只有皇后和贵人两个等级，后来又增加了美人、宫人、采女三个等级。刘英就是许美人生的。如果刘秀不好色，那增加这三个等级有必要吗？既然加了，必有作用，说刘秀专一，骗鬼呢？而且史书记载：每年八月秋收结束，中大夫就到洛阳民间选13—20岁女子入宫，此为惯例，并没有在刘秀手中废止。源源不断的女子进宫，白吃饭的吗？

西汉时期，中常侍一职没有用宦官的，都是由朝中大臣兼职，一般都是皇后的娘家人，这样可以跟随皇帝出入内宫。可到了刘秀时期，中常侍开始用宦官。虽然人不多，一两个而已，但对制度突破的背后，一定体现了刘秀的某些需求。这些蛛丝马迹不能说明点什么吗？

有人可能会问，那为什么刘秀没有和其他女人生孩子呢？是很奇怪。不过，从史书不说五个女儿的母亲是谁、不说九个皇子的年龄、孩子可以领养等角度看，不能说刘秀一定没和第四个女人生孩子。此外，自公元39年吴汉、邓禹等建议加封皇子之后，刘秀就停止生儿子了，他们之间仿佛存在一种默契，一种到此为止的默契。如果任由刘秀生下去，像刘胜那样有120个儿子，整个汉朝都不够封，未来哪还有功臣后代继承封地的份儿？

郭圣通由一个有母仪之德的女人，逐步变成大老鹰，有没有干涉刘秀性自由、进而引起刘秀不满呢？否则，什么事情能让郭圣通放着好日子不过，要心怀怨恨、数次违背刘秀的意思呢？而且，其他嫔妃见到郭圣通像小鸟见了鹞鹰，她们害怕什么呢？有没有可能，男人怕捉奸，女人怕流产呢？郭圣通拦不住刘秀的下半身，却可能拦住女人的上半身，让刘秀不再有儿子，如此，刘秀能饶得了郭圣通吗？

都是推测，皇宫的水太深，靠人品保障太难，轻信要不得！

质疑之二：刘秀敬业吗？

史书记载：刘秀每天日出开始上朝，日头偏西才结束，还多次召见官员讲经论道，半夜才睡。皇太子刘庄见父亲勤劳不怠，就劝说他要修身养性。刘秀说："我自己愿意干这些事，所以不觉得疲倦。"

如此勤政的形象跃然纸上。不能说刘秀不敬业，为了治理好国家肯定有加班的时候，但是刘秀真的有史书上讲的那么敬业勤政吗？未必。看几个案例就知道了。

案例1：还是那个宋弘，推荐了桓谭做给事中。桓谭给刘秀提建议他不听，但是他喜欢听桓谭弹曲儿，每有宴会，就让桓谭弹一些郑声——靡靡之音。次数多了，宋弘就后悔推荐桓谭了，为此还批评了桓谭，也当面劝诫刘秀不要再听靡靡之音。

一个如此喜欢处理政务的人，又面对那么大的一个国家，刘秀竟有心情听淫词艳曲，对政务是真喜欢还是假喜欢啊？当然如果偶尔放松一下，也算不了什么！

案例2：东汉五大干才之一的郅恽，做洛阳东城门侯的时候，有一次把打猎晚归的刘秀堵在城门外，死活不让进。刘秀的车驾只好走另一个门进去。第二天郅恽还给刘秀上书，说："陛下远猎山林，夜以继昼，置社稷宗庙何？"刘秀看完，赏赐了郅恽一百匹布，然后把他贬官，到外地做县尉，级别从六百石降为二百石。

刘秀赏他，是因为他坚持原则；贬他，是因为他不懂变通。那郅恽是个不懂变通的人吗？当然不是。郭圣通被废后，刘疆还是太子的时候，作为太子的老师，郅恽曾劝刘疆主动辞去太子位，以保全性命。由此可见，郅恽是非常懂得进退变通之道的。所以可以推断，如果不是刘秀做得过分，他又何必不给刘秀面子呢？刘秀爱玩，可能属实。

有人会说，刘秀偶尔打个猎、锻炼个身体，不能算是爱玩。好吧，姑且认之！

案例3：公元29年，刘秀任命张湛为光禄勋。朝会上，张湛一见到刘秀懒惰、懈怠、不耐烦的时候，就批评刘秀。因为张湛经常骑一匹白马，所以刘秀见到他心里就腻歪，说："白马生又来给我讲大道理了。"

这个记载，固然有表扬张湛进言、刘秀纳谏的一面，但也从另一面说明，刘秀还是经常懈怠的。刘秀真有那么勤政，哪里还有张湛青史留名的机会，还不把他闲死。

案例4：有一次刘秀要出去旅游，尚书令申屠刚劝他不要去，理由是隗嚣、公孙述遗留问题尚未平定，不应该贪图安逸享乐。刘秀不听，坚持要去。这申屠刚也够绝的，用自己的脑袋顶住刘秀的车轱辘，死活拦着。刘秀这才没走。

如果皇帝只是偶尔放松一下，出去转转，申屠刚何必这么过分呢？你是申屠刚，会这样吗？想想就知道刘秀做得该是如何过分了。

这些表扬别人的段子，泄露了刘秀的一些日常状态。

任何一个人活着，都是为了幸福。要想幸福，就必须劳逸结合，不会休息也干不好工作。刘秀做一些放松的事情，要说也属于人之常情。但玩就玩呗，非得要说他有多勤政，这就不实事求是了。

古代的帝王，主要的工作就是战争、祭祀、用人。刘秀不喜欢用兵打仗，祭祀也不是什么难事，所以刘秀如果真有那么多事要他做的话，对东汉未必是好事。如果整天看谁有点错就换人，直接插手下级权责范围内的事情，那叫不懂管理，累死也活该。正如朱浮上书建议那样：您过去不按制度来，不让“三公”复核被检举的官员，而是您直接派刺史去查，刺史让手下小吏去查，小吏回来报告说某某官员有错，之后官员就免职，这简直是小吏在管理这个国家。所以表面上看皇帝您很累，其实效果更差。

如果刘秀半夜才睡的原因，是和一群人研究谶语，再琢磨一下刘庄的劝诫，是不是味道不同？这叫父亲加班不干正事，儿子不能明劝，史书作者和读者以此就认为刘秀勤政，是不是傻？

质疑之三：刘秀治国水平到底如何？

不必纠结刘秀身上的小问题，关键看他治理下的东汉到底如何？注意，一定要把刘秀的功劳和东汉的功劳区别开来，不能混为一谈。

考察一个皇帝治理国家的水平，在古代最主要指标是人口数量、财政收入和战争胜负。能养活更多的人，才是硬道理。当然这不是绝对的，天灾、反侵略、瘟疫等因素即使造成人口数量下滑，也未必是昏君。刘秀非常好的地方，是他不折腾，既没有像秦始皇那样修这建那，也没有像汉武帝那样打东攻西，所以财政情况和战争情况不适合对刘秀的考核。当然，东汉的造纸术、浑天仪、张仲景的中医，这些民间自发的技术进步也和他没什么关系。

根据郑州大学袁延胜的博士学位论文《东汉人口问题研究》上的数字，东汉初期人口约 1800 万。东汉初期是指公元 37 年刘秀统一全国的时间，之前虽也叫东汉，但是不都归刘秀管。到刘秀统治结束时间，即公元 57 年，人口 2100 万。20 年时间人口增长 300 万，不能算多么有功劳。

人口增长有其规律性，不是想增长多少就能增长多少，且有滞后性，所以比较一下刘邦称帝到汉武帝开始掌权期间的人口增长，与刘秀统一到汉和帝结束期间的人口增长，就能有所认识。

|  | 人口数（万人） |  | 人口数（万人） |
| --- | --- | --- | --- |
| 公元前 202 年西汉建立 | 1300 | 公元 37 年刘秀统一全国 | 1800 |
| 公元前 134 年刘彻掌权 | 3600 | 公元 105 年汉和帝去世 | 5300 |
| 期间 | 68 年 | 期间 | 68 年 |
| 增长倍数 | 2.77 | 增长倍数 | 2.94 |
| 公元 2 年人口最多时 | 5959 | 公元 157 年人口最多时 | 5648 |

从表中数据可知，同样的 68 年期间，东汉增长 2.94 倍，比西汉的 2.77 倍略高。

西汉有文景之治，讲究的是道家无为而治；东汉有明章之治，主打的是儒家励精图治。汉景帝时有七国之乱，东汉初期没有大乱。总体看来，两汉初期的人口增长差不多。也就是说，光武帝刘秀、汉明帝刘庄、汉章帝刘炟、汉和帝刘肇祖孙四代忙忙碌碌，和汉高祖刘邦、汉惠帝刘盈、汉文帝刘恒、汉景帝刘启三代的无为而治，差不多。

有时候人口增长和皇帝的治国水平没什么关系，西汉最差的时期出现在末年，可人口最多的时候恰恰出现在末年汉平帝时期；东汉人口最多也出现在汉 7 代汉顺帝和搞垮东汉的桓灵二帝时期。东汉有度田，数据相对准确；西汉没有度田，但统计数据反而比东汉人口多，说明发展了一百多年后，东汉没有比西汉进步多少。

中国古代和平时期的人口增长，有三个因素：第一是引进高产的粮食品种；第二是兴修水利，比如治理黄河等；第三是农耕技术的发展。

西汉人口突破 5000 万，原因是小麦尤其是宿麦的推广种植；北宋人口突破 1 亿，是因为占城稻的引进种植；明末人口突破 2 亿，原因是玉米、马铃薯的引进种植。刘秀时期，把薏米当作珍珠查腐败，外国来使也不深聊，能打发走就不废话，根本就没想过引进粮食新品种的事。此外，人头税也是阻碍人口增长的一个因素，没有证据表明刘秀在这个问题上减税，最多只是给他的出生地济阳县、老家章陵县、父亲的工作单位南顿县，还有因封禅而打扰的四个县免过几年而已。而且，历代帝王作秀的皇帝亲耕，刘秀也没秀过。原来那个“性勤于稼穑”的农村小伙儿，根本不怎么重视农业。

刘秀时期兴修的水利工程，较为有名的有三个：第一个，邓晨在汝南搞了个鸿郤（xì）坡水利工程，还不错，灌溉几千顷农田。第二个，王梁在洛阳搞了个水利工程，花好多钱建好以后，竟然引不过来水，白忙活好多年，最后不了了之。第三个，王景提出治理黄河，刘秀也曾想搞，可是最后因没钱放弃。刘秀没大钱，但是小钱还是有的，给舅舅的儿子一次就是5000万钱，给小舅子郭况一个“金穴”，最起码应该干几个阶段性工程吧！黄河水利工程最后还是刘庄时期完成的。由此可见，水利工程，只有邓晨的几千顷而已。

牛耕、铁犁，在东汉继续推广，这个主要是太守、县令的功劳，刘秀管不了这么细。

从人头税、粮食新品种、水利工程、农耕技术推广这些影响人口增长的因素看，刘秀对东汉的人口增长，贡献不突出。

除了人口指标，还有个社会安定团结、人民幸福指数指标，这就要看刘秀在执政后陆续推出的十大改革措施。

第一项：放奴释狱，恢复地位。西汉的主要问题，是土地兼并严重和奴婢数量太多。王莽改制的目的，就是要限制兼并、减少奴婢。王莽改制不彻底，严刑峻法之下反而造成了犯人和奴婢增加。对于王莽改制以后形成的这些奴婢和犯人，刘秀的基本政策就是死罪以外的一律释放，该回家的回家，谁也不得收钱和阻挠。刘秀并不禁止奴婢，只是保护奴婢的一些权利，包括不准滥杀、烧灼奴婢，杀奴婢违法，等等。总之，刘秀没有触动西汉的奴婢政策，只是针对王莽、公孙述、隗嚣、秦丰、刘永等对手，把他们强迫形成的奴婢释放。《后汉书》中记载了官员郑兴在出使期间私买奴婢而被降职一事，说明买卖奴婢也有一定的限制，只是不知道具体如何限制。

西汉末期的土地兼并问题，随着东汉的天灾和战争，人口锐减、人均亩数大幅提高，显得不那么突出了。中国封建王朝周而复始更替的原因，是矛盾积累到一定程度，自我解决不了，就用天灾和战争来一次洗牌，超级大地主被打倒之后，中小地主再慢慢成长，长大了再灭一次而已。



刘秀度田结束后没有授田，也没有出台限制土地兼并的政策，人口少了三分之二，地随便种去吧，贫富差距缩小不是因为限制了有钱的大地主，而是自耕农土地增加，问题属于自然解决。但这种解决是暂时的，大地主、大官僚继续兼并，未来还会出现西汉末年的样子。刘秀对这种潜在的危险，没有什么想法和办法，除了用酷吏去解决豪强，在限制大地主、大官僚兼并问题上，没有措施，如此，才产生了东汉六大外戚豪族和六大官僚豪族。

第二项：裁军精武，止兵息武。刘秀不喜欢战争，能吵吵就不动手，甚至别人纳贡求保护也不要，对扩张没什么欲望，所以大批裁军。

平定天下以后，刘秀掌握的部队有 140 万人，为了减轻农民负担，刘秀大规模裁撤军队，仅保留了 10 万左右的常备军，驻扎在首都洛阳、渔阳等地。因为东汉的漕运、栈道、屯城比较发达，所以军粮供给比较快速，防守能力比较强。另外，刘秀因为昆阳之战出名，他比较相信以少胜多，所以东汉常备军少得可怜。如果有战事，士兵从各郡临时招募，战事结束就解散。大量裁军后，临时招募的士兵很多是有战斗经验的，所以募兵制在东汉初期的战事上，没有任何问题。职业军人变成耕种的劳动力，有助于东汉初期的经济复苏。

刘秀决定撤销郡都尉，意味着没有大规模的地方驻军和民兵日常训练。随着老兵老去，临时招募的士兵经验不足，东汉出现了战斗力不强的问题。这样持续下去的后果，就是战事集中的地区，部队越来越能打；战事少的地区，战斗力越来越差。最后，经常与羌族战斗的凉州兵和并州兵，成为全国的劲旅。凉州兵后期的老大是皇甫嵩、董卓，并州兵的老大是丁原、吕布。这种情况的形成，不能说刘秀没有责任。黄巾起义爆发，政府兵力明显不足，豪族的力量一下子得到发展，武将董卓的崛起也拦不住了。

第三项：撤郡并县，精简官员。行政区划合并，减少了 103 个郡中的 10 个郡，合并撤销了 1000 个县中的 400 余个县；减少官员等。这些都是国家人口锐减情况下，休养生息的基本措施，刘秀能做当然很好。不过每个王朝的恢复期，都要做这些事，没什么特别的。隋文帝杨坚称帝初期，合并减少了 600 个州中的 190 个，力度比刘秀还大。至于东汉的官员数量减少，其实是正常现象。西汉最多时有官员 130285 人，东汉有 7567 人（晋朝有 6836 人，唐朝有 18805 人），但是东汉还有内外诸司掌职人 145419 人，官吏合计 152986 人。刘秀时期郡县减少、人口减少，客观需要的官员必然减少，但吏的数量增加，羊毛还是出在羊身上。

第四项：设尚书台，任用循吏。刘秀治理国家，和李世民有很大区别。刘秀属于事无巨细，眉毛胡子都是自己抓，手伸得很长，搞得手下人常常无所适从，他自己有时还挺累。李世民只抓各部“一把手”，一般不插手各部内部的事情，责权利比较清晰。所以刘秀时期叫“光武中兴”，李世民时期叫“贞观之治”。李世民是有治理方面突出才能和业绩的，这从管理组织构架上——三省六部制就能看出来。

刘秀为集中自己的权力，自己直接管理尚书台，事情都由他决策，尚书写文件颁布，这样就架空了“三公”，“三公”也就成为摆设。戴涉就是例子。皇帝一人能力有限，所以凡是想废掉丞相的朝代，要么搞得皇帝很累，要么其实也废不掉丞相。明朝有内阁，清朝有军机处，发展到最后还是相当于丞相。刘秀这种管理模式，就是不懂管理精髓，还是小农思维。

在官员的选拔上，刘秀主要用循吏。循吏就是熟悉儒家经典、做事遵循纲常的文官。不能说用循吏是错误，但是循吏太多也有弊端。第一，皇帝要是不好好干，有些循吏喜欢撂挑子走人，不伺候了；第二，有些循吏为升官发财，不讲真话不说，还容易趋炎附势。对于官场不倒翁，谁掌权他巴结谁，慢慢自己的家族势力越来越大，最后竟然产生了豪族。刘秀直柔、阴柔、优柔的性格，自然不喜欢刚强正直的人，手下里这样的人就不吃香。时间久了，突然来一个脾气暴虐的董卓，都不知道该怎么应对。

第五项：弃用宗室。

第六项：厚爱外戚。

第五项和第六项在介绍董卓时再说。

第七项：选择酷吏，抑制豪强。这里所说的豪强，是指豪横强硬的人或家族，比如被武松揍了一顿的蒋门神，类似于流氓团伙和黑社会。刘秀执政初期，用了一些酷吏，比如董宣、李章等人，打击这些豪强和恶霸。抑制豪强，不是为了防止土地兼并，只是为了政策推行和维护社会治安。

第八项：启用宦官。中常侍用阉人宦官，是从刘秀开始的。西汉和王莽时，中常侍是士大夫兼职，这样，皇帝和士大夫之间是无缝对接的。刘秀用了阉人做中常侍之后，皇帝和士大夫之间有了一个过渡层。这个过渡层的出现，容易出现宦官利用皇权的情况，当皇帝年纪小时，宦官容易做大。

第九项：新建太学，崇尚儒术。这不是本书重点，且刘秀在这方面也乏善可陈，故略。

第十项：恢复三十税一。就是按 1/30 收取农业税，这也是恢复文景之治时的政策。

刘秀这些政策，对释放劳动力、恢复生产力确有很大帮助，有利于国家从战乱中尽快恢复到休养生息上来。如果一定要挑毛病的话，就是没多少新东西，也没多大难度，属于恢复型调整。

据史书记载，度田问题解决以后，东汉牛羊放牧，城门不关，社会安定。不能否定刘秀统一全国付出的努力和做出的贡献，也不能低估一个封建帝王在缓解社会矛盾方面所做的工作。可是，如果要天下太平、人民心安，必须以吏治清廉为基本前提。看刘秀治理下的官员，欧阳歙任太守多年，贪腐千万钱，竟还能带病提拔为大司徒；二老婆的弟弟，诈骗大老婆的儿子，他竟然没个说法，灯下如此黑，全国的吏治如何，岂不了然？公元 54 年，群臣上书提请封禅，刘秀下诏说："我继位 30 年，百姓怨气满腹，我能欺骗老天爷吗？"刘秀很有自知之明，在百姓还一肚子怨气的情况下封禅，确实不应该。刘秀治国 30 年，他自己定性的结果，总不会不真实吧？可是，即便这样，他在公元 56 年，竟然还是去泰山搞封禅了。

总之，从人口数量、吏治清廉、西汉弊病治疗、王莽政策修正这四项工作，以及刘秀的十大政策上看，多数是修修补补，大都是在简单的事情上做了工作。

刘秀不是万能的，他的优点和局限都离不开当时的社会环境，再怎么说，他不是广大人民群众的代言人，而是地主和官僚集团的代言人，所以他代表的东汉，只能有限地缓解社会矛盾，但无法解决土地兼并和奴婢这两大基本问题。不但没解决，这两个问题反而在东汉严重恶化，这才逐步形成了魏晋的豪族。

有人说，东汉是豪族建立的政权。本书不承认这个观点，所以一个无法回避的问题必须质问：东汉，有没有豪族？谁是豪族？怎么形成的豪族？

# 第十八章　豪族的标准

著名历史学家杨联升先生写了本书，叫《东汉的豪族》。在书里，他引用陶希圣《中国政治思想史》上的一段话，说东汉有很多豪族，遍布全国。名单如下：

北海公孙丹，河东马氏，清河赵纲，渔阳阳球，下邳陈球，京兆张纯，京兆第五伦，汝南袁闳，颍川韩棱，弘农杨震，颍川郭躬，上党陈龟，犍为张纲，山阳王龚，洛阳种暠，敦煌盖勋，太原王允，下邳王丹，怀县李子春。共 19 个人。

真有这么多豪族吗？

这就需要对豪族立个标准。符合标准才能叫豪族，不符合就谈不上。标准定高了，没有豪族；标准定低了，遍地豪族，没有意义。所以东汉是不是豪族建立的政权，到底有没有豪族，关键是豪族的标准怎么定。

中国古人的思维模式，是不讲定义的，标准从来不明确，靠的是悟。比如“道可道”，谁都说不清什么是“道”，只能感受其存在，说清楚了，反而不是“道”了。这和西方用概念、结构、逻辑等建立起来的哲学模式，存在很大不同。所以中国的事儿，不能较真儿。不较真儿，全都明白，一较真儿，反倒糊涂。可不较真儿，随便说出一个新词，就往东汉脑袋上扣，这好像也不是科学的态度。无论如何，还应说清楚。

豪族这个词在《三国志》里就出现过，《后汉书》里也多次使用，两书都没说豪族的标准。“豪”的本义，是指猪后脊梁上的毛。豪的重量占猪重量和体积的比重，微乎其微，但是位置却是最高的。“族”的本义，是指捆在一起的箭，是聚集在一起战斗的意思。

中国有些字词，本就难以定义，比如“人”，说出来大家都明白，定义却难了。不能给“人”下准确定义倒不是问题，因为人类对自身的理解基本一样。可豪族却需要定义，因为大家的理解肯定不一样，不信你随便问身边的两个人。

有人说豪族不是定义出来的，而是比较出来的。就如同“高个儿”“好汉”这类词。以“高个儿”为例，有人的观点是，如果你身高 1.1 米，我 1 米，你在我眼里就是“高个儿”，如果定义了身高两米就是高个儿，在某些更高的人眼里，反而不是大个儿。所以不定义，模模糊糊大家明白就好。按照这个逻辑，那就意味着全国除了最矮的那个人，其余的都是高个儿，只是分在谁的眼里而已。那还是一千个人眼里有一千个哈姆雷特的观点，不是放之四海皆准的真理，没意义。标准问题，不要你觉得，也不要我觉得，而是有多少人算多少人，大多数觉得。

在现实社会中，一个 1 米高的孩子，不会认为一个 1.7 米的成人是高个儿；如果一个人身高达不到 1.8 米，“高个儿”这个称呼很难叫开，其周围的人也不会认可；一个身高 2.3 米的人，同样会发自肺腑地认为 2.2 米的人是高个儿。所以“高个儿”其实是有标准的，只不过这个标准是 1.9 米，还是 2 米，存在一个模糊的区间。类比“高个儿”，豪族同样应该有标准，只不过标准不必非常绝对和清晰。世界五百强，千亿俱乐部，某种角度就是“高个儿”和“豪族”，像猪后背上的毛，数量不多，但高高在上。

现代有个词，叫“豪门”，是指有很多很多钱，也有一定社会影响力的家庭。豪门和豪族的区别之一，首先在于门和族的区别，豪门是一个家庭，豪族是起源自一个祖先、居住在一起的许多家庭，还包括联姻、结拜、师生、提拔、雇佣、依附等关系形成的外围势力。除此之外，现代社会的“豪”和皇权社会的“豪”，还有很多的区别。

《后汉书》里有“豪族”“大姓”“冠盖”（官员之意）“世代衣冠”等词汇，有人都视为豪族。从《后汉书》里感觉，豪族，就是非常富有、势力很大、家族代有人才出的家族，也有土地兼并、巧取豪夺、地方政府难以管理的意思。“豪族”有时是个中性偏褒义的词，有时又是偏贬义的词，总之有翻手为云，覆手为雨的实力。这就与现代民主社会豪门的“豪”产生了区别。现代社会的豪门，只有一个财富的属性，一切都与金钱有关，只要是合法所得，多数人对其是羡慕的。而阶级社会的豪，除了财富属性，还有政治属性和军事属性，以及文化属性，是政府重点关注、依靠，甚至打压的对象。普通民众面对豪族，除了羡慕，还有就是不敢惹、惹不起的胆怯。三国时期，孙权的丞相步骘，年轻时是瓜农，因为担心会稽豪族焦征羌的门客侵扰，就拿着鲜瓜去拜访焦征羌。被焦征羌鄙视而坦然自若，证明了步骘的心胸，也从另一个角度证明了豪族在百姓眼中的形象。

中国古代是农耕社会，如果没形成难民潮，人口流动并不频繁，以家族为单位群居在一起，时间久了，必然成为一个大家族。那时候没有计划生育，荀爽之父荀淑、司马懿之父司马防，都生了 8 个儿子，邓禹生了 13 个儿子，刘胜更是生了 120 多个儿子，成为中国儿子最多的父亲。这么多儿子，只要家里养得起，到一个人当太爷爷的时候，子孙几百上千都有可能，再加上门客、佃户、姻亲、学生、故吏、老亲少友，自然形成了一个极其庞大的家族势力。可子孙再多，如果一年大灾就有一半人饿死，或者过年才能吃一顿饺子，这样的大族肯定不是豪族。成为豪族的基本条件就是有钱，还不是一般的有钱，即所谓的巨富。光有钱还不行。一只老虎能拦路，一群母猪拱墙根，家里没势力，一个酷吏就可能把家族搞破产。外戚梁冀看中了全国最富有的乡绅士孙奋（士孙奋有个侄子士孙瑞，东汉末年做过大司农，可在梁冀时代还不行）的家产，就勒索 5000 万钱。士孙奋给了 3000 万钱，梁冀一看没给够，就很不爽，一纸诉状再加官府的皮鞭毒打，士孙奋家破人亡，1.7 亿钱的财富全归了梁冀。这说明光有钱远远不够“豪”，没势力，只能是个任人宰割的土财主。这就需要家族里有人做高官，或者有高官罩着，如此财产有了保障，在当地也有地位，也就有了话语权和势力。

如果靠交保护费换取保护伞，那样的家族，富贵不可持续，因为被依靠的高官，能保护一时，却保护不了一世，家族还会存在较大风险。另外，依赖外部势力也不是豪族应有的血性。所以让自己家族子弟读书做官、练武自卫就成为族长鼓励的行为。汝南袁绍家，世代学习《孟氏易》；弘农杨氏家族，世代研究《欧阳尚书》，如此家族就注入了文化的基因。因为诗书传家，家族得以持续地、此起彼伏地有人做高官，江山代有人才出，如此才能禁受各种政治风浪而不倒，即便倒了也有机会东山再起。另外，家族拥有自己的武装，另一个特点。只不过私家武装会受到政府的打压，在和平时期和战争时期，规模也会有较大差别。

试想，某个县里，一个大家族，非常富有，且有多人数代在朝中做高官，上上下下关系盘根错节，人脉很广，还有私家武装，那么，无论哪个政府，是不是都会给三五分面子？在推举孝廉、任为掾吏、政策制定，甚至违法乱纪等方面，是不是会得到政府更多的照顾和重视，甚至包庇或纵容呢？这样的家族，才可能称为“豪族”。

如果说东汉是豪族建立的政权，那么这里的豪族，应是站在县及以上层面的豪族，是连皇帝都要给几分面子或忌惮的家族。那些在地方上有点影响力，但是郡守或县令就能轻易处理掉的家族，不能算是豪族。还是那句话，1.8 米以下，即便在小范围内身高第一，也称不上“高个儿”。西门庆遇到高衙内，屁都不是。

综上，豪族的粗放标准，是要符合五个基本条件：第一，家族里户数多人口多，一脉单传肯定不行；第二，非常富有；第三，同时有多人做高官；第四，多代出高官；第五，有对政府实施重大影响的实力。全部符合，才算豪族，缺一不可。

如果一个家族，没钱没势，但是大家都尊重他，比如孔子某个后代家族，或某个名医家族，那叫望族，不是豪族。如果有钱没势，过自己的舒适日子，那是富族。没钱有势呢，比如世代有人做大官，但都洁身自好、清廉自守，那叫贵族。剩下的，才是有钱有势的豪族。

那么问题来了。

第一个问题，在东汉，有多少钱算有钱呢？

首先要声明的是，在一个大家族里，如果每个家庭都小有家资，只要户数多，加起来的财富很可能是天文数字。组合起来的富裕，不能算豪族标准里的有钱，因为在一般情况下，这些钱无法实现集中起来办大事。故评价豪族的资产，是以家族里最富那个家庭为代表。

西汉汉武帝搞强制搬迁时，定了个财富标准：资产 300 万钱以上。资产包括土地、房产、牲畜、水塘、桥梁、道路、树木、奴婢、桑麻等。要算出包括活人在内的这些资产价值，在没有公开集中透明的交易市场情况下，是不可能的事情。即便放在现在，专业资产评估机构也只能估算出仅供参考的大概价值。另外，用一个 300 万钱固定的数也不科学，因为物价在时间上和空间上不同，通货膨胀的程度也不同，东汉明章时期 1 石粟 30—110 钱，汉献帝初期 50 万钱！所以以汉武帝时 300 万钱为标准，衡量东汉的财富，不可取。仅供参考。

西汉时期，上流社会的标准是食邑一千户。一千户食邑，在东汉相当于年收入 80 万钱。年所得 80 万钱，就可以过上财务自由的生活，听起来并不多。这 80 万钱，其实就是一千户农民一年的毛利润中，应分给国家的那部分红利。一千户农民，一年毛利润是 400 万钱，在国家和农民之间二八分配。产生 400 万钱利润需要的资产，是 2000 万钱，也是二八分配，国家股占 20%。需要说明的是，国家股分优先股和普通股，优先股跟粮食产量无关，按人头收钱，另加每百亩 55 钱的饲料税。普通股，与粮食产量挂钩，按产量的比例（1/30）收取。二八分配，是正常年景的情况，灾害年份有减免。食邑千户，意思就是千户侯零投资但拥有价值 400 万钱、占比 20% 的股权。2000 万钱包括什么资产呢？马 50 匹，牛 167 头，羊 250 只，有年产鱼一千石的鱼塘一座，至少 1000 棵经济树木，1000 大亩良田，1000 块菜地。现代人看着是天文数字的资产，但在汉朝一千户根本不算什么，西汉王莽、东汉梁冀都曾是三万户以上，东汉食邑两万户以上的官员也有好几个，比如大将军窦宪、大宦官单超等，东汉食邑千户以上的也有几百上千人。所以食邑千户，有 400 万钱资产，还不能算作豪族。

刘秀时期的官员第五伦，曾经做过蜀郡太守。因为蜀郡土地肥沃，当小官的都很富，“掾吏家资多至千万，皆鲜车怒马”。家产千万，也不算多么了不起。

在士孙奋的案例中，梁冀张嘴就“借”5000 万钱，士孙奋拿 3000 万钱都过不了关，感觉 5000 万钱才算是一个数量级！当初刘秀的舅舅樊宏去世后，刘秀赏给舅舅七个儿子的钱，也是 5000 万钱。《汉书 · 货殖列传》里记载，有 5000 万钱以上财产的就有伟老板、樊嘉等，过亿的有师氏、栗氏、杜氏等。

汉灵帝时期，大宦官王甫指使门生垄断马匹交易，敛财 7000 万钱，被河南尹杨彪举报给司隶校尉阳球，阳球因此杀掉王甫。7000 万钱仅仅是垄断市场的获利，他还有 7600 户的食邑等，由此可见王甫得有多少钱！

刘秀的外公樊家，有田 3 万亩；东汉大司农郑众家，有田 4 万亩；刘秀的岳父阴家，有田 7 万亩。东汉每亩膏田，1 万钱左右；中等田，1000—4000 钱/亩。按每亩 3000 钱计算，仅田亩一项，樊家就有 9000 万钱，郑家 1.2 亿钱，阴家 2.1 亿钱。

汉明帝曾经和他老婆马皇后聊天。马皇后说："诸皇子的封地才几个县，按制度是不是少了些?"汉明帝说："我的儿子怎么能和先帝的儿子比呀，一年 2000 万钱足够了。"这里的 2000 万钱，是皇子一年的收入。要产生出 2000 万钱分红，需要资产至少在 5 亿钱左右。

东汉大宦官侯览，死后被没收的资产，"数以亿计"。

西汉汉元帝时期的宦官石显，得到皇帝赏赐和官员送的礼物，1 亿钱。

曹嵩买太尉的官位花了 1 亿钱。有 1.7 亿钱的士孙奋，是民间顶级富豪。

两汉比士孙奋有钱的，也不是没有。梁冀死后，家产拍卖，政府收回 30 亿钱，相当于当时一年财政收入的一半，所以当年减半收税。西汉汉哀帝的男宠董贤，死后家产被拍卖，国家收回 43 亿钱，是皇族以外已知最有钱的人。

综上所述，东汉初期四川普通掾吏的家产都有上千万钱，如果家族里最富的家庭资产达不到 3000 万—5000 万钱，根本不好意思称豪。所以，3000 万—5000 万钱财产，作为东汉豪族"有钱"的标准，比较稳妥。现在社会，在北上广深，一套 200 平方米的房子，价值 1000 万元很正常，很多家庭都能达到千万钱资产的水平，但是要称豪门，没有几百亿钱净资产，真不好意思说。所以，以 3000 万钱作为东汉豪族的资产下限标准，比较稳妥，实在是不能再低了。即便不考虑物价上涨因素，3000 万钱也不算很多，所以至少也得达到这个低限。

东汉要想获得 3000 万钱资产，有三条路：第一条是封侯或皇帝赏赐，这需要机遇，还要看所封侯的食邑多少、时间长短。第二条是靠贪污、受贿、垄断等违法犯罪。第三条是务农和经商获得成功。正常情况下封侯很难，东汉封侯比较多的时期，首先是刘秀时期，宗室 137 个、外戚 45 个、功臣 365

个；其次是汉献帝时期，166 个，空头支票随便开，不值钱。其他时期封侯很少，汉安帝时期算多的，20 年才封了 28 个。东汉封侯有两个途径：一是军功，二是拥立皇帝有功。这两条路都是高风险。对于贪污腐败，有气节的士大夫一般不愿意干，这种事被揭发出来，丢人不说还丢命，家族都会受牵连，腐败成本太高，得不偿失。不过贪污腐败在东汉也层出不穷，比如一个叫盖升的人，曾做过国相、屯骑校尉、南阳太守、河南尹、太中大夫，他出名就是因为贪污钱财过亿钱，被蔡邕和桥玄举报。至于经商，士大夫哪里看得起这种事。西汉杨敞的儿子杨恽就明确表达，“逐什一之利，此贾竖之事，恽亲行之，下流之人也”，意思是做挣 10% 利润的商人，是个下流的事情，当官多好，那才是追求“仁义”的正道。所以官场人士靠经商致富，不太可能。总之，在东汉巨富的人，要在侯爵和高官里找。

第二个问题，高官的标准。

按刘彻强制搬迁时“三选”的标准，秩级相当于二千石以上的才算作高官。“相当于二千石”是一个官员级别，那时候叫“比二千石”，月薪标准是 100 石粮食。比它高的，依次是二千石（120 石/月）、真二千石（150 石/月，东汉废），最高的是中二千石（180 石/月）。比中二千石再高的，就是“三公”、太傅、大将军等极少数人了，月薪 350 石。东汉沿袭西汉官制，这个级别，同样是高官的标准。

东汉中央和军方中，固定编制的高官位置，有 1 个大将军，1 个太傅，3 个公（太尉——军事长官、司空——掌管水利和工程建设、司徒——管平民百姓的事），9 个卿（太常、光禄勋、卫尉、太仆、廷尉、大鸿胪、宗正、大司农、少府），6 个与卿级别大概相同的岗位（执金吾、太子太傅、太子少傅、大长秋、将作大匠、城门校尉），1 个司隶校尉，6 个中郎将（五官中郎将、左中郎将、右中郎将、虎贲中郎将、羽林中郎将、使匈奴中郎将），3 个都尉（奉车都尉、驸马都尉、骑都尉），8 个校尉（屯骑校尉、越骑校尉、步兵校尉、长水校尉、射声校尉、护乌桓校尉、护羌校尉、戊己校尉）。这样算下来，中央比二千石（含）以上官员明确有 38 名。此外，1 个掌管监督北军五营、级别只有六百石的北军中侯，1 个千石的尚书令，1 个千石的御史中丞，这 3 个岗位级别虽不高，但是权力很大，是皇帝非常信任和重用的人，也算作高官，这样高官总共 41 人。再加上编制数量不固定的侍中、中常侍、光禄大夫，以及不常设的骠骑将军、车骑将军、前后左右将军等，中央和军方比二千石以上的官员，大致 60 人。

东汉的郡级单位最多时有 105 个，太守或国相都是二千石高官。此外，刘秀取消郡都尉岗位以后，在每个皇子封国里保留了一个中尉岗位，实质就是郡都尉。全国有 25 个王国和属国，所以有 25 个比二千石的中尉（有说 24 个的）。如此地方高官，全国同一时期只有 130 个。皇子封地里负责教育国王的国傅，虽说级别够二千石，但没有管理地方的权限，不能算作高官。此外，州牧化以前的刺史，以及县令、没有治理地方权限的诸侯王等都不算高官。

如此，比二千石以上的高官，中央和军队有 60 人，地方有 130 人，总数不超 200 人，占所有 7567 名官员的 2.6%，占所有官吏 152986 人的 0.13%，占全国五千万人口的 0.0004%。这个比例，相当于猪后背的毛，占猪重量的比重一样。

第三个问题，多代是几代？多人是几人？

东汉做官实行察举制，靠官员推荐加选拔，所以父子五代、四代、三代、两代都是高官的情况非常普遍。公孙瓒、盖勋、李章、曹节等都是"世为二千石"。东汉四世三公家族有两个，即袁绍家族和杨修家族，袁家是四世五个三公，杨家是四世四个三公。三世三公的有许敬、许训、许相家族，许相的儿子，就是评价曹操"清平之奸贼，乱世之英雄"的许邵。二世三公比较多，比如尹睦、尹颂叔侄，李郃、李固父子，王龚、王畅父子，种暠、种拂父子。隔世三公也很多，比如黄琼、黄琬祖孙。黄琬的侄子里有一个比较出名，是刘备手下五虎将之一的黄忠。中国有句古话叫"富不过三代"，来自孟子"君子之泽，五世而斩"，演变为"道德传家，十代以上，耕读传家次之，诗书传家又次之，富贵传家，不过三代"。《后汉书》里点到名字的士大夫官员，大部分都是两代以上为高官，超过三代的比比皆是。

只有一代高官，容易出现只靠一个厉害人物起家、厉害人物去世或倒台，家族从此衰落的情况。这种不是靠家族多点绽放、而是单点贡献，是把所有的鸡蛋放在一个篮子里，其亡也忽焉，不能称为豪族。按"富不过三代"的传统说法，以三代作为豪族的时间下限标准较为合适。因为只有经过时间的验证和积累，才能体现家族的实力和潜力。三代中，不要求全都是高官，有一代不是官，也没关系。

在东汉，如果多代当官，绝大多数都是多人当官，除非家里人口不足。东汉一脉单传的也有，比如周举六代单传。如果家族里只有一两个人做大官，难以形成较大势力。从最有权力的大将军看，何进、窦武都存在家族子弟不足，造成势力不够的情况。所以要是只有一个高官，在东汉是靠不住的。那同时家族里几个人为高官合适呢？定个最低标准，三人，毕竟三人为众，三人成虎，三人行必有我师。

第四个问题，什么叫“有对政府实施重大影响”的实力。

其一，是有私人武装。关于家兵，一般当大官的家里都有，如果没有，一个刺客就搞掉了家族核心人物，家族是难以持续兴盛的。何进、袁绍家里养的多一些，千余人。三国时期司马师“阴养死士三千”，那就是要造反的架势了。因为东汉所有豪族都没说家兵具体数量，所以家兵可以和家族男丁数量画等号，即与第一条“户数多”相同，还包括异姓的宾客、佃农、奴婢等。

其二，当地政府推行的政策，如果族长不同意，政府执行不下去。刘秀在公元40年推行度田政策，因为豪族和官员勾结，就很难推行下去，造成数字严重失实，帝乡南阳尤甚。刘秀杀了一堆官员、处理了一批宗室、搬迁了一群暴徒，这才平息下去。

其三，家族成员违法乱纪，能够大事化小，或逍遥法外。

综上，把家族户数定位3户以上（这里的“3”代表多的意思）、资产3000万钱以上、家中三人同时是比二千石以上高官、家族主体平稳保持三代（含）之上、三代中至少两代是高官、满足对政府能实施重大影响的三个表现之一的家族，才叫作豪族。

按照上述标准，衡量几个案例，看是否合适。

第一个，《水浒传》里的祝家庄。这种大地主家族，有人有田有兵，在地方绝对是一股很大的势力，是当地一霸。但是，祝朝奉是花钱捐的官，有名无实，缺少政治地位。梁山兵马一到，只能靠自身以命相搏，政府根本不积极救援，说明家族里没有保护伞。此外，祝家庄是扩大版的史家庄，经济上处于富族的中间阶段，离巨富尚有差距。综上两点不能算豪族。祝家庄不属于豪族，应该符合一般认知。

第二个，看几个历史重要人物。

王莽家族符合豪族的全部条件，但是他有特殊性。王莽父亲那一辈，亲兄弟姐妹12个，有当太后的王政君，当大司马的5个，可偏偏王莽的父亲早亡，他家被边缘化，致使王莽小时候家很穷。要不是靠超出常人的付出——给伯父王凤病床前尽孝，他根本起不来。说王莽出身豪族，没有错，可是，除了血缘和偶尔接近高官的机会，青少年时期的王莽家庭和豪族没有多大关系。这种情况依然认定王莽属于豪族，是因为外人不管他家族内部的事，只要他是家族里的人，而家族是豪族，他就随时有可能受到家族的扶持，他家就属于豪族。

东汉六大外戚，都是豪族。阴马邓窦梁五大家族属于豪族，没有歧义，阎家特殊一些。阎皇后的爷爷和父亲都是比二千石的官员，第三代阎皇后的三个兄弟，盛年时期因不立安帝的儿子为帝，被宦官杀掉，第三代骨干中途被灭，之后家族被迁徙到越南。阎三代完全是靠阎皇后的姿色地位取得的官职，不是靠能力，而是靠亲戚关系达到标准，算不算豪族？本书观点，只要在达到条件当时是合法或未明确违法的，都属于豪族。有些人靠读书考试做官，有些人靠亲戚关系做官，有些人靠花钱买官，只要在当时是合法的，都可以。如果家族靠行贿取得官职，或受贿达到财富标准，只要在那一代没有暴露或明确处理，依然认定是豪族。

因为阎家只三代就衰落了，所以也有人把耿弇家族作为东汉六大豪族之一。耿弇家族后世出了大将军耿宝，还有一大堆将军、校尉、九卿，肯定是豪族。

魏忠贤也是一个创造了家族辉煌的人物。他虽然是个太监，但也有侄子侄孙，在九千岁的时代，魏忠贤家族权势熏天。可就四五年的工夫，随着魏忠贤倒台，家族彻底垮台。这样的家族，是暴发户，没有持续的稳定，家族里官员再多，也是靠他一人上位，谈不上豪族。

这样昙花一现式的家族，历史上很多。霍光、严嵩、张居正、和珅等，都是活着的时候呼风唤雨，死了被抄家，家族一蹶不振。这样的家族都不能叫豪族。

第三，还有一个是没落豪族的概念，就是指曾经是豪族，可到这辈子没落了。没落豪族关键看没落了几代，不符合条件了就不能算是豪族，否则，又变成全国人民都出身豪族了。孙坚，说自己祖上是孙武；曹操，说自己祖上是曹参；刘备说自己祖上是刘胜；马援的祖上是赵奢；阴丽华的祖上是管仲，真的假的谁也没精力去证明，不过，谁还没有个成名成家的祖宗呢！所以，出身于豪族，只看出生时家族是不是豪族；起兵于豪族，只能看起兵的时点是不是豪族。再往前，跟他没关系了；再往后，有可能家族复兴，但也得复兴以后再认定为豪族。

关于豪族的标准，可以说人人都有不同观点，本书确定了一个标准，也是一家之言，不认同勿喷，仅仅作为分析问题的一个标准而已。

# 第十九章　功臣中的豪族

这涉及“东汉是不是豪族建立的政权”这一敏感话题。

刘秀跟随刘縯的第一次创业，依靠的是亲朋家族和绿林军。第一次创业建立的刘玄更始政权，不是豪族建立的，而是农民军建立的。第一次创业对刘秀来说，是失败的，虽说有昆阳之战锻炼了胆量、哥哥被杀吸取了教训、结识了人脉有利于东山再起这三点收益，这些收益滋养了刘秀的第二次创业，但这些收益与豪族没有多大关系。

刘秀经过二次创业，才建立了东汉。无论刘秀出生时是不是豪族，起兵时是不是豪族，因为刘秀是第二次创业才建立东汉，所以东汉是不是豪族建立的政权，要看二次创业的核心力量。

公元23年10月，刘秀从洛阳出发去河北。出发时，他拥有刘玄政权代理大司马的头衔，有在河北任命官吏的权限，有一支百十人的队伍，有昆阳之战的威名。刘秀的创业不是白手起家，属于体制内创业。一路上，颍川七杰、南阳六杰、河北六杰、幽州六杰，以及南阳三将陆续加入，再加上3个亲属李通、来歙、邓晨，1个老友王常，开国32将为主干，创立了东汉。

这些人之中，未记载其祖父、父亲做过高官，起兵前仅是县令、县长、亭长、县吏、掾、郡吏等低级官吏有12个，包括吴汉、贾复、冯异、盖延、臧宫、马成、王梁、陈俊、傅俊、坚谭、王霸、任光，这些人肯定不是豪族。史书对其历史几乎没交代的只杜茂1人，没交代就是没什么可说的，所以可以排除豪族之列。

绿林出身有2人，马武和王常，肯定不是豪族。

刘秀的太学同学朱祐，幼年丧父，随母亲回到外公家，由舅舅抚养长大，他家应不属于豪族。

宗室刘隆，公元6年其父亲起兵反王莽，被灭门，他因为才7岁得以幸免。从其家族没有什么人、更没什么官的角度，不能把他归于豪族之列。

万脩是刘玄任命的县令，景丹是王莽从太学选拔出来的国相，岑彭是王莽任命的县长。从《后汉书》记载的风格上看，开国功臣里家族背景深厚的，都给予了介绍，没有介绍他们，应该与豪族不沾边。信都郡（衡水）都尉李忠，是山东龙口人，属于异地做官。其父亲是高密都尉，父亲死后他赡养母亲，都住在信都。起兵时远离家乡，和家族已经没什么关系了，所以也不属于豪族。

除去这21人，剩余的11个就和豪族沾边了。

第一个先说邓禹和邓晨。《后汉书》里没有记载邓禹的家庭背景，只是说他很聪明，13岁就能朗诵诗篇。这个人出身不详，但给人感觉很牛，因为总有人在刘玄面前推荐他，可他却不愿意出来做官。他出身南阳新野，和同一地方的邓晨、邓奉同姓，不能不让人怀疑他们是同宗。从网络资料查到，邓禹和邓晨，其五世祖是同一个人，但资料真伪难以判断。刘秀称帝后，有一次大宴功臣，问大家："如果不随我起兵，你们说说你们会是什么情况？"邓禹的回答是，能做"文学博士"。刘秀说："你太谦虚了，你是邓家子弟，志向和操守很好，怎么的也能做上功曹吧！"这句话的含义，其实否定了邓禹是豪族的可能，因为如果邓家是豪族，以邓禹的才华，做个县令以上的官是最基本的，功曹根本挡不住。最大的可能是，邓禹属于诗书传家的富家子弟，家里以前有、但近几代没有什么人做大官，所以才只能做功曹。《后汉书》对邓晨的记载，就用了"世吏二千石"这种表达，家里有没有人做大官，一目了然。邓晨还有个几乎打遍云台南阳籍大将不败、有私人武装的侄子邓奉，所以邓晨家族绝对是豪族。邓禹，不算豪族。

第二个说耿弇。耿弇家族，是汉武帝时被迫从邢台迁到扶风的，因为达到了官员迁徙的标准，可知耿家曾出过高官或很有钱。至于搬家后做多大官就不好说了，史书未记载。耿弇的父亲耿况，曾和王莽的堂弟是同学，因为有这层关系，做了上谷太守。那时候太学的名额有限，能进去读书不容易，说明耿况的父亲有人脉。但如果耿况的父亲是高官，要么会有记载，要么耿况当官不用靠同学关系，所以耿况的父亲当大官的可能性不大。从耿姓及耿氏家族发展史看，耿家在耿况之前不算牛气家族，真正起家还是耿弇追随刘秀以后。耿弇支持刘秀，靠的是耿况手下的上谷骑兵，以及自家五个兄弟，士兵并不是陕西的族人，他投资的是家庭资本和官僚资本，不是家族资本。从家族户数人数、财富和官员数量上看，无法证明其与豪族沾边儿。

第三个说寇恂。在刘秀的队伍里，寇恂属于萧何一类的人物，主要解决粮草和地方治理问题，功劳很大，为人还很低调。寇恂起兵前是耿况的功曹，"世为著姓"。著姓，是指有声望的大家族。寇恂是地道的上谷郡人，所以其家族肯定有人与他一起起兵，比如他外甥谷崇，就是刘秀手下的武将。在寇恂和贾复出现矛盾、贾复咄咄逼人时，谷崇曾经想替舅舅出头，与猛将贾复单挑。寇恂有家族人力，但要说他家多有钱、出过多大官，不太可能，如果真有历史应该记载，算作30%豪族吧。

第四个说耿纯。耿纯是邢台大家族，他父亲是王莽时期的济南太守。耿纯看好刘秀，曾经送给刘秀战马和布帛，后来带着两千余族人直接参加了刘秀的队伍。他有兵有钱、有做大官的父亲，所以耿纯，可以算是豪族。这也是降低了标准后给的感情分，他家财富达没达到3000万钱，他爷爷是什么官，这些事没弄清，史书上没记载也弄不清。

第五个说祭遵。史书记载，祭遵家里比较富裕。因为他本人喜欢读书，为人谦恭节俭，给人感觉文质彬彬的，因此被当地的小吏欺负。祭遵纠集了几个宾客，把小吏杀了，那些以为他好欺负的人这才怕他。从他被当地小吏欺负这件事上看，他家虽然富裕，但明显没有当官的背景，报仇还要找流氓，所以肯定不属于豪族。

第六个说铫期，他父亲做过太守，去世后铫期守孝三年，以至于孝之名闻名乡里。经冯异推荐与刘秀相识，开始追随刘秀。他只有一个当官的父亲，不具备豪族其他条件。

第七个说邳彤。他出身于李忠任郡尉的信都郡，官宦世家，父亲是辽西郡太守，他做了王莽时代和刘玄时代的和成郡太守，在支持刘秀打击王朗，剿灭流寇方面做出了贡献。王郎军队曾经打到了信都郡，把他的母亲、老婆、弟弟、孩子抓了，写信要挟他投降。从来信和回信上看，邳彤家族人口不多。在兵荒马乱的年代，很多大家族安营扎寨自守，比如刘秀的舅舅樊宏家，而邳彤虽然世代当官，但是家族力量并不强大，更没有据营自保，说明人丁不旺，他的基本力量是郡兵，而不是家族兵。所以邳彤难说是豪族。

第八个说李通，他是最早和刘縯联合起兵的原始股东，刘秀二次创业基本成功后他才归顺，已经不属于刘秀的原始班底。李通家里很有钱，“世以货殖著姓”，因为经商而出名。他父亲在王莽朝中做一个管理宗室的“宗卿师”。起兵前的李通家族有人、有钱，但是家族里官不多也不大，尚未起兵又被王莽灭族64口，家族力量打了折扣，最多算作30%豪族。

第九个说来歙。来歙家里有多少钱不知，家族中的官员，史书中也只介绍了他的六世祖和父亲。六世祖是楼船将军的副将，五世祖到三世祖空白，父亲是八百石的谏大夫，说明近三代并无高官，所以他家不属于豪族。在刘玄的政权里，来歙也仅仅是个小吏，刘玄和刘嘉没给来歙多大的权力，感觉来家不像家大业大的样子，故不按豪族看待。

第十个说刘植。刘植是天津冀州人，是不是皇族存疑。《后汉书》说他带领上千人投奔刘秀，《后汉纪》说他只是带兵宾客数十人投奔刘秀，所以不敢对其下结论。按高限，假设刘植是皇族，且带了千人投奔刘秀，并能说服刘扬归顺刘玄政权，说明刘植从人脉到势力都还有一些，可以算作40%豪族。

以上11人中，靠家族力量，能够拉起人马的，也就邓晨、耿纯、刘植、寇恂、李通，只有这5个人，再扣除一些不太合格的因素，这样算下来，最多3—4个起兵时可看作豪族。

综上，32个开国功臣中，最多3—4个是豪族，占10%左右的比例而已。况且李通是刘秀称帝次年投奔而来，属于比较晚入伙的，功劳也不高；邓晨的贡献只是从常山郡提供粮草军械，功劳也不突出，邓奉反击刘秀还引起汉军的损失，所以邓家的贡献打了折扣；刘植在公元26年战死，两个弟弟接替他带领子弟兵；耿纯在公元24年受伤，也是以弟弟带领子弟兵。从整个刘秀统一全国的战争看，除了寇恂功劳较为突出外，其余4人和吴汉、冯异、贾复、岑彭、耿弇这些大将比较起来，功劳也不占优势。如此少的人数，加上并不高的质量，不能说东汉是豪族建立的政权。

从32人构成看，东汉是地方官僚集团和地主阶级建立的政权，而不是两者兼跨的豪族建立的政权。这和建立隋唐的陇右集团不同。

刘秀坐稳江山以后，撤销了郡都尉这一官职。按照取得成功依靠的力量就是称帝后防范的重点这一原则，刘秀重点防范的是这些地方政权中的武将，而不是豪族。刘秀起家的部队，渔阳郡、上谷郡、信都郡、和成郡的兵力是中坚。这些地方政权里的首领，帮助刘秀建立了东汉，他们才是刘秀统一后所要担心和防范的。

# 第二十章　遍地是豪族吗

在第十八章开头，列举了 19 个所谓的豪族名单。这些人果真是豪族吗？不能范晔说谁是豪族谁就是豪族，也不能把范晔说的大姓直接定义为豪族，用《后汉书》的原意来看那些所谓豪族的表现，需分析后再下结论。

第一个要说的就是弘农杨氏。弘农杨氏家族，出了“关西孔子”杨震，在东汉是“四世三公”的两家族之一，后世据说出过隋文帝杨坚、杨玉环等人，在中国历史上非常出名，其家族史恨不得就是小半部中国史。

弘农杨氏的发家人，叫杨喜。刘邦进入关中的时候，杨喜的父亲杨硕，带着八个儿子加入汉军，杨喜是老六。公元前 202 年，垓下之战，项羽战至最后一人，忽然看见汉军里一个熟人吕马童，就说：“我听说刘邦悬赏千金要我的脑袋，还封万户侯，我临死做件好事，把头颅送给你。”于是项羽乌江自刎。看项羽已死，汉兵蜂拥而上，抢项羽的尸体，最后有五个人胜出，其中一人就是杨喜。

砍下项羽一条大腿的杨喜，被封侯，食邑 1900 户。视为杨家 1 代，杨家从此过上了好日子。同样参军打仗，人家就赶上了好运气，有时候人不相信命运，真不行。

到杨四代，杨家又出了一个牛人——汉朝丞相，叫杨敞。多一事不如少一事的杨敞，能够后世留名，在于他老婆是司马迁的女儿，并且在废立昌邑王刘贺一事上，支持了霍光。他是在废刘贺奏章上签名第一人，之后把奏章交给霍太后。杨敞因支持立汉宣帝刘询而受加封食邑 3500 户。他出名还有一个原因，就是他的二儿子杨恽，在光大《史记》一书上做出了贡献。杨恽很喜欢读家里藏书《史记》，找个机会推荐给了汉宣帝，如此《史记》才流传天下。西汉汉宣帝时期，与杨恽同时做二千石以上高官的，家族里有十个人，当时人称“杨十轮”。杨家曾一度是豪族。

杨八代代表，就是“关西孔子”杨震。杨震和他父亲一样，一直是教书先生，因为擅长经学而出名，五十岁才出来做官。他的故事，最主要的有两个。其一是杨震当官以后，在某次赴任途中，他从前推荐的一个秀才——王密王县令，晚上来看他，并给他送了十斤黄金。杨震拒收，说：“我了解你，你咋不了解我呢？我一贯为人师表，怎么能收别人的钱呢！”王密说：“没人知道，收吧没关系。”杨震说：“天知神知我知子知，怎么能说没人知道呢。”就是这件事，后人总结为成语“暮夜却金”，以此来赞美杨震的人品道德。

这个故事，在只有他俩、没别人的情况下，不知谁传出去的？兖州昌邑县县令王密，半夜向负责监察荆州的刺史杨震送礼，虽说当时他俩没有什么利害关系和利益交集，但王密肯定有烧冷灶、提早埋下人情的目的，动机并不纯洁。所以，送礼这个事，王密自己说出去的可能性并不大。如果是杨震说出去的，就有鄙视王密的味道，并且不那么厚道。本来是赞美杨震的故事，却从侧面说明，杨震嘴不严且有容易得罪人的缺点。人不收礼很正常，但是事后把送礼人的名字传出去，感觉不那么宽以待人，这不太符合孔子的为人之道！“暴智耀世，因以干禄，非仲尼之道也！”

杨震当官是邓太后的哥哥、大将军邓骘举荐。邓太后公元 121 年去世，死后汉安帝亲政，重用了宦官，即所谓宦官二代。宦官二代往死里弄邓家外戚，并把杨震看作了外戚余党，身为太尉的杨震，也多次上书建议皇帝杀掉宦官，两方矛盾势同水火。由于皇帝偏信宦官，不听杨震的，在樊丰、江京等人的陷害下，公元 124 年，70 岁的杨震心灰意懒，服毒自杀。与阎氏外戚和宦官二代斗争而死，是杨震第二个值得称道的故事。

杨家世代研习《尚书》，绝对的书香门第。杨震的儿子杨秉、杨秉的儿子杨赐、杨赐的儿子杨彪，都做过帝师，官至太尉。杨赐因提醒皇帝预防黄巾造反一事有功劳，被封侯，食邑 1500 户。杨彪是跟随汉献帝迁都长安、又跟着回到洛阳的唯一的“三公”。那么，在东汉，这个家族是豪族吗？按照豪族的标准，肯定回答：不是。不是的原因只有一条，即财富不够。

因为杨恽勇于任事、廉洁奉公，且为人有些刻薄，喜欢揭人老底，不留情面，甚至睚眦必报，最后得罪了宣帝的发小戴长乐，被老戴告发。杨恽觉得自己没什么错，严厉抗辩，惹得皇帝很不爽，因此被免职。免职后的杨恽开始经商，自娱自乐，花天酒地，又被人告发，说他不老实认错。杨恽最后被腰斩。杨恽亲大哥杨忠的儿子曾开导过他，而开导的话，不是劝诫，而是同情鼓励，意思是“你不应该自暴自弃，而应该寻机东山再起”，因此杨忠之子也被免为庶人。如此，靠杨喜砍项羽大腿、杨敞参与迎立宣帝所得的封赏，全部归零。时间是公元前 54 年。杨震出生在公元 54 年前后，50 岁出来做官。前后约 158 年时间，杨家没有人做大官。杨震的父亲，做了一辈子教书先生。这样算下来，不论杨家以前的家业有多大，158 年的坐吃山空，家里一定不会是巨富。

杨震出来做官，保持着勤俭的家风，这个家风，直到杨彪的儿子杨修时期才改变。杨震、杨秉、杨赐，史书记载都是极其廉洁的人。杨秉这人不喝酒，不贪财，早年死了夫人也没再娶，自诩在酒色财上“三不惑”。他四十多岁、在桓帝时才开始当官，任职时，不该拿的钱，从不多拿一分。杨秉到中央当官，面对的是外戚梁冀。在与梁冀的斗争中，杨秉虽努力，但无可奈何，所以他经常辞官，最长一次是六年。梁冀倒台以后他才又出来做官，其家庭财富可想而知不会多。

杨赐是汉灵帝时期开始做中央官员，他的对手是宦官四代和五代。杨彪的对手是董卓。这两代杨家的代表人物，都是掌权者用来装点门面用的，讲一讲《尚书》，修一修经史，一些类似于祭祀的大事请来参谋一下，实质的权力是不多的，所以收入、赏赐也不会多，史书记载的两次现金赏赐，合计 400 万钱。杨赐食邑 1500 户，数目不大，且只享受了 6 年就随董卓搬家去了长安，封地等于废除，所以并不富。与实际掌权的宦官和董卓不能合作，因而进不了权力核心层，以及为人清廉自守，这两个原因造成了杨家不能巨富。杨家就不是为求财才去当官的人。况且，谁要给他家送礼，他就把谁给卖出去，谁还敢给他家送礼呢？

杨家在汉献帝时期被刘协或曹操封侯的倒有好几个，不过那时曹操掌握的地盘有限，封侯只是收买人心、争取支持的钓饵而已，没有实质的利益。所以，杨家，虽家大族大、官多位高，但经书传家，清廉自守，不与恶势力合作，造成财富不够，故不是豪族，可归入贵族之列。

公元 278 年，晋武帝司马炎下诏说：“已故司空王基、卫将军卢钦、领典军将军杨嚣，都一向清贫，去世以后，家里没有多余的财产。近来闹饥荒，听说他们家日子都不好过，赐他们谷各三百斛。”此处的杨器，就是杨修的长子。可见弘农杨家并不富裕。

杨家很有资格成为豪族，只要向当权者妥协，与其合作。因为无论是梁冀、宦官还是董卓，都希望利用杨家这块招牌取得士族和民众的认可。但是杨家四代偏不。不是怕钱烧手，而是注重名节，所以才称为“贵族”。

第二个要说的是王龚家族。

山阳高平（今山东济宁）人王龚，是范晔清晰点明出身豪族的人，历史广泛使用豪族这个词，可以说就从他身上开始。王龚做过顺帝朝太尉，任职期间恭敬谨慎，除了公事不与地方官员来往，自我约束较严，爱才并喜欢推荐人才，世人称之为“推士”。他曾推举过陈蕃，陈蕃后来也做了太尉。王龚生活在东汉中期，去世时是公元 140 年左右。王龚的儿子王畅，最高职位做到了司空，同样的清廉朴实，被当时的太学生列为“八俊”之一，“天下俊秀王叔茂”，与大名士李膺、杜密齐名。王畅的儿子王谦是大将军何进的长史，级别千石；孙子王粲是“建安七子”之一，王粲比他当过大官的祖上都有名，缘自他超人的文学才华。

王粲跟着汉献帝到了长安。有一天去拜访董卓的红人蔡邕，蔡邕一听王粲来了，立刻撇下一屋子高官贵客，慌忙去迎接王粲。那时候，王粲才 17 岁。按蔡邕的说法，自己所有的书，有了王粲，都不应该留着，那些书的真正主人应该是王粲，可见蔡邕对王粲推崇到何种程度。蔡邕也确实做到了，送给王粲近万卷书。蔡邕和王允都想留王粲做官，但王粲看到了董卓的危险，拒绝后和堂哥王凯投靠了荆州刘表。

刘表是王畅的学生，又是山阳高平老乡，自然会接纳王粲。刘表知道王粲有异才，有心把女儿许配给王粲，但王粲个子太矮，长相又太寒碜，刘表就把女儿嫁给了王凯。刘表并未重用王粲，等到曹操灭了荆州，王粲就投靠了曹操，成为丞相府的掾属，后来成为侍中。王粲任千石的侍中，一点问题没有，成为曹操的活字典，深得曹操赏识。王粲记忆力超强，达到过目不忘的程度，不服不行。可惜王粲 40 岁左右就死了。死后两年，他两个儿子卷入魏讽之乱，被杀。断了祭祀可不好，曹丕就把王凯的儿子王业过继给了王粲。王业有两个儿子，长子王宏做到了魏国的大司农、司隶校尉，在做汲郡太守时开荒50万亩，政绩卓著。王业的次子王弼，更是以才华出名，是魏晋玄学的奠基人，在当时的名气可不是一般的大，超过东北人眼里的赵本山。王宏和王弼死后，山阳高平王氏走向衰落。

由于范晔曾明示王龚是豪族，所以想深入了解王龚家族的后世学者非常多。历代多人翻遍了所有史籍，都没有找到多少有用信息。王粲死后，曹植曾写文纪念他，提到了王粲的祖上，但也是以王龚为起点。山阳王龚家族是不是豪族，按历史学的观点，属于孤证，存疑。

有一个史料可以佐证王龚并非豪族。中国最长的家谱，是柳下惠所在的展氏家谱，据说比孔子的家谱还早160年。展氏家族，汉代居住在山东省济南市平阴县一带，根据族谱中对柳下惠二十代子孙的记载，“自汉平帝元始元年（公元1年），山东大旱，有蝗灾兼有瘟疫，人死七分，逃灾者十有八九，齐鲁几无人矣”。柳下惠的第二十代子孙，共55人，载明病亡者31人，有后代者仅5人；二十一代仅剩13人，比前代锐减了80%。而王龚的老家山阳郡，治所金乡，就在现在的山东省济宁市金乡县附近。金乡县距离平阴县不到160千米。可以推断，公元1年的时候，山阳的住户，必是与展家一样，经历了旱灾、蝗灾和瘟疫，死亡和逃荒的必也不在少数。如此王龚家族，应该是在大灾过去以后，搬过去或重建的。到王龚去世的公元140年左右，整个山阳郡才恢复到11万户60万人口。经历灾害的洗劫，王龚出生时，即大灾过去七八十年的时候，其家族即便富有，能富到哪里去？除非他家也见到了灶王爷且用黄羊祭祀。

从西汉和东汉没有王龚父辈以上是高官记载来看，公元1年到王龚出生，家里没有高官。那为什么范晔要说王龚“世为豪族”呢？应该有两个原因。第一，山阳王氏的祖上，可能是豪族。这个结论从王氏起源及其四大分支可以分析得出。因为本书不承认四代以上的事情，所以不去考据。第二，站在东汉灭亡两百多年以后范晔的角度，回头看山阳王家，因为有王畅、王谦、王粲、王宏、王弼，所以可以把山阳王氏看作世为豪族，但是本书是站在王龚出生的时点，往前看王龚家族，那就因起点的不同得出完全不同的结论。今天我们可以说弘农杨氏曾是豪族，那是指从杨喜到杨恽、杨震、杨嚣，再到杨坚、杨广、杨玉环这一大段时间，和东汉时四世“三公”时的杨家范围不一样，所以结论也不同。司马懿家族在东汉不是豪族，但是站在晋朝，回头看包括东汉的司马氏都是豪族，就是这个道理。

综上，王龚家族，因为财富实力不够，王家又廉洁自守，不善于拉帮结派，同时家族当官的也不多，所以在东汉，不属于豪族。

第三个要说的是山西太原祁县的王允家族。

《后汉书》对王允出身的描写，是“世仕州郡为冠盖”，就是家族世代出州郡一级的官员。王允从小就有大志，学文练武，以扫除国家污秽为己任。他前半生与宦官斗争，屡受迫害而不死；晚年与董卓周旋，最终铲除了董卓，可惜最后被李傕、郭汜所害，三个儿子也一并被杀。

太原祁县王允家族，历史非常清楚。祁县王氏，发源于秦朝的大将王翦所在的王氏，家族起源于东汉王霸。这个王霸，不是开国功臣王霸，而是隐士王霸，后文还会提到。隐士王霸曾在西汉末年做过官，王莽篡汉后，他辞官隐居。刘秀称帝后请他出来做官，他以“天子有所不臣，诸侯有所不友”为名，表示拒绝，真心还是假意说不好。后来他看到自己的儿子被局限在农村里，糙得不像样，牙齿疏松，面容猥琐，和朋友进退有据、自信大方的儿子比起来差得不是一星半点，就后悔了。他的两个儿子，后来都出来做官，老大王殷，就是王允的祖上。见下表。

**东汉太原祁县王氏**

| 世系 | 姓名 | 职位 | 备注 |
|---|---|---|---|
| 王 16 世 | 王翦 | 武成侯、大将军 | 秦灭六国时期 |
| 王 17 世 | 王贲 | 通武侯、大将军 | 秦灭六国时期 |
| 王 18 世 | 王离 | 武城侯、上将军 | 兵败被项羽俘虏 |
| 王 28 世 | 王霸 | 隐居务农 | |
| 王 29 世 | 王殷 | 中山太守 | |
| 王 29 世 | 王咸 | 云门太守 | 晋阳王氏 |
| 王 30 世 | 王亥 | 隐居教书 | |
| 王 31 世 | 王岱 | 隐居教书 | |
| 王 32 世 | 王卓 | 光禄大夫、司空 | |
| 王 33 世 | 王述 | 隐居教书，做《春秋义疏》 | |
| 王 34 世 | 王隗 | 不详 | |
| 王 34 世 | 王懋 | 侍中 | |
| 王 34 世 | 王允 | 司徒 | |
| 王 35 世 | 王凌 | 曹魏时司空 | 王隗之子 |

从王允的出身来看，他父亲是教书先生、不出名的作家，爷爷是高官，再往上两辈没有出大官，所以他出生时家族肯定不够豪族，财富和权力都不够。等到他去世前，家族三代中二代当大官的条件是具备了，三人同时做高官这条也具备，但还是因为财富不够，所以王允家族仍不是豪族。王允家族普遍不爱财，不敛财，五代里三代是教书匠，不可能达到巨富的标准。范晔说他家世为冠盖，还是站在范晔生活的南朝立场，不是站在王允出生和去世时的东汉立场。站在南朝刘宋时期，回头看王卓、王允、王凌三代，家族就够“冠盖”的条件了。不过范晔也没说太原祁县王氏是豪族，是杨联升说王允家是豪族。王允家族，本质还是以读书育人为理念的学者家族，只不过后来出了王允这个人，才又走向了政治高峰。因为世代读书，家族里指不定什么时候就有人出来做大官，这倒是诗书传家的家族之所以成为豪族的重要基础。

第四个要说的是李子春。李子春是河南焦作武陟县人，曾经做过琅琊相。李家在当地是大族，李子春横行不法，吞并别人财产，附近人们都怕他。公元40年左右，刚到任的县令赵熹，听说李子春的两个孙子杀人后逍遥法外，就抓了李子春，他两个孙子畏罪自杀。李子春被捕后，京师里为李子春一事向赵熹说情的官员有几十个。赵熹不听，坚决请刘秀批准杀李子春。别看赵熹级别只是县令，他可是和刘秀在昆阳一块战斗过的战友，可以直接和刘秀对话，是个有根子的狠茬子。一天，刘秀去看望病危的叔叔刘良，就问刘良，可有什么心愿未了？刘良就说：“我一直和李子春交厚，现在他犯了罪，赵熹要杀他，希望皇帝能给他留一条命。”刘秀说：“官员依法办案，又不是冤枉他，我也不能枉法，你还是说个其他的事吧！”刘良什么其他要求也没提就死了。刘良死后，刘秀想想叔叔的养育之恩，最后还是赦免了李子春。

李子春该当何罪、刘秀是不是不坚持原则、东汉的官员工作难不难，不是本章讨论的重点。重点是能不能因此确定李子春是豪族？



首先要回答一个问题。赵熹杀李子春，为什么要报告皇帝？古代法律的思想基础，很多是儒家经典。经典里有个原则，叫“亲亲得相首匿”，意思是亲属犯罪应该相互隐瞒。小辈隐瞒长辈的罪恶，没事！长辈隐瞒小辈的罪恶，也没事，除非小辈犯的是死罪。这里边隐含了一个文化理念，是小辈隐瞒长辈的罪过属于孝道，逆向隐瞒就属于不懂事了，但属于可以理解的人之常情。不过要处理长辈，还是要皇帝裁决。李子春的孙子犯死罪，李子春隐瞒，恰是需要皇帝裁决的，所以赵熹没有直接动手。

怀县是河内郡的治所所在地。公元 26 年时，河内郡处于刘秀和朱鲔的防区交界地带，各派势力都有，很乱，不好管理。同时河内物产丰富，是重要的战略军事物资产出地。因此，刘秀派出牛人寇恂做太守。寇恂治理得比较好，为刘秀的战争支援了上千万支竹箭、四百万斛粮食等。作为河内郡首府的大富之家，李子春可能也做出过贡献。这很可能是李子春犯事，有很多人给他说情的原因之一。之所以说可能而不是肯定，因为史书并未记载，仅仅是推测。

李子春做琅琊相的时间，也就一年多，他家里没有其他人做高官的记录。但是有数十个京官为他求情，甚至连皇叔临死还为他求情，并且最后影响了皇帝的决策，这说明李子春很是有些能量。李子春是如何与刘良搭上界的呢？关系还这么铁？这就猜不到了。刘良任县令的萧县，离李子春任职的琅琊国，有 600 多里呢！汉武帝时，卫青给郭解求情，说他家贫，不符合搬迁标准。汉武帝说，求情能求到大将军身上，能说家穷吗？所以，说李子春是大富之家绝对不为过。富有、有皇叔的关系、家族人多，违法乱纪无人敢上告，符合豪族的大部分条件。但是不能说他家是豪族，原因有两个：第一，遇到吃生米的官员毫无办法，两个孙子保不住就是证明；第二，官员唯一且持续时间短。李子春之前和之后，家族无官员记录。他充其量是一个不法的大地主，有钱的恶霸，因为战争期间支持过刘秀政权，得以结识并交厚一些高官而已。况且从李子春的罪行看，客观说也不至于死刑，求情和赦免他，不是绝对错误。

对比一下刘秀的外祖父樊家。在王莽时期，如果樊家有子弟杀人，樊家能不能找到王莽求情保命呢？只要肯花钱，一定能。来歙家、邓晨家、刘家、李通家，都可能为其说话。能不能找到像刘良这样恰当的人，另说。但是大富之家的樊家，在王莽时代，家族里没有高官，同样不是豪族。李子春仅自己一个官员，且只干了一年，谈不上豪族，他的豪，是豪强。

第五个要说的是公孙丹和赵纲。刘秀时期，董宣任北海（今山东寿光）

相。董宣就是当着刘秀大姐的面，砍死刘大姐家奴的“强项令”，历史定位是酷吏。他上任北海相以后，任命了一个大姓族长做五官掾，即公孙丹。五官掾是负责祭祀的候补功曹，不是什么重要的职务，董宣的意思是用虚职拉拢大家族，便于开展工作。不想这个公孙丹挺不是东西。他家盖了新房，找人占卜，算命的说他这新房子得死一个人。这很不吉利。为了破解，公孙丹就让自己的儿子杀了一个路人，放在家里面。这明显是犯了罪，董宣就杀了公孙丹父子。公孙丹的族人不服，纠集了三十来人，拿着兵器到国相府喊冤。董宣更狠，把这三十来人全部杀死，理由仅仅是他担心，担心他们可能勾结海盗。青州刺史弹劾董宣滥杀无辜，刘秀把董宣抓进监狱，后来释放，又让他做了怀县县令。

东汉初期地广人稀，又承战争余烈，豪横的人比较多。郡县的“一把手”，为了立威，也喜欢使用严刑峻法。在酷吏与刁民的斗争中，像公孙丹这样不知死活的牺牲品很多。于理来说，儿子杀人，父亲不犯死罪。王莽的儿子杀了仆人，没说王莽该承担什么责任。来理论的三十来人，有错但没有打砸抢行为，也不至于死罪，所以说董宣滥杀无辜是成立的。如果百姓有小错就该杀，那还要国相县令学习儒家经典干什么！古代地方治理，大多是两手：礼仪教化加法制惩戒。像董宣这样一味地杀杀杀，实在是过分！他还为自己的滥杀找借口，只能说有胆量，但未必是个好官。无论如何，一个酷吏，把一家子刁民收拾得干干净净，还没什么后患，公孙丹家族明显不是豪族。

刘秀释放董宣，是利用他来震慑豪族吗？不排除有这层意思，但更为关键的是，在建国之初各地还有很多不法豪强，用董宣这样敢于担当的人当炮灰，对刘秀稳固政权有好处。这不由得又引出另一个人，就是名单上列的赵纲。

赵纲之所以被人列为豪族，是因为他筑土墙、修兵器、置甲兵，不太服从政府的管理。这在东汉初年实在不是个例。樊家干过、第五伦家也干过。为了收拾赵纲，刘秀派了怀县人李章去清河做县令。李章到任后，摆了一场鸿门宴，赵纲带领百余人赴会，结果被李章当场全部斩杀。

无论如何，大姓公孙丹和赵纲之流，与豪族无关，他们达不到豪族的实力却要干豪横的事情，也是死得其所。说他们是豪族，高看他们了，豪族还不至于这么轻松被小县令消灭。

第七个要说的是第五伦。他是田齐后裔，因符合标准被汉武帝强行搬迁至长安，因是第五批搬迁的人，所以以第五为姓。闹赤眉军时第五伦做了一把九纹龙史进史大郎，带领族人挡住了赤眉军的入侵，受到当地郡守的赏识。做了很长时间小吏后，觉得没什么意思，就举家搬到河东郡，靠贩卖食盐为生。曾经赏识他的郡守，又推荐了他一次，成为淮阳王的掾属。偶然和刘秀见了一次面，受到刘秀的赏识，成为二千石的会稽太守。

第五伦自幼家贫，曾有过吃不饱的日子。当了大官以后，仍亲自铡草喂马，老婆烧火做饭。工资和赏赐，除了留下一个月的余粮，全都接济了穷人。离开会稽郡时，无数百姓攀车拉马，痛哭流涕不让他走，他不得已偷偷乘船离开。即便如此还有一千多人上书希望他留任。

后来他升任“三公”，敢于直面外戚马家、窦家的错误，多次上书指出他们的越位行为，搞得这两家都非常讨厌他。第五伦的核心理念，是富贵时不骄纵、贫贱时要志气，有权有钱时骄横跋扈的，都不会有好下场。第五伦的话，外戚们当然不爱听，但也都知道他说的是真理，所以也还尊敬他。在外戚看来，第五伦属于“说的都没错，但有他在就不快乐”的人。有人问第五伦，说：“你这么清正廉洁，难道你没有私心吗？”他说：“过去有人送了我一匹千里马，我虽没有接受，但是每年推选贤能的时候我都想起他。我哥哥的儿子生病，我一晚上要去探望十来次，回来就安心睡了，我儿子生病，我虽没去探望，但是一夜睡不着，这就是私心吧！”

连这都算私心，如果他是豪族，真不知怎么能“豪”起来。

第五伦的后代也是高官，比较有名的是曾孙第五种。第五种的典型案例，是做刺史时，抓捕了权势熏天的大宦官单超的侄子——太守单匡。那时候很多人都怕宦官，可第五种就是有种。

第五伦家族，典型的自力更生、艰苦奋斗、严于律己、敢于斗争的士大夫家族。不穷不富，有权无势，不是豪族。

最后简单说说其他人。

种暠（hào）是梁冀时期的人。种暠的父亲是县令，死后遗产有 3000 万钱，种暠一分没留，全都分给了家族和贫穷的百姓。作为县里的小吏，他一直不愿与追求功名利禄的人来往。河南尹要推举孝廉，觉得他才是唯一合适的人选，如此种暠进入仕途，当上了侍御史，就是检举揭发的官员。公元142年，汉顺帝派遣八大臣到各地巡视，检举揭发官员不法行为，回来后，检举了很多腐败官员，但是因为梁冀和宦官勾结阻止，这件事不了了之。种暠认为自己的职责就是弹劾不法，所以根据大家收集的证据资料，重新上书给皇帝。经批准，处理了一大批二千石以上的高官。他因此遭到梁冀的忌恨。凉州羌人发生动乱时，梁冀陷害他，委任他为凉州刺史。他在凉州工作期间政绩显著，树立了很好的声望，老百姓都不愿让他离开。公元189年，董卓进京之前，朝廷派种暠之孙种邵阻止董卓前进，之所以派种邵，就是因为种暠在西北凉州的口碑好，种邵可以借死去爷爷的名气镇一镇西凉兵。

种暠的父亲只是一个县令，就有3000万钱，不能不让人怀疑其贪腐。无论种家远祖上多么有钱，在经历了汉武帝时代被强制搬家、王莽货币改革的盘剥，以及赤眉军、绿林军的洗劫、历年天灾，再有钱也剩不下多少。所以史书对种暠既没说是豪族，也没说是冠盖，直接说他父亲是县令却有很多钱，意思就是说他父亲是个贪官，种暠自己给自己进行了土改而已。种暠分光家产后，财富已经不符合豪族的条件。即便财富上符合，从家族成员上看，为官的除了其祖孙三代，再无他人，也不符合三人同时为高官的条件。所以其出身也不是豪族。

颍川韩棱的父亲做过太守，等到韩棱成年，把父亲的数百万家产都分给兄弟。他从小吏升到“三公”，主要业绩就是和外戚大将军窦宪做斗争。从财产、家族官位数量、违法乱纪等事情上看，不是豪族。

汝南袁闳，根本就是一个隐士，住在一套没有门、只有一扇窗的土屋里，能不见人就尽量不见，包括妻子。他的核心理念是家族里的人不用品德修养保持富贵，却在骄横奢侈中不自知，最后下场不会好。他自己的小家肯定不是豪族，要说他所在的家族是豪族，那没错。换句话说，他属于豪族家庭的一员，只不过以他为例不够恰当，说袁逢、袁隗、袁术、袁绍更合适。

**下邳陈氏**

| 世系 | 姓名 | 职位 |
|---|---|---|
| 陈一代 | 陈屯 | 名人 |
| 陈二代 | 陈亹 | 太守 |
| 陈三代 | 陈球 | 太尉 |
| 陈四代 | 陈瑀 | 太守 |
| 陈四代 | 陈琮 | 太守 |
| 陈四代 | 陈珪 | 沛相 |
| 陈五代 | 陈登 | 太守 |

下邳陈球，做县令时拒绝太守索贿；做太守时能剿匪破贼；做将作大匠（相当于现在的建设部部长）时能完成任务还省万钱；做太尉、廷尉时敢于和宦官做斗争，参与捕杀了大宦官王甫一家，最后和阳球、刘郃死在宦官手里。陈球的干事能力超强，可以评为东汉五大干才之一。陈球的弟弟、儿子、侄子都是太守，最有名的是族孙陈登，也是太守。史书对陈球的家族介绍是“历世著名”，既不是出身大家族，也没讲多富有，只说有名望。东汉官员发财的三条路，封侯、腐败、经商，陈家都不沾。

渔阳阳球，史书上讲他家世代大姓是冠盖，可查遍东汉全部二千石以上的地方官，姓阳的除了阳球没别人。初步推测只有他一个在家族里比较有出息，达到了高官的标准。阳球这辈子干过两件大事。一是郡吏侮辱其母，他带着人把郡吏杀了；二是做司隶校尉时，处决了大宦官王甫和太尉段颎。作为酷吏，史书记载不多，判断不够豪族标准。如果他家是豪族，怎么他母亲出门连安保措施都没有呢？历史上，欧阳这个汉族复姓也曾改姓阳，但那是元末明初的事情，与东汉的阳姓无关。

上党陈龟，几代边将。他的表现，主要是采用政通人和的办法对待民族问题，不主张过分杀戮，因为他的建议，凉州边地官员换了一半，被换掉的都是贪官污吏。他的另一个贡献，就是弹劾梁冀，面对梁冀的打击，绝食七天而死，绝对的硬汉。东汉死磕梁冀的，只有两个人，陈龟是其一，是有骨气讲气节的人。但是如果家里有钱有势，何不疏通与梁冀的关系保全性命，或者与梁冀面对面硬顶着干？而梁冀之所以敢执意要弄死他，原因还是他家族的势力不够。试想，如果世代边将里出来个豪族，东汉哪个皇帝能睡得着觉？

敦煌盖勋，曾祖父、祖父、父亲、自己、儿子，都是二千石，基本上一脉单传高官。他的一生，与宦官、董卓作斗争，敢直言进谏皇帝，为人正直。后文会讲他怒怼董卓的事，是个硬汉。因为他的姓氏少见，和开国功臣渔阳盖延又扯不上关系，查遍东汉官员，除了他家这一系，只有一个出身不详的盖升是大官，总之从已有资料中分析，看不出是豪族。

从两汉到隋唐，范阳卢氏、博陵崔氏、赵郡李氏、荥阳郑氏、太原王氏并称为海内五大望族。这五大望族，在东汉时期的代表人物，分别是卢植（参与剿灭黄巾军，与董卓斗争，系刘备的老师）、崔寔（《四民月令》作者）、李膺（后文会讲到，天下楷模，与宦官作斗争，党锢时被杀）、郑太（家有 4 万亩地，参与对董卓的斗争，也作郑泰）、王允。范阳卢氏与涿郡盖氏是一家，秦朝盖（卢）敖的后代卢绾，与刘邦同年同月同日同村出生，随刘邦起兵，被刘邦封到燕地涿郡，后起兵反叛刘邦，被打败。涿郡三国时改名为范阳，所以范阳卢氏与涿郡盖氏是一家。卢植是涿郡盖氏的起家人物，在卢植之前盖氏连望族都不是。卢植和盖勋大体生活在同一时期。如果敦煌盖氏是涿郡盖氏的分支，也属于分家另过，根据地都不属于豪族，单过后更谈不上豪族，且又因同时做高官的人数不够，故不能叫作豪族。

下邳王丹，在西汉末年做过二千石的官，王莽时放弃了。从他家累计千金（一斤金等于一万钱）看，家虽富有但不够豪族标准，距离 3000 万钱还差得远。王丹历史留名，核心就是一句话，真心对待生活。本郡太守的朋友去世，太守对死者家属资助颇丰，但是王丹去了，只送了一匹好布料，说了一句话，“这是我自己家织的”。王丹的意思是，人家死了人，咱们应该用真情相送，葬礼不是展示你富贵和恩惠的表演舞台。一句话就把太守干蒙圈了。太守要和他交朋友，可他不愿意。他曾支援邓禹 2000 斛粮食，因为当时粮食紧缺，所以这属于突出贡献，因此邓禹推荐他做官，但是王丹没去。王丹的意思很明白，帮助就是帮助，不是图你邓禹的回报，图回报的帮助不是真心帮助。王丹看似有性格，其实是真正活明白的人，他活得是一颗真心，没有虚情假意的表演。但是一般人可别学他，因为他已经财务自由了，才可以真心对待所有人，如果没他那个财富基础，还是小心对待生活为好，真心不是谁都能玩的。王丹还曾给太子刘疆当过老师，也算名士。不过，从财富、官位角度来看，他与豪族有一定差距。

19 个人中，以上介绍了 15 个，除汝南袁闳所属的家族，以及河东马氏不知所云何人，14 个都不能定义为豪族。所以，《东汉的豪族》一书定义的豪族，大部分名不副实。

# 第二十一章　六大官僚豪族

自汉朝以来，中国任何一段历史都不能忽略两大家族，一是孔子家族，二是张良家族。他们不只是家族，更是家族的家族，有的时候，会在多个不同地方，出现符合条件的豪族，而这些豪族，共认一个祖先。

第一个说孔家。在《后汉书》里，提到的孔家人只有很少的几个，且篇幅很短，但是威力不小。为叙述方便把孔子定为孔一代。

在《党锢列传》里，讲到一个鲁国人，叫孔昱。说他家从西汉汉成帝时期的孔十三代孔霸，到东汉顺帝时期的孔十九代孔昱，大约 160 年时间，孔家出了列侯 7 人，二千石以上的卿相牧守 53 人。这简直就是一副孔家高官的扑克牌，可以想象，孔霸这一系在全国当官的得有多少！其中最著名的是孔霸的小儿子孔光，他在西汉末年官居太师，食邑 1.1 万户。如此数量惊人的一姓高官，说他家是豪族，当无人质疑。因为史料不足，这 53 人有多少是在东汉时期任职，实在无法掌握，不过从东汉接受新朝投降官员之角度，在东汉继续为官的应不在少数。这还不算给官不要的，比如孔昱。

孔昱的简历相当干净，简单地说就是大将军梁冀招他做官，他死活不去；汉桓帝给他官，因为他和皇帝意见不一致，就托病不干；汉灵帝请他出来做官，他干洛阳令没几天，以给老师服丧为名辞职不干了。他的老师是谁呢？孔子老家的孩子，还用聘请老师吗？他是家学，“昱少习家学”。所以，他是因为看不惯宦官专权、皇帝昏庸，回家休息了。孔昱，就是孔融的亲哥哥。那他不工作靠什么生活呢？原来，孔家是有封爵的，不是普通百姓。公元前 48 年，汉元帝封孔霸为关内侯，食邑 800 户。孔霸提请皇帝，把这 800 户食邑转封为对孔子的祭祀。经皇帝这么一转，就变成了皇帝对孔子的尊重。为了落实皇帝的恩德，孔霸把长子派回鲁国，专门负责祭祀。公元 1 年，尊儒复古的王莽，把孔霸的后人、孔十六代孔莽封为褒成侯，食邑增加到2000户。别看本书写成孔莽，那是为了读者容易记住，你是孔莽敢和王莽重名吗？所以孔莽必须改名，后来叫孔均。王莽废侯，孔家的没废。王莽败亡后，刘秀重封祭祀。如此说明，孔昱靠祖先的恩惠，家里有2000户的食邑，自然衣食不愁。鲁国一家的食邑，一直吃到东汉结束，当然，曹魏还得封。所以别看2000户不多，但时间够长，所以财富足够达标。

为了体现对儒学的重视，公元85年，汉章帝打猎巡视东方，其实就是去青岛旅游，回来的路上到了鲁国，祭祀了孔子及其72弟子，并召见了孔家20岁以上的男子63人。为什么只召见20岁以上的呢？因为古代男子20岁才算成人。一系列节目程序走完，孔家的领军人物孔僖代表家族答谢。靠祖宗而不是靠自身努力，获得了皇帝封赏，且皇帝亲自来祭祀，孔僖是不是应该感恩戴德呢？

孔僖答谢完，汉章帝问：“我今天到你这里来，能够增加你祖先的荣光吗？”（今日之会，宁于卿宗有光荣乎？）汉章帝这话，说得实在有些赤裸裸，分明就是要人情。孔僖说：“我听说明王圣主，都尊师重教。今天您屈尊光临鄙舍，这是尊重先师，能为您增加光辉。至于光荣，我是不敢当的。”汉章帝大笑说：“如果不是圣人的子孙，怎么能说出这样的话来呀！”马上任命孔僖为郎中，随同进京，到东观任职，并给其家族人员赏赐了财物。

孔僖能说出这番话，确实非常了不起，不服不行。第一，赞美了皇帝，点明了皇帝一行的意义，把皇帝哄得很高兴。第二，不卑不亢，没有感恩戴德、奴颜婢膝，表达了你来与我没什么关系，我没有感谢的必要。第三，面对皇帝尖锐的提问，能在素未谋面且掌握生杀大权的皇帝面前第一时间给出最佳答案，一句废话没有，孔僖的沉稳、自信和反应确实不一般，经书真没白读啊！

这样的人不是贵族，那什么人是贵族？为什么像李章、盖勋、陈登他们不是，就在于他们太硬，硬得让人不舒服甚至接受不了。

当然，孔子的后人也不都是这样，还有其他的表现。这就得提另一个孔十六代的孔奋。孔奋是长安人，他也是孔霸的后人。因为不在鲁国长大，学习就得拜师。他的老师，是王莽的好哥们、晚年改名刘秀的高官刘歆。刘歆不仅政治地位牛，学术地位也很牛，历史贡献很大。这么牛的刘歆，教了几年孔奋后，对别人说："我已从孔奋那学到了大道。"原来名义是刘歆教孔奋，结果是孔奋反教了刘歆。你说这孔奋是不是个牛人？

孔奋为了躲避王莽之乱，来到了河西地区，接受窦融的任命，做了武威郡治所姑臧县县长。姑臧县经常与少数民族通商，每天开四次集市，比较富裕，前几任县长靠贪污腐败，没几个月就富了，可孔奋除却薪酬之外分文不取。他对母亲很孝顺，炖小鸡给母亲吃，自己一家和弟弟吃蔬菜凉皮儿。他的廉洁在当地人看来很新奇可笑，所以也没什么人搭理他。你想，给不给钱都办事，给钱反而不好办事，那还不如不理他。可是，有一个人除外，那就是他的直接领导，郡太守梁统。梁统知道他的情况以后，对他极其尊重，开会时经常出门迎接他，并把他引见给自己的母亲。你会把一般的商业伙伴带到家里吃饭吗？不会吧！梁统把他带到家里吃饭，说明他是把孔奋当成好友甚至师长来对待了！如此对待自己的下属，说明这两人都不一般。

公元 36 年，随着全国战事大体结束，窦融和梁统带队进京，县一级的官员都随行。此次进洛阳，要整体接受刘秀的整编，原则上是不回来了，所以官员都按照搬家的想法，把家产大包小包用车拉着上路。每一家都是几十上百辆车，那是一种怎样的盛况啊！可孔奋，只有一辆车，车上是他们一家人，以及口粮。他显得那么的冷清和孤单！孔奋真的要离开了，大家才醒悟过来，办实事又不要钱的官走了，那接下来的人还不……？这是真正的好官啊！羌胡的百姓不干了，汉族的百姓也不干了，这么好的官员这么穷地离开，我们还是人吗？大家自发地给孔奋送东西，不收就连车带马加司机一块送。没过几天，送的车马物件就有一千多万钱。可是，最后孔奋一分钱也没要，都给退了回去，还是只一辆车一家人，回了洛阳。

这就是孔子的后代，这就是人格的力量。本来这样的人只能是贵族、望族，成不了豪族，但是谁让人家侯多官多呢！孔奋也被刘秀封侯，食邑不详。

孔家的故事讲不完。下面讲第二个豪族，犍为（今四川乐山）张纲和长安张纯家族。之所以把这两个家族放在一起讲，是因为张纲是张良的后代，张纯是张晏的后代，而张良的爷爷和张晏的爷爷，是一个人，叫张开地。张家开枝散叶，体现了智慧的力量。

先说张纲。张纲的曾祖父做过大司寇，祖父做过大司空，父亲张皓是九卿之一的廷尉，相当于最高人民法院院长，张纲自己做过二千石的太守。张纲的族兄张禹，在汉安帝时因定册之功被封安乡侯，食邑 1200 户，可继承。这个张禹可不简单，他爷爷叫张况，张况的堂妹，是刘秀的亲奶奶，而且，张况对小时候的刘秀很熟悉。张禹后来做了太傅，录尚书事，邓太后专门让他住在宫里。

张纲还有个族兄，叫张堪，他就是发明浑天仪的科学家张衡的爷爷。张堪位居蜀郡太守时，打败了公孙述，面对十辈子花不完的财富，分文不取。就连科学家张衡，也做过二千石的侍中和国相。还有董卓的老领导张温（疑似张家人）、五斗米教的创始人张道陵、曹操讨伐的汉中王张鲁，都是一个大家族。一张图就能明了他们到底是什么关系。

一句话，张纲家族世代为官。虽说史书记载他们总是推辞赏赐、送礼不收，但是其家的富裕不用讲。

**明朝张浚修纂的《张氏统宗世谱》**

| 世系 | 姓名 | | | | | |
|---|---|---|---|---|---|---|
| | 张开地 | | | | | |
| | 张　平 | | | | | 张　靥 |
| 张 1 代 | 张　良 | | | | | 张　晏 |
| 张 2 代 | 张不疑 | | | | | 张仲公 |
| 张 3 代 | 张　典 | | | | 张　高 | 张　汤 |
| 张 4 代 | 张　默 | | | | 张　通 | 张安世 |
| 张 5 代 | 张　金 | | | | 张无妄 | 张延寿 |
| 张 6 代 | 张万雅 | | | | 张里仁 | 张　勃 |
| 张 7 代 | 张　嵩 | | | | 张 × × | 张　临 |
| 张 8 代 | 张　壮 | | 张　彭 | 张睦 | 张 × × | 张　放 |
| 张 9 代 | 张　胤 | | 张　商 | 张况 | 张大顺 | 张　纯 |
| 张 10 代 | 张　皓 | | 张　宗 | 张歆 | 张道陵 | 张　奋 |
| 张 11 代 | 张　宇 | 张　纲 | 张　堪 | 张　禹 | 张　衡 | 张　甫 |
| 张 12 代 | 张　某 | 张　常 | 张　纬 | 张　盛 | 张　鲁 | 张　吉 |
| 张 13 代 | 张孟成 | 张　翼 | 张　衡 | 张　存 | | |
| 张 14 代 | 张　平 | 张　徵 | | 张　镇 | | |
| 张 15 代 | 张　华 | | 张　允 | | | |
| 张 16 代 | | | | 张温 | | |

上表中，把与说明问题无关的其他支系和后代删除，比如张 7 代张嵩不

止三个儿子，而是五个儿子，只是那两个在东汉没有大家熟知的后代，未列示而已。此表未经考据，辈分可能存在错误，但不影响结论。

史书上对张皓和张纲父子持肯定态度。张纲虽是富家公子，但非常注重自己的节操。他最具代表性的事件，就是与梁冀的斗争和平定匪乱。

公元 142 年，汉顺帝选拔了包括侍中杜乔、光禄勋周举、栾巴、张纲（最年轻）在内的八名宿儒，作为皇帝的全权代表，到全国各地检举、揭发贪官污吏。这可以看成是皇帝励精图治，也可以看成是皇帝作秀。别人都出发了，张纲却把车轮埋在洛阳城外，不走了。他说："豺狼当道，安问狐狸!"意思就是说，大老虎在朝廷里，到各地抓那些苍蝇干什么？他说的大坏蛋，是指大将军梁冀。梁冀依靠妹妹是皇后，培植党羽、巧取豪夺、胡作非为、无恶不作，谁都不敢惹他，那才是真正的朝廷败类。接着，张纲上书给皇帝，说："梁冀根本没什么才华和能力，却占据国家重要位置，不做好事专做坏事，我举报他十五件违法的事，请皇帝办了他。"要知道，当时满朝都是梁家的官员，一般人巴结还来不及，谁敢如此直接挑战梁冀。张纲不害怕，倒是把别人吓得够呛。顺帝也知道梁冀作恶多端，但顾忌梁家的势力，所以没听张纲的。可梁冀哪里容得下张纲，就让张纲去广陵平叛剿匪，而且除了太守一个职位，一个兵都没给他派，摆明了是要玩死张纲。张纲一点也不在意，一个人直接上了匪窝，见到了匪首，摆事实讲道理，三下五除二，横行十年的土匪，投降了。第二天一万多人来降，张纲以诚相待，摆酒欢迎。这一下子，百姓和土匪全部心悦诚服。朝廷想提拔他，梁冀不同意，老百姓也不让走，36 岁时张纲死在任上。葬礼盛况空前，无数百姓背土筑坟，投降的土匪中五百多人轮流为张纲守孝。

张纲这个业绩，堪比明朝大圣人王阳明。这样的胆色手段，真不是盖的。把他评为东汉五大干才之一，谁都不应有意见。

客观地说，从已知的史料中，确实无法准确计算张家有多少财产，是不是符合豪族的财产标准，但是直觉加相信，张纲家族属于豪族。这种豪，是那种根本不需要用财富来证明的豪，或者说是那种要想富、分分钟就能巨富的豪。

接下来说长安张纯。

张良堂弟张晕这一系，第一个出名的人物是汉武帝时期的酷吏张汤，张汤是张良族孙，张三代！张汤死于酷吏之间的斗争，死时家产只有五百金，即500万钱，全是皇帝的赏赐，来源合法，说明他还属于比较廉洁的官。张汤因为太有名，所以不多介绍。张家第二个名人，是霍光时期，在废除皇帝刘贺的问题上，支持霍光的右将军——张四代张安世，获赏赐1.06万户。张安世比较谨慎，特别怕得到超出规格的赏赐，总是推辞赏赐，担心祸事临头。张家第三个名人是张八代张放。因为张放长得漂亮，成为汉成帝的好基友。汉成帝刘骜虽然有赵飞燕、赵合德、班婕妤、马婕妤这些女人，但对张放也是真爱，两人如影随形，一块出宫泡妞，一块玩耍，还经常睡在一起。这引起了刘骜的亲妈、王莽的姑姑、太后王政君的不满。刘骜没有儿子，必须勤加耕耘，怎么能喜欢男人呢！因此张放被外放。感情这东西，越是见不到就越浓烈，刘骜把对张放的思念，化作对张放的赏赐，如此张放得到财产无数。刘骜死后，张放也因悲伤而死。

张放的儿子，就是张纯，张纯是如何的不差钱，想都不用想。张纯在王莽政权里是九卿级别的高官。公元10年王莽悄无声息地把所有人的封地都取消了，却因为张纯敦厚谨慎，保全了他的封地。等到刘秀称帝，张纯较早投降，因此封地得以继续保留。曾经有人建议刘秀取消他的封地，毕竟他不是皇族嘛！但刘秀没同意，只不过减半处理。后来张纯还做了东汉的大司空。张纯经历了西汉到王莽好几个皇帝，朝廷里的事门儿清，而刘秀毕竟是农民出身，很多礼仪不熟悉，如此张纯就成了刘秀的活字典，事事离不开。立太庙、搞封禅、建明堂等，张纯都出了大力、立了大功。

张纯死前，告诉儿子张奋，他死之后，不要再提继承爵位和封地的事。其实就是想好了，要放弃这些东西。从公元前74年张安世封万户侯，到张纯公元56年去世，积累了130年的财富于张纯一身，那家产，估计和梁冀差不多。张纯死后，刘秀主动下旨要张奋继承，但是张奋死活不要。刘秀以张奋抗旨下狱为要挟，张奋这才继承了爵位封地。他回到封地后，把收来的粮食都分给亲属，甚至到了倒贴的程度。张奋这个人，官至司空，能力一般，政绩并不突出，但非常的善解人意，为人也清清白白。

封地到了张奋的孙子张吉那一辈，因为张吉无子，公元110年，汉安帝时期，封国被废除。张家从张安世到张吉，历经九代，走过西汉、新朝、东汉中期三个朝代，长达 184 年里，未曾受过降级和罢官，汉朝所有的受封者都比不了。

这就是厚道的力量。张纯为什么人际关系那么好呢？万贯家财，生逢乱世，常年未遭嫉恨，张家是如何做到的呢？无法解释，只能弱弱地赞叹一句，这就是豪族。

第三个要说的，是桓荣家族，体现了知识的力量。

桓荣出生于公元前 20 年左右，因为家穷，为规避赋税徭役，就去长安读太学，专攻《欧阳尚书》，毕业后以教书为业。刘秀给太子刘庄选老师，桓荣的一个学生中标，当刘秀问其师承的时候，他引荐了桓荣。刘秀与桓荣见第一面，就被桓荣的学识折服，先是任命他为郎官，之后任命为太学教授。刘秀在太学就是学《尚书》的，也算圈里人，不过他对《尚书》的自信心不足，为了考察桓荣的业务水平，刘秀对其又进行了第二次面试。“二面”相当于无差异领导小组讨论，就是把研究《尚书》有名气的大知识分子召集在一起，让桓荣与他们辩论。这时候桓荣的气度和知识底蕴就表现出来了，不温不火之中把经义讲得明明白白，既没脸红脖子粗、急赤白脸，也没有来不来就说“我当年如何如何”，或以口才胜人，只是讲学问，讲得大家都服气。可是学问好不等于人品好，给孩子找老师还得慎重，刘秀又组织了“三面”。这次，刘秀又把大家找来，只是随便聊聊天。聊得高兴且口干舌燥之际，刘秀命人上水果。大家不好意思在皇帝面前大吃二喝，就把水果放在怀里，等出门回家再吃。只有桓荣，拿着水果，捧在手上，举过头，向皇帝表示感谢。刘秀笑着说：“这才是真正的儒生啊！”为什么刘秀会通过这个举动认可他？其实就是因为桓荣懂“礼”。“礼”不是礼貌，而是把心中的感恩，程序化并固化下来，成为自己的行为规范，这就不是表演，而是习惯和文化了。有些人表面上如何如何，可一遇到特殊情况，则忘乎所以，根本原因还是内心里没有。经过三次面试，刘秀非常信任和敬重桓荣，准许他住在太子宫里。太子宫里有很多漂亮小姑娘，为什么敢让一个男人住在里边？只有一个原因，桓荣是真正的儒生，真正的儒生那是“非礼勿视、非礼勿动”。桓荣一教就是五年，与太子刘庄结下了深厚的师生之谊。现在有人经常讲一句话，叫“友谊的小船说翻就翻”，仔细想想，真正的友谊能说翻就翻吗？友谊的前提是认可，发自内心的认可之后，就不会经常反复。而缺少认可，只是共同干一件事的同伙，那还不说翻就翻！

公元55年，刘秀任命桓荣做九卿之一的太常。桓荣在生活最困难的时候，一有时间就读经书，他的本家兄弟说："你读那些书有个屁用，还不是忍饥挨饿。"桓荣不答。等到桓荣做了太常，那个本家叹息道："我是农家的孩子，哪里想到读书竟然有这么大的好处！"好处还不仅仅是当官，汉明帝继位，封桓荣为关内侯，食邑5000户。关内侯是二等侯，西汉能够继承，东汉能不能继承得听皇帝的，大部分不能继承，但是桓荣的食邑明确能够继承。

下表是桓荣家族主要代表人物一览，从此表中就知道，无论从哪个角度讲，桓家都可以称作豪族。不过，桓家属于豪族，不是说桓荣出身豪族，他出身肯定不是豪族，而是在东汉后期，桓家整体属于豪族。

**桓荣家族历代代表人物一览**

| 世系 | 姓名 | 经历 | 最高职位 | 秩级 | 事迹 |
|---|---|---|---|---|---|
| 桓一代 | 桓荣 | 汉明帝老师，弟子丁鸿 | 太常 | 中二千石 | 食邑5000户 |
| 桓二代 | 桓郁 | 汉章帝、汉和帝老师，弟子杨震、朱宠 | 太常 | 中二千石 | 谦让食邑，受赏千万 |
| 桓三代 | 桓焉 | 汉顺帝老师，弟子黄琼、杨赐 | 太傅、太尉 | 三公 | 封侯不受，三公入宫 |
| 桓四代 | 桓鸾 | 妹夫杨赐 | 议郎 | 六百石 | 罢黜奸佞，忤逆宦官 |
| 桓五代 | 桓典<br>桓彬 | 袁隗掾 | 光禄勋 | 中二千石 | 行行且止，避骢马御史。与何进诛杀宦官 |
| 桓六代 | 桓范 | 倾向于支持曹爽 | 大司农 | 中二千石 | |

桓家虽说达到了豪族的标准，但比较低调，也不那么愿意参加政治斗争，表现并不豪。

举一个例子。桓鸾的级别不高，仅仅是个议郎。他死后，儿子桓晔在家主持葬礼。桓晔的姑姑来吊唁。姑父是当时的司空杨赐，所以姑姑前属于高官的夫人。杨夫人快到家的时候，在驿馆里停了一下，整理衣服打扮一番才进门哭丧。桓晔因此看不起他这个姑姑，他姑姑问他话，他也不答，只是哭泣。姑姑给他财物，他也不接受。以后到了京城，也不去看望姑姑，一句话，两家断交了。桓晔这个做法，是为什么呢？

桓晔的做法，其实和王丹是一样的，他看重的是真心，看重的是真实的生活。姑姑有什么地方得罪他了吗？没有。但在桓晔的想法里，他认为姑姑并不为其父亲的死而多么悲伤。如果真的悲伤，哪有心情到宾馆里整理衣服和给随从编队训话，还不直接奔丧礼现场？姑姑是把葬礼当表演舞台了。所以他看不起姑姑，管你是什么司空夫人。或许这就是贵族的脾气，或者说气节，不那么迎合和适应社会。姑姑的行为，其实是贵族的行为，讲究仪容和排场，在她看来这是对死者的尊重。但是她这种经过加工的感情，确实离本真有些远，甚至有些装，背后的那颗心变得市侩了。

桓家大豪起来是在东晋时期，桓九代桓彝做了正三品官员，桓十代桓温做了正一品官员，桓十一代桓玄做了几天皇帝。

第四个要说的，是颍川阳翟郭躬家族，郭家成为豪族，体现了法律的力量。

史书上讲郭躬“家世衣冠”，如果属实的话，最大的可能，郭躬是西汉成安侯郭忠的后代，但是史书并无此记载，况且颍川成安县与颍川阳翟县不是同一个地方，所以可能性不大。

郭躬的父亲，是寇循任颍川太守时的手下，从他开始，家里世代研习《小杜律》。西汉时，杜周、杜延年父子都是法律专家，断案严谨，杜周称大杜，杜延年称小杜，杜延年的案例集就是《小杜律》。史书中讲了郭躬判的三个案例，结论是他断案宽容、慎重、公平，对其评价比较高。因为第一个案子涉及汉朝的法律规定，现代人不熟悉，只回头看其中另两个案例，分析一下郭躬的断案水平和个人品行。

案例一：兄弟俩共同杀了一个人，无法分清责任，请示到汉明帝。汉明帝确定：处决不能训导弟弟的哥哥、免除弟弟死刑。中常侍孙章去宣读诏书时，读成了哥俩都处死。尚书报告皇帝，说孙章矫诏，应当判腰斩。

事情就是这么个情况，并不复杂。

皇帝接到尚书的反映，征求法律专家郭躬的意见。郭躬说不至于腰斩，罚钱即可。皇帝不理解，说他矫诏杀人，这么大事怎能罚款了事呢？郭躬说，法律中有故意和过失不同的规定，孙章是过失，处罚应该轻。

汉明帝又说：“这孙章和犯人是一个县的，我怀疑他是故意而为。”郭躬又说：“‘周道如砥，其直如矢’，君子不逆诈，君王法天，刑不可委曲生意。”翻译成白话文，就是现在是清平世界，法治社会，君子不能随便怀疑人，不可以歪曲理解刑法。

经过郭躬的司法解释，孙章被罚款了事。史书评价郭躬懂法且为人宽容。

这件事之后不久，“迁躬廷尉正，坐法免”。就是说，郭躬升迁为廷尉正监，后来因为法律问题受到处分，被免职。再之后，郭躬连续三次升迁，公元 86 年，成为廷尉。以上就是史书的记载。

普一下法，按照汉朝的法律规定：矫诏，危害大的，腰斩；一般地，杀头；未产生危害的，罚金。此外，说一下东汉诏书的出炉过程。东汉时期诏令分一般和特殊两种情况。一般诏书由尚书起草，系尚书郎“代王言”制度。特殊情况下也有皇帝自作诏令的现象。一般诏书由尚书郎起草后，尚书令修改，再经尚书令、尚书仆射联合审查、校读，然后才能递呈皇帝审核批准，之后再由尚书官重写一份，由尚书令封印后才能发出。大部分诏书都用规规矩矩的隶书字体，容易辨认，汉代虽说也有草书，但正式文件中不能用。总之诏书的起草、颁布、下达、回复、执行都有严格的程序和规定，想要造假或夹带比较困难，即便有人为舞弊也容易事后发现。按说这种数量极大的公文是不需要派人宣读的，按公文流程传递即可，更不必派大宦官去宣读。那么孙章去宣读的圣旨，可能是另一种情况，即特殊情况下、由皇帝亲自制作的诏书。为两个名不见经传的杀人犯，由一国皇帝亲自写诏书，确实让人难以置信。所以这封诏书，到底是尚书们写的，还是皇帝亲自写的，说不清。史书没说那么细，咱也没办法。无论在哪种情况下，诏令执行完成后，也得要到尚书那里办理存档，这也是尚书能知道事情所有过程的原因。

依据这件事，如果说郭躬宽容，执法公允，不是不可以，但是要说他是个玩弄法律的小人，也可以。为什么这么说呢？看案件本身。

此案的第一个核心，要定性孙章是不是矫诏。如果是，才有腰斩或罚金，如果不是，连罚金都不应该。郭躬要罚钱，前提必是孙章读错了，犯了矫诏之罪，否则，连罚款都不需要。如此孙章矫诏罪名成立，只不过郭躬认为他是过失所为。

第二个核心，弟弟是否被杀，即是否产生危害性后果。尚书提出孙章矫诏后，认为孙章应该被腰斩，这说明很可能弟弟已死，因为错杀人已经产生了“大害”。否则，弟弟未死，则是“无害”，尚书对未产生危害的矫诏，提请加大惩罚孙章的力度，那就是尚书不懂法或知法犯法了。况且汉明帝也说了孙章“矫诏杀人”的话，说明弟弟被杀的可能性极大。

核心之三：孙章是故意还是过失？这个事谁说了也不算，应该看读错的可能性和概率有多大。杀一人还是俩人这么大的事，在什么情况下才能读错，一试便知。分析一下。

第一，孙章是中常侍，是宦官里级别最高的人，明帝时秩级千石。千石的级别相当于管理万户的县令。像孙章这样级别的宦官，连诏书上的隶书体都能读错，可能吗？况且犯人是他同乡，如何能不关注？以前没错过，在关注的情况下偏偏读错，谁能相信？

第二，郭躬怎么知道孙章是过失而不是故意？一上来就定性，他又依据什么呢？郭躬之所以那么武断，只有一个原因，孙章是皇帝身边的亲信，郭躬是故意为孙章开脱，取悦汉明帝。

第三，皇帝不踏实，担心有人说他护短，如此郭躬才说，“周道如砥，其直如矢”。这是《诗经》里的话，意思是周朝从镐京到洛邑有一条直道，像磨刀石一样平，像箭一样直。这句话没有宽容的意思，只是比喻世道清明。这句话和案子没任何关系，之所以引用，就是给皇帝打气：现在是皇帝您说了算，在乎那些闲言碎语干什么？所谓“君子不逆诈”，出自《论语》，郭躬用这句话，目的是故作高深来唬人。如果不能用结果怀疑动机，为什么法律还要规定故意和过失有所区别呢？“君王法天”这句话的意思，还是鼓励皇帝：你是天子，怕什么；而“刑不可委曲生意”的意思，就是告诉皇帝，有我这个专业人士在，谁胡言乱语，那就是曲解法条。

结论：孙章故意读错圣旨，借机多杀了同乡一人；郭躬给孙章开脱，取悦汉明帝；后世史学家把包庇孙章的责任一部分推到郭躬身上，为汉明帝开脱。

这就是东汉的现实，这就是法律大师的做派。郭躬分明就是个见风使舵、阿谀奉承的小人，不去做调查研究，专拣领导爱听的话说，外带着恐吓和装相。别人谁还敢说什么？汉明帝聪明归聪明，心胸不大也是事实，当年因为楚王刘英的案子牵连了上万人，杀了上千人，那个作风，想起来都让人害怕。

因为解决了皇帝的难题，所以，郭躬升职为廷尉正。廷尉的下级是级别千石的廷尉正和廷尉左监，再往下是六百石的廷尉左平，再下是廷尉史。可是，郭躬如此的不以法律为准绳，怎么能不犯错且被人盯上？所以很快，他因出错被免职。但是因为皇帝喜欢他，所以他很快复起，连续三次升迁，从左平，到左监，在公元 86 年，做到了九卿之一的廷尉。这就是郭躬的升官史。如果没给皇帝立下特殊功劳，如何能提拔如此迅速？

一个例子不能证明郭躬是怎样的人，看下一个案例。

案例二：公元 87 年，汉明帝大赦天下，规定：把 4 月某日在押的死刑犯赦免，发配甘肃省兰州市西固区戍边。这道圣旨里，没提及逃亡在外的一万多死刑犯，以及 4 月某日以后抓回来的死刑犯怎么办。这个时候郭躬又上奏皇帝，请求把 4 月某日后抓回来的也一并赦免，理由有两条：第一，显得宽大；第二，有利于戍边。结果皇帝同意，郭躬由此更得到一个宽容的美名。

这件事情，如果由“三公”提出来，没什么问题；皇帝同意，也没什么问题。关键是郭躬提出来，就是问题。因为他是从事法律工作的，以法律为准绳是他的职责。以国家或皇权利益最大化，那是皇帝的准则，所以郭躬越位了。越了法律的位，是郭躬第一个问题，他把本该他反对的事情，做成他主动要求的事情，就是在哗众取宠。第二个问题，肇事和肇事逃逸，是两个性质有所不同、处罚也应有所不同的罪行，从法律的角度一样处理，公平何在？这不是鼓励大家逃逸吗？因为逃逸造成官吏花费大量时间和金钱等抓捕的成本，又如何算呢？所以，郭躬表面上看似宽厚，其实是他法律意识淡薄，博得皇帝欢心升官发财，才是他的根本目的。

有这两个例子，能说郭躬肯定是好人吗？他应该是一个适应社会的人。

郭家其他人也没必要细说了，这样的品行，当时能不当官吗？郭家自郭躬以后，子孙后代做到“三公”的有 1 人，廷尉的有 7 人，封侯的有 3 人，担任刺史、侍中、中郎将的有 20 余人，做御史、正、监、平的就更多了。以上这段话，是《后汉书》的原话。他侄子郭镇封侯食邑 2000 户。

想想看，东汉有多代外戚专权，有多次宦官上位，轮番血洗，你方唱罢我登场，城头变换大王旗，政治越来越腐败，制度缺乏连续性，可他家竟能长期把持廷尉系统，如果郭家公正公平，能做到吗？莫非他们也像张纯一样厚道？如果法律工作者也像张纯一样厚道的话，那东汉的法律还能有多大作用？

无论怎么说，郭家可以列入豪族。

东汉尾声的郭嘉和郭图，也是颍川阳翟人，是不是郭躬本家，史书上未明确，感觉上应该有些关系。不过他们的职业已经不是司法，而是谋士了。

接下来说说东汉第五大豪族，汝南袁绍家族。

汝南袁氏起家于袁安。袁安出名的原因，被后世总结为一个成语，叫“袁安卧雪”。“袁安卧雪”的故事，有很多版本，胡说的非常多。成语典故正是出自晋朝周斐所著的《汝南先贤传》。说的是洛阳县令在暴雪之后考察灾情，一路看见家家都在除雪，还有讨饭的人，可到袁安家门口却发现没人除雪，以为这家人死了，就命人除雪进屋，发现袁安快冻僵了。县令问他，为何宁可挨冻受饿，也不去求助？袁安回答，大雪天大家都挨饿，不想去麻烦别人。县令认为他是贤人，推举他做了孝廉。

这个正版故事非常不合逻辑，有三个疑点。其一，汝南郡汝阳县人袁安，跑到洛阳干什么去了？其二，为什么宁可冻死也不去求助？雪天和挨饿有什么关系？躺着等死和孝廉有什么关系？其三，洛阳县令有权推举汝南人为孝廉吗？

《后汉书》没引用这个故事，可能范晔并不相信。《后汉书》说袁安本来是小吏，后来被推举为孝廉。这已经和很多书上讲的，袁安从孝廉起步不同。从汉朝制度而言，孝廉是20万人口的郡一个名额，人口20万以上的两个（后改为每20万人口1个），如果洛阳县令把指标给了汝南郡，那洛阳人少一个指标能愿意吗？从种暠被推举为孝廉的例子可知，太守想按自己的意愿推举符合标准的孝廉很难，因为6个名额中有5个都有贵戚点名要求他落实。如果可以异地推举，那贵戚们还麻烦当地政府官员干什么呢？直接指定不就可以了？刘秀曾听说班彪很有才华，招他进宫相见，之后让司隶校尉推举班彪为孝廉，再做县令。看看，刘秀要让班彪为孝廉，也要其籍贯扶风所在地的行政首长司隶校尉推荐，而不能异地推荐或皇帝直接推荐。所以，洛阳县令根本没资格推荐汝南人袁安为孝廉。

从县令考察人才的角度，看见一个人快冻死了，只因不肯求助就推举为孝廉，太荒唐了吧！那些饿死的、冻死的，岂不全是以牺牲生命证明自己更符合孝廉标准了吗？审核的人员怎么能认可通过？所以袁安起步必另有隐情。中国古代的故事，忽悠的成分太多，真要信了，还不如不知道那些恶心的故事。

在无法求证的情况下，大胆猜测如下：袁安在家乡汝阳县当功曹，干得不爽，得罪了一些人，没办法就到首都洛阳找关系。他怎么得罪人的，《后汉书》倒是有记载。说有一次他出差到上级单位那里汇报工作，上级单位领导有个办事员，求他捎一封信给汝阳县令。这本来是举手之劳的事，可袁安却说："如果是公事，你找驿站；如果是私事，我不干。"这种格色性格，你说在官场能吃得开吗？所以，袁安性格上不随和，不能容于当地官场，是袁安当时的现实问题。为了摆脱这一困局，他要找门路。那么他到洛阳找谁呢？他要找皇帝刘秀或者刘庄。凭什么呢？第一，他爷爷袁良曾是太学学生，虽说和刘秀专业不同，一个是《易经》，另一个是《尚书》，但毕竟是校友，有交集也说不定。第二，袁良当过兖州成武县县令，刘秀的父亲刘钦当过兖州兰考县县令，两地距离一百多公里，不算远，很可能认识。第三，刘钦当过汝南郡项城县令，袁安家在汝南郡汝阳县，也有可能存在交集。第四，刘縯、刘秀起兵的南阳，离汝南也不远，在战争中刘家与袁家有过短暂交集，也不是没可能。第五，东汉建立前后，汝南也是诸刘混战的战场，云台 28 将之一的盖延打刘永、吴汉打苏茂、刘秀的族侄刘信杀刘望等，都是在汝南展开，作为汝南的袁家，与刘秀的这些手下有交往，也未可知。第六，袁安自己也有些才华，毕竟随家长学了多年的《孟氏易》，自我推荐也正常。如此，袁安给有关部门写了信，希望能引起皇帝的重视和提拔。在等待的过程中，并不富裕的袁安在洛阳租了房子，一等就是很长时间。平时除了偶尔打听一下情况，袁安无事可做，回老家又觉得丢人，回去了又怕宫里来人找他，丧失了机会，只能干等。随着时间一天一天过去，袁安越来越绝望，带来的钱也越来越少。秋去冬来，一场大雪连续下了多日，穷困潦倒、举目无亲、心灰意懒、缺乏生存能力的袁安，眼看就要在饥寒交迫中死去。

刘秀自从当了皇帝，找他来求官的人太多了，根本看不过来那些求荐信，就让有关部门去处理。有关部门在堆积如山的竹简中，看到袁安的自荐信时，已经过去好长时间了。看着写得像真事，就转发给洛阳县令，要其去考察一下这个叫袁安的小子。汝南毕竟离帝乡南阳不远，又和皇帝的亲爷和亲爹貌似有些关系，县令不敢怠慢，以考察灾情为名，踏雪去寻访袁安，这才有了“袁安卧雪”这一场景。一聊之下，袁安把他从爷爷或者父亲那里听来的、关于爷爷和刘钦、刘秀交往的事情一五一十地说了。县令看袁安虽穷困潦倒，但谈吐不凡，思路清晰，内心产生了几分认可，回去后据实上报。无论是刘秀还是刘庄，都不一定清楚刘钦、刘缜的一些经历，在开国不久人才短缺的情况下，采取了宁可信其有的办法，况且袁安也有功曹的经历，于是就命令有关部门增发一个孝廉的名额，点名给来洛阳游学的袁安。为什么是孝廉，而不是贤良方正或别的？是袁安的自荐信里，可能有很多对爷爷和父亲孝顺的表达。如此，袁安正式走上了仕途。先做徐州下属一个小县的县长，后做县令，做得还不错。史书记载：老百姓对他又敬又怕。

推测结束。

公元70年，楚王刘英谋反事件闹得不可收拾，机遇使袁安正式进入了皇帝的视野。这个事倒是值得说一说。

楚王刘英是刘秀不待见的一个小老婆许美人生的儿子，和刘发相似，子以母贱，刘秀把刘英封到了贫穷的彭城（今江苏徐州）。因为西汉发生过七王之乱，又发生过刘玄和刘缜兄弟相残，东汉特别注重防止藩王谋反，对藩王控制比较严格。即便如此，据说内心不满封地贫穷的刘英，借着推广佛教的名义，密做图谶，聚集奸滑，私设官职，分封职位，有谋反的迹象。此事被刘英的门客颜广举报到了汉明帝那里。汉明帝派人调查，搜到了一份列有当时很多重量级官员的名单。你刘英不好好念经，弄这份名单干什么？汉明帝想不通，认为这就是刘英图谋不轨的证据，于是任用颜广负责查办此案。让举报人来搜集刘英的证据，摆明了是要整刘英，汉明帝实在是没安好心。颜广更是个狠角色，严刑拷打，牵连无数。刘英自杀，太尉虞延自杀，两个太守被杀，开国功臣盖延、王常、耿纯、马武、王梁、刘植的后代受到牵连，封爵被废除。其实刘英和名单里的多数人根本没什么交往，开国功臣的后代，也是刘英的门客被滥用刑罚后胡乱咬出来的，根本就不认识。如此造成了冤案的扩大化，上万人被杀被抓。汉明帝个性有偏狭暴躁的一面，一定要查个水落石出，如此，怕承担责任的各级官员更是怎么狠怎么来，楚王案越牵越广，人人自危，迟迟结不了案。

“三公”既想结案又怕皇帝怀疑自己，就推荐时任兖州任城县令、据说和皇帝有些关系的袁安，来负责办理此案。表面上推荐的理由是袁安善于断大案，其实是让人缘不好的袁安去触霉头。袁安上任楚郡太守后，勇于担当，敢于负责，迅速平反冤假错案，释放了四百多户所谓的罪犯，报汉明帝后结案。袁安这一行为，为他的未来和子孙的仕途，打下了坚实的人脉基础。从这件事中看出积德的重要性。那些挟私报复、恶意举报、小题大做、欲加之罪的酷吏，最后不得好死甚至祸延子孙，实在是不足以效法。

此案办好以后，袁安被提拔为河南尹，相当于首都所在地的一把手，如此登上了袁家风生水起的快车。袁家六代人里，像袁安这样做事较真儿、实事求是、敢于同皇帝讲理的官员不乏其人，终身不为官的隐士也有好几个，整体看属于有气节的士大夫。但是助纣为虐的也不是没有，比如和梁冀是铁哥们的袁四代袁成、宦官袁赦等人。

袁三代袁汤，因支持立汉桓帝有功，封侯，食邑 500 户。袁四代袁逢，被刚即位的汉灵帝加封 500 户。1000 户的食邑不算什么，袁家有钱，不靠食邑。汝南袁氏家族，从袁安到袁隗，四代坐到“三公”位置的，有 5 个，分别是第一代袁安，做了 6 年；第二代袁敞，做了 1 年多；第三代袁汤，司空、司徒、太尉连续做了 7 年；第四代袁逢做了半年司空，袁隗做 7 年司徒。官做得最大的是袁隗，灵帝死后做了太傅录尚书事，相当于丞相。东汉末年六大景观之一的袁隗嫁女，体现了袁家的富裕。整个过程极尽风光奢华，光送亲的车辆就上千，把道路全都盖住了，挤得水泄不通。无论怎么说，适应了社会的袁家，长期辈辈出高官，经手帮助和提拔的人绝对不在少数，门生故吏很多，财富也绝少不了。不过袁家并不张扬，总是一副积极工作、任劳任怨、稳稳当当、规矩谨慎的样子。

袁家明明是四世五公，为什么只说四世三公呢？因为三公作为专有名词而使用，不管你家出了多少个三公级别的高官，都称“三公”。完整的说法是四世五个三公，这比杨家四世四个三公还牛。袁家不只出三公，还出了好些个二千石的大官。老几辈的不说了，董卓进京前，第五代袁绍这一辈里，有记载的就有 9 人，其中袁绍是司隶校尉，袁术是虎贲中郎将，袁遗是太守，袁忠是国相，袁基是九卿之一的太仆，都是大官。

东汉朝廷里还有一个叫袁滂的，公元 178—公元 179 年做过一年多的司徒。袁滂和袁安是同一个爷爷。袁滂家族称为陈郡袁氏，陈郡曾是袁良的老家。这个家族在东汉不算厉害，但从曹魏时期袁滂的儿子袁涣开始，连续十三代辈辈出高官。陈郡袁氏老家是现在的河南省驻马店市太康县。陈郡和汝南，与曹操的老家安徽亳州、袁世凯的老家河南项城距离都很近，大体在河南省南部与安徽省北部交界处。

汝南袁氏家族能经久不衰，来自肯读书和会做官。袁家世代研究《孟氏易》，感觉很有学问的样子。其实就是易经。西汉的易学博士田王孙有三个弟子，施仇、孟喜、梁丘贺，这三个人学成后都创立了自己的易经学派，孟喜创立的就叫孟氏易。易经是不是一门学问，可以去读熊逸所著的《周易江湖》一书。这类研究算命、人为定义大自然与人类生活关系的书籍，到底有多少科学的成分，存疑。

**汝南袁氏官员名录**

| 世系 | 姓名 | 职位 | 秩级 | 备注 |
|---|---|---|---|---|
| 祖父 | 袁良 | 县令 | 千石 | |
| 父亲 | 袁昌 | 无 | | 从陈郡搬到汝南 |
| 袁一代 | 袁安 | 司徒 | 三公 | |
| 袁二代 | 袁裳 | 骑都尉 | 比二千石 | |
| 袁二代 | 袁京 | 太守 | 二千石 | 后辞官隐居 |
| 袁二代 | 袁敞 | 司空 | 三公 | |
| 袁三代 | 袁著 | 郎中 | | 举报梁冀被杀 |
| 袁三代 | 袁彭 | 光禄勋 | 中二千石 | |
| 袁三代 | 袁汤 | 太尉 | 三公 | |

续表

| 世系 | 姓名 | 职位 | 秩级 | 备注 |
| --- | --- | --- | --- | --- |
| 袁四代 | 袁盱 | 光禄勋 | 中二千石 | |
| 袁四代 | 袁贺 | 国相 | 二千石 | |
| 袁四代 | 袁成 | 中郎将 | 比二千石 | 与梁冀交好 |
| 袁四代 | 袁逢 | 司空 | 三公 | |
| 袁四代 | 袁隗 | 太傅 | 三公 | |
| 袁五代 | 袁遗 | 太守 | 二千石 | |
| 袁五代 | 袁闳 | | 隐居 | |
| 袁五代 | 袁忠 | 国相 | 二千石 | |
| 袁五代 | 袁弘 | | 隐居 | |
| 袁五代 | 袁基 | 太仆 | 中二千石 | |
| 袁五代 | 袁术 | 中郎将 | 比二千石 | 妹夫杨彪、亲家冯芳 |
| 袁五代 | 袁绍 | 司隶校尉 | 比二千石 | 妹夫高躬是太守 |
| 袁五代 | 袁胤 | 太守 | 二千石 | |
| 袁五代 | 袁叙 | 太守 | 二千石 | |

从袁家五代 18 个二千石以上高官、经济实力异常雄厚的角度，从袁绍、袁术拯救党人、阴谋刺杀皇帝而没事的角度，袁家毫无疑问是豪族。

最后说一说第六大豪族，曹操家族。

曹操家族的开路人，是宦官曹腾。《三国志》一书说曹腾是曹参的后人，2012 年被复旦大学证实，他们之间没有血缘关系。不过曹腾在世的时候，很可能是打着曹参后代的旗号，这种事并不稀奇。东汉的宦官和明清时期的太监不太一样，东汉的宦官，很多是家里相当富裕，而且也相当有文化，不都是赌徒魏忠贤和小商人李莲英那个背景。比如大宦官中常侍曹节（与曹操家族无明确关系）家族，就是“世吏二千石”。

曹腾出生于公元 100 年，去世于公元 159 年，他和梁冀是同一年死的，在宫中工作了 30 多年，从没犯过什么错。曹腾起步，缘于汉顺帝当太子时，他就伺候着，受到汉顺帝的信任；曹腾发达，缘于他力挺梁冀，立了汉桓帝，因定册之功，被封为费亭侯，食邑多少户史书未记载。

曹腾的最高职位是大长秋，主要是负责内宫事务，跟随服侍皇后、太后。东汉太后掌权的时间较长，所以曹腾的影响力比较大。曹腾这人表面给人感觉很厚道，做事也不小气，他推荐过一些名士，比如张奂、张温等人，做过一些好事。汉桓帝即位是在公元146年，从那年开始，他和梁冀绑在了一块儿，于是家族势力膨胀。

曹腾的养子曹嵩曾拿出1亿钱，买了个虚职太尉，如此说明其家族非常富有。曹嵩的官职是大鸿胪，是负责少数民族事务、王侯进京接待，以及祭祀等的官职，这个职位油水并不大，之所以富有，可能还是食邑和其养父的本事。曹嵩在曹操起兵后被陶谦的手下杀害，系谋财害命，这也证明了曹家相当有钱。

**亳州曹氏**

| 世系 | 姓名 | 职位 | 秩级 |
|---|---|---|---|
| 1代 | 曹腾 | 大长秋 | 二千石 |
| 1代 | 曹褒 | 颍川太守 | 二千石 |
| 2代 | 曹嵩 | 大鸿胪 | 中二千石 |
| 2代 | 曹炽 | 长水校尉 | 比二千石 |
| 2代 | 曹鼎 | 太守、尚书令 | 二千石 |
| 2代 | 曹瑜 | 卫将军 | |
| 3代 | 曹操 | 济南相 | 二千石 |

由于宦官出身的关系，曹操家族的名声不太好。曹嵩买太尉、曹操20岁做洛阳北部尉，都是花钱买的，如此他有受家族不良恩惠的嫌疑。但是，因为汉灵帝时买官是合法的，除了支持梁冀立桓帝，曹腾并没有做什么恶事，所以这一条可以忽略。曹操后来自己打出来一个汉丞相，平定北方，这一条就足够弥补名声不好的缺憾。

曹家，要钱有钱，要人有人。曹洪、曹仁、曹休、曹纯都是名将，曹操起兵讨伐董卓时，曹洪、曹仁带领家族两千余人跟随曹操。三人同时当大官，三代出高官也符合；曹操半大孩子时调皮捣蛋没人敢管，刚当官就打死大宦官蹇硕的叔叔也能安然无恙，如此，他的家族符合豪族一切条件，货真价实的豪族。

有人可能会问，司马懿家族这时都干啥呢？他们是不是豪族？司马懿家多代为二千石官员，只是因为财富数额不够，所以东汉时尚未进入豪族之列。东汉中后期类似于司马家情况的家族不少，已经非常接近豪族，比如皇甫嵩家族、司马师的老婆山东泰山羊家等。羊家的代表人物是羊续，灵帝时官至太尉，中国有个成语叫“羊续悬鱼”，说的就是羊续。简单看一下下表，就清楚他们多么的接近豪族，所以才说东汉培育了魏晋时期的门阀。

| 东汉河内郡司马氏 | | | 山东泰山郡羊氏 | | | | 凉州安定郡皇甫氏 | | |
|---|---|---|---|---|---|---|---|---|---|
| 世系 | 姓名 | 职位 | 世系 | 姓名 | 职位 | 备注 | 世系 | 姓名 | 职位 |
| 祖上 | 司马印 | 项羽封殷王 | 1 代 | 羊侵 | 司隶校尉 | 羊衜的第一任妻子是孔融的女儿，第二任妻子是蔡邕的女儿。其女婿是司马师 | 1 代 | 皇甫棱 | 度辽将军 |
| 1 代 | 司马钧 | 安西将军 | 2 代 | 羊儒 | 太常 | | 2 代 | 皇甫旗 | 扶风都尉 |
| 2 代 | 司马量 | 豫章太守 | 3 代 | 羊续 | 太尉 | | 3 代 | 皇甫规 | 度辽将军 |
| 3 代 | 司马儁 | 颍川太守 | 4 代 | 羊衜 | 太守 | | 3 代 | 皇甫节 | 雁门太守 |
| 4 代 | 司马防 | 骑都尉 | 4 代 | 羊耽 | 太常 | | 4 代 | 皇甫嵩 | 太常 |
| 5 代 | 司马朗 | 兖州刺史 | 5 代 | 羊发 | 淮北护军 | | 5 代 | 皇甫坚寿 | 侍中 |
| 5 代 | 司马懿 | 军司马 | 5 代 | 羊祜 | 征南大将军 | 夏侯霸婿 | 5 代 | 皇甫郦 | 谒者仆射 |

东汉六大豪族，孔家体现的是名声的力量，张纲家体现的是智慧的力量，张纯家体现的是厚道的力量，桓荣家体现的是知识的力量，郭躬家依靠的是法律的力量。后起之秀袁家和曹家，在复杂的环境中靠广结人脉，不得罪人，一步步壮大了实力，走进了东汉的权力核心和历史舞台。400 年后，孔家后代名人依然不计其数，唐朝还出了三个状元，直到今天仍人才辈出；张良后代名人有唐朝宰相张九龄；袁安后代名人有唐朝宰相袁恕己；桓荣后代名人有唐朝宰相桓彦范；阳翟郭氏在唐朝出了郭孝恪，曾献捉拿窦建德之策，被封上柱国；曹操后代名人有唐朝的卫将军曹霸。

这才是真正的豪族。

# 第二十二章　刘秀属于豪族吗

最后看刘秀是不是属于豪族。刘秀家族是不是豪族，要从两个时间点来看。第一，刘秀出生时即公元前5年，是不是豪族；第二，公元22年起兵时是不是豪族。出身是不是豪族，要看刘秀往上数三代，即刘六代到刘八代。起兵时是不是豪族，是看刘七代、刘8代和刘秀28岁那一年的刘九代。

| 封地 | 户数（户） | 人口（人） |
|---|---|---|
| 桂阳 | 28119 | 156488 |
| 长沙 | 43470 | 235825 |
| 武陵 | 34177 | 185758 |
| 零陵 | 21920 | 139378 |
| 合计 | 127686 | 717449 |

因为刘七代刘仁搬家后，离开湖南原来的家族近三千里，虽然还属于一系，但在实质上已经很难交往，根据“族”的定义，是要聚集在一块才能叫作“族”，所以刘仁属于分家另过的新家族。搬家时470户，每户平均五口人，符合第一条户数多和人多的定义。

再看第二条，财富。这要从刘三代汉景帝说起。有一次汉景帝喝醉了，要临幸程姬。恰好程姬来了例假，就让丫鬟顶替。这个丫鬟一次就怀上了孩子，这个孩子就是刘四代刘发。刘发因为是丫鬟所生，子以母贱，被封到了长沙。长沙人少地贫，缴的租税自然也少，刘发不愿意去，但没办法，不去不行。一次回京开会，酒席宴上，刘发现场表演了一段舞蹈，极不协调，非常难看，像手脚残疾一样，把大家逗得是前仰后合，酒都喷了。汉景帝就问他：“刘发呀，你怎么跳成这样？没练过就敢上来丢人啊！”面相老实厚道的刘发就说，因为长沙地方太小，练习时跳不开。汉景帝一听就明白了，这是嫌封地不满意，哭穷来了。正在兴头上的汉景帝，就给他加了3个郡的封地。

这样，刘发就有了4个郡13万户71万人口的食邑。

刘四代汉武帝实行推恩令，要求把原来只能嫡长子继承的家产，改成全部儿子都能分得一份，目的是削弱诸侯国的实力。刘4代刘发，16个儿子，即便平均分配，到第13子刘买手里，食邑也不到8000户，到刘七代刘仁手里，最多只有2000户了。这里边还有一个情况，就是搬家时，刘仁主动提出，以减少封地和食邑置换。至于减少与否，减少多少，不得而知。2000户，是理论上的最高值，实际搬家时仅仅470户。2000户食邑，即800万钱的股权资产，这点钱，根本不够豪族3000万钱资产的标准。况且这2000户要被兄弟子侄再分配，刘敞也是这么干的，所以家族最富裕的家庭是刘敞家，离巨富差距相当大。这就是刘秀出生时的现实。

从高官数量和质量标准上看，刘八代刘仁这一辈，至少两个太守，刘仁的儿子刘八代刘敞做过比二千石的郡都尉，同时有三人都是比二千石以上的高官，达到了高官数量的标准。

根据西汉规定，官员不能在本地做官，所以刘家官员都在外地任职，很难影响老家的政府。当地除了一个不能参政管理地方事务的春陵侯，没有本家族官员。

总之，刘秀出生时，家里不符合豪族标准，主要是因为富裕程度不够，其次是家族里的官员，都是地方官且在异地做官，难以左右当地政府。虽然不够豪族标准，但确实挺接近豪族的，挺像，但不是豪族。

再看看刘秀起兵时的公元22年，刘秀所在的春陵刘氏家族是不是豪族。这时要看的是刘7代、刘8代、刘9代三代。

随着公元10年，王莽废除了全国侯爵的封地和食邑，以及32人以外的刘氏全部免官，刘秀家族已没有官员了，财富更达不到标准。

最后一条看影响政府的能力。

刘赐和刘玄是堂兄弟，都是家族8代掌门人刘敞的侄子。刘赐的哥哥因为杀人，被官吏依法处决了。刘赐和哥哥的儿子刘信，卖掉土地房产，雇凶杀了官吏，之后跑路了。后来朝廷大赦，才回家。从这件事上看，刘赐的经历和普通人犯法没什么不同，看不到家族的势力。

刘玄的弟弟被人杀了，刘玄也雇凶报仇。后来所雇之人犯法，刘玄跑路。

他跑了，官府就把他爹刘子张抓了。不得已，刘玄想了一招，他装死，请人把棺材抬给官府，这样官府才放了他爹。刘玄从此变成黑户，参加了绿林的平林兵，落草为寇。如果刘家真有左右官府的能力，可以像宋江一样，用一纸解除父子关系的协议就能解决刘子张的麻烦，何必找死人顶替那么复杂呢？从另一个角度看，如果不是刘家使钱找关系，官府怎能轻易相信无头死尸就是刘玄？看来，刘家还是动用了些关系，但是不够硬，违法了最多是有限度减轻，逍遥法外靠的还是跑路，甚至落草，哪里有豪族的影子？

刘秀在长安时，因为老家佃户欠田租一事，上诉到王莽的老同学严尤那里。由此可见，刘家连佃农都摆不平，在当地政府那里解决不了，才告到了首都，说明落魄的刘家在南阳肯定势力不够。虽然《后汉书》里刘秀的姐姐刘黄说过，刘秀在当普通百姓时，家里藏匿杀人犯，官吏不敢进门，好像很牛的样子，其实那是起兵之前的一段时间，已经决定造反了，当然不在乎官府。刘秀在家时，怕受宾客牵连，经常到外地躲避，可见不是官府怕他们，而是他们怕官府。刘黄出嫁了，她不一定了解家里的实际情况。刘家除了刘縯，其余人在当地都不敢惹是生非，这哪里是豪族的心态和状态！

刘秀在太学上学期间，买驴跑运输、卖药挣小钱，毕业后宛城贩谷、躬耕陇亩，都说明其家不富裕。

所以，刘秀起兵时，已经与豪族完全无关，连一般的小地主都不如。

结论是，白水乡刘氏，无论是在刘秀出生时，还是在他起兵时，都不是豪族。东汉政权，那一点点豪族的影子，都与刘秀无关。

等刘秀成为全国最大的豪族族长后，他老婆阴丽华家族很快成为豪族。接着，刘 2 代汉明帝的马皇后家——马援家族、刘 3 代汉章帝的窦皇后家——窦融家族、刘 4 代汉和帝的邓皇后家——邓禹家族、刘 5 代汉安帝的阎皇后家族——阎章家族、刘 6 代汉顺帝的梁皇后家——梁统家族，陆续成为东汉的六大外戚豪族。

阎章不是功臣，他的事与刘秀没有直接关系，他只是汉明帝时期的尚书，曾把自己的两个妹妹送给汉明帝做贵人。汉明帝也没有因此就重用阎章，阎章一生的最高职务也仅仅是比二千石的步兵校尉。阎章的孙女最后成为汉安帝的皇后。

东汉九个成人皇帝，六大外戚豪族，与六大官僚豪族，以及六代宦官，成为东汉政治舞台的主角，他们之间的博弈角杀，引出了武将董卓，演绎了一出东汉的大戏。

客观地说，东汉不是豪族建立的政权，刘秀和大部分开国功臣都不是豪族，但东汉存续期却滋养了豪族，培育了未来更大的豪族。袁氏、曹氏、司马氏、桓氏、琅琊王氏等，都在东汉孕育和崛起。所以东汉开国皇帝刘秀直柔的性格，给予了豪族成长的空间，对中国历史发展轨迹起到了重要的影响。

## 小　结

关于刘秀，基本介绍完成。刘秀生于官宦之家，成长于王莽对刘氏打压的西汉末年和新朝，后被哥哥刘缜带入造反部队，开始第一次创业。哥哥被杀后，刘秀利用原单位资源在职二次创业，陆续接受颍川七杰、南阳六杰、冀州六杰、幽州六杰、南阳三将军的投资和加盟，在没有南阳舂陵刘氏、舅舅家族樊氏、岳父家族阴氏、妹夫家族李氏的帮助下，创建了东汉。东征西讨，陆续灭掉 24 个敌人，实现了全国统一。平定度田风波后，全国走入正轨。

刘秀一生，优点很多，尤其是昆阳之勇和洛阳之忍，把视死如归和韬光养晦演绎得淋漓尽致。称帝以后，陆续推出十大改革措施，虽无太多创新，但对皇权有巩固之作用，对百姓有休养生息的意义，也取得了较好的效果。

（1）功臣退休，任用循吏。

（2）厚爱外戚，弃用宗室。

（3）设尚书台，架空三公。

（4）撤郡都尉，裁军精武。

（5）放奴释狱，恢复地位。

（6）撤郡并县，精简官员。

（7）推行度田，三十税一。

（8）抑制豪强，限制亲属。

（9）边境防守，止兵息武。

（10）新建太学，崇尚儒术。

刘秀最大的优点，是知道什么时候是关键时候，而且关键时候豁得出去；成功时不骄傲，低谷期懂忍耐，能审时度势、真正识时务。

他的缺点也不少，本着矫枉过正的思路，总结刘秀六个不足。

（1）智商一般，迷信纬谶。

（2）缺梦少志，创业不坚。

（3）放纵外戚，启用宦官。

（4）胸怀不宽，精于算计。

（5）治属不严，指挥一般。

（6）求全责备，追求完美。

当然，以上不足，是在肯定刘秀的优点基础上的不足。

如果一定要评价刘秀是一个什么样的人，只能这么说：刘秀总体是个厚道人，但有时候也很刻薄；是一个大度人，有时候也小心眼；是一个聪明人，有时候也犯糊涂。刘秀是一个性情中人，他犯的错误多数人都犯过；也是一个正常的普通人，没达到出乎其类、开创时代、雄才大略、英明神武的程度，也没有差到暗弱昏聩、独断专行、偏安苟活、胡作非为的地步，性格上直柔容忍，素质上才智中上，品德上整体不错。读书、用人、打仗，没多厉害也不算很差，为君、为夫、为父，不算优秀也不是渣男。基本就是个邻村一一大学生，被其哥哥带领出道，赶上了创业的风口，积极干实事、踏实不懈怠，形势推人走、压力促前行，被迫获进步、努力得成功，终于成为一代帝王。大权在握后，能克制己欲，不奢靡折腾；生杀予夺时，能服理听劝，未滥杀无辜。遗憾的是，治国缺少红线意识，厚爱外戚、启用宦官，埋下了国家内斗的隐患；理政多以柔道为主，防范武将、起用循吏，孕育了豪族成长的温床。一个“柔”字，影响了中国历史的走向。死后谥号“光武”：“能绍前业曰光，克定祸乱曰武。”

# 下部

# 董卓

# 第一章　宦官业绩光耀朝野

公元125年旧历十一月初二。寒风刺骨。

不知何时开始，谁也没注意，一群宦官装束的人，聚集在洛阳皇宫的北宫崇德殿。他们面色凝重，神色紧张，行动谨慎。互相低声耳语一阵之后，忽然一起脱掉棉袍单衣，然后用刀砍断自己的单衣袖子。接着，他们面对着墙上的画像，跪了下来，在三个人的带领下，开始磕头说话。

之后，风一样散去。

十一月初四。京城和十六个郡国地震。夜，皇宫各宫门紧闭，门外一排排的士兵在寒风中挺立，岗哨明显多于平时。皇宫戒严，一片肃杀。

倏忽之间，那些宦官不知从哪里窜了出来，个个手提刀剑，急匆匆地奔向崇德殿，略一集合之后，扑向章台门。

踹开章台门，只见四个年纪大一些的宦官，正坐在屋里，围着火炉聊天。闯进来的人二话不说，举起刀剑就剁。瞬间，三个大宦官就死在他们的刀剑之下，剩下的一个，颓丧地坐在椅子上，抖如筛糠。

那个筛糠的宦官，名叫李闰，是皇帝身边的中常侍。死去的三个宦官，分别叫江京、刘安、陈达，职务分别是中常侍、黄门令、钩盾令。中常侍，是级别最高的宦官，秩级比二千石，是皇帝最贴身的亲信。黄门令，是皇宫内中小宦官的总头子，秩级六百石。钩盾令，是皇宫里池苑景区的负责宦官，秩级也是六百石。

进来杀人的共十八个宦官。带头大哥叫孙程，仅仅是秩级比三百石的中黄门。他的副手有两个，一个叫王康，也是中黄门；另一个叫王国，是长乐宫丞（太后身边的宦官），秩级也是三百石。其余的都是级别更低的小宦官。

这些小宦官，没有宣读圣旨的程序，直接杀了皇帝身边的大宦官，莫非要造反？

没错，他们就是要造反。他们要干一件惊天大事：立皇帝。十一月初二的聚会，史称“截衣立誓”。

作为奴才的宦官，想立皇帝，本就不那么让人能理解。十几个小宦官，敢立皇帝，谁信呢？莫非背后有人支持他们？

没有任何大人物明确表态支持。事情机密，根本没几个人知道。他们这么干，靠的只有一个信念，就是要立汉安帝的儿子废太子刘保为皇帝。为此，孙程只是在四天前，和代表刘保的对外跑腿人——谒者（官名）长兴取得了联系。刘保的手下，当然希望有人自愿拥立刘保称帝。于是，曾经任职于太子府的宦官王康，以及孙程的前同事王国等人，就联合了一些小宦官，直接动手。

他们的对手是谁呢？

第一个是汉安帝的老婆，太后阎姬，东汉帝国当时的实际控制人，掌管着皇帝的玉玺和符节；第二个是阎姬的哥哥，车骑将军阎显；第三个是阎姬的弟弟，卫尉阎景；第四个是阎姬的弟弟，城门校尉阎耀；第五个是阎姬的弟弟，执金吾阎晏；第六个是虎贲中郎将，阎家人阎崇；第七到第九个是阎皇后身边的铁杆宦官，中常侍江京、黄门令刘安、钩盾令陈达；第十个是中常侍李闰。

这些人，任何一个，都是孙程等人平时根本惹不起的存在。

当时的东汉，原皇帝驾崩、新皇帝未立，没有皇帝，太后阎姬是最高统治者。其兄阎显是当时级别最高的军官，因为他上边没设大将军和骠骑将军，同时他还是与“三公”级别相同的人，叫“同三司”。中二千石（相当于正省部级）的卫尉阎景，掌管宫门卫士和宫中巡查，手下有 2704 名士兵。比二千石的城门校尉阎耀，掌管洛阳城十一个城门（洛阳共有十二个城门，其中平城门归卫尉管理），手下士兵至少上千人。中二千石的执金吾阎晏，负责城门和宫门之间的巡逻，以及武器库管理，手下有 720 名士兵。比二千石的虎贲中郎将阎崇，负责宫殿内的保卫，掌管 1500 名精锐铁甲武士。

东汉皇帝的安保分五个层次：从内往外，第一层由宦官负责，头领是黄门令，主要成员是中黄门。第二层是光禄勋领导的虎贲羽林军，包括虎贲中郎将、羽林左监（骑兵 800 人）、羽林右监（骑兵 900 人）、羽林中郎将（骑兵 128 人），合计 3328 人。第三层是卫尉，第四层是执金吾，第五层是城门校尉。还有一支皇帝亲军，即由北军中侯管理的北军五营，有 4781 人。

也就是说，无论是洛阳的城门（城门校尉），宫门（卫尉），还是殿门（虎贲中郎将），都有阎家人领兵。

以区区十八个残疾人，对抗手握重兵的阎家众将及四大宦官，孙程等人，莫非疯了？

疯了也要干。因为他们看不惯阎家的做法，为了心中那一股不可遏制的正气。

事情的缘由，要从汉安帝在世时，他老婆阎姬说起。阎姬是汉安帝很宠爱的皇后，因为没生出儿子，总担心失宠后大权旁落，于是鸩杀了唯一的皇子刘保的生母李氏。阎姬担心刘保长大后报复，就设计陷害刘保，致使刘保被废掉太子之位，在崇德殿闲住。

公元 125 年春，汉安帝带着阎姬、李闰、江京等人南下游玩，三月初十于途中突然驾崩，时年 31 岁。死前没留下任何遗言。阎姬秘不发丧，赶回京城后才对外宣告汉安帝驾崩。作为皇后，阎姬掌握了立新皇帝的权力。她不可能立刘保为皇帝，就另选了一个宗室小孩儿当皇帝。

11 岁的刘保被边缘化，阎姬还不允许刘保参加其亲爹汉安帝的葬礼。刘保在灵堂外孤独抽泣的声音，引来群臣和宦官的广泛同情。

阎姬成为东汉的实际控制人后，阎家人飞黄腾达，作威作福，搞得不得人心。阎家本以为好日子长着呢，没想到不到 7 个月，新立的小皇帝于公元 125 年旧历十月底病死了。

小皇帝病死之前，宦官江京找到阎显，说你得赶紧准备新皇帝人选。于是阎姬等人一边派人飞马召各诸侯王子进京，一边秘不发丧，紧闭宫门，派兵戒严。这就是开头所描述的情况。总之，阎姬就是不立没有过错的汉安帝的亲儿子刘保。

孙程是宫里的宦官，较早知道了傀儡小皇帝驾崩的消息！经过串联密谋后，他们首先袭杀了江京等人，之后逼着有一定威望的李闰一块造反。李闰被迫同意。这样，就在崇德殿旁边的德阳殿，在宦官的拥戴下，刘保称帝，即汉顺帝。没有诏书，没有玉玺印绶，只有一群宦官。接着，李闰、王康等人簇拥着刘保的车驾到了南宫云台，召见尚书、仆射等群臣。孙程等留守在北宫，阻拦阎家势力。

刘保称帝，从程序上看根本不合法，但因为他是汉安帝唯一的儿子，身份摆在那里，群臣都认可他，称帝也就成了。可是，如何面对阎氏集团的武装反击呢?

面对刘保已经称帝的事实，阎姬选择了派兵绞杀刘保和造反宦官。可因为消息阻隔，正在北宫里的阎显和阎景，无法与其他阎家将领和具体办事的尚书们联系。无奈之下，卫尉阎景偷偷逃出北宫，纠集手下兵士进攻皇宫。孙程传刘保的命令，要尚书们抓捕阎景。尚书郭镇（六大官僚豪族之一郭躬的后代）带着虎贲军，与阎景在宫门相遇。郭镇拿着没有盖章的诏书要阎景伏法，阎景拒不奉诏，挥刀砍向郭镇。历史在阎景与郭镇一对一的较量中，适应了人心，阎景功夫不行，被抓。如此，阎家大势已去。次日，刘保取得玉玺，阎家兄弟全部被杀，阎姬被迁到离宫囚禁，族人流放日南郡（今越南）。

十八个小宦官，竟然把如此大事干成了。

这是何等的功劳！汉顺帝刘保怎能不发自肺腑地感谢这些为他玩命的宦官!

很快，孙程封侯，食邑万户；王康、王国各食邑九千户，其余宦官也都各有封赏，共十九名宦官被封侯，史称“十九侯”。动手的十八个，封侯的十九个，差异是有一个叫苗光的，参与了谋划，但未赶上动手，事成后王国把他名字加了上去。这件事后来被举报出来，汉顺帝也没当回事，还是保留了对苗光一千户的封赏。

孙程等十九名宦官，在危险中立汉顺帝的业绩，被后世严重低估。熟悉历史的人，比较一下赵高谋立胡亥、陈平立汉文帝、霍光立汉宣帝、吕端锁住王继恩立宋真宗为帝等这些事，就能看出孙程的胆量和难度。孙程的功劳，可以说前无古人后无来者，他被当时士大夫称为“有伊尹、霍光一样的功勋，张良、陈平一样的谋划”。因为十九侯的突出业绩，提高了宦官在东汉的名声和地位，一边打了士大夫的脸，一边为后世宦官树立了榜样。

中国历史上有三个宦官专权的时代，分别是东汉、唐、明。史书上宦官的名声大多不好，说他们阴阳怪气、贪污纳贿、蒙蔽圣聪、祸国殃民。其实未必是宦官有多坏，也有撰写史书的文官集团，故意泼脏水的结果。他们之所以抹黑鄙视宦官，第一，因为宦官总是能赢得皇帝的信任、抢文官集团的权力；第二，因为宦官的文化水平确实整体不高，心中缺少治国平天下的理想。一群文盲、半文盲，依靠皇权欺负读了一辈子圣贤书的人，读书人能受得了才怪！可是，读圣贤书的人，未必一定在道德水平、胆量勇气、对皇帝忠诚度上高于宦官。从另一个角度来看，在科举制实行以后，学霸基本当了官，可学渣想当官怎么办呢？除了黄巢、宋江、洪秀全这些造反的，想当官确实很难。从某种角度上讲，牺牲后代和人伦做宦官，是草根阶层能够崛起的最重要途径。这在科举制实行以前，靠门第和举荐（察举制）才能当官的东汉，也是如此。

本书无意给宦官正名，只是以一颗不带感情色彩之心，公平公正对待宦官，这才是公平公正的态度。孙程这样的业绩，确实是很多士大夫做不出来的，最起码把史书上大书特书的霍光比了下去。

本书之所以从十九侯说起，是因为孙程这一功劳，对东汉的影响实在太大了，以后的宦官都在向他学习，造成了东汉宦官的势力越来越大，不可遏制地野蛮生长，与武将董卓的上位有很大关系。

# 第二章　宦官凭什么立皇帝

宦官，分阉人宦官和非阉人宦官，本书所说的宦官，仅指阉人宦官。

孙程是东汉开创时代的宦官吗？不得不说，是也不是。说是，是中国自有皇帝以来，他是第一个立皇帝的宦官；说不是，是因为在他之前，就有功劳显赫的宦官了。孙程也是踩着前代宦官的肩膀，才做出开创历史的大事。

有人可能不服，说赵高立秦二世胡亥，他才是第一个立皇帝的宦官。可惜，考据证明，赵高不是阉人宦官。宦官名称的由来，是根据天上星宿位置。在天帝星旁边，有四颗小星星，称为宦者星。古人把在皇帝身边服务的人员称为宦官，并不一定是阉人。刘邦建立西汉后，主要宦官都由士大夫担任，一般出自太后或皇后家族，那是皇帝的贴身顾问，也是皇帝和大臣的联络桥梁。阉人宦官作为奴仆长期没地位被压制，西汉最出名的阉人宦官是汉元帝时期的石显，在历史上不太重要。高级宦官用阉人，是从东汉刘秀开始；全用阉人，是从邓禹的后代邓绥邓太后开始的。也就是说，秦、西汉和王莽新朝时期，阉人宦官级别低权力小，刘秀启用阉人做大宦官以后，才逐步形成了宦官阉人化。

要回答“宦官凭什么立皇帝”，还得从史书的主角开始说。

正史史书所记载的，或者说活跃在二十五史内容里的主角，主要是皇帝、宗室、皇后及外戚、文官、武将、宦官，以及从未缺席但记载有限的少数民族和造反农民，即“6+2”模式。在皇帝的眼里，士农兵学商是对百姓的分类，亲戚文武宦是对官员的分类。皇帝管官员，官员管百姓，史书记载金字塔顶部的事，基层百姓的事史书一般不讲。

在东汉灭亡这个逻辑里，主角涉及了皇后和外戚、宦官、文官、武将四大势力，当然皇帝是任何时候都离不开的，唯一缺少的就是宗室。

在本书上半部中，列举了刘秀称帝以后的十大改革措施，其中弃用宗室、厚爱外戚、任用循吏、撤郡都尉、启用宦官五大举措，就是刘秀对这五大势力的态度和定位。之所以弃用宗室，是刘玄杀害刘縯，宗室诸刘无动于衷的漠视，造成刘秀对宗室很失望。另外刘秀成功建立东汉，刘氏宗亲也没帮上大忙。建立东汉的主要力量是地方异姓文武官员，所以刘秀称帝后重点防范文武官员集团。撤销郡都尉，是对地方武将集团的防范；任用循吏，是对文官集团的防范。因为失望和防范，所以宗室、文官、武将在东汉大部分时间里不是主角。

刘秀厚爱外戚和启用宦官这两条，与东汉的灭亡有很大关系，也就是说，正是因为刘秀的政策，造成了东汉的灭亡。这句话有把后世所有的责任，都推给首任皇帝的意思。首任皇帝做得不好，后代皇帝可以改嘛！后代皇帝毋庸置疑要进行调整，但是，修改一件旧衣服，并不比做一件新衣服更容易，要改变开国皇帝订立的规则和文化，想想宋朝王安石变法和清朝戊戌变法就明白有多难。而且开国皇帝的眼光和决断力，往往超出生活在温柔乡里的后代皇帝，以弱后改强先，可能性不大，毕竟像汉刘彻、明朱棣、清玄烨那样的皇帝不常见。再者，“三年无改乃父之道，可谓孝矣！”在以孝治天下的时代，后世要推翻自己老祖宗建立的文化生态，在“天不变、道亦不变”的理念下，的确有难度。而历史已经有先例的事情，后世有选择地追随甚至扩大却相当容易。比如，刘秀废过皇后郭圣通，他后代 8 个成人皇帝，3 个都离过婚——汉和帝废阴氏，汉桓帝废邓氏，汉灵帝废宋氏。学好难，学坏容易，这就是现实。

刘秀在称帝以后，确实对外戚非常好，根本没把外戚当成防范的对象。刘秀时代的外戚，主要是其舅舅家族樊家，大老婆阴丽华家族、二老婆郭圣通家族（豪族外戚 1 代）。樊家五人封侯，郭家三人封侯，阴家四人封侯，官位和赏赐更是无数。郭家号称“金穴”，可见赏赐之厚。刘秀对阴家更是不错，无论阴家提出什么要求，刘秀基本予以满足。刘秀共有五个女儿，其中第四个女儿，嫁给了郭圣通的侄子郭璜，小女儿嫁给了阴丽华的侄子阴丰。

因为樊、郭、阴三大外戚比较克制，所以并未给刘秀时期的统治带来太多不利的影响。但刘秀如此旗帜鲜明地厚爱并重用外戚，摆明了是告诉朝野和后世，东汉就是家族企业。他这么干，儿孙们一定会以刘秀为榜样，有样学样。万一后世出现一个像王莽那样有本事又高调的外戚，又赶上刘氏某代皇帝未成年，那可怎么办？后来事实证明，外戚豪族 2 代马防、3 代窦宪、4 代邓骘、5 代阎显、6 代梁冀，一个比一个嚣张。10 岁继位的刘 4 代汉和帝、13 岁继位的刘 5 代汉安帝、11 岁继位的刘 6 代汉顺帝、15 岁继位的刘 2 代汉桓帝、12 岁继位的刘 7 代汉灵帝、9 岁继位的刘 8 代汉献帝，一个比一个软弱。小皇帝长大后，不满权力被侵占，分别利用宦 1 代郑众、宦 2 代江京、宦 3 代孙程、宦 4 代单超，灭掉了戚 3 代到戚 6 代。宦 5 代曹节、王甫，宦 6 代张让、赵忠，更是直接绕过皇帝，干掉了戚 7 代窦武、戚 8 代何进。整个东汉的历史就这么来回折腾。刘秀作为东汉文化的塑造人，确实有不可推卸的责任。

如果说外戚造成了东汉的灭亡，马上就会产生一个问题，即刘秀亲身参加了推翻外戚王莽的战斗，对外戚篡汉这个历史教训，刘秀根本无须读史书就知道，难道他没有借鉴和防范吗？

王莽到底是士大夫还是外戚，外戚和士大夫到底有什么区别，这要说清楚，否则，将官员分成外戚、豪族士大夫、军阀、宦官就不成立。外戚也是臣子，也可能有能力、有文化，凭什么不能成为士大夫？司马迁被阉割后，是不是成了宦官？曹操集豪族、军阀、外戚、宦官后代于一身，到底什么才是其主要身份？现代人读史，时刻应该记住一点，即古代是阶级社会，不是倡导人格平等的民主社会，阶级社会的主要特点就是存在高低贵贱分别的阶级或集团。区别是哪个阶级或集团的人，主要看两点，第一是出身，第二是途径。途径，就是达到今天这个位置，最主要、最关键靠的是什么！司马迁被阉割前，职位是太史令；阉割后，职位是中书令。司马迁做太史令，是靠世袭和才华；做中书令，不管自己怎么看，汉武帝是把他当作宦官了，可以出入后宫，所以阉割后的司马迁就不是士大夫了。曹操出身于宦官家族背景，在他逃出董卓控制的洛阳以前，再怎么反对宦官专权，他也是“竖阉遗丑”，逃不开宦官的背景。后来他独立创业，做了丞相，不是靠女婿是汉献帝这种裙带关系，也不是靠宦官家族背景，而是靠武力平定北方，那他就变成豪族宦官出身的武将。挟持天子独霸一方后，就深化为军阀。外戚的本质，按

《汉书》的观点，是“享富贵不以功”，即得到富贵不是靠功劳，而是靠与皇帝的母亲或妻子有亲戚关系。所以靠什么起家、靠什么做官，才是外戚和士大夫的根本区别。王莽 23 岁开始做官，30 岁封侯、官级比二千石，能力才华不是主要的，姑妈王政君的关系才是硬道理，所以他就是外戚。即使他的才华和成就全世界第一，也是外戚；即使姑妈和皇帝死去，新皇帝与他一毛钱亲戚关系没有，他也是过了气的外戚；即使改朝换代以后，新皇帝不姓刘，他仍是前外戚。这个标签他必须扛到他称帝前夜。史书把王莽和杨坚界定为外戚称皇帝的，就是这个道理。

刘秀没有吸取外戚王莽篡汉的教训，既不是他糊涂，也不是王莽做得好，而是他认为，依靠外戚是最佳选择。

东汉因为外戚而产生宦官专权，明朝没有外戚专权情况，照样产生宦官专权，说明外戚不是产生宦官专权的充分必要条件。没错，只要皇帝未成年，从太后、宗室、外戚、文官、武将、宦官中产生一人专权，是大概率事件。既然一定要有人专权，那刘秀倾向于谁呢？念过太学的刘秀，一定熟悉东汉以前的历史，秦朝赵高专权，西汉早期吕后专权，中期霍光专权，后期外戚王莽篡权，这些事件刘秀肯定会思考，为长治久安也会设计方案，防范未来的风险。

从刘秀坐稳江山后推行的厚爱外戚、弃用宗室、功臣退休、架空“三公”、任用循吏、撤郡都尉等政策来看，刘秀从开始就不相信、不依靠宗室藩王、文臣、武将，他把可能专权的机会留给了太后。在刘秀的理想框架里，如果出现未成年的小皇帝，可以由太后或太皇太后掌权。由太后掌权，既正常又安全，试想，只要不是吕后那样的母亲和奶奶，哪个女人能让自己的哥哥弟弟篡自己儿孙的皇位呢？由太后掌权，在宗室被排除、官员是循吏、武将无兵权、宦官人数少的情况下，刘氏江山可保无恙。如何防止吕后那样的人再出现？吕后出身于小富之家，不能与知书达理的大家闺秀相比，所以后代皇后只要出自家教良好的大富大贵之家，再现吕后的概率就不大。这就要求后代皇后必须出自有文化、有见识、有教养的大家族，如此，与有良好基因的功臣联姻成为必然。

刘秀有坐稳江山以后，为了夯实皇权厚度，很快开始与功臣联姻。

刘秀11个儿子5个女儿，有记载的6项联姻，除了上文提到嫁给郭家、阴家的2个女儿，还有3个女儿，分别嫁给了梁统的儿子梁松、窦融的侄子窦固、历书未记载家世的韩光。刘秀的嫡长子、后来的汉明帝，娶了马援的女儿、贾复的女儿、阴家的女儿。刘秀确定了与功臣联姻政策，于是其后代不断与功臣后代结婚，这些家族也通过七大姑八大姨的关系，拼命往皇宫里送美女。

汉明帝的三女婿，是耿弇的侄子；耿弇的一个侄女，是汉安帝的嫡母。

功臣王霸的孙子，娶了汉明帝的一个女儿。

汉章帝的媳妇，包括梁家、窦家的几个女儿。

邓禹的孙女，是汉和帝的皇后。

汉章帝的妹妹，分别嫁给了邓家、来家等。不再一一讲述。

东汉9位成人皇帝的15位皇后中，阴家2个、窦家2个、邓家2个、梁家2个，郭家、马家、阎家各1个。除了阎姬，都是开国功臣的后代。汉灵帝和汉献帝的4个皇后情况不同，另说。贵人以下忽略不计。

**东汉历代皇后列表**

| 行次 | 帝王 | 皇后 | 掌权时间 | 军事首领 |
|---|---|---|---|---|
| 1 | 光武帝刘秀 | 郭氏 | | |
| 2 | | 阴氏 | | |
| 3 | 汉明帝刘庄 | 马氏 | | 车骑将军马防 |
| 4 | 汉章帝刘炟 | 窦氏 | 4年4个月 | 大将军窦宪 |
| 5 | 汉和帝刘肇 | 阴氏 | | |
| 6 | | 邓氏 | 15年3个月 | 大将军邓骘 |
| 7 | 汉安帝刘祜 | 阎氏 | 9个月 | 大将军耿宝<br>车骑将军阎显 |
| 8 | 汉顺帝刘保 | 梁氏 | 24年 | 大将军梁商 |
| 9 | 汉桓帝刘志 | 梁氏 | | 大将军梁冀 |
| 10 | | 邓氏 | | |
| 11 | | 窦氏 | 9个月 | 大将军窦武 |
| 12 | 汉灵帝刘宏 | 宋氏 | | |
| 13 | | 何氏 | | 大将军何进 |
| 14 | 汉献帝刘协 | 伏寿 | | |
| 15 | | 曹节 | | 丞相曹操 |

刘秀寄希望于好太后的想法挺好，可即便出身名门的皇后确实知书达理，

当太后掌权后也没有像吕后那样凶残，可她们长居深宫，接触外界机会很少，极易出现四种情况。第一种情况，重用父兄和宦官。因为只要不用这些人，就不会传出女主的绯闻。汉和帝时的窦太后，窦宪的妹妹，召见宗室帅哥刘畅的次数多了一点，就传出她与刘畅有不正当男女关系。窦宪怕刘畅分了自己的权力，派人大白天刺死刘畅。张居正时代，也传出他与李太后通奸，所谓“黑心宰相卧龙床”。为防止有人嚼舌头，太后必然依赖父兄和宦官。第二种情况，女人也会产生权力依恋，即所谓揽权。权力的诱惑实在太大，人类几乎无法抵抗。宋钦宗和明代宗，让他们当皇帝时死活不干，可做了皇帝后，打死也不愿退位。男人如此，死了老公的女主也一样。第三种情况，如果皇帝是太后的亲儿子还好，如果不是，那就完全变样了。让皇帝长不大就死去，再立小皇帝，如此可以长期执政，成为太后家族利益最大化的首选方案。第四种情况，就是太后执政后，因为对外臣不了解、不信任，必然重用自己家族里的人，如此外戚就会一股独大。如果大到影响皇权了，当皇帝需要反抗外戚的时候，却没有依靠的力量，只能找身边的宦官。平时最让人看不起的宦官一旦掌权，那种反弹的力量，胜过小人得志，毒蛇苏醒。只要这四种情况发生，外戚专权或宦官专权，在东汉就顺理成章会发生。

结论：东汉的女主主政或者外戚专权，就是刘秀的制度设计，故意而为之，是为保持皇位持久的解决方案。这是刘秀能想到的最好办法。在此只能说刘秀的智力有限。只有雄才大略的君王，才能根据历史血的教训，知道不能触碰的红线，进而克制自己的情感，去做自己未必情愿的决策。比如汉武帝，知道帝幼母壮，容易造成外戚掌权，所以他在儿子刘弗陵继位时，却把刘弗陵的母亲钩弋夫人处死。以柔治天下的刘秀，根本没那么残忍的心肠和到位的手段。

刘秀的教训后来被宋朝、明朝吸取。宋朝规定，太子的老婆，只能从落魄勋旧中选。这样，即使太后揽权，也没有哥哥兄弟子侄可用，无法大规模任用外戚。明朝更严格，皇后基本从民女中选择，考不上进士的外戚几乎没机会登上权力舞台。从结果看，北宋时期，12 岁的宋仁宗继位，刘娥刘太后险些就当了武则天；9 岁的宋哲宗继位，高太后就全面废除宋神宗的新法。女主很强势。明朝时期，9 岁的朱祁镇继位，就出了大宦官王振；15 岁的朱厚照继位，就出了刘瑾等八位宦官。宦官很厉害。赵光义和朱元璋同样选择了太后，虽然也出现了女主专权和宦官乱政，但就是没出现外戚专权，宦官乱政时间也很短，这不能不归功于制度设计，比刘秀要进步。

上一段假设太后知书达理，但怎么选择知书达理的女人呢？或者说，基因能决定知书达理吗？肯定不行。刘秀希望通过与家教良好的功臣联姻的办法，加强家族的统治，这是一起政治事件，并非两个孩子结婚那么简单。对于这么重要的事，刘秀没有定出后代确立皇后的原则。刘秀自己离过婚，他的后代也可以离婚，之后任由自己选择皇后，那就乱套了，其后代皇帝甚至要抓阄决定谁是皇后。如果抓阄，就有运气和概率问题，造成了谁都想把自己家的女儿送进皇宫，且越多越好，因为越多概率越大。如果不采用抓阄的办法，就会在女人之间和女人的家族之间产生竞争，且是恶性竞争。

外戚之间的斗争，从刘秀时期就埋下了伏笔。事情起源于刘秀的女婿梁松举报马援贪污。刘秀相信后，严查在剿匪前线病亡的马援，并且不准马援下葬。马援根本就没贪，本身就是大家族的扶风马家自然不服气。刘秀为保住自己的女婿，把这事硬生生地压住了。他拒不承认马援是冤案的做法，造成马家与举报者梁松家族结下不解之仇。为了报仇，马援的侄子马严，想尽一切办法，请示刘秀同意，把马家所有没出嫁的女孩，都送给太子刘庄当小老婆，希望有朝一日能出个皇后，报得家仇。后来马援的小女儿成了汉明帝的皇后，在她的压力下，梁松谋逆，被汉明帝处死，大仇得报。

梁家、窦家，采用同样的办法，赌未来的皇后。到汉章帝时，窦家胜出。窦皇后没孩子，依仗汉章帝的宠幸，领养了梁贵人生的儿子，认作自己的儿子。梁家知道此事以后在家里偷偷摆酒庆贺，因为这孩子被皇后抚养，长大后做皇帝的概率极大，权力会回到梁家。窦皇后听说梁家摆酒庆贺的消息后，陷害并处死了梁贵人的父亲，梁贵人也因抑郁惊惧而死。世代交好的梁窦两家因此结下仇恨。在后宫这个隐蔽的战场上，外戚的势力相互角逐，造成后世皇帝一系刘氏根本都生不出多少子孙，生出来也难以养大。

刘 2 代汉明帝刘庄曾想遏制外戚势力，他对外戚管理比较严格。比较典型的事件，就是小两口打架，阴丰捅死了自己的老婆刘绶，即阴丽华的侄子杀了刘秀的女儿。汉明帝下令，处死阴丰，并让舅舅阴就和舅妈自杀。刘庄杀阴就夫妇，其实也不合情理。丈夫杀妻，要公婆以死谢罪，实在牵连太过。如果刘庄的弟弟杀了弟媳妇，难道要把刘秀从棺材里拉出来杀头吗？“己所不欲勿施于人”，这个道理其实很浅显，可刘庄愣是硬干，摆明了他就是要抑制外戚。

刘庄虽说手段严厉，但刘秀树立的“直柔”文化一旦形成，很难改过来。而且那时候人家表面都比较温良，没什么错误，有错也都承担了，你能全部杀掉吗？再说，谁也没长后眼，刘庄更没有汉武帝之魄力。

如果东汉皇帝都像刘庄那样，年长继位、聪明果断，也未必会出现外戚或宦官专权，问题是嫡长子继承制下，就不可能一直没有意外。在东汉刘庄30岁继位反倒成了稀缺，因为从刘4代汉和帝开始，即位年纪最大的虚岁15岁，最小的刚过百天，这可怎么管理江山？按刘秀的设计，由女主掌权，那外戚就必受重用，宦官就必然越来越多。刘秀时期阉人中常侍1—2人，刘庄时4人，到邓绥邓太后时期全部用阉人，10人，汉灵帝时12人。刘秀打开了潘多拉魔盒，后代皇帝和女主推波助澜，宦官成为一种政治势力。在东汉，中常侍可以传达圣旨、主持祭祀、监理朝会、举荐官员、典领军务等，权力极大。

汉武帝刘彻阻止外戚专权的红线，被神一样的王莽突破了，接着又被刘秀抛弃了。刘秀不但没有吸取教训，反而为外戚专权大开绿灯，如此留下了宦官专权的隐患。当然，刘秀只是留下了隐患，当时并没有产生什么问题，问题是逐步形成的。

要厘清这一过程，就必须知道东汉发展的大体脉络。东汉，从公元25年刘秀登基开始，到公元220年曹丕称帝结束。初中历史有一道选择题，问：曹操、刘备、孙权、关羽，谁不是三国时期的人物？答案是曹操和关羽，因为关羽死于曹操之前，曹操是公元220年3月15日那天去世，同年公历12月11日曹丕称帝，东汉才算彻底结束，三国开始。东汉大体经过三个阶段：第一阶段是光武帝刘秀、汉明帝刘庄、汉章帝刘炟统治时期，即公元25—公元88年，属于皇帝掌权时期，政治上较为开明；第二阶段是汉和帝、汉安帝、汉顺帝统治时期，即公元88—公元144年，属于外戚和皇帝交叉掌权时期，政治半黑半白；第三阶段是汉桓帝、汉灵帝、汉献帝时期，从公元146年开始，到公元220年结束，是东汉走向衰落的政治黑暗时期。东汉存续195年，这三个阶段所占时间大致三一三十一。最后阶段有两个重要时点，其一是公元159年，外戚梁冀被杀；其二是公元189年，军阀董卓进京。

重要的事情重复两遍：东汉历经九个成人皇帝，分为三个阶段，两个重要时点，公元159年和公元189年。东汉九帝之间还穿插了五个小皇帝，继位时年纪小、在位时间短，累计44个月左右，不搞历史专业的人，对其可以忽略不计。

阴家是豪族外戚1代，表现就比较好。阴丽华的三个兄弟阴识、阴兴、阴就，被称为外戚楷模。阴兴是个大力士，公元26年追随刘秀，是刘秀身边的卫队长。公元33年，刘秀要封他侯爵，大印都摆在桌子上了，可阴兴推辞说："我没有冲锋陷阵的功劳，况且我们阴家得到的封赏已经足够多了，富贵到达顶点，再增加就不是好事情了。"阴兴拒绝后，阴丽华问他为什么要拒绝，阴兴说："妹子，你难道不读书吗？书上说亢龙有悔，意思是说居高位的人不能骄傲，否则就会有灾祸。外戚家族如果不知道谦让，嫁女儿盯着王侯，娶媳妇瞄着公主，这就是不知足的表现，迟早要祸事临头。人有多少钱算多呢？差不多就行了。再说，越是夸耀自己富贵的人，越容易引起周围人的嫉妒，何必呢？"阴兴这番话，确实是真理，不是自己的东西，再好也不能要，要了，就是祸害。该不该是自己的，其实自己内心是知道的，只不过因为贪婪，总是心存侥幸，觉得拿了也没事儿。

对这样的人，刘庄想找人家错也难。

刘3代汉章帝时期的外戚也还不错，尤其是其养母，马援之女——明德马太后，非常贤淑，对家族约束很严格。公元77年，大臣们上书，以天旱无雨为理由，提请加封马太后的三个哥哥为侯。皇帝主阳，太后皇后主阴，加阴则有雨，这是古人"天人合一"的逻辑。汉章帝征求马太后的意见。马太后说："大臣们之所以提出加封外戚，是为了取悦于我，并从中获取好处。其实下雨和加封外戚没什么关系，想当年汉成帝一天封王家五人为侯，那天也没下雨。历史上田蚡、窦婴这些外戚，肆意横行，最后都不得好死，所以对外戚太好，对外戚本身也不是好事。"马太后确实是个明白人。马太后对子弟约束比较严，可毕竟身居中宫，不可能什么事都知道。有一次老家一帮亲戚来看望她，车队排了长长一大溜儿，个个衣着光鲜，把主张勤俭节约的马太后气得够呛，留下了“车如流水马如龙”的典故。她的三个哥哥马廖、马防、马光，尤其是后两个，比较牛气，马防做了车骑将军，比阴家嚣张，四处盖大房子和撒钱，结交长安附近的士大夫，被司空第五伦报告给皇帝。外戚2代马家只能说整体还好，嚣张程度20分，历史认可度打70分！马家后世又出了马融、马日磾、马腾、马超等名人。

头两个太后表现确实不错，之所以表现不错，固然有太后的人品因素，但更关键的是皇帝基本成年。外戚豪横的时候，都不出现在皇后时期，而是出现在皇后成为太后以后、新皇帝年幼、太后临朝的时期。

刘4代汉和帝，继位时9岁，欺负死梁贵人的窦太后主政，窦家顿时平步青云，无限风光，也不说出多少个侯、有多少钱、多少高官了，总之窦太后的哥哥窦宪成为“三公”之上的大将军，几乎太后之下，万人之上，皇帝都得给面子。窦宪的弟弟窦笃、窦景、窦瑰都身居高位，窦宪还拉拢邓叠、邓磊、郭圣通的侄子郭璜、郭磺之子郭举（窦宪的女婿），结为一党。窦家四兄弟，在首都比着修建豪宅。窦景更过分，大白天在大街上抢劫，搞得商家都不敢开门营业。司徒袁安看到皇帝年幼，太后不管外戚专横的事，执法部门一把手大多是窦家的人，自己却毫无办法，只能痛哭流涕。窦宪在打匈奴问题上立过大功，不能抹杀，但是，他内依太后，外仰大功，在朝中结党不法，阴谋叛逆，嚣张程度60分，历史认可度也仅仅40分。

面对窦宪集团的嚣张和叛逆，汉和帝13岁时想要解决窦宪集团。但是，朝中官员，除了司空任隗和司徒丁鸿外，都依附窦宪。如果直接召见没什么权力的任隗和丁鸿，汉和帝怕打草惊蛇，反受其害。另外，汉和帝无法分辨身边宦官的政治立场，生怕宦官也攀附窦家，出卖自己，所以也不敢让其找人商量。这种形势下，皇帝竟连个替自己传旨的人都没有。没办法，汉和帝想到了钩盾令郑众。宦官郑众一直秉公办事，不依附任何集团，看着像忠于皇室的样子。汉和帝冒险跟郑众一说，郑众马上表示赞同，并出主意，让皇帝先征召窦宪回京，之后由郑众传旨，任命丁鸿为卫尉，抓捕窦宪一党。窦宪于公元92年回京后，自以为立了平定匈奴这等大功，一定会受到封赏，根本就没想到小皇帝会来这么一手，团伙被一网打尽，窦宪一伙被迫自杀。宦官郑众因协助皇帝铲除窦宪集团有功，被封侯，食邑 1500 户。

郑众，是东汉被封侯的宦官 1 代。从郑众在铲除窦宪集团中的作用看，他起到了打破外戚封锁、传达信息沟通内外的作用，可以说没有他，汉和帝还真不好办。郑众的作用，能让死了的刘秀乐得从棺材里蹦出来，他可能自己都没想到，正是这么一个不起眼的宦官，挽救了刘氏的江山。东汉皇帝，从宦官身上受益，当然会继续重用这些宦官。

东汉的宦官和外戚一样，最初都是以美好的面目出现的。

公元 106 年 1 月，27 岁的汉和帝死去，刚过百天的儿子继位，实权由邓绥邓太后执掌。邓绥是邓禹的孙女，邓家成为外戚 4 代。邓绥，临朝执政 15 年，其兄大将军邓骘、邓悝、邓弘、邓阊兄弟都封侯。邓家相比窦家，尚知道自我约束。邓骘的儿子邓凤收受贿赂，被人揭发出来，邓骘就把老婆和儿子的头发剃光，以示惩戒。按照当时的制度，处死邓凤也不为过，如果换作王莽，非杀了邓凤不可，邓骘对儿子的处罚也就是意思一下。不过，对当时权倾朝野的邓家来说，能够自省，也算不容易了。

刘 5 代汉安帝不是汉和帝的儿子，而是汉和帝的三哥清河王刘庆的儿子。汉和帝生了不少儿子，但大多夭折了。汉和帝认为是宦官和外戚谋害了自己的儿子，就把活着的儿子放在民间抚养。继位的小皇帝从民间回到宫中，120 天就死了。邓绥于是立清河王刘庆的儿子刘祜（hù）为帝，为汉安帝，称帝时 13 岁。

邓太后的做法完全符合刘秀的政治设想，但是女主揽权已经非常明显。清朝“戊戌六君子”之一的谭嗣同，他的绝命诗头两句，“望门投止思张俭，忍死须臾待杜根”，里面的杜根正是邓太后手下官员，也是汉安帝时期的郎官。公元 120 年，朴实的杜根看到汉安帝已经 26 岁了，邓太后还把持朝政，就上书提请邓太后归政给安帝。邓太后不愿失去权力，最烦有人跟她提归政的事，因此很愤怒，为杀一儆百，命人把杜根装进麻袋，乱棍打死。行刑的人知道杜根是好心，人品也不错，下手就没那么重，打完之后直接扔到了荒郊野外。邓太后怕他不死，派人检查。杜根装死骗过，担心人家再来查验，连续三天躺着不敢动，伤口都长了蛆，最后才得以逃脱。邓太后如此揽权且凶狠，确实有些过分。因此嚣张程度 30 分，历史认可度 70 分。

公元 121 年，邓太后去世，汉安帝亲政。汉安帝在宦官的怂恿下，憎恨邓太后曾架空自己，所以有心报复，于是任用宦官李闰、江京、樊丰等人，诬告邓家诸侯阴谋废立皇帝。结果，以邓骘为首的邓家外戚纷纷自杀，李闰、江京封侯，此为封侯宦官 2 代。

汉安帝亲政后，他的皇后阎氏一家开始辉煌，阎显与阎景、阎耀、阎晏掌兵权。汉安帝同时任命自己的舅舅耿宝为大将军。阎皇后勾结耿宝、江京、樊丰等人，唆使汉安帝废掉了太子刘保。汉安帝死后，阎皇后为吃独食，又捏造结党营私、图谋不轨的罪名，逼迫大将军耿宝、宦官樊丰、汉安帝奶娘王圣等自杀。最后引发了十九侯暴动事件。

宦 1 代郑众协助皇帝弄死外戚大将军窦宪，宦 2 代江京协助阎姬弄死外戚大将军耿宝，有这两个为基础，这才有了宦 3 代孙程，勇敢挑战阎太后和车骑将军阎显。前边有车，后边有辙，就是宦官敢立皇帝的原因了。

到目前为止，豪族和武将，还没有什么动静。

# 第三章　十岁皇帝如何治国

公元125年11月，刘保称帝，时年11岁，按现代人的逻辑，应该是10周岁。10周岁的小学生，会治理国家吗？明朝万历时期首辅高拱，曾因一句“十岁孩子如何治国”，被免了官。万历皇帝还有个亲妈李太后，刘保和万历皇帝比起来，身边是一个亲人都没有，最多仅有一个乳母。没人管他，可以无法无天，但也没依没靠。那么，刘保统治下的东汉，整体情况怎么样呢？古代，考察国家治理得怎么样，有三个指标，一是人口数量是否增长，二是国库钱粮是否充足，三是对外战争胜败与否。至于百姓死活，不是统治者考虑的重点。

首先，看人口指标。东汉九个成人皇帝中，从户数和人数两个指标来看，汉顺帝统治时期达到双高。

**东汉历年人口户数统计表**

| 行次 | 时期 | 年限 | 户数（万户） | 人口数（万人） |
|---|---|---|---|---|
| 1 | 光武帝 | 公元57年 | 428 | 2100 |
| 2 | 汉明帝 | 公元75年 | 586 | 3412 |
| 3 | 汉章帝 | 公元88年 | 745 | 4335 |
| 4 | 汉和帝 | 公元105年 | 923 | 5325 |
| 5 | 汉安帝 | 公元125年 | 964 | 4869 |
| 6 | 汉顺帝 | 公元136年 | 1078 | 5387 |
| 7 | 汉顺帝 | 公元140年 | 970 | 4915 |
| 8 | 汉顺帝 | 公元144年 | 995 | 4973 |
| 9 | 汉质帝 | 公元146年 | 934 | 4756 |
| 10 | 汉桓帝 | 公元157年 | 1068 | 5006 |



多说一句，汉桓帝永寿二年即公元157年时有1068万户5648万人口。这个数据，来自《通典》，与《后汉书》记载不同。《后汉书》记载的是1608万户5006万人口。《后汉书》的户数比《通典》多540万户，人口却少了642万，明显有错误。如果按稳健的1068万户5006万人口数据，汉顺帝比汉

桓帝时户数和人口还多。

从口径一致的户数和人口数据来看，汉顺帝刘保并没有使东汉的形势恶化，反而有所增长，说明他执政不差。

其次，看财政指标。东汉中晚期一年的财政收入在60亿钱到88亿钱之间。因为缺乏历史数据，所以看财政收支情况，要从五个侧面情况上看：给百姓的赏赐多不多、救灾力度大不大、公务员降薪频不频、政府向富户借没借过钱、皇帝卖没卖过官。汉顺帝从公元125年11月到公元144年8月执政，在公元137年以前的11年里，赏赐和救灾有13次之多；公元138年以后的6年里，赏赐和救灾只有2次。向诸侯国借一年租税，有2次，分别在公元141年和公元143年；向富户借钱1次，每户1000钱，发生在公元141年；官员降薪1次，发生在公元143年。很明显，公元137年以前东汉不缺钱，公元138年以后很缺钱。之所以缺钱，主要原因是汉羌战争，属于情有可原。所以从财政指标上看，也不能说刘保执政差。

最后，说说汉顺帝时期的对外战争。那时的战争，最重要的是汉羌战争。

东汉一朝，羌人与汉人发生过五次较大规模的战争。

1. 公元77年到公元101年，第一次战争，打的时间长但规模不大。

2. 公元107年到公元118年，第二次战争，发生在汉安帝时期，邓太后执政。这一阶段的典型事件，就是先零羌攻陷了董卓的老家——陇西郡临洮县，致使公元111年，陇西郡治所由狄道迁到襄武县，与金城郡治所放在一个地方，同时安定郡、北地郡、上郡的治所全部迁移。这十多年耗费了东汉240亿钱，可见规模和激烈程度。

3. 第三次战争，就发生在汉顺帝时期，从公元136年到公元145年，这十年耗费了东汉80亿钱。这一阶段的典型事件是公元141年，马贤带领的汉军，全军覆没。

4. 第四次战争发生在公元159年到公元169年，汉桓帝时期，耗资44亿钱，东汉的领军人物是皇甫规、张奂、段颎。

5. 第五次战争发生在公元184年以后，东汉的领军人物是皇甫嵩、董卓。

汉羌战争贯穿东汉始终，整个东汉帝国的国运和汉羌战争是相始终的。频繁的汉羌战争破坏了东汉王朝的经济，一度使关中境内人口凋零、农田荒羌，可以说拖垮了庞大的东汉王朝。

羌族并不是一个统一的国家，起初散居在河西走廊西部，相当于现在的青海、甘肃西北部一带，后来有五六十万人内迁到三辅、四川等地。羌族当时还处于原始社会向奴隶社会过渡的阶段，基本是一个一个的部落，比如烧当羌、先零羌、巩唐羌、钟羌、涞羌等。汉羌战争，不完全是民族之间的战争，羌族部队里也有汉人，汉军士兵里也有羌人，战争具有民族性与地域性双重特点。另外，汉羌战争以前有过，以后也有，“五胡乱华”就包括羌族，但是在东汉最为剧烈。其产生的原因也不仅是民族压迫那么的简单，还有气候因素、地域因素、东西部矛盾、政治因素交织在一起。

首先，说一说气候因素。

翻开《后汉书·皇帝纪》，从汉安帝开始，东汉异常气候突然大规模增多。经过仔细统计，见下表。

| | 统治时间（年） | 地震次数（次） | 水旱蝗灾次数（次） | 平均年地震（次/年） |
|---|---|---|---|---|
| 光武帝 | 20 | 2 | 4 | 0.10 |
| 汉明帝 | 18 | 0 | 2 | 0.00 |
| 汉章帝 | 13 | 1 | 3 | 0.08 |
| 汉和帝 | 17 | 4 | 6 | 0.24 |
| 汉安帝 | 18 | 18 | 17 | 1.00 |
| 汉顺帝 | 19 | 9 | 5 | 0.47 |
| 汉桓帝 | 21 | 11 | 8 | 0.52 |
| 汉灵帝 | 23 | 7 | 4 | 0.30 |

因为刘秀在公元 37 年才基本统一全国，所以他的统治从公元 37 年开始计算。从上表可知，汉安帝、汉顺帝、汉桓帝时期，是自然灾害频发时期，与第二次到第四次汉羌战争时间，完全重合。其中地震最为频繁的，是汉顺帝统治时期的公元 142 年 9 月到公元 143 年，仅凉州 16 个月时间内就地震了 180 次。



查阅资料发现，东汉中后期，中国气候正处于第二次寒冷期（公元 100—公元 500 年）的开始阶段，当时的人明显感受到气候的变化。据《后汉书·韦彪传》上说，“盛夏多寒”“当暑而寒”。寒冷期的主要表现是全年平均气温下降 1—2 摄氏度。别小看这几度，影响可大了。第一个影响是北方游牧民族生存最重要的水草资源，较以往晚绿早枯，造成牛羊无足够食物，大量死亡。如此游牧民族被迫南迁，与农耕民族自然发生土地战争。第二个影响是农作物生长期缩短，造成产量下降，致使黄河以北的农耕人口，逐步向南迁徙，促进了长江流域的繁荣。说白了就是冷空气把人类从北往南赶，造成黄河流域的农耕技术推广到长江流域。第三个影响是草场和粮食减产后，农牧民生存难度更大，致使流民增加，造成流民暴动和匪患频发；同时国家税收逐年减少，政府极易出现资金链断裂。公元 141 年、公元 143 年汉顺帝分别向各王侯借一年的租税，桓、灵二帝时出现的公务员发不出工资、卖官鬻爵等现象，和气候都有关系。气候骤变也是东汉政权灭亡的重要原因。

其次，说一说地域因素。

半农半牧的羌族人，大都集中在凉州地区。凉州地理位置曾非常重要，其一，是内陆通往西域的必经之路，是“丝绸之路”的一部分，经济地位明显；其二，凉州北可拒匈奴，南可下四川进入蜀地，军事地位重要。汉武帝时期，匈奴活动范围很广，马上民族四处游荡不易捕杀。为了限制匈奴，必须联合西域诸国，要想联合西域诸国，必须确保凉州的畅通。因此，凉州的位置因匈奴而显得愈重要。但是，公元 88 年左右，汉和帝时期的大将军窦宪，利用匈奴遭受自然灾害的机会，基本消灭和驱逐了匈奴。如此一来，凉州的地理位置优势一下子显得不那么重要了。另外，从贸易的角度，东汉皇帝看不上这些小钱，所以犯不上在凉州驻扎重兵，劳民伤财。基于这种情况，面对频繁的羌族造反，东汉的领导者有了放弃凉州的想法。

放弃领土可不是一件小事，涉及方方面面的利益，所以有必要说一说东汉东西部的矛盾。东汉的官员，有“关西出将，关东出相”的说法，事实也是如此。东汉的文官集团，大部分出自关东，即函谷关以东。关西的武将，包括窦融家族、梁统家族、马援家族、耿弇家族、班固家族，核心成员已经长期住在洛阳，成了“城市人”，逐步失去为家乡的利益奋斗之心。剩下的陈龟家族、皇甫规家族、盖勋家族等，左右不了朝廷的决策。同时，凉州各郡的太守、都尉等官职，也大部分来自关东。从刘秀中后期至公元 161 年，凉州本土人士出任本州郡太守的仅有 8 任（7 人），而籍贯为关东人士的则高达 19 任。护羌校尉，从刘秀初年到公元 191 年止，共 25 人，凉州武将担任的只有 3

人。西北籍的京官儿，扣除早已实质内迁的，所剩无几。如此放弃凉州，就产生了决策基础。

另外，因为东西部经济发展不均衡，造成政策对西部的郡县越来越不利。以举孝廉为例：刘秀时期开始，50 万以上的大郡，每年有 2 个孝廉指标；20 万左右的边郡，每年有 2 个孝廉指标。可凉州没有一个郡达到 20 万人。到汉和帝时期，在公元 93—公元 95 年，大家都觉得不公平，开始修改政策。根据太尉丁鸿的建议，郡国人口每 20 万，推举一个孝廉；不满 20 万人口的郡国，两年一个孝廉指标；不满 10 万的，三年一个指标。但是，人口数要扣除少数民族人数。这样貌似公平，但是对西北各郡来说，吃亏了，因为凉州那时的人口，达到 10 万的只有一个隗嚣的老家天水郡，过 5 万的只有武都郡，而关东的人口增长却相当快。因为不公平，公元 102 年再次修改，这次规定：凉州、并州、幽州地处边疆战事频繁，户口减少很大，徭役繁重，入仕的渠道太窄，为此特颁布各边郡，10 万以上人口的边郡，每年 1 个孝廉指标；人口不到 10 万的两年一个指标，人口 5 万以下的三年 1 个指标。这对西北边疆的郡县来说已经属于照顾了，但是那个时候，凉州各郡的人口数越打越少，大部分低于 3 万人，即使有优惠也享受不到，升官的路子还是非常窄。

作为进入仕途最重要的途径——举孝廉，因为凉州人口下降快，指标太少；在凉州做官的，又大部分是关东人；朝中为官的，关东人也居多，如此清晰地说明，陇右的重要性明显下降。政策向发达地区倾斜，必然导致凉州的人才倾泻式外流。但是东汉法律规定，不经允许不得内迁，这样，东西部的矛盾越来越大。

公元 110 年，正是汉安帝初期、邓太后临朝执政时期，开始于公元 107 年的羌叛愈演愈烈，邓绥的哥哥、大将军邓骘，以及西域都护任尚，分别惨败给羌族人。面对军事上的失败、国家连年歉收、粮价上涨至一石上万钱、军费开支日益增加、国力难以承受的局面，邓骘在放弃西域之后，又有了放弃凉州、集中力量保住并州的想法。他召集太尉李修、谒者庞参等人开会商议此事。邓骘说："现在的形势，好比衣服坏了，毁掉一件来补另一件，这样还有一件是好的，否则两件都保不住。"

庞参的身份是个参谋，他赞同邓骘的观点，理由如下。

第一，用三辅的粮食，救援凉州汉羌前线，得不偿失。老百姓变卖家产，长途运输粮食给前线，运快了容易被羌人劫掠，运慢了全消耗在路上。国家储备不足，只能向百姓盘剥，百姓会越来越穷，这样下去，不但救不了凉州，三辅也会被拖垮。况且，保卫那些贫瘠的地方，到底有什么意义呢？

第二，一个国家应该注重实际利益。国土面积再大，但边境不安定，那不是强大；田地再多，如果没人耕种，也解不了饥饿。所以善于治理国家的人，都注重内部发展，不向外求利；应该追求百姓富足，而不应贪恋国土面积。现在长安地区，地广人稀，可以生存的地方很多，所以应该放弃凉州，把边远地区的人民迁到三辅来，这样踏踏实实过自己的好日子，让百姓休养生息，不再长途运输粮食、戍守遥远的边疆，那才是善之善者也。

参加会议的人，都同意邓骘和庞参的说法，写好奏章就要报告太后批准了。

偏偏当晚，太尉李修的手下郎官虞诩，听说了这件事，就找到李修，说出了自己的不同意见。除了不应放弃先烈用鲜血换来的基业等一般因素外，他着重指出了一点：如果放弃凉州，那么三辅就会变成边疆和前线；如果强制凉州内迁人口，那些依恋故土、不愿内迁的凉州汉人，就会和羌人联合起来攻打三辅。如此就会像毒疮溃烂一样没有止境，朝廷根本抵挡不住。如果人口不强制内迁，那么白白损失民力不说，反而会资敌，东汉仍然扛不住。李修听完他的话，茅塞顿开，只是不知怎么解决眼前的危局。虞诩又说："现在羌人不敢进攻三辅地区，原因是凉州汉人是其心腹之患，只要抓住凉州汉人的人心，就能抵抗羌人的进攻。方法也不复杂，让四府（"三公"及太傅府）九卿延揽凉州豪杰为掾属，同时把凉州的官员子弟都提拔到内地做散官。这样，如果凉州官员努力抗羌，就提拔他的子弟；如果敢私下联络羌人，他的子弟就是人质。"不得不说，虞诩的见地实在高人一等。虞诩的建议改变了很多人的想法，最后没有放弃整个凉州，只是有限度地放弃了四个郡的治所，如陇西郡的狄道等。仅仅因为放弃四郡治所，迁移人口，就造成了大规模骚乱，汉人杜琦、杜季贡、王信等率众起义，投向羌人一边。果然如虞诩预料的一样。

这也可以看出来，汉羌战争，不仅是民族战争，还是地域战争。

最后，说一下羌族反叛的直接原因。

第一次大规模汉羌战争，缘自公元77年，金城郡安夷县一名汉族官吏，因强抢一名羌人妇女为妻，被其丈夫杀死。安夷县长去追捕凶手至其寨下，引发了羌人的恐慌，于是出击杀死了县长，并联合了几个部落发动叛乱。金城郡太守派兵围剿，不敌。至此，汉章帝派出大军，由其舅舅、车骑将军马防率军，开始了对羌人的镇压。

第二次较大规模的汉羌战争，起因是东汉的骑都尉王弘，征发金城、陇西、汉阳（今天水）的羌人数千骑，攻打西域。因为王弘紧急招募且没做任何思想工作，羌人担心戍边遥遥无期、客死他乡，走到酒泉时，四散奔逃了。这时，还只是羌人逃跑的一场小混乱。各郡为平息叛乱，都派兵拦截，此举引起了羌人的惊慌，于是小混乱演变为大骚乱。那时的羌族，实力还很弱小，没有兵器，只能以竹竿为矛，木板为盾，就这，竟把东汉军队打败了。东汉军队的软弱无能，纵容了羌族的反抗，事态终于发展至无法收拾的地步。据《西羌传》记载，这一时期先零羌的羌豪滇零"称天子于北地，遂寇三辅，东犯赵、魏，南入益州，杀汉中太守董炳"。此次叛乱由河湟地区向南扩展至汉中，向东扩展至河东（今山西夏县），一度攻至河内（今河南焦作），以致百姓纷纷南渡黄河以避战乱，二千石、县令、县长也没有守战之意，都争相避难。

第三次大规模汉羌战争，发生在汉顺帝时期，起因是东汉派了生性残暴的来机与刘秉为并、凉二州的刺史，此二人"到州之日，多所扰发"，羌人不堪其扰，又一次反叛，并形成了东西羌联合一并反叛的情况。

这些战争的导火线，都是汉人自己总结的，是不是还有其他原因，因为羌人没有记载，也不允许其发言，所以不知道。汉顺帝去世一年后，第三次战争结束。三次汉羌战争的结果，当然都以汉族取得胜利或安抚成功结束。

总结汉羌战争的原因，是气候推着北方人为了生计被迫南迁，但是南方人保家卫国、阻止北方人侵犯，实在说不上谁对谁错，只能靠实力说话。

自幼长在深宫、从小缺乏父母关爱和教育的刘保，要说天生会治理国家，纯粹是胡说。但是在无所依靠的情况下，之所以还能保持东汉的稳定发展，缘自启用了很多人才。那么，刘保是靠什么人才治理成这样的呢？这就要看刘保如何对待孙程这群宦官，以及如何选用官吏。

刘保的皇位是靠孙程等人玩命换来的，按理刘保应感谢孙程等人。刘保也感谢了，但能否持续保持偏爱，却是另一回事。孙程玩命，靠的是一腔忠勇，可这样的人往往太过正直，太正直的人，皇帝未必喜欢。所以，刘保和孙程的矛盾很快就产生了，起因是虞翊事件。

虞翊是东汉五大干才之一，他不赞同放弃凉州后，被邓太后任命为武都郡太守，直接与羌人作战。虞翊的战绩不用说，他是东汉非常厉害和著名的军事将领。结束武将生涯后，他被提拔为司隶校尉，开始以检举揭发贪官污吏为主业。老虞一生九次被降级，三次接受刑罚，可即便如此，他仍然初心不改，坚决与奸臣死磕到底。这一次，他把目光锁定在了中常侍张防（不是十九侯的成员），原因是作为司隶校尉的虞翊，找到了张防接受请托、收受贿赂的证据。东汉的司隶校尉，相当于廉政公署“一把手”，兼首都市长。可再怎么牛，他也不敢到皇宫里去抓宦官，只能请示皇帝处理。连续打了几次报告，皇帝那没一点动静。虞翊愤怒了，他再次写好奏章后，让人把自己绑起来，送到廷尉那里。也就是说，虞翊抓不到罪犯，就把自己逮捕了。这么干的目的，都写在奏章里：汉安帝任用宦官樊丰，差点把国家搞完，现在张防又祸乱朝纲，国家马上要大祸临头了。我以与张防是同事为耻，所以把自己绑起来，告诉皇帝，不要让我走杨震的老路。

太尉杨震的老路，就是被宦官江京、樊丰等陷害后自杀。虞翊这么做，第一，表明态度，坚决与张防死磕；第二，逼迫皇帝表态，如果皇帝不杀张防，他就自杀。以小孩子汉顺帝的心智，确实没法分辨谁对谁错！于是在张防痛哭流涕地诬陷之下，汉顺帝判处虞翊劳动改造。获胜的张防，指示狱吏连续拷问虞翊：“为什么不走杨震的老路，去死呢?”张防的做法和态度，惹恼了一个人——连阎太后都不放在眼里的孙程。

孙程带着几个“十九侯”的成员面见皇帝，说话直接赤裸：“皇上，当初咱们起事时，都憎恨奸臣。可你刚当上皇帝没几天，就开始宠信奸臣，你这样干和先帝有什么区别呀！司隶校尉虞翊为陛下尽忠，却被判劳改；常侍张防贪污受贿证据确凿，反能陷害忠良，这是什么世道啊！我建议赶紧抓捕张防，释放虞翊。”正说着，孙程突然看见张防就在皇帝旁边不远处的地方站着呢，他所说的话张防一字不落地全听见了。孙程索性撕破了脸，大声呵斥张防道：“奸臣张防，还不滚出去！”张防不得已，躲到东厢房。孙程又对皇帝说：“请陛下尽快抓捕张防，不要让他到你乳母那里求情。”汉顺帝拿不定主意，就征求尚书们的意见。尚书贾朗和张防关系不错，就说张防忠心、虞翊有罪。公说公有理婆说婆有理，小皇帝于是对孙程说：“你们先回去，我得仔细想想这件事。”至此，皇帝也没信孙程的话。恰好，另一中常侍高梵进来，向小皇帝诉说了张防的罪过。如此，张防被流放，虞翊被释放，贾朗被杀头。可是，孙程等因为在皇帝面前训斥张防，犯了大不敬之罪，刘保免了孙程骑都尉的职务，封地也换到一个贫穷的地方，而且把十九侯全部赶出京师，回到封地养老。

孙程回到封地，怨恨不已，把从皇帝那里得到的赏赐全部退了回去，一个人跑回洛阳，在大山里居住。汉顺帝也知道孙程这是心里窝火，犯了小孩子脾气，就派人找到他，好言安抚，恢复封地，送车送马，让他回到封地休息。孙程在封地住了三年，公元 129 年，汉顺帝才把十九侯又召回京师，孙程做回骑都尉。公元 132 年，孙程病重，临死前向汉顺帝提出一个请求，希望把封地传给自己的弟弟孙美。汉顺帝答应了这个请求，不过略作改动，孙程的封地，一半给了孙美，另一半给了孙程的养子。公元 135 年，汉顺帝下令，所有宦官的养子，都有继承封爵的权力，并且把这一规定以法律的形式确定下来。这样，出身草根的宦官，经过孙程等人的贡献和争取，终于有了爵位封地继承权。如此，宦官不仅仅是顾自己这一代，也开始考虑子孙和未来了。这一事件影响深远，如果宦官的爵位不能继承，那么曹腾的封地就不能传给曹操，曹操根本就没有起兵反董卓的资本。

从汉顺帝对待孙程一事，可以看出来，刘保虽说是靠宦官登上皇帝位，但是并没惯着宦官，只要他不高兴，完全可以让宦官求生不得求死不能。所以汉顺帝时期并没有宦官专权这回事。

公元 126 年，也就是刘保登基第一个完整年度，司隶校尉虞翊又弹劾了太傅冯石、太尉刘熹、中常侍程璜、陈秉、孟生、李闰等人。李闰参加了拥立刘保的起事，但是事后他没得到任何封赏。虞翊还推荐了一个官员，叫左雄，任尚书令。

东汉的权力核心在尚书台，相当于内阁或军机处，所以尚书令的职位非常重要。左雄是汉顺帝朝中的明白人，他一上任，就向皇帝阐明了以下几个问题。

首先，我朝执政的目的不是国富民强，而是长治久安；要想长治久安，最重要的是国泰民安；要想国泰民安，最重要的是选官用官；选出贤士好官的办法，在于选择的标准。

其次，国家目前的主要矛盾，是国家需要振兴和官员日益腐败的矛盾。表现在三个方面：第一，官员以完成税收指标了事、以聚敛为荣，不思事业进取，在意个人富贵。第二，干事的和监督的官员都不愿承担责任，不作为，“树恩为贤，尽节为愚”，都说“白璧不可为，容容多后福”。第三，对官员的评价考核标准混乱。比如，有的官员以隐居获得好名声，反而进步更快；有的官员奢靡浪费，但因此编织了关系网，百姓怨声载道，他的考核结果反而优秀等。

最后，如何进行考核呢？以孝廉为例：孔子说“四十不惑”，那么以后推举孝廉，不满四十岁的，不得推举。推举之前，都要先到政府有关部门去实习，儒生需考察经学的水平，文员需考察写作的功夫，并通过实习历练，观察他们的才能。

皇帝同意了左雄的建议。左雄要求孝廉须年满 40 岁，看似教条，却阻止了很多不合条件的人员上来，而不合条件又能上来的人，大多数是贵戚家族请托的人。大约公元 133 年，在一次孝廉选拔中，因为举荐不合格的人员上来，左雄一次性免了十多个太守。那一届的生员，陈蕃、李膺、陈球等由孝廉升为郎中。可以说，左雄为汉桓帝时代培养了很多人才。东汉五大干才，有两个是在顺帝朝任职，一个是虞翊，另一个是张纲；有两个是在顺帝朝起步，一个是李膺，另一个是陈球。可见汉顺帝的人才丰沛程度。

《后汉书》中对顺帝一朝的用人表示称赞，原文的意思说：汉顺帝以一个孩童执政，却能做到号令自出，知贤任能，人才为其所用，让天下士人都景仰他的风采，难得！那个时候，李固、周举深谋远虑；左雄、黄琼坚守正道；桓焉、杨厚凭儒学进用；崔瑗、马融以文章显耀；吴祐、苏章、种暠、栾巴为治民的贤良干臣；庞参、虞翊是有雄才大略的将军；王龚、张皓是虚怀若谷的推士（善于推荐人才的人）；张纲、杜乔能主持公道纠正差错；郎顗（yǐ）精通阴阳之术；张衡机械制造得精妙。随随便便就列出 20 人的名单，可见当时的人才，真的是盛况啊！

正是有了这么多人才，汉顺帝才没有把东汉搞坏。那么，为什么有这么多人才，汉顺帝时期却没有把东汉搞出个中兴呢？原因有三：其一，左雄的改革，其本质还是人治，以个人的好恶为标准，根本不具备很强的持续性。其二，皇帝还是信任宦官的，造成很多的改革，如果宦官反对，很难执行下去，即“宦竖擅权，终不能用”。把改革的失败，怪罪于宦官，是简单易行有效的办法。宦官的好恶与左雄的好恶不可能事事一致，所以改革当然坚持不了多长时间。其三，东汉的自然灾害太多，也是客观原因。

总之，汉顺帝刘保能够选用人才、在士大夫与宦官之间取得平衡，所以他统治时期国家政局比较平稳，从人口、财政、战争三个维度看得以证明。从其谥号为“顺”来看，也不算差。“顺”，是“别人都佩服其慈和”的意思。

之所以讲述汉顺帝时期的事情，只有一个原因，即董卓出生在汉顺帝统治时期，那时候的事儿，就是董卓出生时期的背景。

# 第四章　史书上的暴虐魔王

陈寿在《三国志》里，说董卓是自有书本记载以来，最暴虐的人。范晔在《后汉书》里，说董卓罪恶滔天，得罪了天地人。证据包括弑君杀后、恃武立皇、荼毒百姓、火烧洛阳、淫乱后宫、杀害忠良、掘陵盗宝、制币私藏、贪污腐败、劫掠杀降。照史书的意思，酒池肉林的夏桀，挖比干心的纣王，论暴虐都比不上董卓。他简直就是一个混世魔王。

董卓最为暴虐残忍的记录，是在一次群臣恭送董卓出差的酒席宴上，众目睽睽之下，董卓下令诛杀上百北地俘虏，“於坐中先断其舌，或斩手足，或凿眼，或镬煮之，未死，偃转杯案间，会者皆战栗亡失匕箸”，他自己却饮酒自若。

就是这个暴虐的董卓，从一个农民，做到了臣子中最高的官位——太师，收罗了当时最美的女人——传说中的貂蝉，收拾了当时全国公认最能打的武将——皇甫嵩，修建了世界上最坚固的私宅——郿坞。做男人，董卓是任性满足的；做权臣，董卓是意气风发的。依史书描述，按世俗眼光，董卓是个阶段性成功人士，不白活一回。他既无家族上显赫的背景，也没有宏伟的志向和高深的学问，更没有绝对的武力和士族的支持，却控制了东汉朝廷，而且一不小心还开创了武将夺权的先河，引领了中国七百多年的武将夺权史。不能不说，董卓是一个人中异类。

生活在西晋的陈寿和南朝的范晔，如果活在董卓执政的时代，董卓往他们俩面前一站，估计他俩根本不敢吭气，哪里还敢骂董卓。那时候谁都怕董卓。比董卓还能打的皇甫嵩就曾当面对董卓说：“你要是滥用刑罚，全国人都怕你，不只是我一人。”董卓听后大笑。

土生土长的东汉人董卓，怎么就突然变异成为一个暴徒？他经过多次提拔，难道没有被考核过吗？他是一个一贯暴虐的人，还是坐大后因为没有束缚而变得暴虐？或者本来就是一个伪装得很好的暴徒？值得探讨。

面对董卓，东汉朝野中饱读诗书的文豪大儒，立志报国的士族精英，迅速出现分化。有的出走反抗，有的寻机刺杀，有的潜伏待变，有的委曲求全，有的哀号求饶，有的助纣为虐，更多的人默默无声，老老实实做顺民。

熟读儒家经典的士大夫集团，外带着全国数千万百姓，为什么就弄不过一个只掌管几万兵马的董卓？看来，信奉仁义礼智信、倡导温良恭俭让、反对逞干戈的知识分子，只会对付听话的老实人，不会对付不按套路出牌、行为超出一般道德底线的人。在对付暴虐的问题上，办法尤其不多。孔子曾讲“以直报怨，以德报德”，意思是以牙还牙没商量，冤冤相报别客气，可当魔头现世，一群儒学冠盖却拿不出以怨报怨的法子，只能一边曲意逢迎，一边使点阴招。

因为对暴虐办法不多，所以中国历史上暴虐的人层出不穷。陈寿的话，给人以董卓是中国历史上最暴虐之人的错觉，其实只能说陈寿、范晔命短，没见过世面，不知后来出了多少比董卓更暴虐的人。不说孙皓、刘昱、高洋、符生、石虎、黄巢、张献忠这些称过“天子”的人，单单明朝一个赌徒出身、识字不多的太监魏忠贤，就搞得众多忠良惨遭迫害，之后“海内献媚”，大明朝上亿人四五年内，大多数官员除了溜须拍马愣是没招。

面对暴虐，历史上不乏个别人以死相抗。比如，以十日不下雨就去死为赌注反对王安石变法的郑侠；在监狱里自己刮骨求生，坚持与严嵩死劾的杨继盛；等等。东汉也不乏死磕外戚宦官的知识分子，三对“李杜”就是证明；还有不服梁冀、绝食七天而死的陈龟；七十多岁的陈蕃更是直接挥剑上阵砍杀宦官，死而无憾。可为什么没有人当面死磕董卓呢？袁绍、曹操、孙坚等人，起兵后确实磕过董卓一阵子，随着董卓迁都，也就放弃了。其他人不但没死磕，迁都长安时，朝廷里的官员基本跟着去了。明明是董卓绑架了皇帝，大臣们为什么还跟着绑匪走呢？董卓被王允、吕布刺杀后，董卓手下的将领李傕、郭汜在长安城下质问王允：“太师何罪被杀？”按理这正是王允义正词严打击叛军心理的机会，可王允只是“穷蹙乃下”，就是窘迫局促地走下城楼。为什么不说呢？望族出身、能文能武、博览群书、见多识广、充满正义的王允，怎么就被人问得哑口无言？

莫非董卓没那么坏？

细读董卓的历史，品品董卓的所作所为，即便和杀了吕伯奢一家、边让、崔琰、许攸、华佗、孔融、杨修等人的曹操比，董卓也未必更为暴虐，所以不禁对史书产生了一些怀疑，甚至对董卓产生些许同情，感觉他受了多年的误解。

《三国志》里的董卓，和《三国演义》里的董卓差不多，在这个问题上正史和野史同仇敌忾，所以不必纠结于历史知识。真正应该纠结的，是董卓到底是个什么样的人？董卓到底有多坏？工作中遇到这种人该怎么办？

本书所持的观点：第一董卓挺坏，但没有史书写得那么坏；第二，史书之所以把他写得那么坏，是士大夫阶层用董卓的坏，来掩盖自己的无能。

那么，董卓到底是怎样的人？

董卓，字仲颖。从这个名字上看，起名字的人还是有些文化，希望董卓能独立高超。最起码没给他起个重八或者五四（朱元璋父亲的名字）之类的名字。董卓的“颖”字和刘秀的“秀”字有点关系，如果“秀”是指不开花而结果的谷子麦穗，那么“颖”就是谷子麦穗上带尖的毛毛刺。把麦穗放进麻袋里，从麻袋钻出来的就是“颖”。

董卓出生在豫州颍川郡，今河南省禹州市。颍川七杰是刘秀创业的班底，后来更是大儒及官员辈出的地方，政治、经济、文化气氛都很好。在东汉，全国出干部最多的两个地方，一个是颍川，另一个是汝南。颍川的历史名人有吕不韦、张良、晁错，东汉中后期有韩棱、郭躬、李膺、杜众、陈寔、荀彧、郭嘉、徐庶等。董卓和弟弟董旻（mín，字叔颖）出生时，他们的父亲董君雅任颍川郡下属纶氏县的县尉。县尉是辅佐县令的一个官，相当于县公安局局长，是东汉最小的官，再小就是吏了。史书上并没讲董君雅为什么能到颍川做官，从第三章讲述的历史脉络上看，可能有两个原因：第一个是在第二次汉羌战争时，董君雅可能因军功得到任用；第二个就是邓骘采纳虞翊的政策，凉州子弟到内地任散官。董君雅所任不是散官，所以在两者兼而有之的情况下，有功劳是主要的。

县尉虽小，一般人还当不上。刘备参加剿灭黄巾军有功，才被任命为县尉。不久督邮奉命来考核那些因剿灭黄巾军有功而做官的人，看看是否有假冒军功或不合格的，刘备心里不安，就去拜访督邮。督邮不想见他，他就把督邮揍了一顿，辞职了。所以从另一个角度讲，因为县尉级别低，干大事的人不太在意这个位子。董君雅不知什么原因、什么时间离职回乡，董卓随父回到老家，在凉州长大，成为一位农民。

董卓的祖籍，在凉州陇西郡临洮县，即现在的甘肃省定西市临洮县。临洮后来出过更牛的人物，就是李渊和李世民父子。东汉初年隗嚣占据凉州时，刘玄的更始政权里很多经学大家流落凉州，凉州颇有文化中心的地位。凉州与烧当羌、先零羌等少数民族杂居，经过汉羌多年战争，到董卓出生时，凉州文化中心的地位早已丧失，但并不能说是蛮荒之地。

史书记载，董君雅长子早丧，是四口之家。所谓的长子早丧，其实并不早，因为董卓的大哥董擢（zhuó）董孟高，是生了儿子董璜的，说明董老大死时至少应该有 20 岁了。凉州人董君雅，何时何因回到凉州？回到凉州又干了什么？他是怎么死的？董老大是怎么死的？这些事情，因为历史没有记载，不得而知。但是以董卓后来的显赫地位，当时的人是一定会扒出董卓祖宗八代来的，明知而不写，仅以一句“以微官为纶氏尉”带过，必有缘故。如果一定要猜测的话，最大的可能，是汉羌第二次战争结束后，公元 133 年，朝廷复设陇西郡南部都尉，之后的某一年，董君雅带领家人回到老家。

董卓的出生年月不详。按照“桓帝末为羽林郎”、死时他母亲九十多岁等记载，史学界推算他应该出生在公元 132 年左右，寿命约 60 岁。他出生时，正是汉顺帝恢复设置陇西郡南部都尉的前一年，阳嘉元年。这一年，汉桓帝刘志出生，宦官孙程病死。

董君雅任职县尉期间，级别二百石，年薪 360 石粮食，大概相当于现在的 18 万元人民币。不过县尉在征兵、缉捕、戍边、服役等方面，有很多油水可捞，董卓家里自然不穷。董君雅回到陇西郡以后，依然会是官员，级别不高但也穷不了，所以董卓自小肯定没有挨过饿，故长得人高马大，孔武有力。

现代心理学总是把成人的心理疾病，归咎于童年时期不良的家庭环境和家庭教育，但是从董卓童年和青少年的经历，确实看不出他受到什么不良家庭环境影响，而且董卓读过书会写字，绝不是文盲大老粗，是再正常不过的孩子。

作为官员的儿子，董卓不可能不受家庭影响，最起码对官场上的一些事情，耳濡目染。公元 135 年，汉顺帝任用岳父梁商为大将军，主持朝局。汉顺帝是个性格柔顺的人，梁商也是一个好先生，面对公元 136 年爆发的第三次汉羌战争，东汉出现了力不从心的局面。前文说过，公元 137 年前，东汉人口、财政情况很好，社会稳定，直到公元 138 年因为汉羌战争，造成财政紧张，形势才逐步恶化。所以公元 138 年以前，也就是 6 岁以前的董卓，应该生活得不错。

在公元 138—公元 143 年，范晔列举的 20 位人才名单里，帅才虞翊，推士王龚、张皓，尚书令左雄，将军庞参，发明家张衡，名士崔瑗，豪族桓焉、张纲等 9 人陆续死去。公元 141 年梁商病死，梁商之子梁冀成为大将军，从此开始了 18 年的梁冀时代，此为外戚 6 代。公元 144 年汉顺帝驾崩，其两岁的儿子继位，半年后病死。之后是 8 岁的冲帝做了皇帝，一年后被梁冀毒死。再之后是立 15 岁的刘志为帝，是刘 6 代，史称汉桓帝。三年时间，连续四帝，这种城头变换大王旗的节奏，以及背后的斗争，和刘志同岁的董卓未必走心和全部领会，但也不会没有感觉。只不过那时他更关注的，可能是其父亲和大哥之死。

从时间上推测，公元 152 年前，即董卓 20 岁前，其父兄应该都已经死去。因为史书没有明确记载，猜测董君雅和董擢董老大的死因，总有赞誉或诋毁之嫌。从结束于公元 145 年的第三次汉羌战争角度来看，公元 141 年征西将军马贤战死，公元 144 年护羌校尉赵冲战死，说明战斗非常激烈，如此情况下，作为本地壮丁，董家父子是难以躲开征召的。所以尉官董君雅和少壮小伙子董擢，战死的可能性最大。当然，这属于给董卓安一个烈士后代的头衔，是给他脸上贴金，很多人未必能接受。为什么不能是在 180 次地震中震死呢？也未可知。只不过史书给董卓定位为坏蛋，那么关于他的好事就不可能多说。按照这个逻辑，史书没说的事，是好事的概率相对就比较大，所以往好里推测比较靠谱。

综上，董卓有个幸福的童年，但少年时代父兄死去。

# 第五章　西北豪侠杀牛待客

董卓 20 岁成人前后，爱干一些行侠仗义的事，《三国志》里“好侠”的人很多，比如曹操、袁术、陶谦、王匡等。董卓青年时代最典型的事，是他杀牛待客事件。《三国志》原文里是这样说的：

少好侠，尝游羌中，尽与诸豪帅相结。后归耕于野，而豪帅有来从之者，卓与俱还，杀耕牛与相宴乐。诸豪帅感其意，归相敛，得杂畜千余头以赠卓。

翻译过来是：董卓曾与羌族的一群酋长关系不错。后来他回家开荒种田，有一群酋长来投奔他，他领酋长们回家，把自己家的耕牛杀了，请客人们吃牛肉宴。酋长们非常感激，回去以后，凑了上千头杂畜，赠给董卓。

用现代人眼光看，这段话疑点很多，所以不琢磨，读史不容易读懂。

第一个疑点，二十来岁尚未成人的汉族人董卓，在民族矛盾和冲突很严重、连年作战缺乏信任的时代，他，家非巨富，父非高官，凭什么能与多个羌族的部落首领交好？如果父兄是与羌族人战斗而死，他为什么还要和羌人交朋友呢？第二个疑点，酋长们为什么投奔他一个种田的农民？仅仅为了叙旧、吃喝一顿就走吗？第三个疑点，惜字如金的《三国志》，有必要加“卓与俱还”这一句废话吗？第四个疑点，董卓家里不穷，何必要杀牛待客？酋长们缺牛肉吃吗？第五个疑点，即便再感谢，吃几头牛要用千只杂畜还人情吗？同样连年征战、需要凑才能达到千头的几个酋长，为何如此慷慨至极？明显不符合现实逻辑。第六个疑点，董卓不出名时做的事，陈寿是怎么知道的？其中有没有夸张的成分？比如“千余”仅仅是董卓自我吹嘘，或者只是个虚数？第七个疑点，陈寿知道董卓小时候的事情，却不知或不说他父兄如何死的，岂不怪哉？第八个疑点，杂畜，到底指哪种动物？

要解释这些疑点，要做必要的交代。

史学界普遍认为：陈寿在写《三国志》时，对史实是经过认真考据、慎重筛选的，对资料进行了严格审核和剔除，同时不妄加评论。这使《三国志》拥有文辞简约和可信度极高的特点。基于这个前提，陈寿不会因为董卓的自我吹嘘，就在《三国志》里不加分辨地采用“千头”的说法。一方面，《三国志》的严谨性得到认可，道听途说的事搬进书本的概率太小；另一方面，那么多杂畜到来，在当地绝不是一件小事，十里八乡要传，董卓也要给官府一个说法，有所记载是很有可能的事。既然有所记载，千余头就不会是虚数，即便送礼的人没附清单，收礼的人也应该清点。只不过写准确数字对历史没有意义，简说而已。既然事儿是真的，那背后的逻辑是什么呢？这只能根据原文和当时的社会环境推断。

第一，酋长们送来的杂畜到底是什么？首先，古代的畜，就是六畜，是人类饲养的家畜和家禽，即马牛羊，鸡犬猪，包括驴骡骆驼，但不包括兔蛇猫、鸭鹅鸽等。东汉时期中国还没有普遍养家猫，证据就是成熟于东汉的十二生肖里，没有猫。杂畜，意思就是这六种都可能有。陈寿用“头”这个计量单位，很容易把读者引入到牛或猪身上。但是进一步思考，最不可能有猪和鸡，因为长距离运输太困难，得不偿失。其次，马的概率也很低，一是因为价格高。西北的战马，当时至少 2 万钱一匹，价格高的时候，炒到 200 万钱一匹，绝对珍贵。二是因为马是战略物资，战争年代，对于汉羌都是稀缺的。史书上记载，羌人曾给善待自己族群的东汉大将张奂送过 20 匹马，那已是相当重的礼物。一下子送给董卓上千匹马，绝无可能。最后，耕牛的概率也很小，因为西北产奶牛和牦牛，羌族的游牧部落不养耕牛，农耕部落自身多余的耕牛也极少。综上，从概率上分析，一群酋长聚敛起来的杂畜，应该以羊为主，可能掺杂着牧羊的狗，以及数量极少的马、驴、骡、骆驼和牦牛。我们假设全是羊，当时 1 只羊的价格在 300—500 钱，平均按 400 钱计算，一千只羊的价格，在 40 万钱左右。酋长们吃了几头耕牛（当时每头 6000—8000 钱），回报了 40 万钱的羊群，按 10 个酋长计算，人均感谢 4 万钱。如果酋长来的不止一次，答谢虽远远超过董卓的付出，但不算夸张，酋长们绝对够仗义。

第二，董卓杀耕牛是很大的事情吗？耕牛作为农耕社会最主要的生产资料，在历朝历代都是得到保护的。汉朝的法律明确规定：王法禁杀牛，犯禁杀者诛。刘秀年间，第五伦任会稽太守，就多次申明杀牛者死罪的政令，执行得很到位。这项制度并不因为汉羌战争就松懈，因为越是打仗，需要的军粮就越多，种田的劳动力越少，耕牛的地位就越重要。中国直到唐朝时期才废除杀牛偿命的规定，不过仍要坐牢。一直到 1984 年，中国政府《关于帮助贫困地区尽快改变面貌的通知》的文件，才允许私养、自宰自售耕牛，绵延几千年的耕牛保护制度，这才彻底走进历史。所以，董卓随便杀牛待客，是冒着死罪的风险。

第三，酋长们到董卓这里是要干什么？如果是旅游或者走亲戚处朋友，用不着“从”这个词，用“诣”（拜访）字更恰当。“从”是投奔跟随的意思。酋长们来，最大的可能性是逃避东汉政府的抓捕，否则自己家里有牛羊等资产，投奔普通农民董卓干啥？既然来避难，不但酋长们要小心，董卓也要谨慎，但是董卓“与之俱还”，丝毫没有躲着官府，与酋长们拉开距离、嫌弃对方的意思。酋长们远来，不会只住一两天，董卓为了让大家吃好，父兄死后家里没那么富裕，只能杀耕牛以待客，这确实不容易做到，颇有要义气不要生活、有今天不想明天的意思，就差把心掏给酋长们了，绝对够仗义。人说非常之人做非常之事，心有多大舞台就有多大，像董卓这样待人以诚、心胸宽阔的豪客，你说避难的酋长们能不感激他吗？

第四，董卓为什么能与酋长们结交？董卓年轻时经常到羌族地区转悠，历史学界因此有一个猜测，说董卓的母亲是羌人。因无法考据，所以不多说。即使董君雅父子是对羌作战中阵亡，并不妨碍董卓与羌人结交。因为羌人不是一个统一的国家，各是各的部落，汉人统一叫他们羌人，羌人自己未必这么看。与 A 部落有仇恨不意味着不能与 B 部落打交道。汉羌战争不仅是民族之间的战争，也包括地域之间的战争，整体的汉羌矛盾不影响个体的汉羌交往。当然，他去羌族地区，也可能有贩卖牛马、做生意、报仇等目的，你要说他是去撩骚羌族妇女也没道理反对。总之二十岁左右的年龄，就能在江湖中得到认可，董卓绝非普通人。可以大胆判断，董卓除了修养糙一些，在为人处世、谋略胆量、喝酒赌博、打架斗殴等诸多方面，绝对超一流，年纪轻轻就已经显露出英雄或枭雄的潜质，这才是酋长们愿意与他结交，大老远跑到他这里避难的原因。可以这么假设，在当地人眼里，董卓的未来，要么是大官，要么是大财主，要么是大流氓，就看在什么环境下发展，总之绝非等闲人物。

陈寿用董卓杀耕牛待客这一个例子，表达了对董卓魄力、豪爽的赞赏，也为董卓未来能够拥兵自重和践踏皇权埋下了伏笔。

第三次汉羌战争结束在公元145年，当时董卓13岁，第四次汉羌战争开始的公元159年，董卓27岁。董卓杀牛待客，就发生在两次战争之间。从13岁到27岁这和平的14年间，东汉名义的皇帝是汉桓帝，但有个人绕不过去，那就是大将军梁冀。

史书上说梁冀长得“鸢肩豺目”，就是肩像老鹰肩，眼像豺狼眼，一副凶相。再加上他说话含混不清，估计一般官员见到他，说不了几句话心里就该打鼓发颤。梁冀有多坏，先举一个例子：因为8岁小皇帝说了一句“大将军真跋扈将军也”，他就毒死了小皇帝。“跋”是踩踏的意思，“扈”是随从的意思，“跋扈”就是欺负皇帝身边随从的意思。从天真的小孩嘴里说出来，这不算特别重的话，可梁冀担心小孩长大后报复他，很不爽。小皇帝被毒死在太尉李固的怀里。这就是梁冀。皇帝都不好使，更别说大臣和老百姓了。

小皇帝死了，要再立新皇帝，在这个问题上，梁冀、梁太后支持15岁的刘志；太尉李固、司徒胡广、司空赵戒、光禄勋杜乔等群臣一伙，支持成年人刘蒜。刘志是梁冀的准小舅子，刘蒜素有贤名，各有优势。立皇帝是大事，上关江山社稷、中关自己富贵、下关百姓安宁，谁都要争，所以就开大会讨论。第一天，士大夫有压倒性优势，吐字不清的梁冀，多次被批驳得哑口无言，被迫散会。当夜曹腾密访梁冀，迅速与梁冀结盟。曹腾是太后身边的人，他代表的有他自己的意见，也有梁太后的意见。梁太后如果认为刘志不行，能把自己妹妹嫁给刘志吗？所以15岁的刘志不会有多么不堪。对曹腾而言，他知道，要想合法致富，只能靠封侯，而封侯只有两条路：战功和拥立，自己一个宦官根本不可能立战功，所以只能靠拥立天子。有太后和大将军支持，立刘志为帝的概率很大。一旦立刘志成功，曹腾就会封侯。谁在曹腾那个位置，都会选择支持梁冀立刘志，也不敢不支持。曹腾有私心毋庸置疑，从公心角度，曹腾支持立刘志对不对呢？

下表是立皇帝可选择的范围。因为后边会讲董卓废刘辨对不对，所以暂时不说此事，到底该立谁读者自己判断。需要说明的是，刘延平是刘宠的亲生儿子，过继给了刘虎威。汉桓帝和汉顺帝是平辈，顺帝死了，经过冲帝和质帝，皇位回到族弟手里，真是不知如何描述继位的事。按当皇帝的顺序，汉桓帝称刘 6 代。

| 刘三代 | 次序 | 刘四代 | 地位 | 刘五代 | 刘六代 | 刘七代 |
|---|---|---|---|---|---|---|
| 汉章帝 | 长子 | 刘伉 | 千乘王 | 刘宠 | 刘鸿 | 质帝（10） |
| | 三子 | 刘庆 | 废太子、清河王 | 安帝（6） | 顺帝（8） | 冲帝（9） |
| | | | | 刘虎威 | 刘延平 | 刘蒜 |
| | 四子 | 刘肇 | 汉和帝（4） | 殇帝（5） | | |
| | 五子 | 刘寿 | 济北王 | 刘懿（7） | | |
| | 六子 | 刘开 | 河间王 | 刘翼 | 刘志、刘悝 | |

表中人名后有数字的都当过皇帝，并已死去。

第二天，梁冀在太后和宦官的支持下，耍横发飙，胡广、赵戒妥协，刘志因此当上了皇帝，即汉桓帝。曹腾、袁汤因支持立桓帝有功，被封侯。刘志称帝后，李固、杜乔身死。有什么理由吗？理由好找，比如说李、杜鼓动刘蒜谋反。这种事梁太后都不相信，仅仅免了他们两人的官位而已。但梁冀死不放手，直接抓人，最后两人死于狱中，此为东汉第一对“李杜”。

自古正邪不两立，李、杜和梁冀早有矛盾。有人说，对待小人要多打招呼少说话，意思是表面热情但是要拉开距离。生活中普通同事间这样固然没错，但是真要上了擂台，可不是这种打法，想躲开矛盾，做梦。比如：

1. 梁冀的小女儿死了，你去不去送葬？别人都去了，你去不去？连李固都去了，只有杜乔没去。

2. 如果你是监察官员，遇到官员贪污你上不上报？梁冀为贪污者说情，给不给面子？李固没给。

3. 种暠举报某太守向梁冀行贿，并将赃物金蛇上交，保管在杜乔那里。梁冀向杜乔索要，说借来瞅瞅。能不能借给梁冀？杜乔没借。

李固和杜乔都非一般人物。李固的父亲曾做过太尉，本人还做过梁商的掾属；杜乔曾受杨震征辟，是公元 142 年皇帝钦点的、巡视各地揭发检举官员的八大臣之首。李固和杜乔都任过太尉，梁太后非常信任他们两个。

那又怎么样呢？

李固、杜乔死后，20 人名单里，吴佑责怪马融替梁冀写奏章诬陷李固，得罪了梁冀，主动辞职；种暠得罪梁冀后，先罢官，后外放地方任职；太尉黄琼和梁冀死扛，凡是梁冀推荐的人一概不用，无论贤愚，他因此经常被免官。马融被梁冀收拾得服服帖帖。这 5 个是梁冀打压的人。剩下的 5 个，苏章早就选择隐居，栾巴被梁太后禁锢，郎顗被同乡泄愤杀掉，周举、杨厚自然死亡，他们的褒贬进退与梁冀无关。

其他死于梁冀手上的官员，有世代边将出身的度辽将军陈龟，他上书弹劾梁冀，自知必被梁冀所害，绝食七日而死；不太出名的，宛县县令因不庇护梁冀的宛县小弟，被毒死；刚升职的太守侯猛不来拜见梁冀，被腰斩；杨秉既不谄媚，也不硬顶，明哲保身，辞官回家。

看看六大豪族都做了什么。梁冀征召孔家的孔昱，孔昱不理。张纲接受迫害，一个人去剿匪，死在任上。袁家的郎中袁著举报梁冀，梁冀派人去杀他，袁著知道逃不掉，就弄个假人装在棺材里烧了，但是被梁冀识破，暗杀了袁著。桓家、郭家没有记录。曹家官运亨通。

梁冀有拥立皇帝的功劳、有大妹妹做太后掌权、有二妹妹当皇后、刘志年纪小、梁冀自己又已做了四年大将军、有一大帮兄弟子侄当大官，朝政当然由他管理。东汉的外戚专权在梁冀身上到达了顶峰，顺帝时代积累的人才，基本灰飞烟灭，凋零得差不多了。

汉桓帝从登基那天开始，是感谢梁冀的。又因为大部分大臣支持刘蒜，汉桓帝与士大夫有天然的感情隔阂，所以汉桓帝与比自己大 44 岁的大舅哥梁冀关系密切，实属正常。另外，由于大批士大夫攀附梁冀，又看不起汉桓帝身边的宦官，所以宦官就在桓帝面前说大臣的坏话，这就使桓帝更加不喜欢大臣。

公元 150 年梁太后死去，形式上归政于皇帝，但皇后还是梁冀的妹妹，梁冀权势依然很大。史书给人的印象，是梁冀很坏，梁冀死前，桓帝没权力，很无辜，汉桓帝是在忍无可忍的情况下才冒险诛杀梁冀。这个印象不那么准确。其实从公元 150 年汉桓帝开始亲政，他已经有一些权力了，证据之一就是任命了很多宦官子弟为官。公元 154 年，左悺的哥哥左称，任河东太守；公元 158 年唐衡的哥哥唐玹，由京兆虎牙都尉转升河南尹，这些事都是汉桓帝决定的。宦官和梁冀有矛盾，也有勾结，无论如何，这些宦官子弟能当太守级别的高官，说明梁冀没拦着，汉桓帝有些权力，只是不那么大而已。证据之二，《后汉书·梁统列传》里说，公元151年，汉桓帝给梁冀特殊的礼仪，包括上朝可以带剑穿靴等，总之和萧何、霍光、邓禹一个待遇，而且宣告了天下。可是《后汉书·张陵传》里又说，公元151—公元152年，有一次梁冀带剑上朝，却被尚书张陵大声斥责，并命令羽林和虎贲军夺下梁冀的剑。梁冀下跪求饶，张陵不同意，立刻弹劾梁冀。汉桓帝下令，罚梁冀一年俸禄。既然汉桓帝准许梁冀带剑上朝，张陵一个小小的尚书，竟敢斥责梁冀带剑，这不是找死吗？梁冀那么嚣张，不但没一剑扎死张陵，竟然当场下跪谢罪，这还算嚣张吗？一个六十三四岁的老头子，让你带剑你就真带剑上朝，上朝先被骂、后被夺剑、再下跪求饶、最后被罚款，就这么被玩弄，能说汉桓帝没权力吗？东汉的历史有时看不懂。

其实梁冀未必有那么坏。

例子之一：梁冀的二弟，未经允许派人到梁冀的园林里打猎，被梁冀知晓。史书说梁冀的园林，面积比皇家园林还大好多，北到黄河，南到平顶山市的鲁山县，西到三门峡市的灵宝县，东到郑州市的荥阳市，周长“千里”。如果你是河南人，就知道面积有多大，洛阳就在这块区域之间，怎么可能成为梁冀私家园林呢？史书实在太夸张了。这块园林平时也没什么用，只养一些兔子。梁冀连亲弟弟的面子也不给，把他三十多个门客全部杀掉了。史书因此说梁冀残暴。换个角度，是不是可以说梁冀管理家人很严格呢？

例子之二：梁冀看中了全国最富有的豪绅士孙奋的家产，就送了他几匹马，反过来要借5000万钱。吝啬出名的士孙奋琢磨了好几天，给了3000万钱。梁冀一看没给够，就很不爽，一纸诉状再加官府的皮鞭毒打，士孙奋家破人亡，1.7亿钱的财富全归了梁冀。这个例子当然在说梁冀贪婪凶暴，可换个角度，是不是也可以看作是梁冀在打击豪强呢？要知道，在东汉，靠勤劳节俭和精打细算，是累死也挣不了这么多钱的。梁冀最多也就是黑吃黑。

把坏人说得极尽坏，把好人说得很完美，那是小说，不是现实。不过要说梁冀是好人，也不现实，他贪钱无疑是真的。汉桓帝也贪钱，随着汉桓帝日渐长大，对金钱和权力的渴望，一定会作用到梁冀身上。

# 第六章　董卓仕途之第一起

只有酋长们看好董卓，董卓想发迹并不容易。虽然史书上对董卓的评价很差，但也没有掩盖他的全部能力。

按史书的说法，董卓不仅臂力过人，还可以骑在飞奔的马上左右开弓射箭，很有本领。在战乱时代，就凭臂力过人和左右开弓这两条，如果运气不是特别差的话，在当地出名实在很容易。怎么说呢？第一，那时候没有武术和枪炮，打架靠的就是力气。中国的武圣关羽，谁知道他的师父是谁？根本就没有师父。河北名将颜良，其实就是一个有把子力气的傻大个儿。关羽斩颜良，靠的也无非是突袭和一把子力气。第二，周侗传授岳飞的武艺，主要是射箭，射技在古代中外都是很高超的学问，“六艺”之一。董卓家乡附近出过的名人，就有凉州天水郡的李广，可以想象当地射箭的整体水平，董卓的射技绝对差不了。

以董卓的身体素质和家庭出身，他很快就被家乡陇西郡的太守征召，做了一个抓盗贼的掾吏。太守是一个郡的最高行政长官，相当于现在的地级市一把手。掾吏不是国家正式干部编制，是领导私人聘请的手下，相当于春秋战国时期的门客。领导和掾吏（也叫掾或掾属）是主从关系，掾吏对领导负责，领导给他开工资，还可能提拔或推荐掾属做官。东汉有的掾吏像对自己父亲一样，给领导守孝三年，可见领导和掾属之间的亲密关系。董卓做掾吏估计有三五年，之后他被凉州刺史聘用，率领士兵打羌人。刺史本是监督一个州里所有郡太守的官员，级别比太守低四级，但刺史是皇帝派出的干部，如果有战事，一个郡各自为战影响效果时，刺史可以管理调动本州各郡太守，所以战时刺史的实际权力比太守大。董卓和个别羌人交朋友，不影响他与羌人作战。那时候汉羌可以通婚，马超的母亲就是羌人。董卓正是在此期间，因“斩获千人”的战功，获得了护羌校尉段颎（jiǒng）的赏识。

讲到这里，要先介绍三个人。第一个叫皇甫规，字威明；第二个叫张奂，字然明；第三个叫段颎，字纪明。这三个人是在董卓的家乡凉州与少数民族作战的武将，全是凉州人，因为战绩突出、威望较高，被人称作“凉州三明”。皇甫规和张奂同龄，比董卓大 28 岁，军事上对少数民族采取剿抚结合政策，政治上不与宦官勾结；段颎出生日期不详，他主张灭绝羌人的政策，政治上依附宦官。皇甫规生前做过最高的职位是度辽将军，段颎两次做过“三公”之一的太尉，张奂最高干过九卿之一的太常。之所以介绍他们，是作为当地级别最高的武将，与本地的小伙子董卓之间，会产生将与兵之间的关系。

赏识董卓的段颎，就是上文提到的凉州三盏明灯之一，老资格的将军。历史虽然没有明确记载董卓受赏识的具体时间，但根据当时的战争状况以及段颎的经历，公元 159 年第四次汉羌战争爆发，八个羌族部落联合侵扰董卓的老家凉州陇西郡时，董卓已经是在段颎的领导下参加对羌作战了。可以这么说，如果没有汉羌战争，董卓很难入段颎的法眼。而有了汉羌战争，董卓想不脱颖而出都难。有段颎的提携，董卓进步就缺临门一脚了。

就在这一年，京师发生了一件大事，汉桓帝刘志，依靠宦官的谋划，铲除了自己的大舅哥、任职大将军 18 年、已经 71 岁的梁冀。梁冀任大将军 18 年，如果从汉顺帝去世时开始算，做了 15 年大将军，其中 14 年和平。梁冀一死就爆发汉羌战争，不能不让人怀疑梁冀之死和汉羌战争的关系。总之这个事非常突然，大家都猝不及防。

汉顺帝的老婆，是梁商的大女儿。汉桓帝的老婆，是梁商的二女儿。汉桓帝的皇帝位，是依靠梁大姐和梁冀才得到的。作为接替被梁冀毒死的汉质帝做皇帝的刘志，公元 146 年当上了皇帝后，既爱又怕应该是他的心态。汉桓帝一方面从理智上反对梁家跋扈专权，另一方面又不得不善待、逢迎梁家。公元 148 年、公元 151 年，历史记载刘志主动去梁冀家，还穿着便服，就是表达讨好、乖顺、信任的意思，背后也藏着韬光养晦之心。

刘志这种用尊严换平安的态度，基本让梁冀放了心，双方达成平衡。要说梁冀有篡汉之心，不可能，他既没那个胆子，也没那个志向，更不是那块料，快六十岁的人了，还能活几年？可梁冀即便放心汉桓帝，但也不傻，前几任外戚，窦家、邓家、阎家的前车之鉴在那摆着，弄不好就有灭族之祸，他不可能不担心皇帝长大后收拾自己，所以表面上和平共处，背后不得不留一手。如此，宦官的地位就显得极为重要，因为梁冀要通过宦官掌握皇帝动向，刘志也要通过宦官了解外界信息。这样，宦官利用自己的特殊地位，趁机捞好处，其子弟在各地做地方官的越来越多。这就触动了士大夫集团的核心利益。皇帝掌管中央、大臣掌管地方，本就是彼此认可的潜规则，但是在士大夫的势力范围内大规模插入宦官子弟草根阶层，引起了士大夫的不满。

按历史记载，第一个跳出来反对的，是名士赵岐。赵岐是马融的侄女婿，他曾被梁冀征辟。因为总在梁冀面前建言献策，梁冀就有些烦他，把他外派任县令。公元153年，赵岐的领导——郡太守换成了小黄门左悺的哥哥。赵岐一看是宦官子弟做自己的领导，嫌丢人，直接不干了，到河南尹那里当了个功曹，相当于县长不做而去做乡长。公元158年，河南尹又换成了阉人唐衡的哥哥，赵岐马上又辞官不干了。你想，赵岐对宦官子弟鄙视到骨子里的表达方式，宦官的感觉，能好受吗？由此可见，宦官子弟在地方做官，是受到士大夫集团孤立的。宦官子弟未必都是坏蛋，郑众、孙程、吕强这些大宦官都有很好的名声，也未必都没有才能，蔡伦还推进了造纸术的发展。赵岐这么做，公然是对人不对事。唐衡的哥哥也知道怎么回事，报复性杀了赵岐家人。宦官子弟不通过自己的才华和贡献挽回名声，而是靠杀人灭族这种残暴的办法，必然带来士大夫们更大的反抗。

这样的事不止一件，宦官具瑗曾经托冀州刺史蔡衍帮忙，让他推举自己的弟弟具恭为茂才。茂才就是秀才，避讳刘秀才叫茂才。蔡衍不但不帮忙，还把拿着礼物送信的人给抓了。如此，宦官和士大夫的矛盾，成为皇帝和梁冀矛盾以外的第二大矛盾。

公元159年7月，梁皇后死去。这对梁冀来说，不是好事，毕竟妹妹死去，没人在汉桓帝跟前替自己美言和监视，作为大舅哥的影响力自然下降。梁冀担心自己在皇帝心中的地位下降，早就安排了一个叫梁猛女的大美女在皇帝身边。可梁猛女毕竟不是梁家人，他是邓绥邓太后的侄子邓香的女儿，邓香早死，其妻子就带着女儿改嫁给了孙寿（梁冀的妻子）的舅舅梁纪。

如今二妹去世，梁猛女梁贵人受宠，有望成为皇后，梁冀就想认梁猛女为女儿，以巩固自己的地位。可梁猛女的姐夫和母亲反对，于是梁冀就派人刺死了梁猛女的姐夫、议郎邴尊，接着又派刺客去刺杀梁猛女的母亲，也就是汉桓帝的丈母娘。由于刺客在屋顶踩碎了瓦，发出了声响，被邻居袁赦发觉，敲锣打鼓吓跑了刺客。丈母娘就把事情汇报给了女婿汉桓帝。谁敢去刺杀皇帝的丈母娘？目标自然聚焦于梁冀。如此，汉桓帝和身边的宦官单超、具瑗、左悺（guàn）、唐衡、徐璜商量策划了行动方案，准备与梁冀翻脸。

汉桓帝要动梁冀，还是有些忌惮，毕竟梁家掌握着南军、卫尉，以及北军五营中的屯骑校尉、越骑校尉、长水校尉三营。汉桓帝不自信，生怕走漏消息，非常小心。22 岁的汉桓帝与宦官们仔细谋划了核心三步棋。第一步，让尚书令尹勋带着手下官员，守住皇宫内办公室大门，目的是写好诏书后，防止消息走漏和符节印信流出去。第二步，由黄门令具瑗带着虎贲军、羽林军等，共一千多人，和司隶校尉张彪一起，突然包围梁冀的住宅。第三步，派光禄勋袁盱带着符节，没收梁冀的大将军印绶。按计划动手后，反倒很轻松。梁冀当天就自杀了。

从结果看，71 岁的梁冀根本就没想反抗，如果他反抗，后果实难预料。十年之后的宦官王甫、曹节诛杀大将军窦武，走的步骤，到袁盱收取大将军印绶这一环节前，基本一样，只不过窦武没自杀，而是逃出家门，带领北军反抗了。僵持了一夜，窦武才兵败自杀。梁冀的实力比窦武强多了，毕竟一个做了 18 年大将军，另一个只做了 8 个月。具瑗又没有外援，所以如果梁冀反抗，汉桓帝未必会赢。

总之从事前看，皇帝很紧张，有失败被废的风险；从事后看，有惊无险小事一桩。无论怎么说，宦官们成功铲除了梁冀，人家做了，也做到了。当时很多人，因此敬佩宦官，再一次评价他们有伊尹、霍光一样的功勋，张良、陈平一样的谋划。

汉桓帝对梁冀动手时，六大家族里只有袁安家族人——光禄勋袁盱是参与者。整个事件袁盱的风险最大，因为如果梁冀反抗，第一个要杀的就是当面见到的袁盱。袁家有袁成与梁冀关系极好，有袁著被梁冀杀害，有袁赦做宦官破坏梁冀计划，所以袁家并无一个统一的政治立场。梁冀被铲除后，被处决的官员有几十人，被免官的有三百多人，朝廷都空了。袁家受到重用，曹腾因为平时不得罪人又没什么错儿，没受什么影响。

经过梁冀和汉桓帝两番清洗，六大豪族，孔家不问世事，张家基本出局，桓家明哲保身，郭家顺应潮流，曹家全面起步，袁家多头下注。这样，老四大家族逐步归于平淡，新兴豪族袁家和曹家的势力，得以持续发展。

铲除梁冀以后，桓帝对单超、具瑗、左悺、唐衡、徐璜五人，以及参与者，是发自肺腑的感谢，封这五人为列侯，食邑 7.6 万户，赐钱无数，这就是宦官 4 代。封宦官赵忠等八人为乡侯，官员中仅七人封为亭侯。汉桓帝大肆给宦官封侯这一举动，没有使朝局正常化，反倒引起了士大夫的羡慕嫉妒恨，加深了矛盾。

这次跳出来的还是个小人物，白马县令李云。如果一定要给李云找一个政治背景，那就是他所在的白马县，属于清河王刘蒜的势力范围。

公元 160 年，李云采用露布的形式上书，直接用怒火轰炸了皇帝。露布是指不封口的信，一般用于军事捷报，或皇帝发布大赦令等，是用旗杆挑着一块写有文字的布，目的是让路人都知道喜讯。李云上书与捷报没一毛钱关系，他就是想让所有人知道他上书的内容，还把奏疏副本抄报给了“三公”。他都写了什么呢？

最主要是：论功行赏没错，但赏赐应与功劳相匹配。梁冀被灭，对您来说，不过像掐死个家臣那么容易。但您封了很多个万户侯，您的老祖宗刘邦知道了，能高兴吗？西北的战将听说了，能不寒心吗？

李云的结论：孔子说，“帝者谛也”，现在是胡乱封官，小人受宠，贪污成风，政治黑暗，奏章您都不看，是“帝欲不谛”吗？

解释一下：“谛”是真理、道理的意思，当然也有深思洞察的意思，本书采用道理之意。“帝欲不谛”，就是“皇帝要流氓不干正事”的意思。

汉桓帝大怒，李云入狱。这时候，一个和李云不认识的人——弘农郡一名五官掾，叫杜众，同情李云、佩服李云，上书表示愿意和李云一块去死。气头上的汉桓帝见有人来找死，也没客气，杜众也下狱。大鸿胪陈蕃、太常杨秉等人给李云求情。结果是前两个免官，后两个降两级。李云、杜众死于狱中。这就是东汉第二对“李杜”。

士大夫们一看，汉桓帝竟与小小的县令和五官掾较劲，看来没法沟通，由此更加鄙视汉桓帝。证据之一，就是汉桓帝想把女儿嫁给尚书杨乔，杨乔坚决不接受。后来杨乔七次举荐一个人才，看汉桓帝不搭理他，竟绝食七天而死。循吏就是这样，你不行，我宁死也不侍候你，可见心态上的反感。

乱哄哄形势下的年轻人，真不知何去何从。昨天还好得跟一个人似的大舅哥小妹夫，今天就变成了水火不容，且大舅哥十恶不赦；昨天还是逢迎谄媚的宦官，今天就是趾高气扬、大权在握的功臣；昨天还是“君叫臣死臣不得不死”的忠臣，今天就敢公开大骂皇帝。谁能那么快适应？到底又该相信谁呢？作为普通战士的董卓，能树立什么样的世界观和人生观，想都不用想，适应社会呗！

在老家跟随刺史和段颎对羌作战的董卓，追求肯定不会多么高尚。战斗过一段时间后，经段颎搭桥，汉桓帝末期，“董卓以六郡良家子为羽林郎”。

秦汉时期，诗人辛延年写了一首乐府诗，取名《羽林郎》，脍炙人口，与“日出东南隅，照我秦氏楼。秦氏有好女，自名为罗敷”的《陌上桑》齐名，这在一定程度上渲染了羽林郎的知名度。

全国羽林郎的总数不固定，大约是 128 人，专门负责皇帝寝宫保卫，重要和珍稀程度不亚于现在的天安门升旗手。羽林郎俸禄级别为比三百石。刘备靠与黄巾军玩命，得来的第一个官职安喜县尉俸禄级别才二百石，月薪 30 石，由此可见站岗放哨的羽林郎的社会地位！羽林郎不但属于国家干部序列，工资还高，不算 3000 钱的年终奖，月薪 37 石粮食，相当于两个中等农户十口之家一年的产粮。而且，羽林郎的直接领导是级别比二千石的羽林中郎将，可以直通皇帝。换句话说，如果羽林郎家里被人欺负，可以通过羽林中郎将，直接报告给皇帝。所以羽林郎官虽不大，但在地方是有影响的，当时绝对是很多西北年轻人向往的工作岗位。

要做羽林郎，必须具备三个条件。

第一，须有西北六郡户口。西北六郡，包括凉州的陇西郡、天水郡、安定郡、北地郡，并州的上郡和西河郡。这六个郡中，天水郡人口 13 万，其余 5 个郡人口合计 13 万，共约 26 万人。适合于做羽林郎的人口基数约 4 万。

第二，须是良家子。汉代良家子是个特定阶层，他们须有一定资产，是遵循伦理纲常、从事正当职业的人。正当职业，是指医生、巫师、商人、手工业者以外的人，说白了，就是官吏、农民、军人三种职业的人或其子弟才配当羽林郎。

第三，须有实战经验且耐苦善战。这就要求当过兵且立过功。

稀缺的指标、良好的待遇、严苛的条件，怎么就补到董卓身上？不由得让人怀疑，董卓家有什么关系吗？前文分析过董君雅，最多就是一个县公安局局长，没有多大的社会背景，所以董卓当羽林郎肯定和家族没关系。

董卓符合羽林郎的条件，但符合条件加有人推荐就能当上羽林郎吗？不行。单是没钱一条，肯定当不上羽林郎。因为公元 161 年，汉桓帝明文规定，虎贲、羽林，必须花钱买。皇帝公开卖官，有三个原因：一是因战争，皇帝缺钱；二是岗位竞争太激烈；三是皇帝不卖官，宦官和大臣也在卖，与其别人卖，不如皇帝自己卖。这样说来，无论董卓是在公元 161 年之前，还是之后，只要是得到了羽林郎这个职位，必然是花了钱的。换句话说，董卓做羽林郎，是花钱买官。这个事放在现在，绝不是光彩的事情，但对当时的武人来说，却与光彩关系没那么大，毕竟那时想当官就得花钱，能把钱花出去就不容易了。朝廷没给董卓树立正确的“三观”，大家伙又都如此，所以买官时董卓不但不会觉得有问题，反而会很主动和迫切。买官的资金，最大的可能，就是来自羌族豪帅赠送的千余杂畜。西汉末年的马援，就曾自己一个人，开荒加放牧，养了上万头杂畜，大发其财。

当了几年民兵、作战数百次的董卓，29 岁才做到比三百石的羽林郎，进步并不快。靠家族关系当官的袁绍，20 岁就是千石的县令；曹操，20 岁就是三百石的洛阳北部尉。

董卓当然不能与豪族相比，能走到这种程度已经不错了。进入中央军的董卓，并未出现“锥立囊中其利必现”的情况，在战场和官场混了五六年。这段时间的董卓，史书记载基本空白。不过，能空白已经不错了，因为出事的人太多了。这就说到了宦官和文官之间的对决。

# 第七章　文官与宦官的斗争

从公元159年左右开始，士大夫和宦官的斗争持续了30年，分五个阶段：第一阶段为依法纠察阶段；第二阶段为意气用事的互相仇杀阶段；第三阶段为刀兵相见阶段；第四阶段为宦官主政阶段；第五阶段为你死我活阶段。本章只说第一阶段和第二阶段。

汉桓帝依靠宦官铲除梁冀后，宦官的势力空前扩大。宦官以前是在皇帝和梁冀之间两头买好，渔翁得利，如今是直接上场，要风得风要雨有雨，子弟扑向全国。一朝得势，横行不法的事情自然就多起来。

事件一：第五种反转。第五种是汉明帝时期名臣第五伦的曾孙，他的对手是单超的侄子单匡。单匡时任济阴太守，贪赃枉法，可长期没人敢管。公元160年，第五种上任兖州刺史，刺史的职责就是监察太守，所以兖州济阴郡太守腐败的事，对第五种来说正管。因为刚来情况不熟，第五种就派手下的从事去调查。古人办案没那么复杂，从事直接抄了单匡的家，抄出赃款五六千万钱。巨额财产来源不明，从事就抓了单匡的宾客四十多人。单匡知道第五种不好惹，自己出逃并派出刺客。从事早有准备，刺客反被抓。第五种把刺客送进洛阳监狱，并上书弹劾单匡和单超。刺客在单超的运作下，越狱出逃。洛阳监狱相当于明朝的诏狱，由司隶校尉、河南尹、洛阳令共同掌管。当时的河南尹，正是杨震的儿子杨秉。犯人在杨秉管理的监狱里出逃，杨秉说不清了，被免官。由于单超的包庇，单匡得以逍遥法外，但是单超却不想放过第五种，就设计陷害了第五种，反倒把他发配到朔方郡。朔方太守是单超的外孙子，他磨好了刀等着第五种来。要不是第五种的门客像鲁智深在野猪林救林冲一样，第五种也就完了。逃走后第五种隐姓埋名好多年，经大赦后才出来，最后死在家里。贪污犯、杀人犯没事，经办的官员却受处分，这分明就是第二个张防。士大夫们的气愤可想而知。杨秉和第五种的经历，给士大夫集团上了一课。士大夫集团离开皇帝的支持，感觉到自己的能力不足，开始找外援。

这件事的次年，董卓进京任羽林郎。从此以后的事情，董卓大体都会知道。

事件二：发生在皇甫规身上，时间是公元 162 年。皇甫规是“凉州三明”之一，出身将门世家，爷爷是度辽将军，父亲是郡都尉，他自己后来也做了度辽将军、大司农。

皇甫规在西北与羌族打仗获胜，按理应该封赏，可宦官徐璜和左悺向他要战后总结报告，他迟迟不给。不给的原因，一方面徐璜他们有勒索之意；另一方面，皇甫规不愿意向宦官汇报工作，嫌丢人。如此落了个“余寇不绝”的罪名，意思是没把敌人杀干净，因此下狱，接受劳动改造。

皇甫规之前也曾遭到宦官举报，说他是靠给羌人行贿，“贿降羌人”才换来的和平。他为这事专门给皇帝写过一封信，解释过，说行贿得用钱，我自己家里没什么积蓄，公款都有账目，我拿什么钱来行贿呢？这样躲过一劫。可惜，躲得过初一躲不过十五。当初边境危急，国家缺乏人才，他主动请战。如今战事成功，没想到落得这么个下场，失望至极，所以他才不愿解释，更不愿向宦官低头。他的家属说不行就送点钱吧，可他死活不同意，宁可去服刑。后来，有大臣和三百多个太学生为他求情，宦官也没饶了他。一直等到大赦，他才出狱。

顺便说一下，皇甫规事件不是太学生参政的开始。公元 153 年时，冀州刺史朱穆，发现小宦官赵忠葬父的随葬品超越规格，就把赵父的尸体挖出来，并抓了赵家一些家属。因为这个事，汉桓帝下令逮捕朱穆。太学生、宗室刘陶联合一千多学生上书求情，朱穆这才被释放。这事发生在梁冀时代。东汉的太学生，最多时达到 3 万人，比王莽时期还夸张。这些人最愿意听当官的故事，热衷政治，经常请陈蕃、王畅、李膺这些高官来演讲，互相启发吹捧，如此就形成了一股舆论力量。博士、太学生的舆论力量，就是士大夫的外援。

事件三：陈蕃、王畅、黄琬、刁韪（wěi）朋党事件。

公元164年左右，陈蕃出任光禄勋，他和五官中郎将黄琬，共同掌管选举官吏一事。陈蕃，就是“一屋不扫，何以扫天下”这句话的始作俑者，他当时说的话是：“大丈夫处世，当扫除天下，安事一室乎？”黄琬，是太尉黄琼的孙子。当时很多人对选官中的腐败有意见，民谣段子满天飞。陈蕃和黄琬，都算有气节的人，不偏袒权贵，因此被宦官子弟诬陷举报。有人举报就得查呀！皇帝命令御史中丞王畅和侍御史刁韪来负责查办。可一个月过去毫无消息，皇帝追问调查结果，原来王畅和刁韪根本就没查。因为这件事，他们四人被定性为朋党，王畅被降职为议郎，陈蕃被免官，黄琬与刁韪被党锢，不准做官。选官中的贪污腐败不查，反而去查朋党，这不就是正事不干欲加之罪嘛。那他们是不是朋党呢？陈蕃最早是太守王龚发现并起用的，曾做过王龚的掾属。陈蕃上来以后，也曾举荐过王龚的儿子王畅，使免官的王畅得以“复为尚书”。刁韪是陈蕃征辟的掾属，并推荐他为郎官。也就是说，王龚是陈蕃的恩主，陈蕃是王畅的恩主，还是刁韪的恩主。要说是朋党，一目了然肯定是，可当时就是这么个环境，想要株连的话，所有士大夫都能连上。让王畅查自己的恩人，对士大夫来说是一种侮辱，那不是干欺师灭祖的事情吗？皇帝的命令，只能放在一边，他们连信息都不回复，摆明了不把邪恶宦官和糊涂皇帝放在眼里。有本事你就处分呗！当不当官无所谓。

事件四：四人朋党事件的延伸，是公元164年黄琼送葬事件。黄琼是黄香的儿子，黄香是古代“二十四孝”里的人物，《三字经》里，“香九龄，能温席”，说的就是黄香，他曾做过尚书令。良好的家庭背景、做过汉桓帝的老师，且和梁冀对着干，是黄琼得到士大夫和太学生认可拥戴的原因。黄琼的典型业绩，其一是拦着汉桓帝，减少对梁冀的封赏；其二是凡是梁冀推荐的人，无论贤愚，他一概不用。所以他经常被免官，几上几下做太尉。无论怎样，71岁的梁冀死后，74岁的黄琼成为朝中资格最老、分量最重的大臣。可惜，他身体扛不住了。



眼看着自己不行了，黄琼给皇帝写了封信，核心三件事。第一，为李固、杜乔，李云、杜众平反。第二，弹劾尚书周永。周永在梁冀时期，攀附梁冀，本来有罪却升官；待梁冀被灭，他反过来揭发梁冀，大显其忠，继续升官，还被封侯。黄琼信里要求皇帝解决这个人。第三，说宦官不是好人，梁冀在时，狼狈为奸；梁冀失势，他们揭发梁冀换取功劳，皇帝你可要擦亮眼睛啊！最后说："夫谄谀所举，无高而不可升；阿党相抑，无深而不可沦。"就是说，宦官举荐的人，多高的位子都能上去；宦官打压的人，多深的坑都能推下去。

这位老先生的话，句句在理，可皇帝根本不听。在生命最后时刻，他虽然没有点大宦官的名字，但宦官们依然咬牙切齿地要收拾其孙子黄琬。黄琬因朋党罪名被党锢20年，成为被党锢时间最长的人之一。

黄琼41岁出来当官，任职38年后，79岁去世。葬礼在洛阳举行，四面八方有六七千名士和官员前来送葬，包括许多不愿出来做官的隐士。如此轰轰烈烈的场面，成为东汉六大景观之一。这分明就是一场对宦官的示威，宦官们的嫉恨可想而知。士大夫同样气愤，老先生刚刚去世，就如此对待他的后人，士大夫又焉能忍下这口气？

擦去泪水，继续战斗。

事件五：这次是由老资格大臣杨秉出手，对象是侯览的哥哥侯参。

侯览是靠给汉桓帝行贿当上的中常侍，绝对是坏人一个。侯参担任益州刺史期间，残暴贪婪，只要是当地的有钱人，他便以黑社会的罪名抄家，之后把财产据为己有。杨秉弹劾侯参成功，侯参被押解进京。侯参自知难逃一劫，自杀了，侯览被免职。当时担任京兆尹的袁逢，在驿站里见到了侯参的赃物，有三百多车金银和锦帛。

事件六：看到侯参倒台，群臣再接再厉，司隶校尉韩演（司徒韩棱的孙子、曾攀附梁冀），先是弹劾左悺的哥哥太仆左称，左悺和左称自杀。继续弹劾具瑗的哥哥，具瑗进监狱赎罪。

在皇帝看来，事情没有对错，只有利害。经过自己六年多的亲政，权力已经稳固，不再需要老病贪腐的"五侯"来帮助，所以也不愿再包庇。随着单超、唐衡、徐璜病死，左悺自杀，具瑗免职，到公元165年年末，"五侯"基本退出历史舞台，可后续的宦官又补充上来。

事件七：公元165年，北海太守羊元群被免官。羊元群是个未暴露的贪官，因为免官回家时要把贪污的东西都带走，贪污的东西又太多，所以引起了河南尹李膺的注意。李膺搜集证据，揭露了羊元群的罪行。羊元群可不是吃素的，他背后有宦官撑腰，宦官有皇帝撑腰，于是，有人举报李膺。李膺反被免职，判入狱劳改。羊元群没事。

事件八：单超的一个弟弟是山阳太守，因犯法被抓，廷尉冯绲（gǔn）审讯后，判以死刑。单超虽死了，但是关系还在，宦官们四处匿名举报冯绲。收到举报信的，当然是汉桓帝。汉桓帝大怒，马上把冯绲免职，和李膺一块儿服劳役去。

还有类似的事，包括刘祐没收中常侍苏康、管霸占据的良田林湖。总之这一回合，李膺、冯绲、刘祐三人在劳改所里组团了。

从第一节的八件事情上看，具有如下特点。

第一，大宦官们贪污索贿，宦官子弟贪赃枉法，士大夫们因历史正常原因形成宦官眼里的朋党。不过此时还都在法律框架内斗争，还比较克制。

第二，一般是士大夫们主动进攻，矛头清一色对准了宦官。宦官被动防守，依靠皇帝的力量自保性反击。

第三，双方有胜有负，一切取决于皇帝。

李膺、冯绲、刘祐等因执法反被入狱，狱外在职的官员们很愤怒，多次向皇帝求情。汉桓帝某天高兴，就把李膺等人释放了。李膺出来后，不久被提拔任命为司隶校尉。基于对宦官的严重不满，加上皇帝不问是非曲直的打击和鼓励，士大夫出手越来越重，战斗升级为意气用事的仇杀阶段。

事件九：被放出来的李膺，一肚子火没地方发，正巧遇上了辖区内张朔的案子。张朔是司隶部河内郡野王县县令，在位时草菅人命。因为他是当时的小黄门张让的弟弟，没人敢惹。李膺一查张朔，张朔就害怕了，赶紧躲到张让家里。张让的房子很奢华，柱子都是由好几根实木围成的空心柱群，还有暗门，躲在里边很舒服。张让本以为万无一失，不知怎么被李膺知道了内情，带着人，砸开暗门就把张朔拎了出来，没几天就处死了。张让到汉桓帝那里哭诉，汉桓帝就当面责问李膺，为何不经请示就杀人？李膺以孔子上任七天诛杀少正卯为例，引经据典，把皇帝忽悠得没一点脾气。皇帝还训斥了张让。

这个案例，立刻成为几万太学生学习的经典，“天下楷模李元礼”的大名从此传出来。李膺李元礼，成为太学生们的偶像。

随着宦官集团的坐大，不少士人开始依附宦官，毕竟搭上宦官就能做官，已经做官的会提拔得更快。比如和具瑗勾结在一起的司隶校尉李暠、太尉张颢、司徒樊陵、大鸿胪郭防、太仆曹陵、大司农冯方。也有巴结士大夫的宦官，因为这样会获得好名声。于是，相互之间就有了充分的信息沟通。士大夫集团憎恨攀附宦官的人，很快又发生了几件大事。

事件十：大宦官徐璜的侄子、下邳县令徐宣，看上了原汝南太守的女儿，于是带着人强抢回家，侮辱后射杀。下邳属于东海国，东海国相黄浮，立刻下令缉拿徐宣全家，严刑拷打，并在闹市斩杀了徐宣。宦官又向皇帝哭诉，黄浮被捕入狱。

事件十一：山阳太守翟超，派张俭做督邮，巡检防东县。督邮是全权代表太守监督指导地方工作的巡视员。张俭这次出差，生活轨迹从此改变。防东县是侯览的老家，侯览的母亲强占民宅 381 所、民田 118 顷，用来建自家的豪宅。张俭把这些情况收集整理后，报告翟超。翟超几次报告皇帝，却都被侯览拦截，根本到不了皇帝手里。长久没有回信，张俭急了，索性杀了侯览的母亲，以及宾客宗族，毁了侯览在老家的豪宅，没收了全部财产。侯览当然不能善罢甘休，翟超被捕入狱。和黄浮一块，剃掉须发，接受刑罚。

转眼来到公元 166 年。

事件十二：宛县有一个富商，叫张汎，通过一个亲戚的关系，搭上了宦官。他经常给宦官送些自己做的产品——雕刻的把玩件。一来二去，成了宦官的朋友，也就有了在当地为非作歹的胆子和案子。宛县归南阳郡管，帝乡的太守成缙很耿直，连这个富商，带家族宾客，一举抓了两百多人。案子还没结，朝廷下了大赦令，按理应该释放这些人，但是太守心里过不去，又担心放虎归山遭到报复，于是不顾大赦令，将这些人全部处死。

事件十三：山西晋阳县一个叫赵津的，曾是皇帝身边的小黄门，在晋阳为非作歹，民愤极大。太原太守刘质派郡吏王允（后来谋杀董卓的王允）缉拿赵津，同样没管大赦令的存在，直接捕杀。

事件十四：河内郡有个叫张成的“大师”，善于看风水星象，与宦官交往密切，也给桓帝算过命。张成不知从哪儿听说皇帝最近要大赦天下，就让自己的儿子动手，杀了自己一直想杀的一个人。李膺立马抓了他儿子。可刚抓就遇到了大赦令，李膺也和太守们一样，照杀不误。

从这一阶段看，一方罪大恶极，另一方不管不顾，都置皇帝和法律于度外。士大夫们核心就是一句话，皇帝你不是纵容宦官不管吗？好，我来管。某种程度上说，对宦官的憎恨和对皇帝的鄙视，促成了疯狂的报复，虽大快人心，但着实与法不符，尤其是杀富商全家、置大赦令于不顾。同时，也给宦官们留下了口实。

宦官们知道，所有这些事都是冲他们来的。在看到大赦后杀人这三件事后，他们发现了翻盘机会。侯览先是指使张汎的老婆和张成的弟子牢修上告，接着又直接找皇帝诉说。皇帝大怒，司隶、豫州 40%—50% 的人饿死这件事还顾不过来，你们还闹？于是南阳太守成缙、太原太守刘质于公元 166 年 9 月被闹市斩首，暴尸街头。翟超、黄浮判处无期徒刑，“淹滞狱中”。李膺被捕入狱，求情的人也被投进监狱。

事情到这个程度，两大集团的矛盾已经难以调和。皇帝如此处理，士大夫们不能同意，舆论汹汹，无数人上书抗辩求情。皇帝不理。宦官们也不愿善罢甘休。张成的弟子牢修，在侯览的指使下，拼命实名举报。先举报李膺私养太学游子、结交各郡书生，结为朋党，诽谤祸乱朝廷；又举报名士范滂等人造谣结党。

宦官们根据李膺的狱中供词，牵连出两百多人，一大群宿儒名人列入抓捕名单，包括杜密、范滂、陈寔等。根据惯例，抓捕令要经“三公”签署后才能下发执行，可是太尉陈蕃拒绝签字，说这些人都是国家栋梁，海内名士，即便有错，十辈子都应该宽恕，现在什么罪名都没有，怎么能随便就抓人。汉桓帝气得差点背过气去，立刻免了太尉陈蕃职务，直接通过宦官们办理，把范滂等人投进拘押宦官的北寺监狱。

李膺被捕后招认的两百多人名单里，好多是宦官子弟，真的假的全凭李膺一张嘴。“李大炮”一开火，涉及的宦官就蒙了，希望皇帝尽快大赦天下。

宦官王甫，主审范滂。范滂为人正直、有气节，被抓之时只是个太尉功曹，不是大官，但是名气非常大。面对王甫对他结党问题的拷问，他说：“孔子教育我们说，看到好人唯恐赶不上，见到恶人要赶紧远离。如果好人和好人在一起，朝廷就会越来越清明，这是施行善政的国家愿意看到的，我不明白这为什么是结党！”王甫又问：“你们互相提拔，相互推荐，和你们意见不合的，就被排斥，这还不是结党吗？”范滂长叹一声，说道：“古人做善事，是为了求多福；现在做善事，却身陷大牢。我死之后，希望能埋在首阳山侧，我上不负皇天，下不负伯夷、叔齐。”不再说话。

伯夷、叔齐和首阳山是一个典故。这兄弟两个是商朝公子，素有贤名，为了推让王位，俩人逃离家乡。后来周灭商，这哥俩不食周黍，活活饿死，埋在首阳山下。范滂用这个例子，来说明自己要做一个好人，向好人学习，却因为现实社会中与好人结交而犯罪，那还不如死了，到阴间去向好人伯夷、叔齐学习。

幸亏王甫有些文化，听懂了范滂话语中的含义，也禁不住露出怜悯的表情，并叫狱卒解除其刑具。

当时范滂身边还有一个同案犯，是范滂的老乡，袁5代的袁忠。

长期关押也不是办法，里里外外都着急，这时候，桓帝岳父窦武出面找了汉桓帝，为这些人说情。

经过李膺乱咬宦官害怕、范滂实言王甫动容、窦武出马再三求情后，经历近半年的监禁，公元167年6月，被抓的两百多人这才得以释放，但是不能再做官，名单保留在皇宫档案里，即为“第一次党锢”。

党人出狱时，受到了英雄般的欢迎，南阳、汝南等地来了上千辆车迎接英雄出狱，此成为东汉六大景观之一的“党人出狱”。聪明人范滂知道这不是好事，偷偷一个人，溜回了老家。

这一阶段终于结束了，一切都恢复到半年前，士大夫暂时取得了胜利。

除了第一次党锢的结果，其他的事情，董卓都应知道，因为他有段时间就在京城。董卓面对这种眼花缭乱的斗争，刚来京城不久的他可能会不明就里，不过要说内心没想法，也不至于。士大夫集团多数是历代当官，作为既得利益集团，他们掌握天下读书人，所以社会整体舆论，一定是支持士大夫集团，反对皇帝搞大规模党锢。如此，皇权地位下降是必然的。在这种氛围下，要董卓发自肺腑地爱皇帝、爱东汉确实很困难。

# 第八章　董卓官场的三级跳

公元166—公元167年，董卓跟随“凉州三明”的另一个人张奂，征伐并州、凉州羌人，被任命为司马。后因军功晋级郎中。其间受到赏赐9000匹绢，当时相当于1000万钱。第四次汉羌战争，又一次给了董卓立功的机会。

《三国志·董卓》原文说：“为军司马，从中郎将张奂征并州有功，拜郎中，赐缣九千匹。”《后汉书·董卓》原文说：“从中郎将张奂为军司马，共击汉阳叛羌，破之，拜郎中，赐缣九千匹。”《后汉书·张奂》原文说：“奂遣司马尹端、董卓并击，大破之。”

读史有时候和听话一样，不在于对方说了什么，而在于对方掩藏了什么。现代人读这段话，如果仔细，会产生疑问。第一，董卓到底是军司马还是司马？第二，董卓怎么当上（军）司马的？第三，董卓和张奂是什么关系？这里必须得解释一下，否则后面的事看不懂。

首先，军司马和司马的关系。东汉只有大将军营里，常设军司马一职，级别比千石，是官。在大将军以外，比如张奂任职的使匈奴中郎将，部队里是没资格设军司马的，他的部曲的指挥员正式名称叫“司马”，有时候也尊称一声军司马，只不过是官场里一种刻意抬高身份的称呼，是吏。作战前后都是比三百石的董卓，不可能做级别比千石的军司马，他只能是张奂所属部队的临时指挥员——司马。

其次，董卓怎么从正式编制羽林郎变成临时职务司马的？这就涉及东汉军制。

刘秀起家时，军队有招募过来的，也有地方豪族带过来入伙的。带过来入伙的，多数是私家兵，即由宾客和佃农改编而成的部曲，比如耿纯、刘植的部属。那时的部曲包括各级军官、士兵、后勤三类人员。刘秀坐稳江山以后，以柔治天下，为减轻农民负担，进行了大规模裁军，只留下不到十万的常备军。可东汉战事频繁，兵力不足怎么办呢？只能临时招募士兵，作战结束就解散，原来干什么还干什么去。可新兵没经验也打不了仗，还得有有经验的军官和后勤人员才行。于是，只要有战事，皇帝就指定一名将军，拨给少量正规军，然后由将军组阁，自己找中意的中下级军吏和后勤人员。这些中下级军吏和后勤负责人，就成为将军领导下的管理团队，当时叫掾属，也称为部曲。战事结束，则成为将军的故吏。公元 166 年，匈奴、乌桓、鲜卑等侵扰边境九郡，朝廷临时把大司农张奂改任使匈奴中郎将，拨给其少量虎贲军、羽林军，再加上由其招募的郡兵出征。在最初作战过程中，羽林郎董卓因战绩突出，进入张奂的视野，这才得以征辟。征辟是汉代提拔干部的手段之一，是指上级选拔任用下级官吏。

得到征辟以后的董卓，就从羽林郎变成了张奂手下管理团队的一员，成为掾属。因为战争不可能打一辈子，所以司马只是临时性的职务。据史书记载，使匈奴中郎将的掾属数量，根据战事情况，由中郎将自己确定。

最后，董卓和张奂的关系。他俩之间是掾属关系。原文里用一个“从”字，说明了董卓不是跟随自己的领导参加对羌作战，而是直接跟随张奂，他是张奂幕僚中的一员，即张奂的掾属。董卓跟随段颎也打过仗，但他不是段颎的掾属，因为他还不够成为段颎幕府成员的资格。

综上，董卓首先以羽林郎身份抽调进入部队作战，之后被张奂征辟进入幕府，作战时临时被任命为司马，因战功被举荐，任郎中。《三国志》里用一个“军司马”，隐藏了张奂和董卓之间战时掾属、战后故吏的关系。同时因军司马过于突兀，也提醒读者，关注他俩的关系。

郎中是官，是皇帝护卫部队里的干部或参谋随员。这是一个非常有前途的官职，因为任职满一定期限后，经光禄勋考核合格，即可提拔为县令、县长等地方官。在汉和帝、汉安帝时，一次即从郎官中选拔三十人和五十人去补县令、县长或侯相，当时人以为郎官是“仕之通途”。刘秀的三女儿馆陶公主，为了儿子，曾经向弟弟汉明帝要一个郎官。汉明帝宁可给她 1000 万钱，也不给郎官，理由很简单：“郎官要管理百里范围内的百姓，如果所用非人，老百姓就要遭殃。”由此可见郎官之重要。张奂推荐董卓为郎中，是为他在仕途上晋升铺垫了重要的一步。

公元168年正月，汉灵帝登基。同年9月，张奂大胜后结束军旅生涯，率领部队回到洛阳，董卓随行。刚进城门，张奂就接到宦官传达的圣旨，要求张奂带领部队，随同车骑将军周靖，平定大将军窦武的叛乱。不了解情况的张奂，参加了镇压窦武的作战。董卓参战并是主力，为宦官集团立了一功。

这又是怎么一回事呢？

董卓参战期间，发生了东汉历史上第一次党锢，之后汉桓帝释放了李膺等被捕的官员。打击宦官的官员出狱后，被士大夫和太学生们当成了英雄。公元167年6月，太学生和士大夫集团开始为英雄开大会庆功。为了歌颂这些名士的业绩，太学生把他们进行了分类排序，包括是“三君”“八俊”“八顾”“八及”。其中最著名的领军人物是“三君”，所以一旦开大会，坐在主席台上的，必是“三君”。

“三君”是三个人，是指窦武、刘淑、陈蕃。窦武是国丈，刘淑是皇叔，陈蕃是前太尉。这三个人坐在主席台上，意味着东汉未来的政治走向，意味着一股政治势力的形成。三万太学生的后面，是全国几十万个有产阶级的家庭，这些家庭涵盖了东汉的官僚阶层。谁的家族没有太学生？太学生不是为了读经，而是为做官才来读书的，在读书期间能参政议政，多好的历练机会呀！且跟着皇后的父亲、皇帝的叔叔、著名的太尉混，一旦受到这几个人的赏识，哪怕得到“八俊”的赏识，未来前途都不可限量。议政的热浪在洛阳上空翻滚。

太学里最高级别的官员是校长，叫博士祭酒，秩级六百石；其次是博士，相当于教授，秩级比六百石，都不是大官。那国丈和皇叔是怎么和太学学生纠缠在一起的呢？

这要从汉桓帝离婚说起。汉桓帝的后宫女人太多，引起了皇后梁猛女的妒忌。汉猛女因干涉皇帝的私生活，在公元165年被桓帝废掉。辞旧迎新之际，窦武奉旨送女儿窦妙进宫。窦妙姿色超一流，自然被汉桓帝宠爱，当年就被封为皇后。窦武沾光，任城门校尉。

73年前，窦家出过一个名声不太好的大将军窦宪，家族深受牵连，所以窦武进洛阳以后，势力是单薄的，他希望与各主流集团建立良好的政治关系。另外他进京之前，是经学大师，也教学生。如此，他一到京城，就被太学校长请过去讲课。面对那些充满激情和渴望的学生，窦武找到了家的温暖、受尊重的感觉和正义的力量，甚至生命的意义。窦武为人不爱财、无私心，所以也愿意帮助这些太学生，他经常给学校捐助财物，解决学生的困难。从来没有哪个外戚像他这样的知识丰富、道德高尚、助人为乐且平易近人，所以他迅速得到太学生的高度认可，成为全国排名第一的经学和道德大师。

刘淑并不出名，也没有什么著作等身，他唯一拿得出手的，就是他的身份，他是和汉安帝同辈的老资格刘氏宗室、汉桓帝的亲叔叔，而且汉桓帝无子，万一未来立新皇帝，他能说得上话。

前太尉陈蕃自不必说，要知识有知识，要才能有才能，要资历有资历，要地位有地位。他敢顶皇帝，敢骂梁冀，憎恨宦官，疾恶如仇，那绝对是太学生心中的偶像。梁冀威震天下时，曾派人送信给陈蕃，托陈蕃办私事。送信的人因为无法见到陈蕃，不敢回去给梁冀交差，就编了个谎话，说有其他要事，终于见到陈蕃。陈蕃一听还是梁冀的私事，大怒，将那人活活打死，自己也获罪被降为修武县令。这就是脾气火爆、做事过火但有气节的陈蕃。第一次党锢时的陈蕃已经七十多岁了，无官一身轻，身体好得很，伺候他母亲时，腿脚灵活得像个青年。

就在朝内两股力量斗争得不可开交的同时，西北大将段颎、张奂与羌族的斗争也正在激烈地进行着。在胜利的曙光来临之际，公元 167 年旧历 12 月，汉桓帝驾崩，终年 35 岁。

桓帝死了，窦皇后主事。汉桓帝无子，新皇帝还不知是谁，此时朝廷里除了宦官，已没人上朝，士大夫个个托病在家。皇帝死去，无人上前，说明整个士大夫集团心气都没了，心散了。窦皇后重新起用陈蕃，任命为太尉。陈蕃做了官员们的工作，大家才上班。公元 168 年 1 月，窦太后、窦武、陈蕃立 12 岁的刘宏为帝，即汉灵帝。刘宏，就是刘淑的孙子。昨天的皇叔，变成了今天的皇爷。关系，太重要了。

**汉章帝第六子刘开子孙**

| 儿子 | 姓名 | 封爵 | 孙子 | 曾孙 |
|---|---|---|---|---|
| 长子 | 刘政 | 河间惠王 | 刘建 | 刘利 |
| 次子 | 刘翼 | 平原孝王 | 桓帝刘志 | 无子 |
| 三子 | 刘德 | 安平孝王 | 刘续 | 无子 |
| 四子 | 刘淑 | 解渎亭侯 | 刘苌 | 汉灵帝刘宏 |

窦武被任命为大将军，他和太尉陈蕃联合执政后，李膺、杜密、尹勋、刘猛等一批被党锢的人，又被重新起用。如此之下，太后、皇帝、大将军、太尉，以及中央各部主要官员，基本都是反对宦官的人，朝廷重新面目一新，大家又充满了希望，期待着一个盛世的到来。

宦官们呢？原来的主子去世后，新主子和自己没多大关系，前途未卜，个个人心惶惶，面对外戚和士大夫的联合，他们密切关注着事态的发展。

窦武和陈蕃定下的最主要的政策，就是要诛杀所有宦官，一个都不留。那时候还没有黑格尔，不知道“存在有其原因”的道理，当时只有“铲除天下污秽”这么个政治理想。可窦太后已经和宦官们相处了近3年，有了一定的感情和方便性，就不太同意。她的观点是：离开宦官怎么传达命令？莫非让我一个女人与大臣见面？况且宦官和宦官也不同，如此“一刀切”，不合常理。因为窦武父女之间存在着分歧，事情就没那么快决定。这种事迟则生变，宦官们天天在太后身边伺候，指不定什么时候就会走漏消息。

公元168年九月初七，辛亥日，加班之后，窦武回家休息，奏疏遗落在皇宫内，被宦官朱瑀翻到。看到奏疏里要求将宦官全部诛杀，一个不留，朱瑀急了，大叫：“要杀那些胡作非为的宦官可以，我们有什么错，也要被灭族？”接着，召集宦官，准备武器，歃血为盟，闹得不亦乐乎。嘈杂声惊醒了宦5代的老大曹节，问清楚之后，他立即找到了灵帝，哄骗小皇帝说窦武要搞废立，接着囚禁了窦妙，抢得了玉玺，威逼了尚书，拟就了诏书，持有了符节，之后派侍御史等拿着诏书去窦武家抓捕窦武。窦武拒不奉诏，与侄子窦绍骑马逃进北军步兵校尉营，召集士兵做好防守准备。王甫和曹节控制了太后、皇帝、尚书等人，诏书随便写，玉玺随便盖，命令刚回来的护匈奴中郎将张奂，随同代理车骑将军周靖平叛。

这就是张奂和董卓回京前的情况。

周、张从领旨到带着部队到达，估计已是半夜了。到达以后，包围了窦武驻扎的都亭，但由于天黑情况不明，加上双方兵力上都无绝对优势，所以形成了僵持。天亮以后，宦5代2号人物王甫带着虎贲军、羽林军等一千多人达到，合兵一处，开始喊话招降。北军士兵平时就害怕宦官，其中亦有很多宦官子弟，于是陆续跑到王甫这边来。到早上7点左右，窦武一看自己的人越来越少，带着侄子等人出逃。王甫和张奂的士兵追杀，窦武等人自尽。

注意两点：第一，周靖、张奂和窦武之间，有过不少于五个小时的僵持；第二，朝中大臣没有人出来帮忙、协调、劝架等，都窝在家里装不知道。除了陈蕃。

陈蕃知道情况时应该是后半夜。听说宦官政变了，须发皆白的陈蕃，带着自己的学生和手下，八十多人，提着宝剑冲向皇宫承明门。陈蕃边走边挥着宝剑大喊“凭什么说窦武无道？”“宦官造反”等口号，明目张胆，说明义正词严。此为东汉六大景观之一的“太尉挥剑”。王甫正好出门，迎面相遇，拦住陈蕃，接过话说：“先帝刚刚去世，陵墓还没建好，窦武有什么功劳，兄弟父子，三人封侯？而且还和宫里的女人喝酒作乐，上任十个月，就花了上亿钱。这样的大臣，是有道吗？你作为国家重臣，违法曲断，让人有理难申，你们还互相结党。你还到哪里去讨贼？我看你就是逆贼！来人，给我拿下”。陈蕃挥剑大喝：“你敢？”可王甫手下人多，很快将陈蕃团团围住，投进北寺监狱，当天被折磨致死。

王甫的话，是《后汉书》里很少有的坏人发言，从记载上看，王甫把陈蕃说没词了。至此，无论在窦武的军事战场，还是陈蕃的理论战场，士大夫集团两连败。王甫说的对不对呢？第一，窦家是三人封侯，窦武是在汉桓帝时就封侯了，食邑 5000 户，汉灵帝时只是改封。窦武之子、窦武的两个侄子三人是汉灵帝登基以后封的，王甫所指应该就是这三人。第二，窦武有功劳吗？按制度，拥立皇帝是最大的功劳。曹节接汉灵帝到京就被封侯，食邑 600 户。但是窦太后掌权，该不该封兄弟、他们该不该接受，值得考虑。虽能而让是为德，感觉接受封侯，符合惯例，但早了些。第三，窦武的侄子窦绍，在汉桓帝时确实花天酒地过，史书说窦武要免了他的官，经此威胁后，他改了。但是王甫说他花了 1 亿钱，没法知道谁在说谎。第四，陈蕃属于事业高于一切、刚直不阿的倔老头，再过一点他就是海瑞，他比海瑞好一些的地方，是他还有朋友。总体上说，王甫说窦家的话，七分靠谱，三分存疑；说陈蕃的话，八分造谣，二分有理。东汉有新皇登基即加封外戚的传统，宦官有为皇帝铲除外戚的传统，各说各的理。

这是宦官集团与士大夫集团面对面的武力对决，图穷匕首见刺刀见红，斗争发展到你死我活的第二阶段。

汉灵帝刚11岁，日夜与宦官在一块儿，与宦官有感情，被宦官们欺骗后，真以为窦武、陈蕃是要罢黜他，而曹节、王甫是保皇派，所以充分信任宦官。如此宦官控制了朝局。至此，士大夫集团失去了主心骨和带头人，彻底歇菜，成了案板上的肉。大好形势一夜之间化为乌有。此时再来看刘秀当初的决策，真是悔不当初。

东汉有好几次朝局面目一新的情况，但都没把握住。梁冀死时，一次；窦武掌权时，一次；袁绍诛杀宦官时，一次；董卓进京时，一次；王允除掉董卓时，一次。不能说东汉没有机会振作，可惜，全没把握住。

窦武、陈蕃一死，局面已经明朗，谁都知道，得罪宦官的士大夫完蛋了。侯览没忘记张俭的杀母之仇，指使张俭的同乡朱并举报，朱并拼凑了一份“八俊”“八顾”“八及”名单。这二十四人以他家乡防东县人为主，小人物督邮张俭是头儿。王甫、曹节等人知道，陈蕃等人树大根深，不斩草除根不行，于是，把这份名单，篡改成了太学生们评比出的“八俊”“八顾”“八及”。接下来就是大肆抓捕。

长乐少府李膺、太仆杜密、太尉掾范滂等百余人被捕，相继被处死。东汉第三对“李杜”就此结束了生命。同时，诏书规定，这一百多人，五服之内的亲戚都不准再做官。受到牵连和迫害的，有六七百人。一时间，“天下豪杰及儒学行义者，皆为党人”。此为第二次“党锢之祸”。

宦官们给皇帝汇报，说铲除了想要废立的乱臣贼子，于是曹节等大批宦官加官封侯。王甫这人挺特殊，按理，杀窦武和陈蕃他是前线总指挥，可是他得到的回报只是提拔为中常侍，没有被封侯和赏赐，可能是他拒绝了。侯览死盯着张俭，可张俭跑了。张俭跑到哪里，侯览的兵就追到哪里，死活要抓住张俭。张俭慌不择路，见门就进（“望门投止”），能投靠的都投靠了。侯览下了严令，谁收留张俭杀谁。如此被杀的有十几家。孔融的一个哥哥，就是因为承担收留张俭的责任被杀了。最后张俭靠着众多人拼死保护，逃到了塞外，捡了一条命。党锢解除后，他回到家，虽受到政府征辟，但心已凉透，不愿再做官，用家产接济贫苦受灾的百姓。他家比较富裕，去世时84岁。

太学生们推崇的名士，只有两人没受影响，一是学生领袖郭泰郭林宗，二是袁家的隐士袁弘。郭林宗得以逃脱，是因为他本身就不是官员，而且他的批评从来对事不对人，比较中肯，没得罪过人。他在公元 169 年 1 月就死去了。六大豪族中，只有孔家的孔昱一人在党锢之列。

此次被杀害被党锢的人，得到了全国上下的同情。来抓范滂的督邮，哭着在驿馆里不肯出门，等着让范滂逃走。议郎巴肃，知道曹节要抓他，不愿因逃走而牵连别人，主动自首，当地县令辞官不干，要与他一同逃走。李膺有一名学生，是御史的儿子，因为不在李膺学生名录里，得以逃脱。这位御史说："我因为李膺是位贤士，才让儿子拜他为师，怎么能因为名册里漏掉了名字，就苟且偷安呢？"御史主动辞职回乡。李膺也可以逃走，但选择了死亡，"事不辞难、罪不逃刑"，是条好汉。

没有选择逃走的范滂，主动投案。县令气得没办法，说："天下这么大，你来我这儿干啥？"见范滂不动，只好解下印绶，备马要和他一起逃走。可范滂拒绝了。大街之上辞别母亲，说："我弟弟很孝敬，他应该能给您养老，我如今追随父亲去了，也是死得其所。只是怕您割舍不下母子之情，希望您不要悲伤。"范母说："你如今能够与李膺、杜密齐名，死有何恨？已经有了名声，还希望长寿，怎么可能兼得呢？"范滂跪下拜别。范母回身对范滂的弟弟说："我这一生，从没有做过什么坏事，却落得了如此下场。我多希望你做个坏人，趋炎附势，随波逐流，自己开心就好，可是想想，毕竟坏事是不能做的。我又想让你做个好人，多做些善事，可想想我自己这一生，又担心你重蹈覆辙，也落得我这样的下场。为人父母希望自己的孩子能够活得富足快乐、无风无浪，可正义真理又不可违背。我真的是左右为难啊！"（吾欲使汝为恶，则恶不可为；使汝为善，则我不为恶。）（以上翻译来自网络）听完范母的话，路人没有不哭的。范滂死时，年仅 32 岁。

杀掉窦武、陈蕃以后，应该对张奂、董卓论功行赏了。赏赐的原因包括两项内容：一是边疆平叛，二是剿灭窦武。士大夫出身的张奂，对参与剿灭窦武事件，事后肠子都悔青了，怎么还能要赏赐？封官、封侯、20 万钱、一个儿子做郎中，这些例行的赏赐统统没要，只是请求把家从大西北凉州迁到弘农郡（制度规定不准内迁）。张奂不要赏赐还有一个原因，就是封给他多少，宦官是有条件的：第一是政治上要服从宦官；第二是经济上要有所表示，说白了就是给回扣。宦官对皇甫规和段颎，都是这个套路。皇甫规拒绝给回扣，下狱。段颎接受了条件，封侯，食邑一万四千户。很明显，段颎给宦官的回扣越多，封给他的食邑就越多。万户不是小数，要知道桓、灵二帝都是藩王进京称帝，进京前日子不那么富裕，所以非常贪财，尤其是汉灵帝，封侯就像从他身上挖肉，困难着呢！要不是有回扣，宦官们才不愿劝说汉灵帝呢！张奂打死也不会给宦官回扣，索性啥都不要了。

张奂为什么后悔？这对董卓有什么影响？史书说他被宦官蒙蔽而后悔，未必。

张奂最早是梁冀的掾属，受到梁冀的牵连曾被免官，后来经皇甫规的强力推荐，得以回到官场。他对外戚和宦官之间是怎么回事一清二楚，所以张奂包围窦武之后，并未马上开战，双方有一段五小时以上的僵持期。张奂如果看不清形势，可以趁机找个信得过的官员询问，怎么那么容易被宦官蒙蔽呢？张奂出征之前是大司农，朝里不会没有熟人。即便没时间、没有信得过的人，仔细想想也能想明白：当时是太后临朝，11 岁的汉灵帝说话不算数，窦太后能派宦官杀自己父亲吗？窦武没有谋反的动机呀！如果太后要杀自己父亲，在皇宫里多容易，怎么可能笨到让两边各带几千人互砍？再说，宦官什么样，他不是不知道，所以张奂其实就是一刹那胆小了，因为听圣旨的总没风险。张奂一失足成千古恨，他是为自己一时的怯懦、关键时候掉链子而后悔，为丧失了反戈一击剿灭宦官、开创历史的大好机会而懊悔。事后，他怎么能不在酒桌上痛哭流涕？这些心里话，张奂不一定给董卓讲，但是话里话外的意思，一定会传递给董卓。意思的核心就是宦官太阴险、太狡诈、不得好报，有担当的男人应该抓住历史机遇啊！别学我等。

董卓在京城待了四五年了，也不会没有朋友。铲除窦武之后，对于出差打仗这两年来发生的事情，他会很快知悉。我们无法判断董卓会怎么想，不过他自己很快也遇到了棘手的问题。

张奂可以不要封赏，但士兵不能不赏，毕竟士兵完成了任务，这样，张奂手下的主要将领董卓、尹端就成为赏赐的目标，条件不变。董卓得到赏赐是理所应该当，但自己的领导张奂以得到赏赐为耻，那么董卓该不该要、能不能要呢？结果是董卓没要，都分给了士兵。

董卓为什么不要呢？是他大度吗？未必。

董卓分缣这件事，如果是真的，肯定会得到张奂的赞许，但一定也会得罪宦官，因为这就是不领情，拒绝接受宦官的拉拢，还拒绝给回扣。《后汉书》记载，此时董卓说了一句话，“为者则己，有者则士”，意思是我只是做决策，出力的是战士们，有什么赏赐都该分给大家。“为者则己”这句话放在董卓分缣这段非常蹊跷。这句话出自《黄石公·三略》，黄石公就是张良三次拾履后拜的老师，原文是“为者则己，有者则士，焉知利之所在？彼为诸侯，己在天子……世能祖祖，鲜能下下；祖祖为亲，下下为君”。完整翻译过来，意思如下：做决策担风险的是我，有好处是别人的，那我的利益在哪里体现呢？得利的是诸侯，自己做天子，这就是好处……世上的人都愿意拿好东西祭祀自己死去的祖先，却很少善待手下；祭祀祖先只是夯实亲情，善待手下才能成为君王。看完之后，是不是马上就觉得蹊跷了？第一，这段话是教人称王称霸的，这样犯上的话董卓能对谁说呢？语言环境是什么？第二，董卓分缣，就是要谋反。皇帝的赏赐你可以不要，辞谢就完了，怎么能利用皇帝的赏赐，在军队里树立自己的私恩？这不是找死吗？所以董卓分缣，应该另有隐情。

设身处地为董卓考虑，董卓挺难。拒绝接受赏赐吧，第一，士兵们寒心；第二，宦官不好惹，将来有风险。要赏赐吧，一是，张奂自己不要，谁要谁就是不和老大一条心，万一以后张奂不管自己怎么办？二是，要赏赐就得给回扣，不是钱的事，是站队立场的问题。三是，有钱也真不想给，凭什么我们卖命你们扒皮？

可这个事该怎么办呢？唉，董卓想起兵书上的话来了。《黄石公·三略》是一本兵书，是不是黄石公写的不重要，重要的是粗人董卓能随口说出这本书中一句话，确实不简单，那绝对是相当熟。根据这句话，董卓马上想到了解决方案，即劝说宦官以皇帝的名义将9000匹缣赏赐给士兵，如此一举三得。第一，自己没拿，与张奂保持一致，没有站队问题，张奂会高看自己。第二，士兵得到了赏赐。第三，没有回扣和未来风险问题。我都不要赏赐，哪里有回扣？宦官如果坚持要回扣，“赏赐也不要了，我回去征求一下士兵们的意见？”。宦官也不愿意招惹大兵，如此，宦官们哪里还敢不给赏赐？哪里还能要到回扣？

思路一通，对付小宦官，一顿大酒就齐活了！所以《后汉书》接着说了一句："悉分与吏兵，无所留。"全分给了士兵，一点都没留。之所以重复说一点没留，是因为董卓领着宦官现场分缣，自己确实一寸没拿，宦官也一分没有。

董卓有边疆平叛之功，又有诛杀窦武之功，还不要封赏，又为皇帝脸上贴金，自然会获得好名声。因此，做了一段时间郎官之后，前途必然更加光明。

不过，范晔说董卓说了"为者则己，有者则士"这句话，其实目的不纯，暗指董卓早有谋反之心。人家埋汰人家的，但要说一个临时团长有谋反之心，谁会信？

张奂回京不到一年时间，因为不同意举荐宦官背景的司隶校尉王寓，而被陷害为党人，在"党锢之祸"甚嚣尘上的背景下，不能再做官，黯然退休回乡。功臣落寞，张奂这个结果一定会刺激董卓，看来宦官是得罪不起的。这件事给董卓带来的影响是，董卓要么会非常憎恶宦官，要么会为了自己的进步而巴结宦官。只看命运怎么安排了。

公元 170 年，段颎结束军旅生涯，进京为官。至此，董卓的两个重要的军事领路人，自公元 170 年开始，不再指挥他。但是，有业绩为基础，朝里有人好做官，董卓又陆续被任命为太原郡广武县令、蜀郡北部都尉、西域戊己校尉。

广武县令，属于并州雁门郡，大县的"一把手"，俸禄级别六百石（东汉还有千石县令）。从郎官做到广武县令，必须经过光禄勋进行"敦厚、质朴、逊让、节俭"的"四行"通德考核。虽然考核未必严格，但无论如何没人举报，说明那时候的董卓还不是跋扈嚣张的人，口碑不差，更别说暴虐了。蜀郡北部都尉，是地处边疆（与蜀郡毫无关系、挂名而已）、管理少数民族、独立设郡之前的一级军政一体组织，类似于建省之前的海南，俸禄级别比二千石。级别虽不低，但说实话油水不大、风险不小。戊己校尉，设在西域，级别也是比二千石，月薪是 100 石，主要负责屯田和保护丝绸之路畅通，手下大约 500 名士兵。据唐长孺的《魏晋时期有关高昌的一些资料》（中华书局，

1989 年，第 334 页）考证，董卓任戊己校尉的时间是在公元 175 年左右，是时约 43 岁。这一年，西域于阗国进攻拘弥国，杀了拘弥王。汉朝派戊己校尉、西域长史分别发兵，辅立拘弥侍子定兴为拘弥王。这个戊己校尉，很有可能就是董卓，而董卓参与复立拘弥国，应该是再立新功。同时，由于他一直在边远地区为官，和宦官的交集较少，所以保持了履历清白。

从公元 168—公元 176 年，8 年时间，董卓从“仕之通途”的郎中，升到六百石的县令，又跨过千石这一级别，直接到比二千石的蜀郡北部都尉和戊己校尉，实现了官场三级跳。董卓成为一颗冉冉升起的军事新星，有真本事、强业绩、铁关系、打仗不死的好运气，谁奈他何？

# 第九章　董卓仕途之第一落

一路顺风顺水的董卓，万万没想到，在戊己校尉这个位置上，突然折了，被免职了。这是董卓第一次摔跟头，辛辛苦苦几十年，一夜回到解放前。什么原因还不详。

陈寿为什么不写呢？陈寿之所以能写《三国志》，是他在晋朝时能看到魏、蜀、吴三国所有的资料，包括部分东汉的，理论上他不可能不知道董卓为什么被免。即便董卓进驻洛阳以后或从洛阳迁都长安时，有机会把诋毁他的资料销毁了，或者汉献帝从长安到许都时，路上皇家档案全部遗失了，可陈寿已知他被免，怎能不考据他因何被免？毕竟很多当事人的后代还在，比如荀彧的孙辈荀勖，就曾是陈寿的领导。这明明是坏人董卓的“污点”，他为什么除了一个“免”字，啥也不说？

查阅史料发现，公元 176 年，因永昌太守曹鸾上书给皇帝，为党锢官员喊冤，汉灵帝大怒后下诏，所有党人的门生故吏、父子兄弟，在官位上的，全部免官不得任用。张奂，恰恰是被王寓诬陷为党人，才被免官退休。作为张奂曾经的故吏——司马董卓，肯定是因为受牵连而免官。之所以这样分析，道理有六：其一，东汉末期对西域的管理已经非常弱，在朝廷无心也无力管理西域的情况下，董卓所任的戊己校尉，维持已有业绩，出错的概率很低，所以因出错被免不太可能。其二，皇甫规反对朝廷的党锢政策，曾以推荐过张奂为由，向朝廷打报告，自愿归类于党人。可见汉灵帝，是把张奂当作党人看待的。只要张奂是党人，董卓作为张奂的故吏，不可能逃脱大清洗。其三，如果不是因为党锢大政策的原因，以段颎与宦官勾结的程度，董卓被免的可能性很小。其四，正是因为与党人有关联的原因被免，陈寿才不愿意相信或者明示董卓下岗的理由，这无疑是为坏人董卓加分。其五，时间上比较吻合。其六，《后汉书·董卓》中说“坐事免”，意思是因为连坐的原因被免，而不是他自己犯了什么错。

那么为什么汉灵帝要如此严厉地处罚党人呢？要知道，公元 176 年汉灵帝已经 19 岁，基本有自己的独立判断了。

原来，公元 169 年，张奂与尚书刘猛、刁韪等人推荐被免职的王畅、在监狱中的李膺为“三公”候选人，引起了宦官曹节的不满，曹节一直忌恨在心。

刘猛也是有案底的人。刘猛任尚书令时，手下有几个人，包括尚书左丞刘歆、右丞杜希、尚书郎桓彬，以及曹节的女婿尚书郎冯方。豪族出身的桓彬当时与蔡邕齐名，他经常与刘歆和杜希喝酒聊天，就是没和冯方喝过酒。冯方老觉得他们背后议论自己，非常不爽，就举报说桓彬、刘歆、杜希结党，是为酒党。皇帝让刘猛处理这件事。刘猛和桓彬等人友善，没当回事儿，就没处理。曹节大怒，弹劾刘猛，说他偏袒桓彬等人。最后的结果，刘猛被拘留十天，免职。桓彬被党锢，不能当官。

王畅和刁韪是公元 164 年就被定性为朋党之人。王畅又是太学生列名的“八俊”之一，当然是“顽固党人”。刁韪公元 165 年被太尉陈蕃推荐复起，和陈蕃的关系很铁，也是宦官们认定的“顽固党人”。张奂和刘猛、刁韪一道，推荐王畅和李膺，曹节肯定不爽。但是，总不能说张奂推荐了“党人”，他就是“党人”吧？张奂毕竟平定了“党人之乱”。只是因为张奂得罪了人。宦官背景的司隶校尉王寓，做通了相关人的工作，希望大家推荐自己进步，唯独张奂拒绝，因此王寓就诬陷了他。张奂退休，曹节仍不放手，死死压制他。仅此而已。

东汉到底有没有党人？狭义的党人没有，广义上的集团存在。这个集团，靠宗族、师徒、联姻、推荐、征辟等关系，形成了一个门生故吏遍布、亲属盘根错节的关系网。比如杨彪是袁术的姑父；杨赐的妻子是桓家女儿；袁隗的女婿是太尉张延（张良之后）的侄子；袁隗的老婆是马融的女儿，马融的侄女婿是太常赵岐；蔡邕的母亲是袁滂的女儿；蔡邕的二女儿嫁给羊续的儿子羊衜（dào），羊衜的前妻是孔融的女儿；桓焉有一个弟子是黄琼；黄琼的孙子是黄琬，黄琬的妻子是司空来艳的女儿；黄琬的姐夫是益州牧刘焉……

可以这么说，东汉名门望族之家都有婚姻关系。加上东汉的官员，很多是祖孙五六代做太守级别以上的高官。累世高官下的家族势力，是草根出身的宦官、缺少基础的藩王转成的皇帝，非常反感恐惧和羡慕嫉妒恨的事情。因为恐惧，就要打击和拆散，这才是党锢之祸的根本原因。既然已经得罪了这些彼此联姻的集团，就不能松口，因为一旦这些关系网报复性反击，对宦官和皇帝的威胁实在要命。这也是汉灵帝和宦官们对党锢政策高度紧张和敏感的原因。公元176年曹鸾的上书，引起汉灵帝和宦官们的警觉，这才更狠地推行党锢政策。董卓，就是因为这次的党锢，被一撸到底。也就是说，张奂退休七年之后，因为八竿子打不着的曹鸾的一封信，董卓受到了牵连。

从董卓对汉灵帝超出正常的怨恨态度上看，董卓和汉灵帝之间肯定有无法解开的矛盾，是不是就有这次突然被免职的因素，历史没记录，但是可以想象，一个到达一定级别层次的武将，那么恨汉灵帝，肯定和他走背字的切身经历有关。皇帝支持的宦官，陷害了张奂影响了自己，董卓对宦官的老板——皇帝肯定是憎恨的。

没了工作的董卓，难免到欣赏自己的老领导段颎那里寻求帮助。可段颎早在三年前，就在太尉的位置上因病被免职了，现在的职位是颍川太守，在涉及党锢这一国策问题上已罩不住董卓。本质并不坏的段颎，在力所能及的范围内，把董卓推荐给了司徒袁隗（kuí），袁绍的叔父，做了司徒府的掾吏。一个在中央挂号的高级官员，竟委身做没有编制的随从，董卓当时的痛苦和无奈可想而知。换一个角度想一想，能被司徒接纳也不是一件容易的事。太尉、司徒、司空是朝廷“三公”，是除了不常设的相国、太师、太傅，以及大将军以外，最高级别的官员，绝对的万石级高官，且名义上都是名重朝野的道德楷模和经学大师。袁隗之所以接纳董卓，也是因为袁家政治态度模糊。袁家本来属于士大夫集团，但是靠家族中做宦官的袁赦的关系得以不倒，所以并不排斥与宦官勾结的段颎，表面上还是挽救党人张奂的故吏，一个行为两面买好，何乐而不为？

董卓到袁府做掾吏的时间，历史未记载。袁隗做司徒的时间，是公元172—公元176年冬，所以可以断定是公元176年，更早不现实。有人说董卓到袁隗司徒府是在做羽林郎前后，不靠谱，那时袁隗还不是司徒，这也是史书一笔带过、记载不细造成的问题。

总之，董卓因第四次汉羌战争立了战功，靠符合条件，加段颎赏识，最主要是靠花钱，买了个羽林郎。做了五年左右羽林郎后，作为掾属追随张奂，打赢第四次汉羌战争，因战功被授郎中。又因平定窦武等功劳，以及四项品格考核合格升为县令。依靠段颎的关系陆续升为比二千石的蜀国北部都尉和戊己校尉。在戊己校尉的职位上，受“党人”张奂的影响被免官。下岗后得段颎推荐，到司徒袁隗府做了随从。

董卓至此，还是一位没任何品行瑕疵且受皇帝和宦官迫害的优秀中年军事将领。

# 第十章　董卓的第二次起落

董卓再次做官，是在公元178—公元179年，“征拜并州刺史，河东太守”。由此推算，董卓在袁隗府上做掾，有2—3年时间。是时，董卓46—47岁，袁绍32—33岁，董卓和袁绍肯定相当熟悉。

从戊己校尉，到被免职为老百姓，托人给袁隗做随从，再到并州刺史兼河东太守，董卓坐了一把过山车，俸禄级别由被处分前的比二千石，升为正式二千石，月薪由100石增加到120石，是全国105个郡级单位中，一个实实在在的“一把手”。

董卓是怎么起来的呢？除了袁隗的帮助，最主要的还是花钱买官。公元178年，汉灵帝公开卖官鬻爵。史书并没有明确说董卓买官，本书之所以这样认为，第一，如果不是朝廷卖官，董卓很难复出，毕竟党锢是到公元184年黄巾起义时才解禁，没有特殊机遇很难复起。第二，当时朝廷的官都是用来换钱的，董卓不可能不花钱就得到这么好的职位。史书记载，公元179年二任太尉的段颎、后来的司徒崔烈、太尉樊陵、司空张温，这些当时响当当的人物，都是花了500万钱到1000万钱才当上“三公”。对当时的士大夫阶层而言，花钱买官是丢人的丑事，中国“铜臭”一词，就出自崔烈的儿子崔钧对他买官行为的评价。第三，从时间上看也比较吻合。如果不是皇帝决定公开卖官，党人故吏身份的董卓，想买也买不到官职，那不是皇帝打自己耳光吗？这也是董卓不能提前复出的原因。



那么董卓买的，是个什么样的官呢？要看懂古代的书籍，一定要知道当时的基础知识。举个简单例子，说一个官员从河内太守调到日南做太守，乍一看是平级调动，但里边的区别可大了。第一，河内距离首都洛阳120里，日南距离首都13400里（最远的郡），正常情况下到日南为官就等于发配。按当时的交通和气候状况及野兽数量，能不能走到都两说。第二，河内郡人口七八十万，日南郡人口十万以下，经济水平相当于上海对宁夏。第三，到偏远地区做官，气候条件、饮食习惯、度田难度、升迁考核、朝里变动、家庭生活、子女教育，全是问题和麻烦。有些县令上任，第一个任务就是打虎，弄不好就被老虎咬死。东汉九江太守宋均、弘农太守刘昆，上任的第一件事，就是除虎害。所以读史不先了解基础知识，基本是走马观花，是重用还是惩罚都弄不明白。

为说明董卓的新职位，先介绍一下东汉的行政结构。

东汉的官，分中央官员和地方官员。中央分行政、军事、监察三大块。行政表面是三公九卿制，实质是三公之一兼管尚书制；监察是司隶校尉和御史中丞制；军事比较复杂，不是简单的大将军制，随到随讲。

东汉除了董卓做过相国和太师等，属于特例以外，东汉中央官员中，最有权力的是外戚做的大将军。大将军不只是武将，多数时候军政都管，它是女主掌权的产物，一般由女主的父兄担任，系人为设在"三公"之上的岗位。本来三公里有大司马转变过来的太尉，负责军事，现在有了大将军，太尉基本就废了。太傅与大将军平级，是个没实权不常设的荣誉职位。权力核心掌握在尚书台，一把手叫尚书令。尚书台的办公地点设在皇宫内，是皇帝的秘书部，相当于内阁或军机处，是刘秀为限制三公、便于皇帝集权而强化的机构。东汉中后期，皇帝不怎么防范三公，所以经常指定某人领导尚书台。如果大将军录尚书事，那大将军就是军政百官之首；如果太傅录尚书事，那就相当于实职的丞相。比太傅略低的，是三公。三公也是名誉职位，但可以"录尚书事"，谁录，谁就是百官首领。三公之下是九卿。九卿之外，单独设立执金吾、太子太傅、大长秋（宦官）、太子少傅、将作大匠、城门校尉六个岗位，与九卿级别大概相同。

东汉有三个岗位，称"三独坐"，即在朝会时独坐一席的三个人：尚书令、司隶校尉、御史中丞。这三个岗位朝会时高于九卿，朝拜时低于九卿。御史中丞是管理刺史、负责监督监察的官。司隶校尉比较特殊，是首都所在的州——司隶校尉部的"一把手"。他不但可以检举、抓捕违法的中央百官，还有在司隶部内部的行政和军事职责。西汉时曾有1200人的武装部队（东汉数目不详)，颇有明朝锦衣卫的意思。他既是中央官员，又是地方官员，地位特殊实权在握。时人称为“卧虎”，董卓称之“雄职”，级别比二千石。

中央官员里，既有大权又有实权的，是录尚书事的大将军、太傅或三公，尚书，以及“三独坐”。

东汉地方政权，分州、郡国、县、乡、亭等。

第一，东汉全国十三个州。很长时间，除首都洛阳所在的司隶校尉部以外，州不是一级组织，没有州长、州牧什么的，仅仅是个地理概念。黄巾起义时曾封皇甫嵩为冀州牧，不过是特殊时期的临时政策。直到公元 188 年(董卓进京的前一年)，任命了州牧，州才是一级军政组织。第一批只试点性设置了州牧三个人，即益州牧刘焉、幽州牧刘虞、豫州牧黄琬。皇帝任命的第四个就是公元 189 年封董卓为并州牧。再以后就是李傕、郭汜、曹操操纵皇帝加封，以及袁绍、刘表等人相互推荐备案或自封的了。

第二，东汉大部分时间里，州刺史不是行政领导，只是中央外派到地方的监察考核之官，他不管人、财、事，也没有什么直属部门和人员班底，只负责监察郡太守或国相尽不尽职。由于他是皇帝派来的，那张嘴做糖不一定甜，做醋肯定酸，所以权力很大。如果皇帝授权刺史做一些事情，比如平叛，那时刺史权力就更大。州牧试点以后，刺史逐步实权化。

第三，地方政府核心是郡县制。东汉的郡级单位有 105 个。郡的一把手叫太守，国的一把手叫国相。一个州刺史监督着十来个太守或国相，刺史级别只有六百石（月薪 70 石），太守和国相级别二千石（月薪 120 石），太守的级别比刺史高。刺史州牧化以后这种情况才改变，普通刺史升为二千石，九卿做刺史是中二千石。

第四，郡下面设县。一万户以上为大县，一把手叫县令；一万户以下为小县，一把手叫县长。东汉有 1180 个县级组织，包括国、县、邑、道。汉随秦制，国分郡级国和县级国，郡级国一般是被封为王的皇子的食邑，这里的国相是比二千石的俸禄秩级；县级国是列侯中的县侯，国相是县令或县长级。太后、公主食邑的县称为邑。国和邑表面的一把手是王侯或公主，实际只能享受税收，不管政务，真正的负责人是相。曹操当过济南国相（今山东济南章丘)，刘备当过平原国相（今山东德州平原)。少数民族聚集的县，叫道。

董卓所做的并州刺史，已经不仅是中央派到地方的监察官员，因为军事需要，实质是并州地区的最高武官；太守也不是任命到地方的实职大员，而是级别和薪酬，这是卖官产生的扭曲，否则没有人愿意花钱去买打仗卖命的职位。在公元 189 年初，董卓给皇帝写的奏章上自述“掌戎十年”推算，从公元 179 年开始，董卓就是以军事工作为主。军事为主的十年，包括任职并州刺史期间。河东郡属于首都所在的司隶校尉部（今山西夏县），在洛阳西北 200 多千米，有战事但不多，所以对董卓而言只是拿薪酬，不管地方行政上的事。河东郡往西是三辅，三辅再往西往北就是凉州。三辅是对左冯翊、右扶风、京兆尹的简称，泛指长安地区。河东郡当时盛产盐、铁，经济发达，人口 50 多万，属于全国人口排名中等靠前的大郡。综上，董卓属于被重用，名利兼收，且专业对口。

董卓上任不久，公元 179 年末，老领导段颎在监狱中自杀了，死因不太光彩，是与宦官王甫勾结，枉法陷害。这一事件，不但使董卓失去了一个靠山，更担心受到牵连。段颎之死，是因为与宦官走得太近。这个事情的来龙去脉是这样的：公元 168 年窦武被杀以后，王甫和曹节派人暗杀了窦武的一个同伙——侍中刘倏。皇族刘倏有个亲弟弟叫刘郃，是大宦官程璜的女婿，后来做了司徒。公元 179 年，同是程璜女婿的永乐少府陈球，鼓动刘郃给刘倏报仇，方法是举荐酷吏阳球做司隶校尉。阳球属于看谁都不顺眼的牛人，早就放话要收拾王甫和曹节。当上司隶校尉以后，阳球与刘郃、陈球、尚书刘纳密谋，趁着王甫休假的机会，联合上奏疏给汉灵帝，列举王甫的罪恶，请求抓捕王甫一家、段颎，以及袁赦等人。汉灵帝比较信任刘郃，就同意了。这样，阳球逮捕了王甫及其养子王萌、王吉，还有段颎等人。在监狱里，阳球亲自持鞭，狠狠地抽打王甫。王萌说：“我们父子落在你的手里，迟早一死，你就别让我父亲受苦了。”阳球回道：“你们父子罪大恶极，死也抵偿不了所犯的罪过，打还是轻的。”王萌道：“想当初你像奴才一样伺候我们父子，难道你忘记了吗？今天你怎么对我们，改天我们就是你的下场。”阳球听后，让人堵住王萌的嘴，抡起大棒子一顿狠揍。王家父子全部死于杖下。段颎自杀。

王甫死后，阳球把他的尸体肢解，分成几块放在城门下，旁边立一块木牌子，上书“贼臣王甫”四个大字，让百姓参观。阳球准备再接再厉，继续收拾曹节等人。某天，恰好曹节参加一个葬礼回来，看见王甫的尸体和木牌，就说：“我们自己怎么咬都可以，怎么能让狗舔我们的血呢!”于是，召集所有的大宦官中常侍，一起向汉灵帝哭诉，诽谤阳球。汉灵帝一看曹节哭了，马上就按曹节的意思，把阳球从司隶校尉调整为卫尉，不让阳球继续查案。

阳球希望皇帝再宽限他一个月，之后再去上任，皇帝死活不许。阳球没办法，只好去上任，但没放弃追查曹节。曹节也没闲着，很快打听到刘郃、陈球、阳球密谋的事，就恩威并施，逼迫程璜。就这样程璜出卖了自己的女婿，把计划和盘托出。曹节马上以结党之名报告了汉灵帝，因此，刘郃、陈球、阳球、刘纳全部被处死。

段颎之死，本质还是士大夫集团与宦官之间的斗争。段颎入狱以后，董卓很担心，如果段颎招出同伙，董卓应该落不下，他肯定给段颎行贿过，所以估计一段时间里，董卓是提心吊胆过日子。不过随着当事人死去，事情一个多月就过去了。董卓虚惊一场。

其间还有一件事情，就是董卓给退休的老领导张奂送了一百匹好布料，可是张奂拒收。史书上说是因为张奂鄙视董卓。张奂拒绝董卓，可能有三个原因：其一，董卓与段颎关系不错，但张奂与段颎有矛盾，段颎掌权后还差点弄死张奂，张奂对董卓两头下注的行为略微有些不满。其二，快八十岁的张奂已无所欲求，儿子草圣张芝、亚圣张昶因书法而有出息，不缺钱，犯不着接受别人的接济！其三，官场太复杂，曹节还盯着他呢，指不定什么事就受到牵连，多一事不如少一事，断了交往安全。要说那时候张奂还能对董卓有所帮助，不太可能，毕竟张奂离开官场十年了，物是人非，没有多大影响力。董卓之所以给张奂送礼，无非是念着老感情。这本是董卓有情有义、张奂不愿沾事的表现，却被士大夫集团理解是张奂鄙视其人。这就很无聊了。张奂于公元 181 年去世，享年 77 岁。同年曹节病死。




董卓做到二千石的太守，一般说来，仕途基本触到了天花板，这辈子也就这样了。公元 184 年，蓄谋已久的黄巾军突然大规模提前造反，又一个机遇到来。

黄巾军属于饥民起义。在宦官专权的情况下，东汉已经丧失人心，遇到灾荒，宦官子弟不愿意救济，于是流民成为暴民。面对烽火四起的黄巾军，中央军明显不足，刘秀撤销郡都尉的问题彻底暴露出来。朝廷只能一边收拢人心，组织部队救火，一边权力下放地方，由各郡组织剿灭。

黄巾起义爆发，前后十五年的党锢，这才解除。解除的理由，最重要的一条，是宦官吕强说的：如果不解除，士大夫与黄巾军合作，刘汉必亡。灵帝怕了。

公元 184 年，汝南袁氏新兴力量袁绍，38 岁，进入大将军何进府为掾。亳州曹氏家族的曹操，29 岁，以骑都尉身份，参加剿灭黄巾军的战争。鲁国孔融，31 岁，当时是司徒杨赐的掾属，受杨赐的指派，拿着杨赐的名片，去祝贺何晋升为大将军。门卫没有及时通报，孔融夺回名片，扬长而去。何进的门卫报告何进，何进要追杀孔融，被袁绍劝阻，何进于是征辟孔融进入大将军府。颍川阳翟郭嘉，14 岁，正在读书。张良后人张仲景，34 岁，正在苦苦研究中医中药。张仲景家族两百多口，在未来的二十年里，三分之二死于瘟疫。桓 5 代代表人物桓典，给王甫的养子王吉守孝三年、又在袁隗司徒府里待了一段时间，公元 184 年正在做御史，整天骑着马，查办各种案件。百姓一看他过来，都说："行行且止，避骢马御史。"意思是说，路上堵车，走一会儿停一会儿，原来是避让桓御史的青骢马。现在有一句话，叫"且行且珍惜"，应该就是从这来的。桓典暗中与何进商量，要诛杀宦官。

借着黄巾起义的势头，董卓回到部队，被任命为东中郎将，去剿灭黄巾军。

董卓做东中郎将，不是买的，因为朝廷严重缺乏军事人才，是不得已才任用董卓。中郎将属于中央的武将，可以带领正规军和郡兵打仗，不同于地方武官。东汉军制，大将军、骠骑将军、车骑将军、卫将军（高于九卿）、前后左右将军、度辽将军、杂号将军，之后是中郎将，中郎将属于军队中第七到第八级。杂号将军是个统称，主要是临时设置的将军，比如马援干过的伏波将军。这些将军只有作战时才带领部队，无战事时并不掌管军队。因为东汉末年很多将军不设，所以中郎将的地位就算比较高了。

董卓的第一战，是打黄巾军张角部。之前与张角对垒的是大儒卢植，黄巾起义爆发后，他被赶鸭子上架，推荐出来指挥作战。可卢植因不给宦官监军行贿，被抓入狱。接替他的董卓在两个月后，同样“兵败抵罪”，被判“减死罪一等”，原则上是不交钱就发配。这是董卓的第二次跌落。

史书同样没给更多的解释。参考其他专家的分析，董卓带领的是骑兵部队，攻城是其弱项，两个月没打下张角据守的广宗县和张宝把守的曲阳县很正常。因为两个月未达到目标就降罪，汉灵帝处理人太随意。明显董卓也是因为没给宦官送钱，因为只要送钱，出事的概率就很小。总之董卓花钱买的官，又一次归零。

董卓被关押了四个多月。这四个多月里，52 岁的老董，心理变化肯定不小。董卓从羽林郎开始，历经从比三百石、六百石、比二千石，到二千石的官员，在刀头舔血的日子中一步一步地晋升，固然有欣赏他的段颎、看重其能力的张奂以及袁隗的帮助提携，但主要还是靠在边疆站岗放哨、纵马挥刀、风餐露宿、老老实实掏腰包才取得这一切，可仅仅因为两个月没取得战果就被下狱，谁能不深刻地反思？

我们不能用信仰或高大上的理想苛求那时候的董卓。在汉灵帝自己都荒淫无度的大环境下，能全心全意为百姓考虑的人毕竟太少，让武夫董卓树立正确的人生观、价值观太难，不现实。

窦武死后，士大夫集团已经无力与宦官集团抗衡，桓帝在士大夫集团与宦官势力之间搞平衡的局面，也变成了汉灵帝单一依靠宦官。如此，士大夫与宦官联姻已经常态化，比如，太尉胡广与中常侍丁肃结为亲家，颍川大名士荀彧娶了宦官唐衡的养女等。大权在握的宦官，无法无天到了令人发指的程度。王甫的养子王吉任沛国相，五年残杀了一万多名百姓；曹节的弟弟曹破石，担任越骑校尉，看中了部下漂亮的妻子，其妻子不从，被迫自杀。宦官的家属子弟，上到九卿，下到县长，遍布全国。汉灵帝时期的东汉，已经陷入了地狱般的黑暗。



那时候的宦官厉害到什么程度，看一看东汉六大景观之一的“孟佗拜门”，就全清楚了。宦官 6 代 1 号人物、中常侍张让，在曹节死后成为宦官主管，每天来求他办事的人排成大队，他家看门的伙计都成了炙手可热的人物。长安富豪孟佗，倾尽家资结交其门卫家奴，眼看破产时终于感动了家奴。家奴们告诉他，孟佗你有什么要求，尽管提。孟佗就说，我只希望你们跪拜我一次足够了。家奴们觉得这太简单了，就同意了。某天孟佗来到张让府前求见张让，可上千辆车子在排队，于是他找到了张家的门卫。张让的家奴们一看孟佗来了，都跑了过来，先按约定给孟佗跪拜行礼，之后抬着孟佗的车子，直接进了张让的府里。前边排队的人，看傻了眼，都想谁这么大面子有这待遇？争相巴结孟佗。孟佗把收来的礼物，分给张让一部分，尤其是把他准备的礼物送上，张让大喜，很快封孟佗为凉州刺史。

对比李膺、董卓和张让，真是令人唏嘘。

孟佗，就是《三国演义》里孟达的父亲。孟佗拜门时，董卓正在并州接受风吹日晒，他要见到张让的风光，该是如何的心态失衡！作为长安的富户，孟佗应该没少受当地官员的欺压，突然成了凉州的监察大员，不知那些郡太守们又作何感想？宦官，已经拥有点石成金的能力，能轻松改变一个人的命运，甚至包括国家的命运。

孟佗给张让送的礼物，是蒲桃酒，就是现在的葡萄酒，把张让喝美了。苏轼为此还写了首诗："将军百战竟不侯，伯郎一斛得凉州。"孟佗，字伯郎。

52 岁以前的董卓，并无道德败坏和违法乱纪不听指挥的记录，一步一步走来并不容易。从董卓等武将的经历总结，要想做大官，或者维持平安，靠业绩没什么用，主要得靠钱和靠宦官，可伺候好宦官真是比打胜仗都难，得罪宦官之后被处分却是易如反掌。作为皇帝眼里的狗，武将的升降生死全凭皇帝的鹰犬——宦官怎么说。皇甫规因为不给宦官徐璜、左悺行贿，就被诬陷"贿降羌人"，虽取胜但因没有把敌人消灭干净而入狱；张奂因为不举荐宦官，被迫退休；段颎巴结依靠宦官，却被宦官的女婿联合酷吏给弄死；与张角作战的卢植，因为不给宦官监军行贿，就被判"减死罪一等"；与董卓一起打败羌人的尹端，在会稽太守职位上因"讨贼不利"下狱，要不是他的故吏朱俊花钱向宦官行贿肯定就被处死。再看看那些外戚、宦官，因为是皇帝的亲戚，就很快得到上亿钱的赏赐；因为是宦官，屁大点功劳就封侯，而且还到处惹是生非、贪污受贿、欺压百姓，甚至勾结黄巾军。董卓肯定会反思，自己这么拼命到底是为什么？更深一步看，打了这么多年仗，国家是愈来愈乱，自己就像救火队员，可火是越扑越旺，自己的一生有什么意义？在董卓看来，汉灵帝这样的皇帝靠不住，外戚靠不住，宦官更是罪恶滔天，要想拯救汉朝或保存性命，只能靠自己。这次议罪对董卓来说，是他走向独立思考的开始，也是面临是英雄还是枭雄的十字路口。这么分析不是没有依据的，后面的战事说明了这一点。

# 第十一章　三起后的思想蜕变

黄巾起义历经九个月就大体被剿灭了。同年冬，羌族又闹起来了，这是第五次汉羌战争。这次闹事的羌汉联军头领是汉人韩遂，就是《三国演义》里，和马腾关系时好时坏的那个。韩遂曾是政府的官员，因为既懂政策又乐善好施，口碑很好影响很大，被羌人骗进队伍，半推半就做了首领，类似于当地的黎元洪。当了首领就要带领大家致富，于是开始攻城陷地劫掠，率领数万骑兵进攻三辅，当然也就遇到了政府的反击。首先与韩遂作战的，是升了官做左车骑将军的皇甫嵩。皇甫嵩因为剿灭黄巾军有功，一时成为东汉的大救星，皇帝的主心骨，威震朝野，名驰宇内，类似于剿灭太平军的曾国藩，受封赏食邑 8000 户。皇甫嵩并不认为自己的进步跟宦官有什么关系，以为自己是靠真本事和强业绩才受赏，所以没把宦官当回事儿。在一次对黄巾军的作战中，皇甫嵩进入宦 6 代 2 号人物、中常侍赵忠的家乡冀州安平县（今河北衡水安平），发现赵忠老家的房子规格超标，于是举报给皇帝，因此得罪了赵大宦官。赵忠这个人特别爱盖房子，而且盖的是又大又高又结实。公元 191 年，十八路讨伐董卓的诸侯之一韩馥，让出冀州给袁绍以后，自己就住在冀州邺县（今河南安阳）赵忠的家里。公元 196 年汉灵帝从长安回到被大火烧掉的洛阳，没地方住，就是住在赵忠在洛阳被烧而不毁的房子里。也就是说，赵忠在家乡、省会、首都，都有豪宅。宦 6 代 1 号人物张让，在皇甫嵩封侯后，向皇甫嵩借 5000 万钱，其实就是要回扣，皇甫嵩当然不会给，因此也就得罪了张大宦官。张、赵两个大宦官联手，以皇甫嵩对韩遂作战不利为名，轻松免了皇甫嵩的一切官职，食邑削减为 2000 户。宦官这么做有其行为逻辑，手里没钱怎么哄爱钱如命的皇帝高兴？30 来岁的汉灵帝绝对是个糊涂蛋，信任宦官到把宦官当父母对待的程度，宦官怎么说他就怎么干，根本没把武将当人看，也不把国家或政权当回事。

接替皇甫嵩对抗韩遂的是司空张温。张温是三公之一，比董卓高出好几级。可张温打仗并不在行。这时候，在监狱里待了四个多月的董卓，因大赦官复原职，做回中郎将。

这是董卓的第三次复起，沾了韩遂的光。

张温在《后汉书》里，连个传都没有，说明范晔根本没把他当盘菜。张温对羌作战，靠的是两个凉州手下，一个是由中郎将升为破虏将军（杂号将军）的董卓，另一个是荡寇将军周慎。董卓、周慎在扶风郡美阳县和韩遂形成僵持。朝廷催促张温，张温催促董卓，董卓屡战不胜，选择按兵不动，等待时机。史书记载：公元185年11月的某个夜晚，一颗大流星照亮了韩遂的大营，驴嘶马叫，韩遂以为不祥，想撤。董卓听到消息，第二天一早就突然发起进攻，一举打跑了韩遂的部队。胜！

韩遂退至甘肃中部的榆中县。张温以为韩遂跑了，一定溃不成军，于是将十万部队分成六路大军分别出击。董卓认为分兵后兵力不足，就劝阻张温。张温不听，周慎也跃跃欲试，这样周慎这一路成为进击的主力，三万人。不出董卓所料，周慎落入了韩遂的包围圈，被韩遂断了粮草后，被迫扔了辎重逃回。董卓这一路也是三万人，他事先估计到风险，于是留了四千人接应。董卓在甘肃天水郡望垣县北部陷入了包围，一面是河，三面是敌军，进击不得，而且没几天就断粮了。董卓狡诈，想出了一招，他派兵白天假装在河里捕鱼，暗中打了一个大坝，把河水拦住，然后过河撤了。撤了以后，打开大坝。羌军追过来，却被河水堵住，羌人也就放弃了追击。董卓全身而退。这一战应该是战术上的平局，但没达到战役目标，实际是败局。只是因为其余五路都损失更惨，董卓全身而退就显得难能可贵，所以董卓得以封乡侯，食邑1000户。

董卓因张温不听自己的建议、造成行动整体失败，而质疑张温的指挥能力，进而对张温不满。突围以后，张温叫他来开会汇报，董卓拖拖拉拉不到会，到了以后骂骂咧咧，态度很不好，没把张温放在眼里。

这是史书记载董卓不太听话的开始。

张温身边有两个大家熟悉的参军，一个是孙坚，另一个是陶谦。孙坚看到董卓这么嚣张，建议张温以不听号令的罪名处死董卓。这是董卓第一次在自己完全不知情的情况下面临被杀的危险。张温爱惜董卓的战斗能力，没有听从孙坚的话，而且还向朝廷上奏了董卓的功劳。搞得孙坚和陶谦对张温很不满。以上都是史书记载。

董卓出狱后的第二次战役，到此结束。生活还得继续，战争还要到来。两年后的公元187年，王国、韩遂、马腾三股反政府武装联合再起十万大兵，气势汹汹进犯陈仓。陈仓隶属司隶校尉部右扶风地区，是进入皇陵的要道。

朝廷再次起用左将军皇甫嵩和升为前将军的董卓两人平叛，皇甫嵩是主帅。在怎么打的问题上两人存在较大分歧。董卓的观点是“智者不后时，勇者不留决”，意思是不能错过时机，得尽快救援，万一陈仓失守就悔之晚矣。这时候皇甫嵩给董卓上了一课，说了一大堆兵法，什么“百战百胜，不如不战而屈人之兵，是以先为不可胜，而待敌之可胜”等，核心就是让陈仓守军先扛着，等到韩遂他们疲惫了，再去攻击不迟。

王国、韩遂这帮人攻了八十多天，硬是攻不下陈仓，不得已撤退了。看韩遂退走，皇甫嵩就要追击。这时候董卓又建议，“穷寇莫追”。皇甫嵩又继续给董卓上课，说：“你说得不对。我开始不进攻，是避敌锋芒；现在追击，是因为他们气势衰落，没什么斗志了，一群疲惫的家伙，哪里是什么穷寇？要不愿意去，你董卓就看家，我独自追杀。”这一战皇甫嵩的部队斩敌首万余，打得韩遂大败。《后汉书》上讲：“卓大惭恨，由是忌嵩。”问题是，董卓惭愧和嫉恨皇甫嵩，别人怎么能知道呢？

从美阳流星至此，都是史书记载。啰啰唆唆重复史书所载的、董卓第三次复起后参加的四次战役，即美阳之战、望垣之退、陈仓之等、追击之闲，想要说明什么呢？范晔的目的无非想说明董卓打仗超过张温，不如皇甫嵩，可仔细琢磨，另有隐情。

首先看美阳之战。双方实力对比，是张温的10万，对韩遂的数万。韩遂的兵力，包括先零羌人、董卓老家陇西郡所属枹罕县和河关县的盗贼、北宫伯玉率领的湟中义从三部分，从凉州总人口46万左右推算，韩遂率领的数万人，最多也就两三万人。张温作为防守一方，兵力要分散些，但是集中5万兵力于美阳，不是难事，从人数上，是超出韩遂的“数万”一倍的。如此实力，董卓竟连续作战不利，却要靠流星取胜，不能不怀疑，董卓有消极进攻的想法。

董卓手下部队的核心成员，也有湟中义从；枹罕和河关，与临洮同属陇西郡，那些盗贼里，有没有董卓的熟人，想想董卓年轻时候，“尝游羌中”，与董卓交好的先零羌的酋长或其后代们，是否在韩遂的队伍中，也让人怀疑。

再深入分析，如果真有大流星，只划过韩遂大营而不影响董卓大营的马匹，很是奇怪，除非有陨石落在韩遂大营。即便如此，看韩遂这方，在两军对垒的情况下，如果想撤走，不可能夜里亮着火把拆帐篷装车，只能悄悄地，有条不紊地安排后才能撤，这需要好几天。而且越是要撤，越要严密防范偷袭，这是用兵常识。如此情况下，董卓怎么知道韩遂要撤并且能一击成功呢？董卓出击的时候，距离流星划过，仅大半个晚上的时间，最多只够韩遂开会布置撤退，并不会有实质的搬家行为，更不太可能给董卓以突袭的机会。从韩遂撤走之后张温派兵追击的结果看，韩遂撤退只是设了一个套，故意败给董卓，假装败逃实则后退设伏。

这一切都是猜测，没有证据。所以对美阳之战，董卓是否故意拖延和勾结，搁置一旁。

其次看望垣之退。

望垣县在今天的甘肃天水，天水郡紧挨着陇西郡，看这段一定要结合封面的地图。董卓率领三万人到这里来打先零羌，却被包围，突围不得，这不禁让人怀疑。第一，先零羌总共也没有多少人，三万人怎么会兵力不足？第二，这里离董卓的老家很近，他对这一块的地形应该非常清楚，怎么可能不考虑被包围的情况？第三，他本就是为作战而来，羌人部队就在眼前，又为何不打？第四，美阳之战是旧历 11 月，追到望垣最慢也应该是在次年 2 月之前，大西北的冬天，河水却未冰冻，着实叫人怀疑。东汉的天气，不是平均气温下降 1—2 摄氏度吗？所以，真实的情况可能是董卓根本就不想打，联合韩遂演戏，目的是保存实力。战后的骂骂咧咧，无非说你们不了解当时当地的情况，还不及时供给军粮，其实是演戏给张温看。

再次看陈仓之等。皇甫嵩和董卓各带两万人，加上陈仓的守军，对抗韩遂的十万大军，明显兵力不足。可董卓却急火火地建议要快打，难道董卓真的不懂兵法吗？第一，能随口说出《黄石公·三略》里的原话，说董卓不懂兵法，太不能令人信服。况且打了一辈子仗的董卓，不懂以少胜多是小概率事件，绝无可能。第二，陈仓的防守能力，董卓也不会不了解，即便韩遂攻下陈仓也没啥大不了，毕竟他们是来打劫皇陵的，不是来抢地盘的，占了陈仓最后也得退走。第三，皇甫嵩的战术也并不多么高深，让韩遂的汉羌骑兵去攻城，消耗后再打，是再正常不过的战术。可董卓偏偏出馊主意，这明显是给皇甫嵩挖坑，让皇甫嵩吃败仗。而这么做的目的，估计还是与韩遂有勾结。

最后看追击之闲。皇甫嵩的战术思路非常清晰，就等着韩遂疲惫退走再追杀，现在机会来了，董卓却劝皇甫嵩别追，这就太明显是在维护韩遂了。虽然没劝住皇甫嵩，最起码董卓自领这两万人不用参与追杀，这样韩遂的损失也会小很多。

另外，王国的老家，就在临洮县，他和董卓是地道老乡。

综上分析，董卓这四场戏，说明了他要么是保存实力，要么是暗中与王国、韩遂有勾连，或者兼而有之。而之所以这么做，目的是养寇自重。

董卓后来不在乎韩遂的威胁，执意迁都长安。到长安后和韩遂的关系很不错，联合起来共同对付袁绍的关东集团。韩遂接受招安，也是在董卓死后一个多月的李傕、郭汜时期，说明董卓军团和韩遂军团没什么矛盾。之所以董卓时期不接受韩遂招安，是因为董卓可以用韩遂来打牌，便于随时吓唬汉献帝。董卓死后，李傕、郭汜实力不够，自然也就合在一块了。

那么，董卓为什么突然变得不那么忠于朝廷了呢？

董卓思想变化的关键时期，还是在公元 184 年进剿黄巾军失败后，他在狱中的四个月期间，以及望垣之退和陈仓之等中间那两年。

首先，他对东汉整体形势有了更为清醒的判断，那就是东汉政权难以维系了，他发现了自己新的机会。皇帝、外戚、宦官，组团把这个国家搞得人心涣散、乌烟瘴气、民不聊生，国家不久将大乱。公元 185 年一个叫阎忠的县令，就曾劝皇甫嵩反了东汉。后来潜伏在董卓手下的郑泰，也早就判断出

“天下将乱”，进而“阴结豪杰”。由此可见，看出东汉衰亡迹象并想趁势而起夺取天下的，不是一个两个。当时具备条件的，只有皇甫嵩和董卓。

其次，董卓对东汉朝廷没有感情，甚至有很多仇恨。他人生最关键两步，都是花钱买的官，任职也全在老少边穷和少数民族聚集区，干的全是又苦又累又凶险的活，还经常挨整。董卓能服气吗?

不知疲倦的多次征战，可以证明，董卓曾经也是热血汉子。但是在董卓成长的路上，东汉政权没有给予他良好的榜样、足够的信任和温暖。皇帝胡闹、宦官胡搞加外戚胡弄给他的教训，段颎的悲剧结果和张奂的落寞余生给他的刺激，黄巾军不停起义和羌人反复造反给他的冲击，面对国家日益衰落，本无大志的董卓不可能不日益失望。

而董卓，对羌人不一定没有感情。羌人爆发起义，起因不都是羌人的错，更多是汉人压迫的结果，来不来就“虽远必诛”的老大思想，在没有实力的情况下，在董卓看来就是没事找抽。羌人作为被迫反抗的一方，会得到更多的同情。韩遂、边章、阎忠这些人，都同情羌人。

再次，东汉朝廷对凉州兵团的军粮供给和军饷发放，一定是不足和滞后甚至是长期断绝的。这从董卓在公元 189 年初给皇帝写的奏章中能够明确看出，从东汉的税收日趋枯竭、汉灵帝极度贪财上也能推出这个结论。凉州兵团对朝廷的不满，已经压抑在心很长时间了。

最后，董卓在文化上，没有那些皇权至上的犬儒思想。《后汉书》第一句话就说董卓“粗猛有谋”，粗，就是不考虑那么细致的事；猛，就是火气一上来，你行我就服你，你不行就滚一边去，战场上养成的实用主义作风，促成了董卓没有禁锢的思维；有谋，就是解决问题有办法，心里头道道多。这样的董卓，怎么可能对腐败得一塌糊涂又没有实力的东汉朝廷保持忠心呢?

陈仓对敌时，董卓 56 岁了，表面看，董卓是靠战功一步步成长起来的国家栋梁；是与羌族对抗保卫汉族政权的民族英雄；是哪里危险去哪里、到哪里都尽忠职守的好干部。当时的将军，论资历和业绩，也就皇甫嵩可以和他比肩了。可董卓的心理已经起了变化，他不愿意继续当朝廷的走狗，有了自己的想法——保存实力，养寇自重，寻机待变!

皇帝就是皇帝，谁对他政权有威胁，他有一种本能的敏感。盛世防相，乱世防将，这对皇帝来说是本职专业。一些董卓不听指挥的话传到皇帝耳朵里以后，汉灵帝意识到了问题的严重性。公元 189 年，汉灵帝采取明升暗降的小伎俩，调董卓来京师做九卿之一的少府，并且要求把兵权交给皇甫嵩。桓帝、灵帝对待张奂和段颎，就是这么做的，在正常情况下也是对边将一个较好的安置。可少府的职责主要是管理皇帝的生活，以及皇帝身边的宦官。让董卓干这个岗位，分明是让鲁智深去绣花，也不知道皇帝除了调他，是不是还要玩他。这一定是宦官出的主意，因为宦官们觉得这个岗位太好了，所以也以为董卓会满意。这极大地刺激了董卓。董卓回信，不去，爱咋地咋地！理由软中带硬："我手下的湟中义从、秦胡士兵拦住我的车，说军饷没发足，赏赐也断了，致使妻子儿女挨饿，不让我走；羌人心肠恶毒、像恶狗一样盯着我们，我只能留下来宽慰他们。如果情况有变我再向朝廷汇报。"这时的董卓，已经不太在乎朝廷了，我哪儿也不去，看你能把我怎么样！这和武昌起义后上任的袁世凯是一个心态。心里鄙视朝廷，表面糊弄。

虚弱的东汉傻了眼。汉灵帝心里明白，确实也不能把董卓怎么样！东汉哪里还有实力去和董卓叫板啊！董卓要是反了，那会比韩遂的危害大十倍。皇帝怂了。有些人就是这样，你尊敬他，他叽叽歪歪，以为自己如何如何；啪啪抽了两大嘴巴，老实得很呢。

看皇帝拿自己没办法，董卓的自信心提高了。

皇帝怎么着也得为自己的儿子清除威胁啊！于是，又一道命令，任命董卓为并州牧兼前将军，条件还是把兵权交给皇甫嵩。皇帝的妥协，使董卓更加鄙视朝廷，自信心进一步提升。同时董卓也动心了，毕竟州牧是土皇帝，全国仅有三个，他是第四个，在那有稳定的军饷和兵源。见皇帝如此软弱，董卓提了一个条件，要带五千骑兵去并州。皇帝也只能无奈同意，只要把他调出凉州就好，皇帝怕的还是董卓和凉州羌人的勾结。皇甫嵩看董卓没把全部兵权交给自己，对董卓很不满。皇甫嵩的侄子皇甫郦劝皇甫嵩，借机处死这个敢不听皇帝命令、与皇帝讨价还价的董卓。这是董卓第二次在不知情的情况下有人要杀他。皇甫嵩觉得没有皇帝的命令就杀死大将，不合法且有风险，就给皇帝写了一份奏章，请求武力制裁董卓。可汉灵帝已经无法回复意见了，他驾崩了。

董卓开拔，一边慢慢走，一边看形势变化。走到当过太守的河东郡时，驻扎下来。这时他接到了大将军何进的命令：进京，杀宦官。

董卓盼望的朝局变化，终于来了。

# 第十二章　雷霆手段枭雄本色

公元189年4月，汉灵帝死了。继位的新皇帝刘辩未成年，由其母亲何太后主事。何太后异母哥哥、大将军何进成为第一权臣。何大将军身边有一中年才俊、士族先锋、野心家、阴谋家——袁绍，时年43岁左右。

汉灵帝死时，东汉并存三股势力。第一股，外戚集团，以大将军录尚书事何进为代表。何进虽说位高权重，但是毕竟做大将军才5年，家里只有一个弟弟还不团结，各地方没任何根基，底子单薄。第二股，宦官集团，以中常侍张让、赵忠为代表。宦官势力经营多年，虽内部也有斗争，但总体上实力比较雄厚，在军队和地方都有大批子弟掌权。第三股，士大夫集团，以袁绍的叔叔、太傅共录尚书事的袁隗为代表。宦官集团和士大夫集团的斗争在东汉已经进行了30年，两次“党锢之祸”，出了数百条人命，压了15年的干部，士大夫集团虽完败，但并不甘心，寻机报仇。

宦官集团和士大夫集团的矛盾早已势同水火，不共戴天，宦官的后台汉灵帝一死，袁绍咬牙切齿地定立杀尽宦官、一个不留的目标。宦官没了合作多年的皇帝，心里没底，所以又着急又害怕，一直在寻找新的靠山，主要是巴结何太后和何进，陪着一肚子委屈和小心。当时的形势是：袁绍不停地劝何进杀宦官，张让不停地给何皇后磕头，可是何进与何皇后，与窦武与窦太后一样，迟迟达不成共识，于是袁绍建议何进，让边将开进首都洛阳，逼迫何太后下决心。

董卓进洛阳的头三天，洛阳正闹得一塌糊涂，比公元168年董卓随张奂回京时，窦武、陈蕃与王甫、曹节的刀兵相见更惨烈，进入直接你死我活的决战阶段。公元189年公历9月，宦官先杀何进，之后是袁绍、袁术、董旻、吴匡（何进部下）杀干净宦官。外戚集团的何进、何苗被杀，宦官集团的张让、赵忠被杀。外戚和宦官集团一网打尽。

董卓本来是要到并州上任，但是停在距离洛阳200多公里的河东郡不走了。之所以不走了，是预计到朝廷里将会发生大的动乱。之所以有预见，是基于皇帝身体不好，活不了几天了，而皇帝一旦驾崩，立谁为帝是一个问题。无论立谁，士大夫和宦官的斗争马上就会爆发。这个判断，圈内人都能做出来。接到何进要他进京的命令后，他留下2000兵马在河东郡，带3000骑兵快速进发。很快何进反悔，董卓被迫停在距离洛阳80公里的渑池。接着他接到袁绍要他“不要停”的密信，董卓继续前进。因朝廷的命令，又被迫驻扎在距离洛阳不到10公里的显阳苑夕阳亭。9月22日夜间，看见南宫火起，知道朝廷有变。知道有变的董卓并未急着动作，足有两天三夜的时间按兵不动。骑兵跑一二十公里路程进洛阳，用不了半个时辰，可董卓没动，明显他在观察分析期待渔翁之利。董卓在京城里不可能没有内线，他任羽林郎、郎中、司徒府掾等时间加在一起，他在京城待了将近十年，不会没有朋友，给他报信的，除了他亲弟弟奉车都尉董旻，一定也有别人，不排除袁绍。

董卓没有进城，还有一种可能是进不去，大晚上的城门肯定是关闭了，董卓要是强攻，那分明就是造反，骑兵想攻也攻不进去，董卓不会那么鲁莽。由此可以判断，何进和袁绍，了解董卓的性格，只是让他来吓唬人，不会真的让他来分一杯羹。可是，皇帝在宦官的挟持下逃出了宫，这就给了董卓一个绝好的机会。

说一千道一万，如果不是宦官挟持皇帝出逃，历史根本不会给董卓机会。董卓整天在琢磨如何利用袁绍实现自己的利益最大化，机遇终于垂青了这个有准备的老头子，虽然准备不那么充分。

9月25日一大早，已经大致掌握宦官完败情况的董卓，带着3000骑兵赶到洛阳西门，听说皇帝到了北邙，于是赶到北邙山。他赶到北邙的时候，群臣已经接上皇帝往回走。看见董卓兵来，大臣崔烈直面呵斥董卓，要求退兵避让。这时候的董卓表现强硬，他冲着崔烈吼道：“你们这些大臣，不能匡正王室，致使国家动荡，皇帝都搞丢了！你们会治理国家吗？还有脸让我退开，你给我滚一边去，信不信我砍死你？”崔烈一看拦不住董卓，只好灰溜溜地滚到了一旁，于是董卓面见皇帝刘辩和陈留王刘协。刘辩见到大军，吓得话都说不完整，倒是9岁的陈留王刘协，镇定清晰地讲述了事情的来龙去脉。董卓因此喜欢上了刘协，抱在马上。董卓接上了皇帝，一路顺利进入洛阳城。如此，董卓就有了迎驾之功，气势上占了先声。就这样，借着袁家的势力和皇帝的危机，董卓进京。

当时进京的外将，不止董卓。比董卓早到的，还有原并州刺史、现任执金吾的丁原，东郡太守桥瑁（前太尉桥玄族子，袁绍派），泰山郡太守王匡（曾是何进的掾属，袁绍派）的手下鲍信，到并州募兵的张辽等。董卓进京后盔明甲亮，耀武扬威，引起了鲍信的警惕，鲍信建议袁绍，尽快处决董卓，否则后患无穷。这是在董卓不知情的情况下，第三次有人要杀他。史书记载袁绍没敢动手。

只有3000骑兵的董卓，并不具备控制局势的绝对实力。简单一算便知。虎贲中郎将袁术，掌管1500名特种兵；羽林左右监，掌管1700名骑兵；执金吾丁原手下720人；羽林郎128人；丁原带来的并州兵至少1000人；桥、鲍、张三人新募3000人；卫尉统领南北宫守卫2704人；何进和袁绍袁术的家兵不止2000人；西园八校尉3000—4000人；北军五营4781人。光京城就至少2万军队。另外，皇甫嵩在扶风陈仓一带驻扎3.5万兵马（其中1.5万兵马曾是董卓的手下）；盖勋（凉州籍官员）在长安驻扎1万兵马。

可是，京城驻扎2万余人的部队，因刚刚发生的政变，变得无所适从。大将军死了，新募之兵不知听谁的。受宦官和何进影响很深的西园军、北军五营，因大将军何进、车骑将军何苗、宦官都死了，也不知听谁的。群龙无首，人心惶惶，这时候最重要的是抓住皇帝，可是袁绍没有去迎接皇帝，而是在诛杀宦官伪诏任命的司隶校尉樊陵及河南尹许相。

袁绍还没从诛杀宦官集团的劳累和兴奋中调整过来。外戚集团和宦官集团被一网打尽，剩下的只有他叔叔袁隗为代表的士大夫集团，多年夙愿实现，袁家的真正兴起只在旦夕之间。他太兴奋了。万万没有想到，曾经是袁家故吏的董卓，一只强硬的黄雀，开始了他的创业。

董卓在体制内创业的班底，除了在洛阳有3000兵马，河东郡驻扎有2000兵马，陈仓有1.5万态度不明的前部下，剩下的优势就是紧紧抓住了皇帝。但是这个皇帝刘辩，以及何太后，跟董卓没有任何关系，从来都没见过面。

况且大臣中的一把手袁隗，还是他曾经的老领导，董卓想要翻天，有难度。权力上，宦官和外戚覆灭后，士大夫集团不会允许其他势力与自己争权。政治上，以并州牧兼前将军的身份进京的董卓，只是一个边将，在朝廷里没有多少根基，京城的部队不会听他的。

所有的困难在董卓的眼里，那都不是事儿，很可能在进京的路上、出兵接皇帝之前，他就有了预案。别人看董卓是突然翻脸，在董卓看来只不过是突然提速，思想变化的过程早已完成。在勇气这一点上，董卓比张奂、张温强太多，一丝犹豫和恐惧都没有，紧紧抓住了历史机遇，也就创造了历史。高手过招，玩的就是心跳。

董卓的目标，借坐收渔翁之利之机，快刀斩乱麻，控制朝局。所以，一出手就是组合拳，而且是多管齐下。

第一招，恐吓。所谓恐吓，就是让凉州士兵半夜偷偷出城，大清早再堂而皇之地进城，造成凉州兵大规模进入洛阳的假象。这么来回搞了四五次。想想看，大清早铁骑，在大街上横冲直撞，而且好像人越来越多，洛阳老百姓，能不心惊肉跳吗！京城当官为将的，能不胆战心惊吗！

第二招，收买。董卓进京时的职位，是并州牧兼领前将军。董卓做过五年的并州刺史，对并州将士很熟悉，现在以并州牧的身份管理并州兵士名正言顺。丁原的新职位是执金吾，反而管不着并州将士。无论丁原想不想插手军事，董卓也不可能让他活着，在谁都没有准备、只有董卓心里明白的时候，处死丁原，无非是让谁去干的问题。做人没有底线的吕布，前脚认董卓为干爹，连理由都不找，后脚就杀了丁原，被封骑都尉。骑都尉对于朝廷来说，不是什么了不起的大官，但对刚从外地进京的一个小主簿吕布来说，以巡查监督羽林骑兵为职责，可以在皇城耀武扬威，以前想都不敢想。而且一下子级别比二千石，年薪 1200 石，还攀上了董卓和袁隗全国军政最高的两个领导，吕布刚开始就美出鼻涕泡了。京城里的并州兵一下子归了董卓。董卓做事非常准，全是对准七寸下手。当时全国能打的汉人部队，数凉州兵和并州兵。并州兵的七寸在吕布身上，拿下吕布，等于拿下了并州兵。

第三招，升官。董卓以并州牧管理朝廷的事，名不正言不顺。可要想当朝廷的大官，最起码得有空缺啊！这难不住董卓。《三国志》里说，董卓以久旱不雨为由，把司空刘弘免了，董卓做了三公之一的司空。《后汉书·孝灵帝纪八》记载：自六月雨，至于是月。也就是说，洛阳已经连下了两个多月的雨，直到9月25日早才停。理由虽然不成立，但是这个理由一下子就吓住了广大的官员：只要我董卓说没下雨就是没下雨，你这下了不算，我们凉州和并州没下。董卓进京是何进下令的，但是中间又以皇帝的命令阻止董卓进京，也就是说，董卓进京是违法行为。可这事因救驾之功没人再提。如果董卓想当官，总不能自己找皇帝直接要吧，谁在朝堂上提出来呢？如果提出来，太傅袁隗不同意可怎么办？董卓敢杀了他吗？肯定不敢。外边还有老袁家一大堆门生故吏和上万士兵呢！《后汉书》里说是董卓暗示朝廷才得到的任命，可董卓暗示了谁却没说。这个事想都不用想，不需要暗示，是早就商定好的回报，是袁隗主动的行为。董卓进京，是袁家安排授意的结果，董卓此时还是袁家阵营里的一员，袁隗这样安排自然有袁隗的道理，这样董卓才能达到目的。

第四招，清算。把皇宫搞得这么乱、皇帝都不安稳，谁的责任？总要有个说法吧？责任当然在宦官集团，那么都谁顺从了宦官集团？北军五营和西园军，多数是由洛阳官宦子弟构成。由于宦官专权多年，五营士兵里宦官子弟少不了，从大将军窦武诛灭宦官失败，到袁绍认为五营士兵很多听宦官的讲述可知。西园军本来就是宦官蹇硕控制的部队，里边的宦官子弟更少不了，冯方、曹操就是例子。宦官和袁术吴匡对抗、吴匡和何苗激战，哪些人站在宦官立场，一查便知，如此杀几个代表，再加上现在外戚和宦官都没了，稍微加压自然也就听董卓的了。董卓威名在外，就凭得到上千万赏赐自己一分没要这件事，就知道董卓待兵士不薄，面对貌似强大的凉州兵团的威压，暂时群龙无首的士兵自然愿意归附董卓。

如此情况下，除了鲍信带兵离开，京城的野战部队，基本被董卓控制（虎贲将军和羽郎未必）。

第五招，也是最重要的一招，就是废立。废皇帝刘辩，立刘协为皇帝。何进被杀，是公元189年9月22日傍晚；董卓见到刘辩，是9月25日晨；立刘协为帝，是9月28日晨，农历九月初一，甲戌日。也就是说，从见面到废立，董卓总共只准备了3天时间。一直手握大权的霍光，废昌邑王，还等了7

天。董卓刚刚进京，就直接换了老板，果然是军人速度，雷霆手段。估计当时的朝臣都晕头转向了！紧接着，9 月 30 日，杀了刘辩的母亲何太后。那几天，真的是比电视连续剧还令人耳目一新、瞠目结舌、胆战心惊。

皇帝废立这么大的事，难道没有人反对吗？有。第一个就是袁绍。9 月 26 日，皇帝回京次日，董卓征求袁绍的意见，袁绍未正面回答，只说要回去与叔叔商量。董卓说："难道我的刀不锋利吗？"袁绍回复："天下健者唯你一人吗？"之后持剑作揖出了门，带上老婆孩子，直接离开洛阳，跑了。第二个反对的，是在 9 月 27 日朝会上，提出意见的尚书卢植。9 月 28 日，董卓直接颁布何太后签发的文件，事情就是这么个事情，情况就是这么个情况，别人的意见，我根本就不想听了。当时在场的，有袁隗、杨彪、黄琬、张温等士大夫，没人反对。

顺利立了新皇帝，董卓有功，很快升为太尉——相国。相国在整个四百年的汉代，萧何、曹参、吕产、董卓四人干过，曹操也只是丞相。太师，在整个东汉，只有董卓一人干过。

第六招，封官。刘协当了皇帝以后，立刻要求从"三公"到黄门侍郎，每家出一个人为郎官，填补宦官留下的空缺。这条命令，大得官心。第一，大汉朝再也不用宦官了，以后就没有宦官祸害国家了；第二，一家一个郎官，意味着每家都有子弟可以当县令了，没工作的孩子有了前途。谁都知道，9 岁孩子的命令，是董卓的意思，得感谢董卓。

10 月，朝廷任命名声很大的弘农杨氏家族首领杨彪为司空；把因党锢之祸赋闲了二十年、曾治理豫州政绩天下第一的黄琬任命为司徒；任命治理幽州业绩突出的幽州牧、皇族刘虞为大司马。大司马是名誉职位，刘虞在幽州也过不来。这三位，都是在当时名望极高的贵族。

提拔河南尹王允为九卿之一的太仆，让他管理全国畜牧业。

任命袁绍的"奔走之友"、敢于与宦官作斗争、多年四处躲藏的何颙为董卓自己府里的长史。任命周毖为吏部尚书，伍琼、郑泰为尚书。

征召大名士入朝做官。大儒荀爽任光禄卿；弹琴一流、旷世奇才的大学问家蔡邕为侍中。不久，黄琬、杨彪、荀爽为三公。

淘汰贪官污吏，由周毖、何颙、郑泰、伍琼、许靖负责。周毖，是董卓与韩遂对抗时，同事周慎的儿子。郑泰，是在《后汉书》里有传记，判断天下要乱并阴交豪杰的大款。许靖，就是评价曹操“治世之能臣、乱世之奸雄”的许劭的堂哥。

第七招，平反。给反抗宦官、在党锢之祸中失败被杀的带头大哥窦武、陈蕃平反。公元184年解除党禁，这两人却未平反，这个事压在士大夫集团的心坎上。给他们平反，不仅是给他们的后代带来更好的发展出路，也把压在士大夫心头上那块郁结的大石头搬开了，因为平反意味着对宦官的斗争没有错，既不是结党，更不是叛逆。平反的戏味很足，董卓带着杨彪、黄琬等人拿着刑具跪在大殿外，乞求皇帝同意，不同意就不起来，甚至要给自己上刑。皇帝能不听董卓的吗？当然同意。董卓为民请命的高大形象树立起来。

第八招，控制地方。任命一些有贤名但是受党锢之祸迫害的人到外地做官。董卓刚开始对何颙、周毖等人深信不疑，对他们推荐的人也一概重用，包括任命韩馥为冀州刺史、孔伷为豫州刺史、刘岱为兖州刺史、张咨为南阳太守等。就连急匆匆跑了的袁绍，也被任命为渤海太守。而董卓自己的亲属和掾属，一个也没任用，最多是在部队内部调整。

一时间，士大夫感觉一个英明之主忽然到来，一个盛世即将来临。这么多年，这样的人事安排，从皇帝到地方官，从平反到纳贤，不正是士大夫集团翘首以盼、士族百姓真心向往的吗？

第九招，控制皇甫嵩和盖勋。董卓大权在握，但心里并不踏实，朱俊和卢植（都在平定黄巾起义中立有大功）当时已经在洛阳，不足为患，但是外边还有两个牛人，不得不防，那就是皇甫嵩和盖勋，他两人手里可有四五万将士呢。董卓以皇帝名义召他俩进京。本来皇甫嵩可以不来，可以直接打出旗号反董卓，但是他一来没有皇帝命令不敢干，二来董卓留在扶风的那些人马，也不一定听他的，有董卓这棵大树，犯得着和你皇甫嵩谋反吗？所以皇甫嵩选择了服从。盖勋真不想来，他找过皇甫嵩，要一起反董卓，但皇甫嵩不干，他孤掌难鸣。他们两个都老老实实进京。

所有这些事，董卓没花自己一分钱，就与士大夫集团交了心、结了盟，你说士大夫集团能不拥护他吗！等大家都拥护了他，才发现，在朝廷里，想不拥护也不行了，因为已经不具备反抗的实力了。

以上这些事，董卓只用了两三个月。

可是，公元190年3月，袁绍还是起兵了，他聚拢了十八路诸侯讨伐董卓，气势一时很大。正巧，黄巾军的余部“白波贼”在洛阳正北方、并州的西河郡起兵，攻破了河东郡，灾民涌入三辅。董卓派自己的女婿牛辅攻打白波军，失利。如果“白波贼”随着难民进入三辅，那么洛阳的东西南北都会遭到攻击，这时候董卓有些害怕了，想来想去，不能和老家凉州断了联系，于是，决定迁都长安。长安在东汉初年被赤眉军焚烧，作为都城条件不太好，杨彪和黄琬不同意迁都，周毖、伍琼坚决反对，董卓快刀斩乱麻，杀了周毖和武琼，免了杨彪和黄琬，坚决迁都。刘秀、赵匡胤前思后想、瞻前顾后的事，董卓三下五除二，说搬就搬了，从决定到出发不到两个月。朱棣从决定到迁都北京，准备了15年。董卓只准备了一个多月。对于不想搬的，一把大火把你家烧了，这下断了所有人的后路。搬迁很顺利。

不得不说，董卓上台以后，到迁都之前，所作所为，正是以前该做而未做的，也是士大夫集团想做而没做到的。董卓至此，没什么可以被指责的。

# 第十三章　废立皇帝应不应该

第十二章，部分读者会对董卓废立皇帝有一些微词。董卓做了一系列的好事中，出来了一个不那么被认可的事情，就是废立皇帝。废，是废汉灵帝嫡长子刘辩；立，是立庶出的陈留王刘协，即后来的汉献帝。不认可的原因有三：一是废立违反了圣人制定的嫡长子继位原则；二是刘辩没什么错误，属于无端被废；三是废立的目的是董卓为自己更长时间掌权，动机邪恶。

废立这个事说来太复杂，历史观和世界观不同的人，得出的结论也不同。评价历史人物和事件，要站在历史的角度，不能用现代标准来衡量，如果那样，几乎所有的历史都要重新评价了。要想站在历史的角度，就必须了解董卓之前的人和其后不久的人，他们的废立原则。

董卓的问题，主要出在“废”上。废了刘辩以后，立的是汉灵帝剩下唯一的儿子，没有立第三人，所以立刘协没问题。不过废和立有相关性，如果立的好，废就显得不是什么大事；如果立的那个还不如被废的那个，不是错也是错，甚至是错上加错。因为历史对汉献帝评价不错，也说明立刘协没什么问题。所以本篇着重讲废刘辩的对错。

讲对错必须有标准，但是古人对“立”有标准，对“废”没有明确标准。“立”的标准是圣人所言，“废”的标准是参照历史上的案例。霍光废昌邑王刘贺，就是参考商朝伊尹废太甲的案例。

评价董卓废立的对错，先从汉灵帝的两个儿子说起。

东汉中后期，皇帝没儿子或儿子早夭比较普遍，所以，汉灵帝的这两个儿子，一出生就受到朝野关注。汉灵帝长子刘辩，公元 189 年 14 岁，也有史书说 17 岁；小儿子刘协，当时 9 岁。

刘辩的生母姓何。何皇后的母亲，带着前夫的儿子朱苗改嫁到屠户何家，当时何家已经有了一个儿子，叫何进。也就是说，何皇后姐妹出生在一个重组家庭。何皇后与何进是同父异母，与朱苗是同母异父。朱苗就是何苗，不过何进和何苗没有血缘关系。屠户社会地位不算高，但是因为古人吃肉算奢侈，历史上屠户中又出过聂政、专诸、樊哙这些名人，所以屠户的社会地位比一般农民要高，而且有些钱，类似于现在的奢侈品销售商，给人感觉比卖日用小百货的要高档。何进家在南阳宛县，是帝乡。帝乡和帝都是出宫女的地方，经常有宦官来此地选宫女。窦武被诛杀以后，宦官再也不愿意接受六大外戚家族出身的皇后，开始扩招。某年，家里主事的何进，通过南阳老乡、宦官郭胜的关系，花钱把妹妹送进了宫，目的当然是卖妹求荣。何妹妹长得高挑漂亮，公元 176 年生了皇子刘辩，何女士因此成为何贵人。东汉中后期皇子都难以成人，因此有将皇子放到民间抚养的习俗，刘辩就在一个道士家里长大。由于年少时缺乏管教，所以给人以不够端庄的感觉，史称“轻佻”。想想北宋皇帝徽宗赵佶就能有印象。

刘协是王美人所生。王美人出身于世代为官的士大夫家族，长相秀美，性格温和，各方面素质明显高于屠户家庭长大的何女士。

公元 180 年农历十二月，何女士晋升皇后，成为后宫“一把手”，很快把何进的另一个妹妹嫁给了大宦官张让的养子，这样就与宦官勾结在一起。为防止再有其他嫔妃生下皇子与刘辩争夺皇位，早在生了刘辩之后，她就开始利用宦官和宫女监视妃子，凡有妃子怀孕，就下手做掉。王美人不幸怀孕，担心被害而吃了打胎药，可孩子还是生了下来了。生下孩子后，何皇后愤恨不已，一碗毒药就把王美人送上了西天。这件事惊动了汉灵帝，案子很快告破，汉灵帝要废了何皇后。以张让为首的宦官，一边苦苦求情一边大把捐钱，贪财的汉灵帝无耻地放过了何皇后。为防止刘协被害死，汉灵帝把小儿子托付给自己的亲妈董太后抚养，刘协就在皇宫长大。因为成长环境较好，刘协性格温和，举止端庄。

汉灵帝喜欢老二刘协，不喜欢老大刘辩，有心立刘协为太子。可刘辩是嫡长子，且其舅舅何进是多年的大将军，何苗是车骑将军，何家又与宦官相勾结，搞不好会弄得鸡飞狗跳，没正事儿的汉灵帝很为难。对长子不认可，他就扶持刘协。刘协这一派，有董太后、董太后的侄子骠骑将军董重、大元帅宦官蹇硕及部分宦官支持。为加强蹇硕的权力，灵帝还新成立西园军，交给蹇硕管理，同时赋予蹇硕管理全国军队的权力，包括何进的大将军。也就是说，刘辩有嫡长子优势、轻浮的劣势，有何皇后、军队中第二人物何进、第四号人物何苗支持；刘协处于庶子劣势，但有品行端庄的优势，有汉灵帝中意，有董太后、军队中第一号人物蹇硕、第三号人物董重支持。

在这种情况下，汉灵帝该立谁为太子呢？

首先要看圣人定皇储的标准。

中国从秦到清，立皇帝或太子，一般标准就是《春秋·公羊传》所讲的："立嫡以长不以贤，立子以贵不以长。"首先立皇后生的嫡子，按年龄从大到小确定；如果没有嫡子，就按其他生了儿子的妃子的尊贵等级确定立谁。

如此，铁定应该立刘辩。如果汉灵帝不想立刘辩，就应该把何皇后废了，追封王美人为皇后，也是个办法。既然他没废何皇后，那就应该刘辩继位。

可是，《春秋经》有三个解释版本，除了《公羊传》，还有《左传》和《穀梁传》。《左传》对于继承制的解释就有不同：有嫡长子则立，嫡长子去世，有弟则立弟弟，没有就选年龄大的其他皇子，年龄一样就看谁贤明，都差不多那就算卦决定。袁绍立继承人时，谋士沮授就按《左传》的标准劝说袁绍：年均以贤，德均则卜。如此，也不影响嫡长子刘辩的地位，但是，在没有嫡子的情况下，一本书主张看谁的母亲级别高，另一本书主张看哪个皇子的年龄大，这两本书不同的意思表达，给后世留下了困惑和口实：既然圣人的标准都不统一，那就意味着圣人的话可听可不听，具体问题还得具体分析，关键是要了解圣人的本意。那么圣人的本意是什么呢？是为了维护政权稳定。第一，因为皇后往往是世家大族，立皇后生的嫡长子不但基因好，还能取得皇后家族的支持，有利于政权稳定。第二，谁贤谁不贤，这个事说不太清楚，与其公说公有理，不如建立一个看得见的标准，省得内斗。全是有利于稳定。

由此可知，按圣人的意思，立的原则有两个，第一个是本意，即稳定原则；第二个是形式，即顺序原则。

中国历史实践中，顺序原则并未得到彻底执行。中国历史上有四百多位皇帝，嫡长子继承的大约占40%，其余60%原因多样，比如皇帝根本就无嫡子或无子。但是那 40% 的嫡长子也有诸多变通。比如继承刘秀皇位的刘庄，本来他并不是嫡长子，后来刘秀废了郭皇后，立阴丽华为皇后，又废了郭圣通生的太子刘强，刘庄才变成嫡长子。换句话说，皇帝想立谁为继承人，只要把谁的母亲立为皇后，或者把谁交给皇后抚养即可。汉明帝把贾贵人生的儿子刘炟交给马皇后抚养，刘炟就成为第一继承人，即汉章帝。汉章帝把梁贵人生的儿子交给窦皇后抚养，这个孩子就成了汉和帝。所以即便执行了嫡长子制，也是变通之后才达到 40%。

东汉第四位皇帝汉和帝去世后，邓绥邓太后就没有立其长子刘胜而是立了次子刘隆，原因是刘胜有痼疾。如果一定要立一个病秧子为皇帝，邓太后真是疯了。

西晋司马炎倒是坚决执行了嫡长子制，把弱智的嫡长子司马衷（其哥早夭）立为皇帝，结果司马衷在位时发生了“八王之乱”，把国家搞崩溃了。这说明圣人确定的顺序标准，有时行不通，如果坚持这么干，很可能掉坑里。其实司马炎要不是被司马衷的老婆贾南风蒙蔽，也不会坚持嫡长制而立司马衷为帝。谁都知道，嫡长子如果真不行，坚决不能立。

汉灵帝不可能不知道东汉的历史，可立谁都难以稳定，这很让汉灵帝苦恼。清官难断家务事，荒唐的灵帝把难题留给了后人，自己撒手人寰，至死未立太子。汉灵帝死后，何皇后变成何太后，何太后监国摄政，自然她生的儿子刘辩称帝。忠心的大宦官大元帅蹇硕为完成汉灵帝遗愿，要诛杀何进，再立刘协为帝。密谋泄露反被何进所杀，何太后控制了朝局。何太后专权，引起了董太皇太后的反对，于是皇帝下诏，要把董太皇太后赶回封国，老太太抑郁而死。董重也被逼自杀。

大乱了一阵子，看似平静了。但是，给世人留下三个口实。其一，何太后曾经是杀人犯，这样的皇后合法吗？皇帝能给她留条性命就不错了，她的儿子怎么能继承皇位？况且，如此必然是外戚专权，东汉受外戚之苦历历在目，还要重演吗？其二，何太后对婆婆不孝敬，有违人伦和以孝治天下的传统，这样的女人不配监国摄政。其三，如果何太后不配当太后，那立刘辩就是错误。而刘协端庄有度，历经打胎而不掉，是不是真命天子啊？况且如果刘协继位，就没有外戚问题。何进在时，没人敢当面说出来，可是现在何进和何苗都死了。

董卓不可能不知道这件事情的来龙去脉和其中的沟沟坎坎，所以他是带着自己的主观意识来的。在北邙董卓第一次见到了刘辩和刘协，验证了自己心中的印象。

董卓仅从历史恩怨和感官上认为刘协更合适，就急匆匆地废立，恐怕不是董卓的作风。因为废立是大事，董卓又刚刚进京，基础根本不牢，没必要冒大风险，更犯不着着急，稳定一下局面再出手毒死刘辩，更符合董卓的利益。那为什么董卓要急匆匆废立呢？从上一章看，董卓为结好士大夫集团，采取了一系列收买人心的人事安排，如果废立没得到士大夫的支持，他真没必要搞那么大动静。之所以要急办，很可能是在很多士大夫的心里，支持和祈盼立刘协为帝。如果刘协为帝，就没有人追究何苗被杀的责任，否则一旦刘辩长大，很可能会清算舅舅何苗和姨公张让被杀的旧账。皇帝是最高统治者，他想怎么清算就怎么清算，必须得提防。同时立刘协为帝，最大的受益人是士大夫集团，因为刘协是个小孩，身边又没有一个亲人，只要设辅政大臣，那必然是士大夫一统天下。到底是听何皇后那个歹毒的女人的，还是听袁隗、杨彪的，毋庸置疑群臣更愿意选择后者。

这才是董卓废立时的心态，最起码是袁隗的想法。

要立必须先废。再看看古人废皇帝的案例。商朝伊尹的例子太早了，王莽走的基本是这个路子，所以引用他的案例不行。另外董卓的废，不是废了皇帝自己干，而是另立其他皇子。这与后世曹丕废了汉献帝，李世民废了老爹李渊，赵匡胤废了后周柴宗训，有本质的不同，所以参考历史上的废立，只能参考内部废立，不能参考王朝更替的废立。

董卓之前有代表性的内部废立事件有三个，从这三个事件中，可以总结出废的标准。

第一个是比董卓早九百年的祭仲的例子。

春秋初期，公元前 701 年，郑庄公去世，权臣祭仲拥立郑庄公长子公子忽继位，为郑昭公。但是势力更强大的宋国不同意，抓了祭仲，要挟祭仲立宋国的女婿、郑国老二公子突，并向公子突要好处，不然就灭了祭仲和郑国。祭仲无奈只得废忽立突。祭仲废公子忽，是为了维持郑国存续，也有保全自身性命的因素。对于这次行为，历史评价不一。《公羊传》认为，祭仲是对的，因为他这样做使国家免受侵犯，又保全了公子忽的性命，应该表扬。《穀梁传》则认为祭仲贪生怕死，意思是批评祭仲没有坚决执行嫡长子制。

《春秋》的不同解释版本，有不同的评判，又一次说明圣人的观点不统一。《公羊传》既坚持嫡长子制，也赞同祭仲的做法，实际是以国家利益为更高原则。圣人并不教条，在国家利益面前，嫡长子制必须靠后。如果国家政权都不存在了，废和不废根本没差别！《穀梁传》评价祭仲贪生怕死也没问题，那是站在评价祭仲个人的角度。如果站在郑国的角度，又假设祭仲宁死不屈，郑国被宋国打败后公子突上位，或许还会一边表扬祭仲是硬汉，一边骂祭仲为了自己的名节而不顾国家利益，是个不知孰轻孰重的糊涂蛋。

这个例子说明，并无过错的公子忽被废，遵循的是国家利益至上原则。

第二个是吕后废孙子前少帝的例子，周勃、陈平废后少帝，立汉文帝刘恒。

刘邦的老婆吕后，在儿子汉惠帝刘盈死后，立3岁的刘恭为皇帝，自己掌权。这孩子长到7岁，知道了自己母亲被吕后毒死的情况后，有一天就说了句真话，意思是自己长大了，要给母亲报仇。吕后听说后，果断以皇帝有病为由，在朝会上提出要废掉皇帝。大臣们有谁会为一个小孩子得罪当朝的太皇太后呢，都表示理解支持，于是就废杀了刘恭。太后主持、皇帝有病、群臣不反对，皇帝就被废了。真病假病，没人在意，原因不重要，大家没意见才重要。吕后另立刘盈的另一个小儿子为帝，即后少帝。

吕后废前少帝，在大权在握的情况下，只是走了一个过场。但是，即使是走过场，还是要经过程序，否则大家不买账岂不寒碜。

吕后去世，周勃、陈平他们铲除诸吕，之后废了后少帝。为什么要废呢？第一个原因是后少帝的皇后是吕家人，继续让他当皇帝有隐患；第二个原因是听说刘盈的儿子都不是刘盈生的，是吕后为篡权而让宫女和吕家男人生的孩子；最主要的，是继续让他干，辅政的会是刘姓成年人，如为铲除诸吕而起兵的刘盈的侄子刘襄、刘章，而刘襄的舅舅凶狠残暴，刘章的老婆还是吕家人。少帝是不是刘盈的孩子，没人知道，为了证明，想让自己亲哥哥称帝的刘章，和刘氏宗族的宗正等人提供了口头证明材料，史书于是记载“刘盈无子”。史学界对此表示怀疑，反正司马迁认为，所谓刘盈无子，只不过是为废掉后少帝找的理由而已。但人家硬是证明了，而且结论有效。看来只要找个理由，证明立现任皇帝是错的，且大家认可，就可以废了你，理由真伪、成立不成立并不重要。因此，除了程序原则和认可原则以外，纠错原则，也是皇帝被废的原则。

有人说要想废皇帝，什么标准理由都不重要，权力才最重要。权力足够大，推翻皇帝自己干也可以；权力较大，想废谁废谁；权力不够大，废哪个都有人说三道四。所以废皇帝的事，只是大自然的丛林法则。不服，就像袁绍那样闹呗！话虽这样说，事实也差不多，但是每人心里有杆秤，有没有道理，是对还是错，还是可以讨论的，这与能不能是两回事。

废了后少帝后，之所以立刘盈的弟弟刘恒，看重的有两条：第一，刘恒的母亲薄家人丁不旺，刘恒只有一个舅舅薄昭，还比较老实，不会出现外戚专权的情况；第二，刘恒比较厚道谦恭。刘恒就是后来的汉文帝。由于汉文帝创下了“文景之治”上半段的太平盛世，当时和后世对他评价都很高，无疑给周勃、陈平的废立又加了分，所以效果原则也是废立的原则之一。

第三个是西汉霍光废刘贺的例子。

汉武帝死后，儿子刘弗陵为皇帝。刘弗陵死后无子，霍光等人拥立 18 岁的昌邑王刘贺为帝。短短 27 天后，霍光主持，废除刘贺皇位。表面原因是昌邑王 27 天犯了一千多个错误，什么与宫里一个歌女睡觉啦，什么不封功臣只封近臣啦，什么下诏书向地方政府要贡品了，等等。刘贺所作所为，是不是错误，按什么标准认定是错误，因为没给刘贺抗辩的机会，所以后世只能听霍光的。给刘贺机会刘贺也不敢抗辩，否则霍光立刻就能找出一万个错误，拖也能把他拖崩溃，杀他也就是一句话的事。18 岁的刘贺能玩过老官僚大权臣霍光吗？刘贺被废的根本原因是不懂人情世故，根本不依靠霍光这个大佬。当霍光以年老多病为名请假休息，目的是以退为进、试探刘贺的态度时，没想到刘贺竟善良地同意了，如此把他晾在了一边，这让霍光有子系中山狼之愤和大权旁落之险。观察了几天，找出了年轻皇帝的错误之后，霍光决定动手。先是私下与自己的亲信干将田延年和右将军张安世商量，沟通一致后，召集大臣开会。会上霍光引用伊尹废除太甲的案例（他是在王莽之前，故可引用伊尹之例)，以证明自己的这一举动，既有先例可循，又毫无私心。群臣当时都不说话。其实不说话就意味着反对或者不那么赞同。这个时候田延年按剑慷慨陈词："谁不支持，我斩了他。"如此，谁敢反对？大家只能表示赞同。对于这个事不会没有反对的人，别个不说，刘贺从老家带来的两百多名官员，包括汉宣帝时被任命为渤海太守的龚遂，肯定会反对，可连参会的机会都没有，所以也就团体失声。集体的意见报告了太后，也就是霍光的外孙女，一个仅十五岁、尚无民事行为能力的小屁孩。小屁孩批准后，大兵包围皇宫，霍光亲自摘下刘贺玺绶，直接把他送回老家，皇帝变成了海昏侯。

因为霍光立的汉宣帝刘询政绩很突出，开创了"孝宣中兴"的局面，所以废刘贺显得很正义。要不是霍光果断废立，我们能过上这么好的日子吗？如果霍光立的新皇帝还不如刘贺，恐怕历史又要说三道四了。

历史上对霍光的评价还不错。班固把他比作周公；司马光说他专权，但整体上是个忠臣；苏轼说在废立一事上，他有志向、有进取心、有作为、有担当、有气节。因废立而骂霍光"无道"的人，只有一个人，就是当时的酷吏严延年。不过可以理解，因为他是刘贺的老丈人。

综合以上三个案例说明，废皇帝，有五个标准或原则。第一，也是最重要的，国家利益至上原则。第二，效果原则，即新皇帝比前皇帝更有利于国家稳定或发展。第三，纠错原则，原先的立错了，必须纠正。第四，程序原则，必须经过朝会，太后同意。第五，多数人没意见原则。至于理由，随便找。

霍光立了有业绩的好皇帝汉宣帝，就能证明霍光废皇帝没有错吗？如果霍光没错，意味着只要有人站出来，说他能立一个更好的皇帝，就可以废了在位皇帝，那天下岂不是要大乱？这是一个历史无奈的话题。有谁能保证自己提名的皇帝将来就一定是最好皇帝呢？历史不容假设，只能看结果。一般说来，一旦立了一个皇帝，其余的被提名者很难在竞争失败后还能当皇帝，又怎么比较呢？除了汉宣帝刘询，真的在汉室宗亲里找不出比刘询更合适当皇帝的人吗？这也未必，可如果"更合适的人"真的当了皇帝，就一定比汉宣帝强吗？同样谁也不敢打保票。康熙立储，立的是四阿哥胤禛，可当时群臣选择的是贤王八阿哥胤禩，历史不允许八阿哥当皇帝以证明他更合适或不合适。清朝后来的咸丰帝，能力明显不如恭亲王奕䜣，可奕䜣没机会证明自己可以成为一代明主，所以不能说道光皇帝立错了下一任皇帝，即使这么说，也还是效果原则。

历代为达到实质标准，都很注重前期的考察，考察的标准，往往是持重端庄、仁厚明理这些儒家推崇的品质。实践证明，立长不立贤的原则并不完美和管用。光武帝刘秀之所以废了前太子刘彊，立刘庄为太子，不仅是因为刘庄的母亲是阴丽华，更是看重刘庄聪慧明理这一特点，这在刘庄一语点破度田事件中的猫腻和臧宫剿匪失利原因两件事中得到证明。度田事件，是刘秀稳定政权后推行的清产核资，清查全国土地和人口数量。但是南阳和洛阳的清查工作进行得很差，腐败丛生，刘秀不理解。12 岁的刘庄说，南阳是帝乡，洛阳是帝都，这两个地方皇亲国戚多，地方官不敢深查，这才是数字不真实的原因。一语点破刘秀，刘秀对刘庄一下子就高看一眼。臧宫剿匪，是臧宫围攻原武城，久攻不下。刘庄就说，臧宫一点活口都不留，守城的人肯定死守，必然难打，只要围三缺一，就会有人出逃，如此派个亭长就能轻松搞定。15 岁的刘庄有这个见识，刘秀当然很兴奋，当年就立他为太子。由此可见贤的重要性。如果有人举隋炀帝的例子，来说贤与伪贤难以分辨，只不过是借口。当爹的不知道自己孩子长时间欺诈自己，只能说当爹的不称职。

跋扈将军梁冀毒死汉质帝以后，想立准妹夫刘志为皇帝，目的自然是亲上加亲后，继续揽权。太尉李固等大臣都不服，提出立年龄更长、血亲更近的清河王刘蒜为帝，在朝会上与梁冀进行了激烈的斗争。刘蒜的性格，端庄持重，严明有德，行止有度，得到大臣的倾心。可在外戚和宦官勾结下，还是立刘志为帝。刘志一生实质掌权 8 年，性格放荡，除了诛杀梁冀还不错以外，“党锢之祸”，纵容宦官、卖官鬻爵，坏事做得太多，是一个带着东汉走向深渊的皇帝。那么，历史怎么看待梁冀对刘志的立和李固对刘蒜的立呢?明显是认为梁冀立错了，应该立刘蒜。李固立的正确在什么地方呢？主要是性格上刘蒜更符合对皇帝品行的要求——贤，也因为这个品质，才容易达到实质标准中的国家政权稳定。梁冀的错立，主要是因为实践证明汉桓帝昏庸，是事后的结论。未当上皇帝的刘蒜，以当时的品德，战胜了当上皇帝后刘志的现实表现，是一个可能或理论上的好皇帝，战胜了一个事实的坏皇帝。这种历史观，是沿用了实质标准和效果标准的结果。换句话说，如果汉桓帝能成为汉宣帝一样的明君，历史评价肯定改变。这难道有错吗？说你不行你不信，偏要干，最后结果如何？时间和实践才是检验真理的唯一标准。

历史上的著名帝王，汉武帝刘彻靠“金屋藏娇”当上太子、唐太宗李世民靠政变夺得皇位、赵光义靠“烛影斧声”兄终弟及、明成祖朱棣直接起兵造反称帝、康熙皇帝靠熬过天花取得皇位，按圣人的标准都不合法，但实践证明效果很好，国家稳定，发展壮大，比什么都重要，谁再说要是立谁为皇帝就更好，没有意义。

弄清楚废立的标准，再来看董卓的行为是否符合废的标准。

先看废的过程。

公元 189 年 9 月 25 日，董卓看刘辩不顺眼后，急匆匆要废了他，不过他也知道废立是大事，所以第一个先征求士大夫一派的先锋袁绍的意见。因为袁绍的意见某种程度上代表其叔叔袁隗的意见，袁隗作为士大夫领袖，他的意见也就是士大夫群体的意见。同时，董卓可能认为，最应该支持废立的就是袁绍，因为不废刘辩，何太后继续当权，或者刘辩长大，以何苗之死算账，袁绍怎么说得清？再怎么说何苗是死于袁家发动的政变。

是年 26 日。袁绍以与袁隗商量为借口拖延。这在董卓看来就是反对。其实袁绍反对和不满的，不是废立，而是董卓征求他意见时的态度，以及废立背后的野心。你一个家奴是想通过主持废立来掌握实权啊！此事的主持人应该是我袁绍，哪里轮得到董卓你这一介武夫和家奴提出来！武夫董卓不但不尊重袁绍，而且根本就没把袁绍放在眼里，明显开始不听从袁家招呼。袁绍掌权的愿望落空，所以袁绍只能离开。袁绍跑了，董卓少了一个反对者。

按《后汉书》记载，公元 189 年 9 月 27 日，董卓召开了朝会，直截了当说废立之事：“依据伊尹、霍光故事，立刘协为皇帝，怎么样？”公卿以下没人说话。董卓又说：“当初霍光决定了，田延年提着宝剑，说有敢不从者，军法从事，今天也是这样。”董卓的行为，明显是参考前人的经历。开会的人沉默。大家是怕董卓吗？不排除，但是要说六七十岁的老头子都怕死，未必。大家会想，董卓提出来这事儿，背景是什么？谁在捣鬼？该不该废立？对自己有什么利弊？支持以后别人怎么看？反对以后没用怎么办？那里边的弯弯绕绕多了。只有卢植说："当初昌邑王有错，才会被废，现在皇帝年轻，没什么过错，不能拿以前的事情相比。"董卓大怒，起身就走了。董卓这一举动很奇怪。如果废立是董卓个人的主意，遇到有人不同意，董卓按理应该解释一番，或者威胁一番，不至于脚底抹油。有一种可能，是董卓遵照士大夫集团中某些要人的意见才干废立的事，以为他们私底下早都沟通好了，他只不过是枪手，根本没想到士大夫集团内部会有人在会场上当面反对，颇有出力不讨好、被人当枪使的委屈感，这才一走了之。我提完了，你们自己沟通去吧。

《资治通鉴》记载，会后董卓把废立方案报告袁隗。为什么报告袁隗？废立不是董卓自己的意见吗？肯定不是，应该是根据袁隗的意见召开的会议，否则，董卓连召集会议的资格都没有。那个时候董卓不敢太嚣张，他要是杀一个不该杀的重臣，局面马上就会失控。董卓受阻以后给袁隗汇报，有理由相信，废立之事，背后是袁隗的怂恿。汇报之后，袁隗表达的意见是"如议"，就是按大家的意见办吧！大家什么意见呢？董卓一票赞同，卢植一票反对，其他人没说话。没说话是默认还是无言地反对？说不上。袁隗自己什么意见？没说，听大家的。王夫之说袁隗尸位素餐，杀宦官他不出力，召董卓进京他不阻止，废皇帝他说同意，就是一个占着茅坑不拉屎、不知廉耻的废物。其实大可不必过度激愤，袁隗不给袁绍、董卓设置障碍，本身就是支持。支持但不能留下话柄，所以你就闯去吧。袁隗是官场大滑头，要说他心里没数，绝无可能。宦官专权那么长时间，一头猪都能磨砺到大学毕业，更别说袁家第 5 代子弟 9 人为高官，这些不能说没有袁隗布局的功劳。正是因为太明白，才躲在幕后怂恿，让侄子和掾属在前面闹腾，他保留回旋的余地。袁绍起兵后，袁隗跟着皇帝和董卓去长安，根本就不在乎舍身饲虎。他做的一切都是为了袁家能崛起。袁隗为什么要搞废立？最直接一句话，就是必须除掉何太后和刘辩，否则后患无穷。袁绍、袁术杀宦官可有旨意？杀何苗的凶手是谁指使？在袁隗府里杀了三公级别的高官樊陵、许相，依据什么？这摆明了就是造反。今天是功劳，明天就是死因。但是废帝杀后这种事，袁隗能干吗？不能，那不成了留下千古骂名的乱臣贼子了吗！多少年后曹操都不愿意干，更别说老滑头袁隗了。谁干合适？想都不用想，必是武夫董卓。袁隗很阴险，手段很高明。

董卓没办法，废立这种事开弓没有回头箭，反正袁隗没阻拦，同意盖章了，他就只能往前走。次日，也就是9月28日，旧历九月初一又开朝会，董卓直接以何太后名义下诏，废立完成，没再给大家提意见的机会。群臣中说话的只有一个尚书丁宫，他在朝会上说："天祸汉室，丧乱弘多。昔祭仲废忽立突，《春秋》大（一说善）其权。今大臣量宜为社稷计，诚合天人，请称万岁。"就是说废立之事古已有之，没什么大不了的，无非被认为专权，请大家为国家考虑，赶紧给刘协跪下，称万岁吧！另一个是袁隗，没说话，但是他上去解下了刘辩的玺绶，交给了刘协，用行动支持了董卓。董卓的诏书从哪里来的？录尚书事的袁隗如果坚决反对，连诏书都没人给董卓写，如果董卓敢逼迫袁隗，那他绝对是疯了。三五千人就敢抓捕太傅，袁术那虎贲中郎将是纸糊的吗？

顺便说一下丁宫。《三国演义》中，有一个叫丁管的人，原型是不是丁宫有待商榷。他在朝会现场直接大骂董卓，被董卓当场处死，成为英雄好汉。所以说千万别把演义当成正史，因为以野史为鉴，可能会没命。正史里丁宫配合董卓所讲的话，被东晋袁宏记录在他写的《后汉纪》一书中，并评价丁宫"不是个人"，说在当时的场合，你可以不说话，但你为什么要附逆呢？你要是对皇帝有感情，最多拼了一死；你要是对皇帝没感情，大不了一声叹息！袁宏的观点代表了后世观点，可他怎么知道丁宫不是真心支持废掉刘辩呢？

朝会开了，反对的只有一票；何太后下旨同意，虽然是被逼的。何太后的被迫和霍光的外孙女无民事行为能力是一回事。虽然整个过程基本是董卓一人的独角戏，但程序上齐全了。董卓在这个问题上，很可能被利用了。当然，他自己也是赞同废立的，只不过由他来操作，他没考虑那么多严重后果，毕竟政治不是他的长项。

有人可能会说，就算刘辩不合格，但已经坐在金銮殿上了，一个臣子凭什么说换就把皇帝给换了？不说天下乃人人之天下，不是一人之天下，也不说国家兴亡匹夫有责，更不说前朝周勃、陈平、霍光干得，董卓凭什么干不得，只说一个问题，按照上文分析的标准和过程，董卓有没有错？

第一个，看效果，是否有利于国家政权稳定。

首先，来看十八路诸侯讨董卓，造成的关东大乱，是不是由于废立造成的。袁绍出走，完全是反董卓，导火线是废立，根本原因是铲除宦官和外戚的大功失效，十拿九稳的大权旁落。当袁绍认为自己家曾经的奴才董卓不再听话，并且自己有性命之忧时，他才决定出走起兵。假设不是废立，随便一件事，只要董卓不把袁绍当回事，成为袁绍掌权的绊脚石，袁绍都会出走起兵。所以废立，不是袁绍起兵的根本原因，借口而已。

其次，董卓废立以后，半年时间里，全国并未形成群起攻之的局面，即便到酸枣会盟时，除了袁家三兄弟和董卓轻信后任命的四个地方官，也就几个袁绍的朋友或故吏，再加上没什么实力却想浑水摸鱼的人起兵。和袁家没关系的，更是一个也没动。参与起兵的人，比如袁家故吏韩馥，也不是真心支持袁绍。其他人即便支持袁绍，也是因为反对董卓，而不是废立。如果董卓新立的不是汉灵帝的儿子，起兵还有些道理，现在还是刘氏天下，起兵理由并不充分。当董卓带剑上殿、迁都洛阳、纵兵抢掠，甚至诛杀袁隗的事情发生后，起兵的人才多了起来。换句话说，如果不废立，难道董卓架空刘辩，他们就不会起兵吗？还是会起兵。所以，废立与关东起兵关系并不大。

关东起兵，是豪族与军阀之间权争，并没有谁一定对错。此事在《十八路诸侯讨董卓》一章中会解释。

袁绍属于劳苦功高却被劫走战果、对翻脸的执行董事极其不满却无可奈何、进而负气出走的公司高管。出走以后，先打出拯救刘辩旗号，后又想另立幽州牧刘虞为帝，都是为了与董卓对抗，捎带着不认可刘协。董卓死后，曹操接汉献帝到许都，袁绍也接受了刘协加封的大将军职位，所以他不是接受不了刘协，而是不接受董卓专权。

再次，看刘协对维护国家稳定和对汉朝统治所起的作用。汉献帝刘协的一生是凄苦和悲壮的，他是在手里没有好牌的情况下，靠看别人脸色，维持了东汉名义上31年的江山，实属不易。他利用自己皇帝的名号，在李傕、郭汜等残暴军人面前走钢丝，最后回到洛阳，历尽苦难。他年纪虽不大，却知道孰轻孰重，能够利用自身还是名义皇帝的资源，支持配合曹操统一北方，这也难能可贵。如果他要和曹操争权，比如，像曹操的后代曹髦那样，宁死也要拿起宝剑冲向司马昭家，最后被杀，那曹操的罪过就大了，会把曹操统一的进程大大推迟。他虽是个傀儡，也与曹操进行过有理有利有节的斗争。刘协初到许都不久，曹操要带兵出征，按规矩到皇帝那里辞行。当曹操跪拜说完，突然从旁边上来几个卫士，用大戟卡住曹操的脖子，拖到大殿之外。曹操吓得差点尿了裤子，他还以为是汉献帝提前动手了。出来后才弄明白，这是一个正常送行的礼仪，只是提醒出征的三公不要起二心。经过这次事件，曹操吓得再也不敢去皇帝面前辞行了。可见汉献帝年纪不大，也会搞恩威并施。汉献帝也做过许多好事，比如亲自放粮杜绝官吏侵吞，免费给百姓治病等，正是由于他的一些爱民的做法，又真正做到了没犯什么错误，得到了包括荀彧、孔融等士大夫的支持，东汉才得以苟延残喘，曹操也不好硬来。到曹操权倾朝野的危急关头，冷静的汉献帝直接说，你要认可我是大汉皇帝，就不要这么嚣张；你要不认，索性把我废了算了。话说到这个份儿上，当着满朝人的面，把曹操搞得灰头土脸，很尴尬。从对人性的把握这一条，汉献帝的胆量和智慧就不简单。《后汉书》并未把东汉的灭亡归咎于刘协，范晔的结论是：上天厌倦汉朝很久了，不能把这些苦难归罪于刘协，汉献帝是生不逢时。

最后，如果皇帝换成刘辩，又当如何？对于这个没有主意不学无术的孩子，虽不能假设，但在国家如此危难之时，指望他做到刘协的水平，谁相信呢？刘辩被毒死之前写了首诗，词写得不错，但后世史学家认为，那不是他写的，他没那水平。

第二个，刘辩被废有理由吗？

董卓在废刘辩的诏书中，列举了刘辩很多不是，真假没法考证，欲加之罪而已。刘辩没大错不假，可是一个什么也干不了的人能有错吗？一个不洗碗的人，没机会把碗摔破。换句话说，什么都干不了本身就是最大的错，这个错叫不用心、不称职。一个不干而无错的人，和一个努力肯干但是有错的人，谁更应该当皇帝？肯定是后者。昌邑王刘贺就是努力工作而有错的人，刘贺能被废，刘辩为何不能废！所以卢植在这个问题上，不占理。如果卢植占理，他认为的理是：你董卓今天能废皇帝，明天你就能废了任何人。董卓真就是这么想的，如果你不行，就活该被废。可董卓想归想，做是未来的事，不能诛心！另外，汉灵帝看不上这个儿子，说他轻佻无威仪，不可为人主。荒唐不着调的汉灵帝都看不上这个儿子，看来刘辩确实不怎么靠谱。14 岁的男子在古代可以当爹了，北邙之时，刘辩连自己刚刚经历过的事情都说不清，一看就是荒唐父亲和屠户母亲的基因起了作用，这样的人能当皇帝吗？大兵出身的董卓很是鄙视。如果没有比较和替代也就罢了，偏偏有刘协在旁边，更衬托出刘辩的不配。如果你是董卓，如果为汉朝江山考虑，是不是更希望刘协当皇帝。

况且历史先例里废皇帝，理由从来都不重要，甚至不需要，所以有没有不影响对错。

既然立刘辩不是汉灵帝真实的意思表达，既然何太后是杀人犯，既然杀人犯是靠与罪恶的宦官集团勾结才保住位置，既然宦官集团作为社会毒瘤已被清除，与宦官合谋的人也应该被清除。既然有人出头为王美人和董太皇太后报仇，既然刘辩不适合当皇帝，既然董卓有能力纠偏，那就纠正过来呗！

第三个，看是否符合大家认可的原则。

朝臣反对废刘辩吗？朝中大臣，可以分五派：士大夫集团中灵帝派，士大夫集团中反对灵帝派，外戚派，宦官派，无所谓派。灵帝派，都会支持汉灵帝真心喜欢的刘协。反灵帝派，主要是受党锢之祸压制过的官员，比如黄琬、何颙等人，希望国家走向正常轨道，而走上正常轨道要依靠一个宽厚善政的国君，所以也会支持刘协。古代有一句话，叫“一人有庆，万民赖之”，意思是皇帝太重要，这可是全国人民的依靠啊！好的皇帝有多重要，大家都心知肚明，都会支持刘协。刘协年轻不可怕，可以设辅政大臣嘛！

外戚派和宦官派，多数不是什么正直之人，且因为失势和无主，怕惹火烧身，在张奂、袁隗的故吏董卓和士大夫派强势的情况下，多一事不如少一事，不敢反对。无所谓派就更不必说了，这些人多数是无用的。从袁隗、丁宫都不反对换皇帝可以看出来，看不起屠户出身的何皇后，以及她生的儿子，是士大夫集团的共识。所以真的没几个人会反对废皇帝。《资治通鉴》记载，刘辩被废，“太后鲠泣，群臣含悲，莫敢言者”。其实还是那句话，卢植袁绍等群臣反对的，是董卓，而不是废立皇帝，是对人而不是对事，是对董卓掌权后威胁汉室江山，以及自身安全本能的担心。试想如果群臣可以选举投票，到底有几个能支持刘辩呢！后来迁都长安，大家都跟着去了，是跟着董卓吗？肯定不是，是跟着刘协。大家不认可刘协怎么会跟着他去呢？固然有怕死的因素，但为了换皇帝这事儿去死，值得吗？

所以董卓废刘辩，五个原则或标准上，都没什么错误。

从圣人所定的标准来说，嫡长子刘辩，毋庸置疑应立为皇帝。可是从她母亲的所作所为来看，刘辩要是皇帝，其母何太后必然当权，但是何太后简直就是一个泼妇，距离圣人所说的“贵”差得远，这样的女人掌权，东汉依旧在灾难中！再看刘辩，在东汉已经衰落不堪的情况下，一个轻佻没主意的皇帝，更不利于东汉持续和振作。所以董卓甘愿担着恶名，也要废掉刘辩，一定有士大夫的舆论和人心基础。在董卓看来，那是一件有利于团结士大夫、大快人心的事。即便董卓有为自己考虑的诸多因素，比如要拥立之功、清除何进势力、减少外戚干政、便于长久专权等，但客观上利于东汉政权的稳定和持续。

皇帝废立，本质上是政治斗争，未必一定用对错能够衡量，对错都是刘家天下董卓主政，好坏只不过是儒生的随意解释。老百姓关心的，是谁对自己更好。这和董卓的观点一样，自己掌权了，怎么就不能限制皇帝胡搞？怎么为大汉朝做点事情就错了呢？说废立有错，只不过迂腐的人拿圣人的含糊的观点矫情罢了。

废立这事要是放在五胡十六国和五代时期，根本就不算什么。晋朝时“八王之乱”，皇帝被劫持，刚开始大家还担心傻皇帝安全，后来就无所谓了，箭都射在皇帝身边的车上也没人当回事；宋朝“靖康之变”，徽、钦二帝被掳掠到金国，南宋大多数人根本不管，另立一个皇帝赵构，日子该怎么过怎么过。根本没像汉朝人那么纠结，过日子才是最重要的。

上文说过，不能拿后世的标准衡量历史事件，就说当时，东汉群臣对废立也没感觉有多大的问题，觉得有问题的，是借历史说现实的人。范晔生活的时代，刘裕托孤的大臣，就废了刘裕嫡长子刘义符的帝位，另立刘义隆为帝！

总之，废立没什么问题，符合当时士族利益，甚至是袁隗等人怂恿支持董卓干的。董卓自己也想干，废掉一个不成器的皇帝，立一个聪明仁厚的皇帝，虽然有被当时和后世谩骂的风险，但是为了国家，不在乎身后名，勇敢地干了。

是不是还得感谢和敬佩董卓呢？像敬佩当年霍光一样！

# 第十四章　贪腐淫乱是不是真

记载的证据之一，是董卓动用民力修私家住宅——郿坞。据《三国演义》说，郿坞距离长安250里，动用民力25万，其城郭高下厚薄一如长安，内盖宫室，仓库囤积20年粮食；选民间少年、美女800人充实其中，金玉、彩帛、珍珠堆积不计其数；家属都住在内。董卓说："事成，雄踞天下；不成，守此足以毕老。"

《三国志》记载，董卓筑郿坞，与长安城一样高，储备了30年的谷子。《后汉书》记载，董卓筑坞于郿，高厚七丈，号曰"万岁坞"，储备了30年的谷子。两者一样的地方是，都没说郿坞面积有多大，都说存的谷子一样多。两者的差别是，陈寿只说了高与长安城一样，范晔却说了高度和厚度，都是七丈。据考古研究的结论，汉朝的长安城墙高12米，厚12—16米。汉朝一丈是231厘米，七丈就是16.17米。明显的范晔比陈寿夸张，至少有一个人数字造假。

2010年，陕西发现了古长安遗址到眉县的一条古道，2012年开始考古，据说发现了郿坞遗址，不过至今没有结论。古道大约260里长，不太完整，一段一段的，每段千八百米不同。至于疑似的郿坞古迹，长宽只有160米，占地面积才2.56万平方米，约38亩，也就3个标准足球场那么大，根本和长安皇宫没法比。郿坞到底有多大，最为关键，但是任何一本书，都没说面积，只说城墙，要是不仔细读，真容易被史书蒙蔽，还以为郿坞和长安城一样大呢！按史书的逻辑，哪怕你盖一个面积只有2平方米大的家，只要墙够高够厚，你就是腐败。这不是无稽之谈嘛！

假设董卓想在眉县建设一个和长安一样面积的家，他能办到吗？根本不可能。

第一，西汉在秦朝的基础上修建长安，先后历时90年。董卓从洛阳迁都长安，大臣们不同意的理由之一，是因为长安曾被赤眉军烧毁，再建长安消耗民力，时间也紧迫。建一个长安城都费劲，建两个，从烧砖到找木材，那可不是一年两年能完成的，而董卓总共执政的时间也就两年多一点，根本做不到。

第二，董卓面临的对手，除了袁绍的关东集团，还有黄巾余部，可以说是一直不消停，巨大的军费开支，洛阳往西三辅等地税源根本无法支撑，造成董卓被迫超发货币。货币超发后，实物价格比货币价格涨得还猛，所以想要盖两个长安，董卓没那么多民力，更没那么多钱。

第三，从逻辑上也不通。如果董卓能守住长安，长安就是他的家，再盖一个有何用？如果他连长安都守不住，再建十个郿坞也守不住。他想盖个牢固的家，无非是想在他失势后，有个可以安全养老的地方。可那地方和长安一样大，那不就是天子规模吗？哪个人做天子会同意？所以他要建，只可能是一个坚固些的小家。

第四，如果郿坞真的像长安那么坚固宏阔，应该比较难打。可董卓死后皇甫嵩带兵打董旻驻守的郿坞，史书没有任何难打的记录，直接灭了董卓一族。而李傕、郭汜打长安时，可是打了好几天也打不下来，要不是蜀兵偷开城门，还不知打到什么时候。由此可见郿坞肯定大。

不过，史书上确实也没有说郿坞的面积和周长，只说城墙的高度和厚度，所以郿坞没多大是常识，2.56万平方米，约38亩地，靠谱。

第五，看能否存30年粮食。假设郿坞里有少年、美女800人，再加上卫士、家人、仆人等，不下2000人，这么多人，吃30年的粮食，应该约5000万斤精米，存储面积需要多大？放到现在，直径10米的粮垛需要80个，再考虑通风、运输，面积至少1.5万平方米。在没有钢筋混凝土的汉代，两层以上的高楼很少，总共2.56万平方米的郿坞，光存粮就占了1.5万平方米。另外，2000人，平均每人住的地方占5平方米，又是1万平方米，哪里够用？再者，中国有句俗话，叫“陈芝麻烂谷子”，意思是指早已过时的事情，说明芝麻和谷子存不了多长时间。古代粮食存储没有现代的技术，什么药剂熏蒸、薄膜密闭、低温法、低氧法、辐照法等，那怎么防鼠、防虫、防潮、防止粮食陈化变质呢？现代的谷子存储期，标准也就 3 年。董卓时代，存 30 年粮食，难道要每一两年倒腾一次吗？即便董卓愿意，他能保证每年都有吗？如果保证每年都有，他存那么多年的干什么？所以，陈寿和范晔在这个问题上，都犯了主观主义的错误。

结论是，董卓盖了一个面积 2.56 万平方米、城墙高 12 米的小碉堡，存了够几百人吃两三年的粮食而已。这能算腐败吗？不能。那为什么如此夸张地贬低董卓呢？

董卓盖郿坞这个事，倒可以说明一点，即董卓没想篡汉自立。如果他真想，篡汉成功，长安就是他的家。不成，没必要要家。他所说“事成”的“事”，是扫灭袁绍的关东集团。如果不成，与关东联军僵持着，他怕内部有人报复，所以找个乌龟壳躲起来，像张奂一样，老老实实养老而已。这与董卓儿子很小有关。史书记载了董卓大哥的儿子董璜，却没记载他有成年的儿子，原因是他曾经有个儿子，公元 171 年出生，与司马懿的哥哥司马朗同岁，但不知什么原因早已死去。另外《后汉书》还记载，董卓的“子孙虽在髫龀（tiáo chèn，七八岁），男皆封侯，女为邑君”。董卓六十来岁，儿孙才七八岁，考虑到自己未必能活多久，为了孩子的未来和安全，所以才盖了郿坞，比较符合实际。

证据之二，是董卓被杀后，皇甫嵩从郿坞里搜出两三万斤黄金，八九万斤白银，约合 5.7 亿钱，证明董卓贪污。数量来自《后汉书》和《英雄记》。严谨的《三国志》并未采用这个数。一个被杀官员有多少合法和非法财产，是应该清点的，其中，多少是皇帝的赏赐（其实就是董卓自己赏赐给自己的），多少是收缴的租税，多少是薪酬，多少是他弟弟或别人的，按理应该分得清清楚楚。在墙倒众人推的情况下，历史用含糊的数据来指责人，不是科学的态度。这并不是说董卓清廉，清廉也得用数据说话。如果单纯从数量上说，不能证明董卓贪污，用一个例子就说明问题了。《史记·平准书》记载：“大将军将六将军仍再出击胡，得首虏万九千级。捕斩首虏之士受赐黄金二十余万斤。”“大将军、骠骑大将军出击胡，得首虏八九万级，赏赐五十万金。”就是说，卫青带兵出击匈奴两次，斩获首级十余万，两次获得汉武帝奖励共 70 万金。卫青及将士仅仅两次得到的奖励，就是董卓家存的几十倍，两三万金一定是董卓贪污的吗？不能是西北将士的财产临时放在郿坞的吗？况且，根据《汉书》记载，“按照惯例”，西汉皇帝娶妻，标准聘礼是黄金两万斤。公元23年，王莽娶杜陵史氏女为皇后，“聘金三万斤”。皇帝娶个媳妇要两三万金，董卓家里有两三万金，确实不能说夸张。至于那个时候的金子是不是现在的纯度0.999再说，也可能是铜。有专家考据说汉代一年产的金子也就400斤，100年才4万斤金，董卓横行了两年多（公元189—192年），就搜刮了两三万斤，不太靠谱。最多，他把汉灵帝和宦官攒的钱搬进自己家去了，可汉灵帝靠卖官和盘剥得到的钱，因为黄巾起义、西园军、五千宫女等的花销，也所剩不多。所以说董卓家有些钱，正常，说董卓有这么多钱，未必。

至于淫乱后宫，《三国志》有载——奸乱宫人公主，《后汉书》又夸张一下，“奸乱公主，妻略宫人”。至于是董卓亲自干的，还是纵兵所为，没说。因为史书没有说谁举报的，只管写不管证明，所以感觉上董卓想搞谁搞谁，谁敢举报谁死。连何太后和刘辩都被毒死，别人算什么！

我们假设历史记载为真，那么，作案人是董卓，作案时间应该是公元189年9月25日到公元190年3月，作案地点是洛阳。公元190年3月以后洛阳整体搬迁到了长安，进入长安以后这些事就说不清了，董卓死后李傕、郭汜等人抢掠宫人属于常态，总之刘协带去的宫女一个都没回来。

公主，不仅包括住在皇宫里的皇帝的姐妹和女儿，也包括出嫁以后住在洛阳的公主。宫人，包括皇宫和王宫里的宫女。如果皇宫以外的公主和宫人，遭到迫害，应该是董卓纵兵所为。那时候洛阳城里的好地段都是宦官、王爷、高官的府邸，是所谓的豪门，他们是全国老百姓羡慕和憎恨的目标。当时只有董卓敢抢，只是这个账即便算在董卓头上，也并非大错。

对皇宫里的人，如果也这么干，那就是造反了。可皇宫里有公主吗？

查相关史料，公元189年年纪不太大的公主有四位，汉桓帝的三个女儿和汉灵帝的一个女儿万年公主。汉桓帝的三个女儿，最小的至少35岁了，早就嫁了人，所以被董卓在皇宫里欺负的概率很小。至于万年公主，历史记载更少，生死日期不详，母亲是谁也未记载。东汉尊崇的公主都加“长”字，她不是长公主，可知她母亲地位不高。公元176年何皇后生了皇子刘辩（有说是公元173年出生）后，为确保唯一皇子的地位，何大美人自己有了儿子就开始和宦官联手防范所有后宫女人的肚子，所以万年公主出生在公元176年之前是大概率事件，年龄应该大于刘辩。董卓进京时她至少14（或者17）岁了。根据《礼记》规定，男女婚配的标准是男20岁、女15岁。汉代的婚姻制度规定，“女子年十五以上至三十不嫁，五算”。“五算”就是罚她缴纳五倍的赋税。皇帝的女儿自然不会被罚款，但是作为全国表率，大于14（17或者）岁的万年公主还未出嫁，又是小概率事件。以此判断，如果董卓在后宫欺负万年公主，可能性不大。不能说董卓绝对没有这个行为，只是说有这个事情的概率不大，反而扣屎盆子的可能性更大一些。

如果董卓要淫乱后宫，总不会带着几千兵马去吧！虽然宦官死绝了，但还有郎官值班，董卓也不敢孤身一人去后宫，何进就是这么死的。而要带领有限的人进皇宫淫乱，如何能不被3328名虎贲军、羽林军所阻止？袁术逃走后的虎贲中郎将是孔融，他是反董派，岂能坐视不管！从董卓进京到公元191年7月，负责皇宫安全的卫尉分别是杨彪、杨彪的堂哥杨奇、张温，张温既当过董卓的领导，又和董卓不对付，多次怒怼董卓，怎么可能顺遂董卓奸淫之意！

董卓之所以能毒死何太后，是何太后被废后不住在南北宫里，而是住在永安宫里，永安宫在北宫的东侧。而被废的刘辩，是不能住在皇宫里的，要毒死他是很容易的事情。

所以，要说将近六十岁的董卓淫乱后宫，又没人敢管，除非所有人被这个魔王吓破了胆。要知道，董卓虽然有凉州兵做后盾，可他毕竟刚来到洛阳不久，武力基础并不牢固，几个士兵就能轻松拿下他。他这个时候因小失大，实在不像一个有胸襟的人所为。

谁听到公主或宫女的哭诉，又在哪里记载的呢？

古人讲君辱臣死。董卓果真淫乱公主和宫人，哪个君受辱？不只是已死的汉灵帝，还包括汉献帝，那该死的臣子就不只是董卓了。感觉此事是外逃的袁绍、袁术造谣的可能性更大，因为只有他们不用担责任，还能起到中伤董卓的效果。否则，京城的官员即便明知，也没脸说出去。

不过，既然史书已经记载，不信又拿不出反例，所以只能当真。董卓这个老东西，可能真的干过与宫里女人苟且之事。可那又能怎么样呢？只能说董卓私德败坏，不敬皇室而已。

综上所述，董卓贪污腐败和淫乱后宫，这种事大家都愿意相信，用这种事来诋毁人也是屡试不爽，但如果抱着严谨科学的态度，还是应该本着用证据和数据说话的原则，全面真实反映董卓的违法乱纪行为。

# 第十五章　烧杀抢掠难辞其咎

董卓所犯罪恶中，最大的一票，是著名的火烧洛阳事件。董卓火烧洛阳到底是多大的错？

先看看洛阳到底烧到什么程度。《三国志》只说了一句“焚烧洛阳宫室”。严谨的陈寿把范围局限在皇宫。与陈寿同时代的华峤所著的《汉后书》里说：“烧洛阳城外百里，卓自将兵烧南北宫及宗庙、府库、民家，无辜而死者不可胜计。”更晚的《后汉书》记载：“尽徙洛阳人口数百万于长安，积尸盈路。悉烧宫庙官府居家，二百里内无复孑遗。”一个比一个夸张的记载，就是为了把董卓说得坏上加坏。东汉时河南尹人口总数最多时才 101 万左右，涉及 21 个县，包括洛阳、郑州、开封、荥阳、中牟等，洛阳城内外不可能有百万人口，最多也就三四十万人。所以《后汉书》夸张甚至虚假的数字太多，把史书当小说写，范晔的责任心差点意思。

火烧洛阳是从公元 190 年 5 月 1 日开始，那时候刘协他们已经搬家走了。当时烧到什么程度，没有其他记载。公元 191 年旧历 3—4 月，孙坚取得阳人聚之战的胜利后进入洛阳，他是讨董集团里进入搬迁后洛阳的第一人。按《江表传》的记载，孙坚看到的情况是“京城空虚，数百里无烟火”。4 月董卓离开洛阳去了长安，代表朝廷驻扎在洛阳附近的是朱俊。朱俊感到洛阳已经没有驻守的基础，就到 170 公里外的中牟县驻扎。

他们两个都是反董派，不会隐瞒洛阳的实际情况，所以洛阳残破是事实，周围百里无人烟。

能不能把洛阳附近百里范围内是无人区，归咎于是董卓纵火呢？客观分析，董卓肯定想带走洛阳周围所有人口，但是洛阳人也肯定不愿意搬家。废刘辩时一言不发、在迁都时坚决反对的杨彪、黄琬、周毖、伍琼等人的态度，就是证明。为了督促大家搬家，放火烧房子肯定是事实，董卓能干得出来。可是董卓的核心兵力，最多也就三四万人，加上归降的部队能凑十万人。为了对付关东兵团和黄巾军，要分头防守和出击。其中北路由牛辅防守袁绍、王匡，并对付白波军；中路由徐荣对付驻扎在酸枣县（今河南新乡延津县）的多路诸侯联军；南路由胡轸、吕布、华雄对付袁术和孙坚，战线长达上千里。如此一来，剩余的兵力也不多。原来在洛阳驻守的南北军、西园军、光禄勋卫尉执金吾所属部队，除了羽林郎，多数是长期居住在洛阳的子弟，同样不愿意搬家，他们怎么可能愿意帮助董卓烧毁自己的家园呢？董卓以区区西凉剩余的一两万人，要在上百里的范围内驱赶几十万人向一个方向搬迁，其难度相当大。虽然洛阳城外有 8 关，但城外面积太大，逃跑的人会非常多，根本无法追查。如果不跑，路上吃什么啊！携带粮食很可能被董卓的大兵抢走，即便到了长安，现种粮食哪来得及？还不是个死？谁是家族的族长，都会给家族里留下血脉和机会。洛阳周围山区面积占 45%，小皇帝一晚上就跑到了北邙山，要想逃跑不是没有地方。董卓想追杀也是心有余而力不足是无力。所以可以推定，公元 190 年洛阳附近的人口，逃亡的会非常多。

董卓公布迁都命令时，司马懿的父亲司马防的职务是御史，应该一起西迁。司马防担心战乱，让长子司马朗带着家人返回家乡温县。但是司马朗被告发，被抓去见董卓。董卓对司马朗说："你和我已去世的儿子同岁，为何要背叛？"司马朗先是吹捧了董卓，说他清除宦官，举荐贤士，是复兴社稷的大功臣。接着又说："随着兵灾战乱日渐严重，京城近郊的人民都抛弃房子田产，四处流亡躲窜。虽然您已在四方关口严控，又用重刑加以处罚，但不能阻止逃亡的风潮，这就是我为什么会想回故乡的原因。"董卓听完很满意，也说："我也有这种感悟，你说的很有道理。"

《三国志》中这段记载，无疑可以证明，洛阳城郊逃亡的百姓很多，董卓很难阻止。

洛阳大火以后，董卓驻扎在洛阳毕圭苑，吕布回来挖皇帝陵，大半年之后，洛阳附近就是孙坚与董卓吕布战斗的场所。试想，在十八路诸侯要打过来，洛阳外围马上成为战场的情况下，在董卓要求搬迁、他本人还未离开的情况下，在他离开以后无政府的状态下，当地人跑的跑、搬的搬，外地人不敢来，那个时候洛阳周围还能有农民吗？这才是孙坚和朱俊看到的“百里无人烟”的原因。

公元196年8月12日，刘协回到洛阳，首先住在赵忠的住宅里，说明赵忠的住宅还未完全烧毁。之后开始修缮皇宫，到9月18日杨安殿可以住人了。由此可以判断，烧是烧了，但并没那么严重，还是可以修复的。可是由于河南蝗灾和大旱严重，没有粮食，洛阳周围没有什么人，刘协的随从，尚书郎以下的官员都出去挖野菜，经常有人挖着挖着就饿死了。在各地郡守都拥兵自重，不管皇帝，朝廷难以维系的情况下，刘协万般无奈才投奔了主动巴结的曹操。

董卓烧了洛阳南北宫、宫庙、官府及部分百姓的房子，甚至烧了洛阳城里所有的房子，同时董卓的强制搬迁政策，以及战争，造成公元190年洛阳周围没有人烟，这才是历史事实。所以可以判断，董卓纵火的范围，基本限于洛阳城内，再大，不太可能。至于公元196年前因大旱、蝗灾等原因造成的逃荒，又是另一回事，不能算作董卓的罪恶。

迁都对不对是政治问题，火烧洛阳是强制加野蛮搬迁，野蛮搬迁造成百姓流离失所，那才是董卓真正的罪恶。在承认其罪恶的前提下，第一，核实其罪恶的程度，不能因为其有罪就放大其罪；第二，论证这种罪恶达到何种暴虐的程度。

历史上很少有自愿搬迁的，所以强制搬迁、纵火焚烧、坚壁清野的事情非常多见。西汉每届皇帝都搞强制搬迁，刘邦时代搬迁的对象是六国的大族，包括齐国的田氏，楚国的芈氏、熊氏等。汉武帝刘彻时，符合“三选”条件的就得搬，即二千石以上官员、资产300万钱以上富户、地方豪强。直到汉宣帝时才停止。刘秀建立东汉后，赤眉军的头领樊崇放火烧了长安，离开长安时缺钱，把西汉9个帝王的陵墓掘开，翻了个底朝天，每个士兵都富得沟满壕平，不想打仗了，一门心思回山东老家享福。曹操放弃汉中时也迁走了当地所有的人。曹丕建都洛阳，要求一次性搬迁10万户到洛阳，经过大臣劝阻搬了5万户。1938年文夕大火也是为了对付日本人而搞坚壁清野，自己烧的长沙，只不过搞早搞错了而已，动机还是好的。像董卓这样简单粗暴搞搬迁，并不少见。当然，站在破坏历史文化遗产的角度，董卓烧洛阳和项羽烧咸阳一样，更不应该。

接着，说说董卓的杀。

最暴虐的杀人事件，是第三章开头部分所述，董卓残忍杀掉百个降俘一事。杀人就杀人，可你董卓杀得那么残忍干什么？

其实，董卓这是杀给大臣们看的。别以为我要离开皇宫去郿坞，你们就出幺蛾子，如果敢闹事，看看不得好死的下场！董卓的残忍不过是一场杀鸡儆猴的表演秀，与他本人是不是残忍有关但未必一定相关。长平之战白起坑杀赵国几十万士兵，未必就是白起个性残忍，只不过是形势使然。不过从董卓死后被点了天灯看，残忍这东西似乎一浪更比一浪强。董卓之前，吕后把戚夫人斩去手脚，熏聋双耳，挖掉双目，又以哑药将她毒哑，并抛入茅厕之中，称为“人彘”。宋朝刚建立时，赵匡胤的小舅子王继勋，在自己家里陆续杀了 100 多个仆人。赵匡胤还有一个手下大将叫王彦升，他倒不杀人，但是生吃耳朵。董卓和他们比起来，董卓真不算什么魔王！

除了杀战俘降兵，董卓还上杀皇帝下害忠良。董卓前后都杀了谁呢？有记载的，包括刘辩、何皇后（及其母）、丁原、张温、袁隗、袁基、周毖、伍琼、何颙、赵谦、扰龙宗、颍川太守李旻及其好友张安、李延、皇甫规的马夫人等 16 人，有名号的基本就这么多。我们逐个介绍一下。

最先杀的是何太后。何太后本就该死。董卓杀她，是为杜绝何太后临朝摄政，纯粹是政治斗争的结果。这种事在历史上太多了，不能用对错判断，也与暴虐无关。

公元 189 年 9 月，袁绍出逃，次年公历 3 月打出了讨董卓的大旗，袁绍是盟主。他一打旗不要紧，三类人必死。第一类，就是他们要救援的目标，废帝刘辩。刘辩已经被废，还在董卓手里。你们十八路不是要救刘辩出去吗，我直接杀了刘辩，看你们还嚷什么！所以只要袁绍起兵救刘辩，刘辩必死。刘辩死于公元 190 年 3 月。刘辩死于董卓之手，却缘自袁绍起兵。当然这不是袁绍的错，好比绑匪撕票，不是警察的错。这也不是董卓的错，两个集团打架，哪里还会有好手？肯定怎么有利怎么来，也与暴虐无关。第二类，就是袁氏家族住在长安的人，也就是袁隗、袁基一家。董卓如果不杀袁隗，怕大家效法袁绍，也怕袁隗内应袁绍、袁术，所以袁隗一家必死。不过董卓杀袁隗确实欠考虑，毕竟袁隗做过他的主人，在自己落难时曾收留过自己，况且那么大年纪了。袁隗门生故吏很多，袁隗之死，使士大夫集团真正开始痛恨董卓，加速了全国反董卓的步伐。第三类，就是向董卓推荐官员，且那些被推荐的官员加入十八路诸侯的人，即袁绍留在董卓身边的周毖、伍琼、何颙。周毖的叔叔周慎和董卓是老乡兼同事，董卓刚来时熟人不多，重用了周毖。可周毖是铁杆袁绍派，反对董卓干政，于是净出对袁绍有利的主意，尤其是推荐了一些与袁绍关系密切的人出任刺史和太守。这些刺史、太守举旗反对董卓，董卓反应过来，正赶上周毖、伍琼来劝阻董卓迁都，董卓怒斥周毖说："你们都说应当选拔任用品行高尚之士，我董卓听从你们的建议，不愿违背天下人心。而你们所推荐的这些人，上任之日，就掉头来攻击我。我董卓为何要重用你们这样的忘恩负义之徒！"喝令将周毖、伍琼推出，在城外斩首。至于伍琼，历史上没弄清他和一个叫伍孚的越骑校尉是不是一个人，两人除了名不一样，籍贯、名字都一样。有一种说法伍孚是因为直接刺杀董卓未遂，而被杀的，这个说法不太可信。何颙下狱，死于狱中。荀攸和许靖逃走。

站在客观角度，以上三拨6个人的死，表明董卓已经不想和袁绍和解，彻底与士大夫集团撕破脸。但要说董卓一定是错的，只能说立场不同而已，在董卓看来，他们都是叛乱分子。

至于十八路诸侯其他的在京家属，董卓倒没有简单杀了。十八路诸侯之一的西河太守崔钧的父亲崔烈，入狱！董卓死后出狱。

再说李旻。李旻是十八路诸侯之一，曾与孙坚一同与董卓手下大将徐荣战场厮杀，战败后李旻、张安、从事李延被俘，被俘后被董卓烹杀，留下了"不求同生、但求同烹"的慷慨之语。战败被杀实属无奈，也怪不着董卓。

张温在平定西羌韩遂之乱时，曾经做过董卓的直接领导，因为军事安排问题被董卓鄙视和轻慢，张温却惜其才，不但没有杀董卓，反而上报了董卓的功劳。按理事后董卓应该感激张温并与张温交厚，可惜没有，原因不详。董卓迁都长安后，张温担任卫尉，这个负责巡逻保卫皇宫的官和董卓发生了矛盾，"素不善卓"，平时就总是冷嘲热讽董卓。"卓心怨之"，后来张温参与了谋杀董卓的团伙，也不知道董卓是发现了还是歪打正着，总之以张温和袁术勾结为由把张温杀了。董卓和张温之间的矛盾，是政治斗争中的敌我矛盾，张温之死，正常，可以被袁绍集团追认为烈士，也可以被董卓集团认为是叛徒。

这里有一个立场问题。站在公正的角度，难道董卓不该被讨伐吗？问题是，谁也没站在人民或汉朝的角度。简单站在士大夫集团的角度，肯定不合适。

董卓进洛阳不久，为了立威，逮住一个典型给杀了。怎么回事呢？有一个侍御史，叫扰龙宗，向董卓汇报工作，因为身上的宝剑没有解下来，就被董卓杀了。这个故事也是来证明董卓残暴的。因为无法查到相关规定，不知道御史见相国是不是应该解下佩剑，不解是不是该死！史书上说扰龙宗忘了解下佩剑，看来是应该解下来。可如果没解，董卓的卫士怎么能让他进去呢？卫士不应该也忘了。董卓一边努力稳定朝局，交好士大夫，一边因为佩剑这件小事杀侍御史，不符合董卓的利益，且没人劝阻，感觉不太符合情理。这个故事记载于《英雄记》，据其介绍扰龙宗是董卓带过来的凉州人。《英雄记》里边的内容尚需考据，不太可信。即便真杀了扰龙宗，也可能事出有因。

在长安时，据说董卓非常喜欢养狗，并经常放狗咬人，司隶校尉赵谦把狗杀了。董卓大怒曰："我爱狗，别人呵斥它都不可以，况且你还把狗杀了！"于是把赵谦给杀了。这个故事出自《献帝纪》，明显是假的。第一，正史里根本没有董卓养狗和赵谦杀狗的记录。第二，据记载：车师国派到汉朝来的侍子，很得董卓喜爱，但是车师侍子经常犯法，就被赵谦杀了。董卓大怒，杀了经办官员了事，"而素敬惮谦，故不加罪"。赵谦杀了侍子也没什么事。董卓和王允死后，赵谦接替王允做了司徒。赵谦的叔叔赵典、弟弟赵温，都做过三公，这些都是在《后汉书》中有明确记载的。那狗的故事是谁编的呢？唉，不追究了，想想养兔子的梁冀，就知道这些不过是用来埋汰人罢了！

《后汉书·列女传》和唐代书法评价的作品《书断》里，都介绍了一个故事："凉州三明"之一的皇甫规，他的第二任妻子，据说是扶风马氏，草书写得很好，人长得也漂亮。皇甫规死时，她还很年轻。董卓当了相国，就想强娶马氏，聘礼送去好多，"马匹二十，奴婢钱帛充路"。马氏不从，一个人跑到洛阳，在董府门前跪下求见董卓，并晓之以理动之以情，当面表达拒绝。董卓威胁她说：我什么人拿不下，你一个女流之辈想在我面前耍花腔，是嫌我的刀不够锋利吗？她见说不通，就大骂董卓是羌胡野种，被董卓手下鞭打而死。这又是董卓罄竹难书的一大血案。虽说两本书里都记载了，并非孤证，但是仍然不太可信。第一，《后汉书》说马氏擅长草书，《书断》里说她擅长隶书。草书的书圣是张芝，亚圣是张昶，这两人的父亲是张奂，而张奂和皇甫规都是“凉州三明”之一，并且关系非常亲密，皇甫规还推荐过张奂接替自己。以此分析，马夫人擅长草书可能性大一些。由此说明《书断》里记载的有些错漏。连马氏会写什么字体都能写错的书，能信吗？第二，扶风马氏，可不是一般的人家，出过伏波将军马援、汉明帝的老婆马皇后、东汉著名经学家马融、太尉马日磾，以及马腾和马超等名人，是东汉六大外戚家族之一，绝对的豪族。同在西北，董卓的部下姓马的绝不在少数，董卓要与扶风马家为敌吗？可能性很小，甚至于不敢。第三，皇甫规老家在今天的宁夏固原附近，按《后汉书》里说，度辽将军皇甫规退休后回了老家固原县，那么他死后马夫人也应该在固原。固原离长安 800 多里，马夫人一个弱女子，如何在野兽横行的大西北跑 800 多里，去见董卓？奇迹。《后汉书》记载，冀州望都县、蒲阴县，并州晋阳县，出现过狼群吃 97 人和围攻城门的事件，西北又是西北狼的故乡，野狼之多现在人不敢想象，正常的男人都不敢孤身出门，马氏这样的女子敢孤身出远门吗？或许她是带着人进长安，之后一个人去见董卓吧！董卓要强抢自己，她自己送上门去理论，董卓是什么人她不知道吗？或许她认为董卓是讲道理的人。是不是有些不可思议？如果董卓很坏，正常人的思维应该是直接逃走。第四，皇甫规死时是公元 174 年，时年 70 岁，他的小老婆至少应该 20 岁，否则不可能写字写得那么好。董卓向其发聘礼是公元 190 年，那时马夫人至少也应该 36 岁了。东汉人口平均年龄 22 岁，将近 60 岁的老董要逼一个姿色过的中年妇女和自己结婚，只因为对方是皇甫规尚有姿色的小老婆，还会写毛笔字，想想实在不可思议。第五，皇甫家族在西北名声很大，威望比董卓要高，董卓这么欺负人家遗孀，不怕西北军队有不同声音吗？况且皇甫嵩还活着，皇甫嵩的儿子跟董卓还是好朋友，董卓这么干摆明了要与皇甫家过不去，有必要吗？董卓连皇甫嵩这样的对手都没杀，却杀一个小女子，不可理喻。第六，如果你是暴虐的董卓，犯得着娶马夫人那么麻烦吗？还送聘礼。如果董卓暴虐，不是显得多余吗？按理应该是直接抓来侮辱了了事！不合常理的事情，多半是杜撰来埋汰董卓的。

另外，董卓还杀了丁原，以及何皇后的老妈，这些都是政治杀害，谈不上无辜，也无对错可言。

综上所述，史书上罄竹难书的董卓，一共杀了历史上有名号的人物 16 名，其中战争杀害 3 人，政治杀害 10 人，马夫人和扰宗龙 2 人存疑，赵谦纯粹是假的。也就是说，在董卓手里，枉死的人，几乎一个也没有。略微比较可惜的只有张温，因史料缺乏，无法深入分析。对比曹操，杀了边让、崔琰、孔融、杨修、荀彧、许攸、吕伯奢一家、华佗等，哪一个暴虐？比比看就知道了！相反，那些与董卓有矛盾而未被杀的人，放在曹操手里，估计早都杀了。可历史没说过曹操暴虐。

再说说董卓的抢。他纵兵把聚会的乡民无缘无故杀害，并把男子的脑袋挂在车上，女的带回去糟蹋。抢掠老百姓实在不应该，如果属实，这绝对是董卓的错。

抢掠洛阳贵室又是另一回事。那时候，洛阳城里除了皇宫，最高的建筑就是张让、赵忠等宦官的住宅。为了不让皇帝看见，宦官们还想方设法不让灵帝登高远望。《后汉书》讲，洛阳城中贵戚的府邸相望，金帛财产，家家殷实。其实所谓的贵室，主要是宦官及豪族的家。宦官被诛灭以后，其家产成为无主财产，董卓纵兵抢掠且不用负责任，又如何能不抢？这些贪赃枉法巧取豪夺而来的财产，都是民脂民膏，董卓不抢，别人也会抢。史书并未记载董卓抢掠士大夫集团成员和皇室，那时候他还处于交好士大夫阶段，即便发生也是小概率事件。

说说，董卓的掠夺。代表行为是坏五铢钱而铸小钱，用通货膨胀的手段对人民进行掠夺。

用货币来掠夺百姓财富，在很多缺钱的朝代都是重要手段。秦始皇统一全国后，通行的货币是“秦半两钱”，重量是 12 铢，可吕后和汉武帝搞的半两钱只有 8 铢甚至 4 铢重。这样用同样多的铜，政府就可以造更多的钱，也就可以买百姓更多的粮食物资。中国历史上用得最久的是五铢钱，重量 3. 5—4 克，从汉武帝中期（公元前 118 年）开始，历时长达 500 多年，是重量与经济发展匹配的长寿钱。这个长寿钱，可以看作货币的标准。董卓和其之前的王莽、之后的刘备与孙权，都废过五铢钱，另行制造货币。王莽用大泉五十，相当于2.5枚五铢钱，当50个五铢钱用，1∶20；刘备发行直百五铢，即相当于1.6枚五铢钱，当100个五铢钱用，1∶60；孙权比他还无耻，发行大泉五百，即相当于2枚五铢钱重量的1枚大泉五百，兑换500枚五铢钱，1∶250，后来不解恨，公元228年又发行大泉一千、五千。大泉一千的重量相当于五铢钱的3.2枚，可以换1000枚五铢钱，1∶310。董卓呢，用0.5—1克的小钱，当3.5—4克的五铢钱，满打满算1∶8，且他仅仅干了不到两年，范围也仅限长安附近那块地儿。刘秀时代的五铢钱，平均3克，汉桓帝时期的五铢钱，平均4克。刘备、孙权这些人怎么搞，也不能说明董卓就不坏。董卓铸的钱，重量是刘秀的四分之一，却想当刘秀时期一个来用，你说董卓坏不坏？这个事情得好好证明一下。

关于董卓铸币，最谨慎的《三国志》记载：悉椎破铜人、钟虡（jù），以及坏五铢钱，更铸为小钱，大五分，无文章，肉好无轮廓，不磨鑢。于是货轻而物贵，谷一斛至数十万。自是后钱货不行。大忽悠《后汉书》记载：又坏五铢钱，更铸小钱，悉取洛阳及长安铜人、钟虡、飞廉铜马之属，以充铸焉。故货贱物贵，谷石数万。又钱无轮廓文章，不便人用。

这两段文字是一个意思，为了准确完整一并列示。董卓铸的小钱，直径1.5厘米，上边没字（五铢钱上有“五铢”两个字），形状不统一，外延也不磨，使用起来不方便。圆形方孔钱，里边的空心边叫“好”，外边看得见的部分叫“肉”。关于这段话，得仔细说一说。

第一个问题，铜人是什么东西？《史记》上说，秦始皇收了六国兵器，造了十二个坐着的铜人，这就是历史上著名的“十二铜人”。西汉把这十二个铜人从咸阳搬到了长安。董卓破坏的是不是这十二个铜人，没有明确证据，但是以董卓实用主义的风格，留着的可能性不大，不如把摆设变成钱。

董卓用这些铜人能制成多少钱呢？铜人是中空的，古人没法称量，重量也只能是靠当时人估计。参考记载和铜的比重，大的铜人约8.7吨，小的3吨，按平均6吨计算。12个铜人，熔化后一点也不损失，0.75克一枚铜钱，能造9.6亿钱。再加上钟虡、铜廉、铜马之类的，董卓铸钱，至少10亿钱以上。东汉中期一年的财政收入大约88亿钱。

第二个问题，小钱怎么流通？董卓在长安铸钱，为的是修建长安、郿坞和作战，那就需要买人工劳务、粮食、建筑材料、兵器、战马等。如果他要抢，铸钱无用，可要买，那问题就来了。百姓都习惯于3—4 克重的五铢钱，你拿平均0. 75 克的小钱，同等价格谁卖货给你？那董卓拿四枚当一枚使不就可以了吗？可四枚换一枚人家也不干，因为携带不方便，肉和好都不规则，外边也不磨。于是只能拿更多的小钱来换粮食，如此，物价飞涨。原来一石粮食100 钱，现在1 万钱甚至10 万钱。一匹2 万钱的西北战马，甚至卖到200 万钱。物价的上涨幅度，远大于货币实际价值上涨幅度。

第三个问题，物价飞涨的原因和后果。物价飞涨的原因有三个。一是货币超发。现代经济学对货币需求量有个大体测算指标，一般与GDP、价格、货币流通速度等因素有关，在其他因素变化不大的情况下，董卓超发货币造成物价飞涨是必然。即便发行的是货真价实的五铢钱也是如此。这就相当于市场上只有1 亿钱的货，但是大家手里却有十亿的钱，货品涨价是必然。二是货币自身的贬值，即原来3 克变成现在0. 75 克，也叫1 钱，以前1 钱可以买3 两盐，现在1 钱只能买一两，必然贬值。三是五铢变小钱之后，百姓对政府的信心丧失，政府信用下降。董卓一拿出小钱，大家就知道政府没钱了，在玩把戏。西汉时，汉文帝不禁止任何人制造货币，就是谁都可以造钱，只要市场认可，你能花得出去。当时造币造得最好的是“七国之乱”的带头大哥吴王刘濞，他依靠造币和盐业发财后，才敢和汉景帝叫板。汉武帝以后，政府禁止私造货币，但是屡禁不止，很多地方的人都有造币经验，这一点与现代人不太一样。董卓发行小钱，就证明政府实力和信用不足，那谁还敢用小钱，万一哪天你废了小钱，还不都砸手里。即便用，也是物价飞涨。物价飞涨，百姓仍不愿意或不敢用小钱，结果就是以货易货，如此更没人用小钱了。这就是《三国志》上所述的钱贱而物贵，钱流通不起来。农耕社会只要不交税，谁用钱都不多。所以董卓以掠夺百姓为目的铸钱，其效果甚微。

第四个问题，董卓图什么？董卓第一个能获得的好处，就是半强买强卖。比如对修长安的土建人员，发小钱，你爱要不要，不要也不给别的钱。再如，给官员发工资，用小钱当五铢钱使。第二个好处是，能用小钱换来一些物资和五铢钱。比如农民要买盐，当然愿意使用小钱，这样就必须换出粮食，或者直接换出五铢钱。第三个，希望对袁绍的关东集团占领区进行经济掠夺。可惜，因为交通断绝，花不出去。

综上，董卓发行小钱，是一着招臭棋，不但掠夺不到多少财产，而且造成更大的损失。他本意不善，但结果只是小害而已，百姓可能因此卖更高的粮价肉价。曹丕到了洛阳后，废了小钱，回归五铢钱。

结论：董卓烧杀抢掠中的错误，有三个：第一，野蛮搬迁造成洛阳百姓死亡和流离失所；第二，纵兵抢掠宫女；第三，有一次抢劫残杀百姓的记录。其他的事情，没那么真实，后果也不那么严重。

# 第十六章　残害忠良够不够狠

我们来看看与董卓有交集的人，与董卓交往的过程和结果。涉及皇甫嵩、盖勋、杨彪、黄琬、卢植、朱俊、王允、蔡邕、赵戬、孔融十人，看看那么残暴的董卓，为什么不杀了他们。

第一个说皇甫嵩。历史上没有记载皇甫嵩的出生时间，所以不知他年龄，感觉要比董卓大一些，反正每次战役只要在一块儿，都是皇甫嵩指挥董卓。在救援陈仓的战役中，左将军皇甫嵩与前将军董卓发生了分歧，皇甫嵩老给董卓上军事课，据说搞得董卓很不爽。客观地讲，皇甫嵩是董卓独裁路上最大的障碍，或者说，皇甫嵩要是搞独裁，还轮不到董卓。汉灵帝两次下诏给董卓，要调他离开凉州并将兵权交给皇甫嵩，董卓都没有彻底执行。皇甫嵩的侄子皇甫郦就劝皇甫嵩诛杀董卓，皇甫嵩也同意，只不过希望奉诏行事。可是还没得到皇帝书面回复时，汉灵帝就死了。死了归死了，皇甫嵩请示皇帝要诛杀董卓的事情，董卓进京后肯定知道了，由此忌恨皇甫嵩是必然，这就已经是敌我矛盾。董卓以皇帝名义要求皇甫嵩和盖勋进京，摆明了就是要夺皇甫嵩和盖勋的兵权，甚至有生命危险，可皇甫嵩因为顾虑太多还是进京了。两人到了洛阳，成了董卓菜板上的肉，私仇公怨，董卓都放不过皇甫嵩，皇甫嵩也下了狱。但是在董卓的好朋友、皇甫嵩的儿子皇甫坚寿的哭诉哀求下，正在大宴宾朋的董卓放了皇甫嵩，还任命其为议郎。后世对皇甫嵩的评价不高，就是因为其既无志气起兵反董，又在董卓面前摇尾乞怜，实在丢人。有一次董卓回长安，在一大群匍匐在他面前迎接的士大夫中间看见了皇甫嵩，就问“皇甫嵩，你服气了吗？你怕我吗？”之类的话。皇甫嵩说：“没想到您能进步到今日程度!”董卓说：“燕雀安知鸿鹄之志哉!”皇甫嵩说：“当初我们都是燕雀，谁能想到您今天做了凤凰了呢？如果您做好事，我没什么可害怕您的，如果您不做好事，天下害怕您的岂止我一人。”董卓听后哈哈大笑，彻底放过了皇甫嵩。董卓和皇甫嵩，既有个人恩怨，也有政治立场敌对，但是能放过皇甫嵩，说明董卓没那么小心眼，更没那么睚眦必报。

第二个说盖勋。盖勋是个敢作敢为的人，在西北有很好的口碑。好到什么程度？他打韩遂的时候，被羌人抓住，人家放他走他不干，没办法韩遂的部下只好把他放在马上，连哀求带给钱，才把他送回去。他的口碑从哪里来的呢？第一，为官清正廉洁；第二，乐善好施，经常救济灾民；第三，做人做官都有一套，关键是敢说真话。他曾当面顶过汉灵帝，汉灵帝却因此很欣赏他。董卓废帝的时候，他给董卓写了一封信，信里说：“以前伊尹、霍光这么干，大家都寒心，足下小丑，这样干能得好死吗？盼着你死的人在你门口，给你吊丧的人在你家里，你可要小心啊！”这封信明显是人身攻击，董卓不可能不恼怒。盖勋进京后，董卓封盖勋为议郎，是个闲差，也没把盖勋怎么样。盖勋没事就爱闲溜达，有一天就溜达到办公室去了，看见河南尹朱俊正给董卓汇报工作。就听董卓训斥朱俊说：“我百战百胜，且我已经下了决心，你别再说了，再说信不信我砍死你，还弄脏了我的刀。”盖勋一听这话气不打一处来，当面就说：“历史上像武丁那样的明白人，还希望得到告诫，况且是你这样的人，你要堵住大家的嘴吗？”董卓说：“开玩笑罢了。”盖勋又顶上一句：“没听说过气话是用来开玩笑的。”董卓只好尴尬地向朱俊道歉。历史上没有董卓报复盖勋的记载，要是真报复了，肯定大书特书。不过很快盖勋就因后背发毒疮而病死，终年 51 岁。他比董卓小 8 岁左右，那么不给董卓面子，按理董卓应该憎恨他，可面子上却对他礼敬有加，并未加害。一方面说明盖勋不畏强权；另一方面也说明董卓也不是顺我者昌逆我者亡、暴虐至极的人。

第三个、第四个说杨彪、黄琬。董卓控制洛阳的时候，为博取士大夫支持，提拔任用三个大名士，杨彪为司徒、黄琬为太尉、荀爽为司空。这三人都出自名门望族。荀爽作为荀氏八龙里最厉害的一位，以前没做过官，不是没机会，多次得到征辟但他自己看不上。董卓邀请他不敢不来，95 天时间从一介布衣提升到三公。在迁都会议上，杨彪和黄琬都明确表态反对，理由两条：第一条，天下安稳，无故轻动，扰乱百姓；第二条，长安破败，不具备当皇宫的条件。会议上以杨彪反对最为坚决。

董卓想迁都，是认为天下并不安稳，袁绍与白波军联手，他就完了。至于重修长安，不就是盖房子嘛，董卓把杜陵山下的砖窑、陇右的木材，都调研得清清楚楚。所以反驳完以后，董卓说了那句话："公欲阻我计耶?"就是说你要阻拦我的大计吗？背后的意思是你们是要故意与我为敌、不服我吗？接下来董卓又说，"如果韩遂他们打过来，我要对付袁绍，不能去救长安，那时候就是你和袁隗他们去对付韩遂了。"这句话的潜台词是说，如果不迁都，就凭你和袁隗去对抗韩遂，送死去吧。没想到杨彪也没含糊，说："对付西羌就是我杨彪的命，有啥了不起的嘛！只是不知道天下会怎么样！"潜台词就是别以为除了你地球就不转了，别来不来拿韩遂西羌吓唬人！送死又如何？打死不迁都。

黄琬见董卓两眼瞪圆了，就打圆场说："迁都是件大事情，杨公的话，希望您考虑考虑。"

荀爽怕董卓一怒之下杀了杨彪，接着说："相国岂能乐意迁都。只是因山东兵起，不是一两日可以平息的，所以才据关自固，以便今后平息叛乱，这也是秦汉开国的形势。"董卓见荀爽支持自己，消了一些气，会议结束。

散会以后，黄琬回家给董卓写了一封信，核心思想还是劝他别迁都。黄琬知道这样做会引起董卓的震怒，所以下了必死的决心。

杨彪顽固地坚持自己的意见反对董卓，黄琬顾及董卓颜面、背后宁死不同意迁都，反对董卓的意见，结果仅仅是两人被董卓免了职。荀爽没什么变动。

周毖、伍琼也劝董卓别迁都。董卓看见他俩气就不打一处来，要不是你俩推荐，哪里来的十八路诸侯讨伐我？董卓索性杀了周毖、伍琼。杨彪、黄琬见董卓真杀了人，害怕了，到董卓家里去道歉，说："我们不是要阻止您的大计，只不过是不愿离开家，不识大体呀。"董卓见他们服软了，又任命他俩为光禄大夫。

这个事例说明：第一，不是反抗董卓就会被董卓杀掉，他没那么残暴。第二，董卓确实整人，一言不合就免官，一言好了就升官，要的就是个服从。

第五个说卢植。卢植得罪董卓的地方有两个，第一个劝阻何进招董卓进京；第二个，皇帝废立之时直接在会场反对董卓。不过最后董卓也没把卢植怎么样。同样的事情发生在梁冀身上。梁冀想立小孩子刘志为帝，开朝会时，太尉李固和大鸿胪杜乔反对，希望立年纪大一些且“严肃明断”的刘蒜为帝，梁冀当场发飙，怒气冲冲地说“罢会”后，和董卓一样起身就走了。刘志最后还是被立为皇帝，遂了梁冀的心愿，但是无论多少人为李固和杜乔求情，最后还是被梁冀害死在狱中。看看，董卓比梁冀还好一些吧！

第六个说朱俊。朱俊得罪董卓的地方：第一，屡次上书反对迁都；第二，董卓想拉拢朱俊，任命朱俊做太仆，但是朱俊拒绝，不给面子；第三，朱俊驻守洛阳期间与袁绍等山东人马呼应。这些事董卓都没有报复朱俊，最后朱俊自己打出讨董旗号。董卓死后，朱俊受诏入朝，最后被李傕、郭汜气死。

第七个说王允。董卓对王允非常信任，董卓留在洛阳期间，长安的大事小情都委托给王允，对王允以诚相待，不生猜疑。因为有董卓的支持，王允造就了长安短期的和平环境。董卓重用王允，是因为王允和他有什么私交吗？还真没有。王允这个人，正直的案例很多，19岁敢杀贪赃枉法的宦官；敢当面揭露上司钱权交易；敢直面揭露大宦官张让与黄巾军暗中勾结，绝对是一个耿直硬汉。在董卓大权在握时，他一面曲意逢迎，一面正事正办，如此得到了董卓的信任。王允对董卓呢？拉拢执金吾士孙瑞、尚书杨瓒背后里设计杀之。拉拢吕布后以行刺手段，轻松灭了董卓。董卓对吕布，虽说有些粗鲁，比如生气时把短戟掷过去扎吕布，但是总体上对吕布还很不错。所以有时候觉得董卓其实挺粗放简单，相信一个出卖自己原来领导的吕布，还相信一个背后设计陷害自己的王允。

第八个说蔡邕。蔡邕是被董卓强行招进来的，但是对蔡邕充分信任且放手任用，蔡邕也有知遇之恩的感觉。证据一：董卓要称尚父，蔡邕一劝，不做了。证据二：地震了，蔡邕说这是董卓超标准使用车辆的缘故，因此，董卓降低了用车标准。证据三：听到董卓被杀的消息时，蔡邕正在同王允聊天，“不意言之而叹，有动于色”，不经意长叹一声，脸上有同情的表情。这说明蔡邕对董卓的知遇之恩是有些感激，对董卓的死也有同情。他因此送了性命，被王允杀了。如果董卓真的是蛮横不讲理的人，蔡邕会这样对待他吗？肯定不会。

第九个说赵戬。赵戬在汉献帝初年，是尚书，负责选拔官吏的事。董卓几次想提拔拉拢他，并指使赵戬干一些不好的事，比如，给没什么能力的亲友子女安排工作、升职等，赵戬都拒绝，而且拒绝得比较强硬严厉。董卓很生气，扬言要杀他。可赵戬毫无惧色，该干啥干啥，跟没事人一样。董卓很快后悔了，也没把赵戬怎么样。后来曹操在荆州见到赵戬，说，“相见恨晚”。

第十个说孔融。孔融接替袁术做虎贲中郎将时，正是董卓废立皇帝之时。作为全国著名的大学问家，孔融自然经常被董卓咨询，孔融也经常借答题机会发表自己的观点，希望影响规劝董卓。因为有些事违背了董卓的意思，孔融被调任闲差议郎。是时黄巾军掠夺几个州，而北海国受冲击最厉害，董卓就暗示光禄勋宣璠推荐孔融做北海国相。这个小例子，可以说明董卓是经常整人，但确实整人也不是为所欲为，既需暗示，又要换地，哪有那么残暴?

以上一切皆来源于正史。

如果董卓不想好好过日子，不可能对他们客气，早把他们全杀了。如果董卓穷凶极恶、凶狠残暴，一言不合就翻脸，那这些人一个也活不下来。从对待这十个人的态度上，没有体现出董卓的坏，倒是感觉董卓挺能忍，为了和谐而压抑出来的宽容、无奈，以及只要你说出道理或服软，就放你一马的粗犷和任性。这些人都属于士大夫集团，恨不得扩大董卓所有的问题，但也就到这个地步了。董卓确实还没坏到一拍脑袋脚底出脓的程度。在董卓时代活下来的孔融，在曹操手里却活不下来，谁更暴虐呢?

要说董卓的罪恶，真正能拿到台面上论一论的，主要还是火烧洛阳，这不仅对他自己没好处，对所有人都没好处，且用军事手段去达到政治目的，没消灭对手反而侵犯了所有人的利益，造成百姓逃亡，确实该杀。

# 第十七章　为什么都憎恶董卓

董卓，作为一名普通县尉的儿子，成长在东汉日趋衰落的时代。一起于买官羽林郎，一落于受老领导张奂牵连；二起于买官并州刺史，二落于剿灭黄巾军无功；三起于镇压西羌动乱，巅峰于迁都长安、官至太师，三落于王允、吕布谋杀，身首异处。从天生神力的得天独厚，到杀牛待客的特立独行、从受赏分文不取的独到之处，到县令、都尉校尉的独当一面、从西北战场的独步当时，到看到汉室衰微的众醉独醒、从进入长安后的乾纲独断，到万人憎恨的独夫民贼，一路奔波的董卓，没有家族背景和知识学历，一个人靠一刀一枪、一战一役，使钱用酒，通过打拼得到认可和提拔，一借势于皇帝卖官，二借势于西北羌患，三借势于黄巾起义，四借势于豪族召唤，五借势于皇帝出逃，六借势于士大夫的支持，完成了从农民到太师、从地方到中央的转换。一生三起三落，因德不配位，最后归于灭亡。

董卓以军人入主朝廷，豪族士大夫集团最初是容忍和接受的。董卓刚入京城后，也是隐忍的，他拨乱反正，选贤任能，废立皇帝，约束亲朋，短时间内以雷霆手段，稳定了朝局。

士大夫集团曾经被皇帝、宦官压制了几十年，从内心里来说，是极度渴望出现一个明君的。因为刘协尚小，董卓最初的雷厉风行、采纳意见，深得士心，确实让士大夫们眼前一亮，看到了恢复正轨的希望。如果说大家憎恶董卓是因为他动了士大夫集团的奶酪，那时候未必如此，只能说董卓动了袁绍的奶酪。在士大夫们看来，只要是干正事，谁当权臣都能接受。

可惜，大兵出身、靠花钱上位、以砍杀立功的董卓，不懂人心向背、以德配位的道理，站稳脚跟以后，渐生骄傲之心，开始以军事思维，强硬推行不合人心的政策，造成最初结下的士气民心，迅速离散。他剑履上殿、强行搬迁、火烧洛阳、杀人立威，不停给自己提高待遇、为家族牟取私利，为自己埋下了祸患，在一意孤行的道路上越走越远。

还是那句话，所有的罪恶最初都是以美好的面目出现，外戚如此，宦官如此，董卓亦如此。

董卓的问题，在于德不配位。注意，此处的德不是品德、道德、积德的意思，而是对客观规律的认识，包括与周边人文环境的适应程度、心胸格局，是个综合的东西，这个综合的东西概括说叫格局或境界。为国为民是大格局，自私自利是下境界。再直白一些，心中有多少别人，自己和别人占的比例各是多少，就证明境界有多大。但这个境界不是越大越好，而是要匹配合适。

有人经常断章取义，认为所有栽下来的人，都是品德或境界出了问题。原命题正确，逆命题和否命题不一定正确。栽下来的人，不一定是品德或境界出了问题，还可能因为品德境界太高，或者另有原因不想干，大环境变化造成不合适等因素。俗话说一朝天子一朝臣，汉武帝上台，原来文景时期官员的品德和境界未必有什么变化，但是大环境变了，由道家无为而治变成了内法外儒，所以很多官员就得下台。

董卓问题的原命题是：因为德不配位，所以董卓必败。

董卓刚进京后的选贤任能举措，是有境界的。有人说那是收买人心。没错，董卓就是收买人心，很可能是装出来的境界，但是，第一，他还愿意装，如果一个人的缺点能伪装一辈子，就不是缺点了；第二，他还用“买”的手段，而不是硬抢，后来他连买都不愿意了；第三，他还知道人心是什么，知道士大夫们要什么，并且顺从这种人心，这就是境界；第四，他买，别人也愿意卖，说明是公平的，这也是他最初能迅速稳定局面的原因。

董卓的境界下降，或者说境界恢复，从迁都开始。

董卓如果心怀天下，面对袁绍的起兵叛乱，根本无须迁都，什么也不干都未必输。郑泰的十条不发兵建议，虽说是忽悠董卓的，但也不乏道理，面对各怀腹事、乌合之众的一群造反官员，如果董卓施行善政，哪个老百姓愿意为袁绍的失落而押上身家性命？袁家的门生故吏都不愿意。

董卓之所以迁都，是想进退都安全，最不济也可以在自己老巢附近，偏安一隅，带着从宦官那里抢来的财产，过自己的幸福日子。没有梦想，没有理想，没有百姓，更不管士大夫，心里只有自己那一小撮士兵，哪里还有境界？

迁都不是一件简单的事，几十万人背井离乡，原来的房子一分钱不值了，大件家产搬不走，土地、鱼塘、树林、果木、祠堂、墓地全部作废，董卓的做法能得人心才怪！到了长安以后，还要自费买房子，置办各种生活设施。搬家变成了一场毫无意义的洗劫。为了自己小团体的利益，让几十万洛阳百姓受损，董卓哪里还有什么境界？

军阀的境界还比不上豪族，面对袁绍的攻击，董卓采取了更狠的报复手段。你起兵救刘辩，我就杀了刘辩；你起兵反对我，我就杀了你叔叔全家。作为军人这么考虑问题不能说有什么错，但是站在全国实际统治者的角度，这么干就不是以包容的心胸来团结多数，而是快意恩仇，造成反对自己的人越来越多，客观上促进和帮助了袁绍起兵。

一个格局境界较高、心怀天下的人，脾气可能暴躁，但他知道克制；知识未必丰富，但他知道学习；道理未必全懂，但能平等讨论；修养未必深厚，但不强人所难；道德未必高尚，但他懂得尊重；不是没有私利，但能知道利害；可以经常失败，但不轻言放弃。

看看董卓的为人处事。吕布一件事没做好，董卓拿起手戟就投过去，哪里还有克制；杨彪反对他迁都，他瞪圆眼睛说："公欲阻我计耶？"不懂还不愿学习；卢植不同意他废立，他一言不发起身就走，哪里愿意讨论；官员不愿迁都，董卓就一把火烧了房子，哪里顾忌别人的感受；朱俊向他汇报工作，他竟说出要杀了朱俊的话，哪里有对人的尊重。刘邦经常往儒生的帽子里撒尿，却对张良言听计从，对韩信放手任用；曹操私德很差，对能带给自己情报的许攸也倒屣相迎。董卓尊敬过谁？在乎过谁？"世能祖祖，鲜能下下；祖祖为亲，下下为君"，黄石公的话董卓是熟悉的，可是他就是那个对死去的祖宗很好，把自己家的人都封侯，却对手下官员很差的人，处在掌权太师的位置上，不就是德不配位吗？

想想董卓，其实也是个受害者，一个被权力宠坏的武夫，一只站在风口被吹起来的肥猪。他登上了不属于他的舞台，结果只能是摔死。踏踏实实做个边将、一方诸侯，多好！虽能而让，是为德；逞强而傲，就得死。不知进退就是不知死活啊！

《太平御览》里讲了张温的一个故事。说有个老汉，不知是哪里人。汉桓帝到竟陵祭拜，老百姓都去看皇帝的排场，唯独那个老汉埋头干活，不去看热闹。尚书郎张温很奇怪，就去问："别人都去看热闹，你怎么不去呢？"老汉说："我是一个村夫，不理解你这话什么意思。因为不明白，请教一下你。你说是天下乱才立天子，还是天下太平而立天子呢？立天子是为了给老百姓找个像父亲一样庇护的人，还是为了奴役老百姓，让百姓供奉亲爹一样服侍他呢？远古皇帝，帮助老百姓盖房子使百姓安宁，现在的皇帝让老百姓辛苦劳作，自己放纵快乐，我为他感到羞愧，还怎么忍心去和别人一样看他热闹呢？"张温非常惭愧，问其姓名，老汉不告而别。

老汉的问题，其实就是一句话：皇帝，是剥削奴役我们的，还是为人民服务的？老汉的话超前于时代，可是张温并未觉得，他感到了惭愧，惭愧于自己为了升官已经忘记了圣贤书的教诲，忘记了百姓的利益，已经迷失了做座官之本源。

张温感知到自己境界下降，董卓更没什么境界。

董卓之所以能短期成功，还有一个因素，就是士大夫太过软弱。《三国志》里说董卓狼戾贼忍，董卓就是一只狼，东汉的大臣恰恰是一群羊。

董卓率三千铁甲进京，看到的是皇权和士大夫的软弱，皇帝吓得话都说不利索，出来阻挡的崔烈被他一句"我不能砍断你的头吗"，就吓得滚在一旁，原来的那种高深学问、高官重权、高门大姓带来的颐指气使和趾高气扬荡然无存，董卓心里一定会很爽！昨天还是豪族手里的一枚棋子，今天就成了救世主，董卓如何能不膨胀？更为关键的是，董卓当司空、收兵权、换皇帝、迁长安、烧洛阳等大事，都顺利做到了，而且只用了几个月时间，要是没有朝廷士大夫的配合，怎么能够顺利完成呢！董卓进京，程序上违法，实力上不足，士大夫集团完全可以制止事态恶化，但是有点能力的人，都迷迷瞪瞪无所作为。皇甫嵩和盖勋，明明知道董卓要求他俩进京是不怀好意，他老哥俩倒好，来一对做人质，袁绍、曹操都往外跑，他俩往里跑，致使董卓在迁都这件大事上无任何障碍。可以说，整个士大夫集团的恐惧、纵容、配合、谄媚，是董卓信心一再膨胀的助推力量。致使本来走一步看一步、摸着石头寻机摸鱼的董卓，胆子越来越大，迅速从选贤任能向独断专行转化，反复使用武力威胁，吓蒙了整个士大夫集团。

史书在上，不敢说董卓不坏，只是品味董卓的所作所为后，感觉他没有史书上写得那么坏。虽然他没那么坏，更不蠢，但是无论谁谈起他来，都会恨得牙根痒痒，恨不得咬死他，这就是他可悲且可怜的地方。一方面，他个性多疑、无知无畏、鲁莽蛮霸，却偏偏狡诈多谋、狼戾贼忍、执行力超强，让士大夫们看不起他却又一时拿他没办法；另一方面，他也是被人谣言中伤，夸张渲染，泼了一身的脏水的人。人一旦知道了自己的怯懦，就会设法掩盖。掩盖的办法之一，就是夸大对方的凶恶。如此，人人都骂董卓。

面对野心暴露、不懂政治又不讲道理，无知蛮横还油盐不进的董卓，士大夫从内心里都不认可他。于是，聪明人抱着顺从他、忽悠他、引诱他、利用他、陷害他的心态与其交往，老实正直的人远离他。背地里，没有人不骂他。一个传一个，个个添油加醋，如此，岂能不扩而大之？于是，他的小错变成大奸，大奸变成巨恶，弄死他不算，还要他断子绝孙。杨彪更是用自己的生花妙笔，让他遗臭万年。

东汉名亡于曹魏，实亡于包括董卓在内的一系列人。

# 第十八章　袁绍崛起布局天下

在董卓崛起的过程中，张温、皇甫嵩、袁绍都有机会制止董卓，但是三次机会失去以后，董卓掌控了朝局，皇甫嵩退居二线，袁绍出走，张温被杀。袁绍的突然离开，是董卓没有想到的，他没想到袁绍这么硬气。起初董卓的想法是硬碰硬，通缉袁绍，经人劝阻，采取了柔和的方法，封袁绍为渤海太守。董卓深知袁绍的本事，这个出身于豪族的精英，确实不是好惹的，能缓和尽量缓和。

汝南袁氏家族，是东汉末期最大的豪族，袁家有钱有人，门生故吏很多。皇甫嵩屈服以后，全国唯一敢和董卓叫板对抗的也就是这个豪族公子了。

袁绍有六大优点。第一，面相好，很有气质，长得就像老大。长相在古代很重要，国字脸的人就是比尖嘴猴腮脸更容易做官。第二，有胆量。在与公孙瓒的界桥之战中，袁绍带领一百来人与公孙瓒的两千多人遭遇，田丰劝袁绍躲在墙后，袁绍大声说："大丈夫应该阵前决斗，怎么能躲起来独自求活呢！"带兵冲杀，毫不畏惧。第三，为人宽厚有礼。无论见到谁，表面上都很热情，人缘非常好，上下倾心，整体上是一位礼贤下士的形象，绝不是一个傲慢的公子哥。袁绍死后，其大谋士沮授，也是曹操朋友，宁死不降曹操，被杀。沮授多次进谏袁绍，袁绍不爱听，但即便如此，袁绍死后，沮授还是念着袁绍的好，说明袁绍自有一套待人之道。第四，重视民生。袁绍死后，他管理的百姓为他送葬的人很多，百姓都感恩于他的善政，由此可知他还真是一位治世之能臣。第五，稳重。遇大事很冷静，不是那种毛毛躁躁的人，内心很强大。第六，指挥作战也很在行。在与公孙瓒的对抗中，公孙瓒对他的评价是，用兵"似若神鬼"，说明袁绍军事素养不低。

后世名家评价袁绍的好话不多，主要是外宽内忌、色厉胆薄、多谋少断、志大智小等，从某个角度来说都不无道理。作为历史失败者，说他好话的人不多很正常，但是敌人或者后世的观点，也都未必客观完整。就拿外宽内忌来说，全中国几千年里，有几个不是外宽内忌的人？外圆内方的处世哲学，造就了每一个人都外宽而内忌。说到色厉胆薄，那真是不了解袁绍，或者污蔑袁绍，作为敢于与董卓叫板的人，胆子真不是一般的大。而且袁绍待人温和，表面上也不严厉。志大智小更是对于所有有志向的失败者放之四海而皆准。所以看后世的某些评价，未必是真实完整的袁绍。

评价袁绍用多谋少断这个词，应该比较中肯。那袁绍是因为什么原因形成的多谋而少断呢？这就要看袁绍的成长经历。他的经历和很多人不同。

按史学界推算的观点，袁绍是公元146年出生。袁绍是袁逢和小老婆生的第一个儿子。因为叔叔袁成没儿子，袁绍被父亲过继给了袁成，袁成死得早，这样袁绍本该离家族核心圈远些。但是因为袁绍长得很有威仪，袁逢和袁隗都很喜欢袁绍，反倒比袁术更受重视。还未成年，就花钱给袁绍买了个郎官的职务。20岁刚成年，直接到濮阳县当县令。

濮阳，是兖州东郡的首府，汉明帝时王景曾在附近治水，成功后濮阳非常富裕，是东汉人口密度最大的地方之一。袁绍干县令的这段时间里，获得了廉洁能干的名声。史书上未讲袁绍在濮阳干了多长时间，总之不满一个任期，因为母亲去世，就回家守孝了。按一个任期3年推算，23岁，袁绍回家守孝。先为母亲守孝三年，接着又补守父孝三年。之后就在洛阳家里闲待着，谁征辟也不出山，直到公元184年黄巾起义爆发，才到何进府上做了掾属。也就是说，从23岁到38岁，人生精力最充沛的15年，袁绍没上过班，没有工作经历。刘縯嚷嚷起兵15年没动静，袁绍一待15年，这两人有得一拼。

明朝著名的奸臣严嵩，25岁费劲巴力考中进士（全国第五名），本可因此光耀门庭，但28岁时因为“不愿与奸臣为伍”（或者因守孝及有病），辞官回家种田去了，当了整整10年农民。由此可见他不为生活所迫的气节，以及不为光宗耀祖而做官的志向。严嵩够牛，还比不了袁绍，袁绍明明有做官的资本，却15年不做官。为什么呢？

缘自宦官掀起的第二次党锢之祸。公元169年，宦官侯览唆使人诬告一群官员结党，杀了上百人，其中就有太仆李膺。皇帝下令，与李膺、杜密、朱寓、虞放、荀昱等有关系的一些党人附从者，从此不能做官，而且五属之内的都不能做官。五属就是现在说的五服，以自己为中心，上下各四辈，共九代人。这样不但李膺等人上下九代不能做官，李膺等人的附从者，上下九代也不能做官。这范围可就大了去了，史书上讲，天下豪杰及有义行的儒生，全都成为党锢的对象。23 岁的袁绍，恰和李膺的孙子李宣，有姻亲关系。

李宣肯定不能当官了，但是有姻亲关系的袁绍是不是“附从者”，这是一个问题。谁是党人的“附从者”，当然由宦官说了算。袁绍刚好赶上回家守孝，主动不当官，是否受到牵连已经不重要了。从公元 172 年袁隗升任司徒看，袁家没有被视为党人附从者。袁绍守孝满 6 年后依然不出来当官，就有不愿意与宦官为伍而以党人为荣的意思。他没被当作党人，却主动往党人上靠，说明袁绍不认可党锢政策。中常侍赵忠曾经在朝会上说：“袁本初什么也不干，只顾着抬高身价，不应朝廷辟召，倒养了很多亡命徒，这小子到底要干什么！”袁隗听到消息，赶紧告诉袁绍说：“你这是要破灭我们袁家！”但袁绍依然不为所动，继续在洛阳待着。

袁绍不出来做官，是不是就闲着呢？那倒不是。袁绍白天读书写字、锻炼身体，偶尔和有名望的人交往，看似悠闲，但一到晚上，他就开始接待各路朋友，一丁点都没闲着。你把他看成因“足疾”在家观望时局的袁世凯就行。与他交往的人都有谁呢？第一个就是何颙，一个反政府的党人串联者。何颙的路子很野，和老一辈党人，包括李膺、陈蕃等，交往非常密切。何颙曾经联合冀州刺史王芬，谋划了一次对汉灵帝的刺杀行动。因为曾拉曹操入伙，曹操没干，还写了一封回信，这封信保留下来，所以这件事得以后世流传。事情虽未成功，但可以说明何颙他们志向和胆量绝不小。袁绍与这样的人结成“奔走之友”，说明袁绍心中所谋之事也不小。其他与袁绍交往密切的，还有张邈、许攸、伍琼、荀攸、郑泰、周毖、逢纪、陈琳等，这些人都是汉末之英杰。曹操还不算是核心人员。据说袁绍在这段时间见了上千人。何颙他们和袁绍谋划的内容包括以下几个方面：第一，结交当时的名士豪杰；第二，建立避难关系网，帮助党人解决宦官追查、出钱帮助党人跑路等；第三，蓄养死士，颇有司马师“阴养死士三千”的味道，基地很可能就建在冀州渤海郡；第四，利用其家族关系安插自己的亲信、朋友当官。由于袁绍长期隐居，又是通过其他人办事，所以 38 岁以前的袁绍，简历非常简单，没有具体事迹记载。

袁绍整天在谋划，但谋划了 15 年，什么大事也没干成，由此造成了人们对他“多谋少断”的评价。

袁绍以守孝为名长期隐居，除了沽名钓誉，占据为人至孝、拒绝征辟的道德高地之外，更重要的是，在宦官当权的时代，出去为官，不但什么事也干不成，还可能沾两脚泥，惹上一身骚。曹操倒是出去做官了，碰了一鼻子灰之后，灰头土脸回了老家，隐居了三年。要不是有老爹曹嵩帮衬，估计他就被宦官玩死了。

袁绍隐居，核心是为了谋划和等待，目标就是要解决宦官当权的问题，但是确实没有想出办法来。直到汉灵帝的大舅哥何进崛起，他才发现机会。

如果不看何进的屠户出身，何进的简历还是相当漂亮的。他做过皇帝的同学——侍读，当过皇帝的警卫——郎中，做过禁卫军军官——虎贲中郎将，做过地方官——颍川太守，做过部委一把手——将作大匠，相当于建设部部长；又做过京师重地的一把手——河南尹，最后于黄巾起义时，升为大将军。难得的是，何进有心结交士大夫集团，而且他能听进去话，为人也宽厚，另外，还不够精明。袁绍看到了利用何进打击宦官的机会，这时他毅然决定出山。

袁绍出山，江湖风起。

别看袁绍以隐士的身份名义上超脱世外，但作为汝南袁氏的精英，在江湖上却是中年一代士大夫集团代表人物，深受党人、官员和豪杰拥护，也得到了何进的重视和赏识。袁绍进入大将军府，起先只做了个掾属，很快升为侍御史、虎贲中郎将。他除了自己发展，还把自己的死党带进何进府，或者推荐给何进，再由何进推荐为官。袁绍的名单都有谁呢？伍琼、荀攸、王谦、鲍信、王匡、张邈、何颙、郑泰、华歆、刘表、刘岱、韩馥、蒯越、逢纪、边让等。这些人，不管是不是袁绍的多年好友，他都愿意帮忙。比袁绍大 9 岁的王允就曾说，袁绍和他是一个战线的人。

公元 188 年汉灵帝要成立一支新军——西园军，此事立刻引起了各利益集团的关注。西园军是汉灵帝为分化何进的权力而成立的一支武装，掌控在亲信宦官蹇硕的手里。汉灵帝对这支军队抱有很大的希望，希望靠这支军队摆脱或抗衡何进，控制局面，为此，连祭祀都很少出面的汉灵帝，还搞了一次大阅兵，足见重视。

皇帝的意思大家也都明白。面对皇帝和蹇硕的咄咄逼人，何进被迫采取迂回策略，想偷偷地把自己人塞进去，以瓦解西园军对自己的威胁。可何进提名的人选蹇硕肯定不能同意，大将军在这个问题上靠边站。当时的三公，有前太尉樊陵、马日磾、司徒许相、司空丁宫。樊陵和许相是宦官一派的马仔，马日磾和丁宫是士大夫一派的人，马日磾是老好人，不承担责任。丁宫和曹操有可能有亲戚关系，曹操的大老婆就姓丁。所以从三公整体看，还是按宦官的意思表态，起不了太大作用。真正决策权除了皇帝就掌握在蹇硕手里。最不应该进入西园军的是宦官子弟曹操，他曾用五色大棒打死了半夜在街上逛荡的蹇硕的叔叔，但是宦官背景，尤其是曹嵩愿意为儿子的前程花钱，曹操得以进入八校尉行列。曹操都能进西园军，袁绍想进更有条件，袁家里有宦官背景，况且蹇硕也想分化何进与袁绍的关系，与袁家交好。如此，袁绍与何进经过谋划，把自己及亲信安插进了西园军。

西园八校尉，老大蹇硕自身是大宦官；老六冯方是宦官曹节的女婿，也是袁术的老丈人，这两人明确是宦官集团的人。老三鲍鸿是西北大兵出身，参加过美阳之战，属于比较能打的猛将，立场不详；其余的五个，老二中军校尉袁绍心里反对所有宦官；老四典军校尉曹操反对首恶宦官；老五赵融后来跟了曹操；老七夏牟是袁氏故吏；老八淳于琼后来跟了袁绍。

综合看来，宦官操控之下产生的西园八校尉，宦官派并不占多数，最多3个—4个席位。袁绍，袁绍的小弟曹操、粉丝淳于琼，袁氏故吏夏牟，不声不响地进入了西园军的核心。这表面是何进的胜利，其实更是袁绍的成功，成功之处就在于他把蹇硕和何进全都忽悠了，他们都以为袁绍是自己人。

那个时候，虽不叫乱世，但也差不多了，表现之一就是谁也不知道别人是什么政治立场，关键的时候站在哪一队。宦官中有外戚的亲信，军队中有大批宦官的子弟，各级政府中主要官员里也有近一半宦官子弟。谁不小心，都可能被人举报杀头。

史书记载，公元188年10月，西园军成立之后，汉灵帝举行了一次阅兵，当时很多外地官员都回来参观。参观之后，啥都不吝的盖勋对刘虞、袁绍说："我几次见到皇上，发现皇帝很聪明，只是让这帮宦官给蒙蔽了，如果我们合力铲除这些宦官，然后征召有才能的人来兴复汉室，这难道不是一件高兴的事吗?"刘虞和袁绍都有这个计划，因此决定联合起来。可还没动手，幽州发生了叛乱，刘虞就任幽州牧，讨虏校尉盖勋又被任命京兆尹，剩下袁绍，没法动手。这一等，就等到汉灵帝驾崩，刘辩继位。为了完成汉灵帝的立刘协为帝的遗愿，大元帅蹇硕着急了。

手里有西园军，蹇硕准备杀掉何进，就以何太后名义召何进进宫。何进被自己老乡、宦官郭胜挤眉弄眼提醒后，感觉到不妙，半路逃出皇宫。第一站就跑到西园军营。说明他在西园军里也有势力，最起码他认为比元帅蹇硕强。不过很快又觉得不够安全，又跑到北军五营，这说明蹇硕在西园军中势力也不小。

袁绍的第一个小目标是帮助何进对付蹇硕。杀何进未遂，蹇硕给大宦官张让写了封信，联络张让等，准备二杀何进。张让和何进有亲戚关系，出卖了蹇硕，把信交给了何进。何进以此信为证据，杀掉了蹇硕。在袁绍看来，杀掉蹇硕并不能改变时局，张让等大宦官还影响着朝廷。袁绍的第二个目标对准了所有的宦官。袁绍个人和宦官之间表面上并无任何直接矛盾，之所以有恨，源于士大夫集团与宦官集团之间的历史仇恨和现实利益，有宦官在，士大夫集团得不到执政机会。

袁绍第一招是劝何进，出手消灭全部宦官。何进知道宦官的危害，也希望取悦士大夫集团，与士大夫集团合作，但是消灭蹇硕之后，他铲除宦官的积极性减弱。同时他靠宦官起家和保命，感情上转不过来，所以在处理宦官问题上，表现出了摇摆。消灭宦官集团，当时已经不是对错问题和感情问题，而是你死我活的政治斗争。何进的摇摆，说明何进脑袋瓜不够精明，没自己的准主意。汉灵帝死去平衡打破以后，宦官集团的覆灭，明眼人都知道是迟早的事。你想，党锢之祸对士大夫集团迫害得那么惨烈，一桩一桩血案一条一条人命，谁会忘记?多数太学生和很多富家子弟长时间做不了官，眼睁睁看着宦官祸国殃民鱼肉百姓却使不上劲，轮不上自己，谁不憎恨?现在宦官的后台没了，机会出现能不疯狂报复吗?这已经不是谁能拦住的潮流。

何进很纠结，一是他的整个家族都反对他杀光宦官，二是他自己也感到了危险。不杀宦官，士大夫出不了气，作为绊脚石和保护伞，他得下台；而要杀光宦官，于情于理都说不过去，毕竟宦官也不都是坏蛋。同时宦官子弟也是有军权的，对军队有很大影响力，当初大将军窦武和太尉陈蕃在有一把好牌的情况下都没杀成宦官，反倒被宦官所杀，足以说明宦官的厉害。另外，要是真杀光了宦官，未来只能由外戚单独对付士大夫集团了，他能斗得过士大夫吗？他手下的长史王谦，还端着他的饭碗呢，就敢直截了当拒绝和他结成亲家，明显是鄙视。宦官完了他也得下台，最起码失去权力。

何进很痛苦，痛苦来自表面上谁都巴结他，但一切只为利用他，不是发自内心的认可，原因也只是因为他是屠户出身，外戚身份，不入了士大夫阶层。在那个讲究门第的年代，这种痛苦也很无奈，谁让你无功受赏，干事情总是不符合圣人的教诲呢！可只要你按圣人的话来办，不出事时决策权力都在熟悉儒家经典的士大夫手里，自己什么事定不了；一旦出事，责任又全在自己，会遭到万人唾骂，甚至于灭族。从窦宪到窦武，东汉六个外戚做的大将军，除了梁商，五个没得好死，这些历史何进是一清二楚。朝中有名望的大臣，做过三公的，有袁隗、杨彪、黄琬、张温、马日磾、崔烈等，这些人不单经书传家，而且家大业大，互相联姻，且门生故吏盘根错节，他们才是一个集团的。以袁绍为例，他和颍川李膺家族、陈留高氏（外甥叫高干）、扶风马氏等大家族就有诸多姻亲。这个集团之庞大，早就引起了皇帝和宦官的警觉，可两次党锢依然难以撼动其根基。

何进以何太后不同意诛杀全部宦官为由，委婉拒绝了袁绍的建议，但也给了袁绍以诛杀首恶宦官的补偿。袁绍阐明了要全部诛杀而不是仅诛杀首恶宦官的理由，那就是宦官之间相互勾连，动一发牵全身，留下来的小宦官将来也必然成为报仇和乱政的大宦官，一口回绝了以诛杀首恶而保留宦官体制的条件，一点余地都没给留。袁绍也看出了何进的为难和犹豫，就鼓动何进招呼边将进京。你不是说何太后不同意吗？叫边将吓唬吓唬这个老娘们。此为第二招。招边将进京，是参考了历史教训。窦武、陈蕃当初消灭宦官之所以失败，就是因为边将张奂还朝，无意中帮助了宦官。如果边将能帮助咱们，那何愁宦官不灭？何进是能拖一天是一天，招边将进京来回得有些日子，就先按袁绍的建议安排吧。他能不同意吗？他要不同意就是不坚决杀宦官，就是宦官的保护伞，否则，为证明自己不是保护伞，就得亲自动手杀宦官，那岂不成了被袁绍利用的恶人。当时很多人，包括曹操、郑泰、陈琳等，都说叫边将进京是步臭棋，杀几个宦官用得着边将吗？可是，何太后不同意，谁敢去杀宦官呢？那就等同于谋反。谋反能成功也行，可宦官手里也有兵，不是说杀就能杀的。曹操、郑泰他们说风凉话可以，动真格的也不敢。何进不愿意自己动手，他也想着鼓动别人动手，这样，谁杀了宦官，何进就可以回手以谋逆罪灭了谁，如此他自己也有回旋的余地，能占据主动。再说，边将敢不听朝廷的吗？如果敢，你招不招他，他迟早都会来，羽翼丰满了再来，那就是直接来抄皇帝家的。好了，何进同意招边将进京，条件是只能来吓唬，不能动真的。

边将丁原在小平津燃起了烽火，何太后害怕了，把宦官都赶回家里待罪。张让等向何进求饶，何进心软，要求他们尽快回到封地，彻底离开洛阳，好像给了宦官一条出路。精明的宦官们明白，一旦离开皇宫，回到封地，失去皇权保护，就会被地方官弄死，结果还是一条死路。于是又到何太后那里哭诉。何太后本来不愿意他们走，就又把他们召回宫里，继续上班。

袁绍这边一看这架势，继续逼迫何进。何进被逼急了，心说你要我杀宦官，得罪人的事我才不干呢，要干你去干。于是，袁绍被任命为司隶校尉。何进的意思是让袁绍去得罪宦官，狗咬狗去吧。袁绍一看把自己推了出去，索性告诉自己家的门生故吏，在全国范围内掀起抓宦官家属子弟的浪潮。这是袁绍的第三招。厉害！既然你让我干，我就干，你以为离开你我杀不了宦官吗？我干，还是打着你的旗号干，干我的事，毁你的名。惶惶不可终日的各地宦官家属，把家人受到缉拿和迫害的情况，雪片似的报告给了张让等大宦官，宦官集团也急了。兔子急了还咬人呢，别说宦官。

士大夫集团雄起了，夜夜谋划、天天磨刀；宦官集团急疯了，天天哭诉四处求救。何进这才知道，这个大将军，真不是人当的。两边都找他解决问题，不解决又不行，拖也不是个事，可怎么解决呢？

何进想到了平息的办法，一方面阻止董卓进京于渑池；另一方面希望与何太后再次沟通，杀掉所有宦官。再不下决心，那两个集团没事，咱们外戚集团就要先覆灭啦！

关键的时候，袁绍给驻扎在渑池的董卓去了一封密信，叫他不要停，继续向洛阳进军。这是袁绍的第四招。

董卓于公元176—公元178年在袁隗府做掾，那时候袁绍闲待在洛阳。董卓作为军方的豪杰人物，和袁绍不可能没见过面，甚至可以肯定，他们非常熟悉。一方面要干大事的袁绍，怎能不拉拢能打的将士，了解边关的情况；另一方面，不甘平庸的董卓，怎么会不结交天下闻名又是自己领导的侄子的袁绍？多个朋友多条路，最起码闲着也是闲着，喝个酒又没什么坏处。两个都有心结交的男人，达成某种共识是必然的。董卓二落于剿灭黄巾军无功，免职下狱，三起于韩遂反叛，任破虏将军、前将军，职位虽不断上升，但一直受张温和皇甫嵩压制，皇帝甚至想让董卓交出兵权离开凉州，肯定是何进和宦官没少给皇帝出馊主意的结果。如此情况下，董卓是宁可选择老熟人袁绍，也不会相信何进。董卓面对是否进京的选择，也不是没考虑风险，何进和丁原的联手，是强于袁绍和董卓的联手的，但是为了共同的目标，作为袁绍阵营的一员，关键时候，董卓选择听取袁绍的命令。

召董卓进京，何进和袁绍都是把董卓当钟馗使，但是何进只是用他来吓唬太后和宦官，袁绍还要用他来吓唬何进的外戚集团，甚至于当何进诛杀了宦官后，董卓还要起到帮助袁绍登上更高位置的作用。袁绍心机之深，符合其长期谋划的特点。

没想到，被逼到绝路的宦官先动手了，他们知道何进请求何太后杀光宦官后，先杀了何进。宦官杀何进，是在偷听何进与何太后的对话之后才在宫里决定的，属于临时起意，这个决策应该与袁绍无关。但是何进进宫与妹妹商量杀宦官的事，他就不怕宦官对他不利吗？况且袁绍曾劝过何进不要轻易入宫，他连给汉灵帝守灵和送葬都不去，为什么突然下班后一个人跑进去呢？是什么原因让何进孤身涉险？

何进也是被逼的。袁绍以司隶校尉身份，在全国范围内抓宦官子弟，边将董卓也按袁绍的命令开到了京城外围，说明士大夫集团已经开始不听朝廷的招呼了。而何进的家里何苗等人还顽固反对他诛灭宦官，宦官集团不听何进的意见，不知死活又回到何太后身边，再不明确态度诛杀宦官，矛盾必然激化。刚刚前几天，何太后还以自己一个女人不能直接面对朝臣、离不开宦官为由拒绝杀光宦官，那何进此次进宫又有什么把握说服何太后呢？只有一条，再不杀宦官，士大夫集团和边将联手，直接要暴动了。弄了半天，西园军、董卓、曹操、鲍信等人，都是袁绍的人。这话他不去说，让谁去说？只有何进能说得明白。再说何进身边哪有可用之人？参与密谋的，全是袁绍的人。即便有可用之人，又进不了皇宫，送信只会被宦官截获，当初窦武就是把书面材料留在皇宫而被宦官发觉。所以，何进面临的是四面楚歌，仅有一个弟弟还跟他没有血缘关系，意见相左，所以只能硬着头皮进宫。何太后很可能被说服了，宦官们全都偷听了去。

何进进去，就再也没活着出来，人头倒是给撇了出来。

何进的亲兵吴匡打响了政变的第一枪，带动了虎贲中郎将袁术，袁术带动了奉车都尉董旻，袁绍又找来了车骑将军何苗。东汉六大景观之一的“郎中脱裤”就此上演。

何苗虽然不赞同杀宦官，但是哥哥被杀他总得有所表示，况且诛杀宦官的行动他根本阻止不了，于是他借坡下驴，也参加了诛杀宦官的行动。可是还没等杀完宦官，他就被吴匡和董旻杀了，罪名是他一直阻挠何进的政策，何进被害是他在背后指使。这个事比较蹊跷，何进和何苗之间的矛盾并未公开化，何进的手下怎么着也不应该把何进之死与何苗联系到一块。不过何进死了确实对何苗有好处，因为何苗可以接任大将军，吴匡这么冲动也不是没道理。即便对何苗有好处，但收益更大的是袁家。何进一死，外戚何苗成为士大夫集团最后的绊脚石，所以杀何苗也是必然，只不过由吴匡、董旻出手，显得怪异。史书中并未明示袁绍与吴匡有什么密切关系，但这里面一定有阴谋。

所谓“郎中脱裤”，是指皇宫里有一些官员，比如尚书台的尚书、侍郎、郎中等，在里边上班。皇宫里好多宫殿，晚上不会一个男人没有。袁绍、袁术等人攻进南宫后，见到宦官就杀，那些尚书、郎中，以及值班的官员，怕被误解是宦官，黑灯瞎火的，光展示喉结和胡须没用，索性直接脱了裤子站在风中，以证明自己是真正的男儿。当时四处是挥刀砍杀的大兵，尸横遍野的宦官，慌不择路的宫女，以及在瑟瑟秋风中发抖的裸体郎官。宦官也有兵器，也不是任人宰割，但最后有2000左右的宦官被杀，赵忠被袁绍杀死，张让等挟持皇帝从北宫的谷门出逃，奔向北邙小河津。不过被卢植、闵贡等人追上，张让等宦官被迫跳河自杀，临死时张让留下了一句话："我死之后，天下必乱。"张让说得挺准。

这是一场预谋已久、突然发生的政变和军事暴动，袁绍一举消灭了宦官集团，包括宦官的马仔，为国家扫除了污秽，搂草打兔子，顺便也把外戚集团消灭了，部分实现了他的心愿。袁绍凭此事件就应该功垂青史。

袁绍谋划了整整 20 年，最后只用 48 小时就消灭了所有的宦官。想想隐忍 20 年，最后扳倒严嵩的徐阶，谁敢说袁绍不是牛人？

袁绍确实少断，但只断一次足够了！

还有比这更厉害的谋划。

袁绍的根本利益和主要目标到底是什么呢？历史不能动不动就用阶级的观点，哪个阶级的身份利益，决定了哪个阶级的立场，这大体不会错。袁绍和何进之间，是两个利益诉求不同的集团。虽然作为同样的有产阶级和统治阶级，他们有很多相似点，但是又有很大的区别。最主要的区别，是根本利益不同，何进是要保证他们家族的长久利益，包括外甥的皇权和外戚家族的军权，而士大夫集团要维护的，除了刘氏江山还有士大夫集团的利益。假定刘辩没有儿子，那么刘辩死后，肯定何家还会立一个小皇帝，何家继续掌权，这已经是东汉历史实践证明了的。窦太后、邓太后、阎太后、梁太后，哪一个不是如此。外戚大将军梁冀给东汉朝野造成的心理创伤，从来不需要想起，因为永远也不会忘记。如此下去，士大夫集团何时能掌权治国？所以，即便何进还没露出专权的苗头，但在如何对待和控制外戚这方面，袁绍不可能不动脑筋。利用外戚铲除宦官是第一步大棋，消灭宦官之后，铲除外戚集团，是第二步大棋。这必然是袁绍所想。否则，治国与士大夫集团依然没什么关系，皇帝与士大夫集团共治天下的第三步大棋又怎么实现？

袁绍要为国家铲除外戚，何进要为自己家族保住权力，这个矛盾谁也没法化解。关键是，人人都看得出来，汉室衰微，刘辩的皇权，没那么管用了。何进打出让袁绍直接对付宦官的牌，意味着何进想当裁判，立场中立了，这就说明两人已经产生了根本分歧，外戚集团和士大夫集团分裂；而袁绍鼓动董卓进京，是士大夫集团抛开了外戚集团，自己直接动手，分歧扩大化。可以预见，如果何进不死、董卓不专权，袁绍和何进的矛盾，在宦官集团被消灭后，立刻会成为东汉政坛的主要矛盾。

为此，袁绍早有谋划。袁绍的谋划，就是在中央和地方，广插党羽，关键时，用地方包围中央，内外结合逼迫外戚伏诛。本来是袁绍给何进准备的牢笼，何进意外身死，董卓一头钻了进去。袁绍就着热锅省柴火，直接用到董卓身上。

在以何进为目标、用地方包围中央的布局里，袁绍放眼天下，必然要重视司隶校尉部接壤的几个州：凉州、并州、冀州、兖州、豫州、荆州，以及全国人口、经济靠前的大郡。这时，袁绍出走前安排在董卓身边的何颙、周毖、伍琼、郑泰、许靖等人起了作用。他们忽悠董卓，将韩馥任命为冀州刺史，刘岱为兖州刺史，孔伷为豫州刺史，袁绍为渤海郡太守，张咨为南阳郡太守。这就是布局的核心。袁绍这个布局何进不那么同意，一直拖着，董卓来了，立刻落实了。除此之外，袁绍还有一些早期的布置。

需要说明的是，给何进布的局和给董卓布的局，有不同，主要体现在凉州和并州两地。本来并州是袁绍布置了董卓以对付何进，但是董卓反叛后袁绍在这个地方落空了。另外，人员上也不太相同。比如，韩馥，他反何进可能积极，但是反董卓不会那么坚决，因为他和董卓是半个老乡，且都曾是袁隗故吏，很可能熟悉，毕竟都曾是袁绍阵营里的人。所以在筹备起兵阶段韩馥曾阻止过袁绍。为简化，直接用给董卓布的局来说明。

董卓进京时，凉州基本为韩遂、马腾控制，已经不受东汉节制。并州属于并州牧董卓的地盘，虽然还没上任。幽州为刘虞和公孙瓒控制，黄巾军和乌桓经常叛乱，他俩又矛盾很大，抽不出精力管中央的事。益州牧刘焉利用蜀道难的优势，过自己的安稳日子；交州处于落后割据状态，少数民族经常叛乱，这两个州也不管中央的事。以上五个州，董卓和袁绍都不会投入过多精力。青州、徐州、扬州这三个地方，不直接与中央接壤，有些地位但不够直接，只要不背后捅刀子即可。所以，冀州、兖州、豫州、荆州 4 个州，是争夺的重点，简称冠军州；青州、徐州、扬州 3 个州次重要，简称亚军州。

看清袁绍的战略布局，只用两张表格即可看出。当然这些表格里的人，因为何进已死没了阻力，以及董卓的到来，加速了到位。首先看冠军州和亚军州里，谁是一把手。

**东汉十三州人口和负责人明细**

| 序号 | 州名 | 人口（万人） | 控制人 |
|---|---|---|---|
| 1 | 豫州 | 617 | 袁绍派孔伷 |
| 2 | 冀州 | 593 | 袁绍派韩馥 |
| 3 | 兖州 | 405 | 袁绍派刘岱 |
| 4 | 青州 | 369 | 袁绍派焦和 |
| | 四州人口合计 | 1984 | |
| 5 | 荆州 | 626 | 准袁派王叡 |
| 6 | 扬州 | 432 | 准袁派陈温 |
| | 六州人口合计 | 3042 | |
| 7 | 徐州 | 279 | 中间派陶谦 |
| 8 | 益州 | 721 | 反董中间派刘焉 |
| 9 | 幽州 | 204 | 反董保皇派刘虞 |
| 10 | 交州 | 112 | 内乱中 |
| 11 | 凉州 | 46 | 韩遂 |
| 12 | 司隶 | 310 | 董卓 |
| 13 | 并州 | 69 | 董卓 |
| | 董卓控制区合计 | 379 | |
| | 全国人口合计 | 4783 | |

上表简单说明：

第一，表一采用的人口数，是《后汉书·郡国志》记载的公元 140 年的人口数，这与公元 189 年的人口数量有不同。汉灵帝时期，公元 171 年、公元 173 年、公元 179 年、公元 182 年、公元 185 年，发生了五次较大的瘟疫，所以 189 年的人口数量少于 140 年的人口数量。因为未找到公元 189 年各州郡人口数量明细，故采用公元 140 年人口数量。

第二，公元 140 年记载全国人口 4915 万，但是把各郡人口加起来，只有 4783 万人，少了 132 万人，除了 5 个小郡没有列示人口数量外，原因不详。所以本书采用全国 4783 万人口数量。

第三，冠军州的一把手，都是袁绍的亲朋好友，都参加了讨董集团。亚军州的一把手，两个反董，一个徐州陶谦也反董，但没和袁绍反董。

第四，冠军州的人口合计是董卓控制两州人口的 5 倍，冠军州加准袁绍派的青州、扬州两个州，人口是董卓控制区的 8 倍。

第五，焦和这人本事一般，但是袁绍一起兵他马上应和，可知他是支持袁绍的。扬州刺史陈温，是袁绍的老乡，曹操起兵后他曾无条件支持曹操招兵，而曹操的盟主是袁绍，可知陈温当时也是袁绍一伙的。至于后期袁术杀陈温，那是为争夺地盘而内部残杀，属于另一回事。荆州刺史王睿史书介绍不多，他是二十四孝里，“卧冰求鲤”的王祥的叔叔，琅琊王家的人。琅琊王家在晋朝以后崛起，出了王导、王敦、王羲之等名人。“旧时王谢堂前燕，飞入寻常百姓家”中的王，就是指琅琊王氏。王睿有心参加讨董队伍，但是还没起兵就可能被孙坚杀了。

如此，东汉 13 个州，扣除谁也不管的凉州、交州，11 个州里 6 个刺史支持讨董，其中至少 4 个州一把手是和袁绍一伙的。另外还有 3 个州中立。而董卓只控制 2 个州，司隶校尉部和并州。董卓后来放弃洛阳，对司隶校尉部也只控制长安那一部分，并州闹白波军，董卓也只是控制一部分。

可见双方实力对比。

其次，看重点郡国的负责人。毕竟州的一把手任职时间有长有短，未必能够完全控制，所以还要看人口众多的重点郡。

益州的人口是全国之最，但是它偏安一隅，并未参与到竞争中来，所以把益州人口大郡扣除。而幽州、凉州、并州、交州四州根本没有人口大郡，所以可以不考虑。如此，形成全国 80 万以上人口的 13 个郡国。

**前 13 郡国明细**

| 行次 | 郡名 | 人口（万人） | 隶属 | 太守 |
|---|---|---|---|---|
| 1 | 南阳郡 | 244 | 荆州 | 张咨 |
| 2 | 汝南郡 | 210 | 豫州 | 刘翊 |
| 3 | 豫章郡 | 166 | 扬州 | |
| 4 | 陈　国 | 154 | 豫州 | 许玚 |
| 5 | 颍川郡 | 144 | 豫州 | 李旻 |
| 6 | 渤海郡 | 110 | 冀州 | 袁绍 |
| 7 | 长沙郡 | 106 | 荆州 | 孙坚 |
| 8 | 河南尹 | 101 | 司隶 | 王允 |
| 9 | 平原郡 | 100 | 青州 | 陈纪 |
| 10 | 零陵郡 | 100 | 荆州 | |
| 11 | 陈留郡 | 87 | 兖州 | 张邈 |
| 12 | 北海国 | 85 | 青州 | |
| 13 | 河内郡 | 80 | 司隶 | 王匡 |
| | 合计 | 1235 | | |

对于这 13 个郡的一把手，简要介绍一下。

第一，全国人口最多的南阳郡，太守是和孔伷、刘岱同一批被任命的张咨，明显是袁绍的铁哥们，由此可见袁绍的布局心思，最大的郡必须抓在自己人手里。张咨死后袁术直接做了南阳太守。

第二，全国第二大郡，汝南郡，是袁绍的老家，那是谁也难以占据的袁绍的根据地。曹操后来打败袁绍后占领了汝南郡，很担心袁绍的老家人反他，就派了满宠做太守。满宠做事稳健，恩威并施，杀了十几个挑事的，这才稳定了汝南。即便到了现在，汝南县人口相对集中的村镇，还有袁庄、老袁庄、后袁庄、小袁庄等，袁家势力仍不容小觑。当时汝南太守是刘翊。刘翊是保皇派，家里有钱但不爱钱，总是施舍别人。史书未记载他和袁绍有什么关系，但是他曾举荐过袁绍的同党许靖，和袁绍的好友张邈关系很要好，属于有个性的士大夫，可以视为袁绍的支持者。总之刘翊和董卓一点关系也没有。

第三，全国第三大郡豫章郡，以及全国第十大郡零陵郡，时任太守不详。因为扬州属于不背后下手就好的亚军州，荆州是袁术的根据地，所以不知道也不影响大局，且与董卓没什么关系。

第四，全国第四大郡陈国，国相许玚。许玚和袁绍是老乡，是许靖的堂兄弟。许玚本人也是十八路诸侯之一。

第五，全国第五大郡颍川，太守李旻；全国第六大郡渤海，太守袁绍；全国第七大郡长沙，太守孙坚；全国第八大郡河南尹，太守王允；全国第十一大郡陈留郡，太守张邈；全国第十三大郡河内郡，太守王匡，这些全是袁绍、袁术一伙的，孙坚是袁术的小弟。这群人里，除了卧底的王允，其余全部是十八路诸侯的成员。

第六，全国第九大郡、青州平原郡，太守是陈纪。陈纪是老党人陈寔的儿子，少年时就有大名。袁、陈两家是世交，袁隗曾与小孩时的陈纪亲密聊过天。袁绍和陈纪先后受到何进征召出来做官，他俩很熟悉。《后汉书·陈纪传》记载："建安初，袁绍为太尉，让于纪；纪不受，拜大鸿胪。"由此推测，两人关系应该很不错，陈纪深受袁绍重视。后来陈纪加入袁绍阵营，是袁绍帐下将领。

第七，全国第十二大郡北海国，国相不知。当时北海正闹黄巾军，董卓为了整孔融，后来把孔融派了过去，让他去吃苦头。孔融是反董派，内乱中的北海国也起不了什么作用。

由此分析，全国 80 万人口以上的 13 个郡国，扣除董卓控制区的河南尹王允，和 3 个查不出太守是谁的郡，剩余 9 个，袁绍都能实施重大影响，其中起兵讨董的有 7 个，另 2 个明确反董。这 9 个郡的人口有 1235 万，占了全国（扣除益州）的 30%，是董卓控制区人口的 3.25 倍。

除了大郡，一些中等郡和地理位置较重要的小郡，袁绍也是能见到缝就插针。仅根据史书记载，列示如下。

| 行次 | 郡名 | 人口（万人） | 隶属 | 太守 | 起兵 |
|---|---|---|---|---|---|
| 1 | 丹阳郡 | 63 | 扬州 | 周昕 | |
| 2 | 山阳郡 | 61 | 兖州 | 袁遗 | √ |
| 3 | 东　郡 | 60 | 兖州 | 桥瑁 | √ |
| 4 | 广陵郡 | 41 | 徐州 | 张超 | √ |
| 5 | 济北国 | 23 | 兖州 | 鲍信 | √ |
| 6 | 西河郡 | 2 | 并州 | 崔钧 | √ |

关于张咨、张邈、张超、张奉，是不是张良后人，没法查实。孔伷是不是孔子后人也没有实据。如果是，六大豪族里，孔、张、袁、曹四家都起兵反董，所以反董斗争是豪族与军阀的斗争。

如此布局，无论谁做权臣，能绕开袁绍吗？其实袁绍所作所为，无非就是成立一个以他为首的士大夫党，以士大夫党来实时掌控国家政权，防止再次出现外戚专权和宦官乱政。董卓离开洛阳，很明显是被迫离开的，不离开只能挨打，离开了关东的粮草供应，洛阳马上会出现粮食危机。

讨董卓的十八路诸侯中，扣除刺史和没官位的 6 人，剩余 12 个起兵的郡，占冠军州和亚军州合计 47 个郡的 25%，占冠军州 30 个郡的 40%，并没有普遍性，这一方面说明讨董并没有形成袁绍一呼百应揭竿而起的强大局面；另一方面说明，如果没有袁绍的苦心经营，其他人更难以成事。袁绍苦心孤诣之天下布局着实不容易。正是有了这个布局，才有十八路诸侯兴兵讨董卓。

# 第十九章　十八路诸侯讨董卓

关于讨董卓是否有十八路诸侯的问题，有人说根本没有。他们的依据是《三国志》《后汉书》等正史。因为正史里很多当事人并未集中在一块写出来，所以给人感觉没有十八路，比如《三国志·武帝纪》集中记载了十路，《后汉书·袁绍传》集中记载了十一路。实际情况是，真真正正有十八路诸侯讨董卓。为了说明白，列示如下。

| 序号 | 姓名 | 职位 | 驻扎地 | 出处 | 死因 |
| --- | --- | --- | --- | --- | --- |
| 1 | 袁绍 | 渤海太守 | 河内郡 | 《三国志·武帝纪》 | 病死 |
| 2 | 袁术 | 后将军 | 南阳郡 | 《三国志·武帝纪》 | 被迫自杀 |
| 3 | 袁遗 | 山阳太守 | 酸枣县 | 《三国志·武帝纪》 | 被杀 |
| 4 | 张邈 | 陈留太守 | 酸枣县 | 《三国志·武帝纪》 | 被杀 |
| 5 | 张超 | 广陵太守 | 酸枣县 | 《三国志·武帝纪》 | 灭族 |
| 6 | 刘岱 | 兖州刺史 | 酸枣县 | 《三国志·武帝纪》 | 黄巾军所杀 |
| 7 | 孔伷 | 豫州刺史 | 颍川郡 | 《三国志·武帝纪》 | 病死 |
| 8 | 桥瑁 | 东郡太守 | 酸枣县 | 《三国志·武帝纪》 | 刘岱所杀 |
| 9 | 鲍信 | 济北相 | 酸枣县 | 《三国志·武帝纪》 | 黄巾军所杀 |
| 10 | 韩馥 | 冀州牧 | 邺县 | 《后汉书·袁绍传》 | 自杀 |
| 11 | 王匡 | 河内太守 | 河内郡 | 《后汉书·袁绍传》 | 曹操所杀 |
| 12 | 崔钧 | 西河太守 | 西河郡 | 《后汉书·崔骃传》（李贤注） | 不详 |
| 13 | 许玚 | 陈国相 |  | 《三国志·许靖传》 | 不详 |
| 14 | 李旻 | 颍川太守 | 颍川郡 | 《后汉书·董卓传》 | 董卓所杀 |
| 15 | 焦和 | 青州刺史 |  | 《后汉书·臧洪传》 | 黄巾军所杀 |
| 16 | 孙坚 | 长沙太守 |  | 《三国志·孙坚传》 | 刘表所杀 |
| 17 | 刘勋 | 虎牙将军 |  | 不详 |  |
| 18 | 张燕 | 黑山军 |  | 《三国志·二公孙》 | 不详 |

《后汉书》记载，关东各地起兵讨董的时间，是公元 190 年正月。公元 189 年腊月是闰月，所以公元 190 年正月是从公元 190 年 2 月 23 日大年初一开始的。大过年的未必愿意出来造反，所以真正的起兵日期，应该是在公元

190 年公历 3 月。需要说明的是，十八路诸侯讨董卓，不是一块讨，而是大体分成三拨，以及一些散户，都是各自讨各自的。一拨以袁绍、王匡为代表，一拨以袁术、孙坚为代表，一拨以刘岱、张邈为代表。他们只是公认一个名义的盟主袁绍而已。

轰轰烈烈地讨董，共分三个阶段：

公元 189 年 10 月到公元 190 年 3 月，是筹备阶段；

公元 190 年 3 月到公元 191 年 5 月，是战争阶段；

公元 191 年 5 月以后，是解体后自相残杀阶段。

公元 189 年 9 月 26 日，袁绍和董卓在废立问题上出现了谁听谁的的根本分歧。与董卓在权力底线上闹掰，是袁绍出来创业最直接最根本的原因。在袁绍的思想里，他是铲除宦官和外戚集团的第一功臣，是众望所归的大总统。但是与董卓交手的第一回合，即在废立皇帝刘辩的问题上，袁绍明显感觉到了董卓的咄咄逼人，哪里还把自己这半个主子放在眼里。一个武夫专权的情况不出所料而又出乎意料地摆在了袁绍面前。出乎意料是因为董卓的动作太快了，快到袁绍根本来不及系统布置。幸亏他有后手，也并不害怕。

充满失落的袁绍带着逢纪和许攸，以及老婆刘氏（刘岱的本家）和三个儿子，离开洛阳，去了冀州。袁绍为什么不回老家而去了冀州？这里边有多个因素。第一，袁绍要创业，创业要学习鼻祖刘秀，刘秀是靠平定河北才起家称帝的。前辈的经验袁绍一定相当熟悉。刘秀在河北，主要在石家庄、邢台、邯郸、衡水一带，袁绍任职的渤海郡，就在衡水东边的沧州和山东北部一代。第二，冀州物产丰富，人口众多，适合于筹粮募兵。第三，袁隗曾经做过冀州治所邺县的县令，口碑不错，有一定基础。第四，他不想给家族带来麻烦，这也是刘秀起兵的教训。当年刘秀随大哥刘縯从老家南阳起兵，第一战就死了二哥、二姐和二姐的三个孩子。第五，公元 187 年冀州刺史王芬要刺杀汉灵帝，因皇帝没有去冀州，计划没有施行，王芬自杀后计划并未泄露，他死后团队应该还在。王芬的同伙中有许攸，许攸和袁绍一块出逃，所以，在冀州有反朝廷的基础，甚至袁绍的私家兵，这很可能是袁绍去冀州的最重要原因。

袁绍一到冀州，马上开始串联。与宦官、外戚、董卓交锋的过程只有他最清楚，所以真真假假的消息都是从他嘴里说出来的。为了号召兄弟们起兵，造谣和夸张是免不了的。

袁绍起兵，筹备了五个多月，并不慢。但是从酸枣会盟时参加的人员看，都是他早就布好局的弟兄们，如此就显得有些慢了。为什么会如此呢？从袁绍的角度，真要大家联合起来干的时候，发现对人性估计得过于乐观。站在其他人的角度，真要起兵讨董，和全国最能打的凉州、并州联军对抗可不是闹着玩的，而且还有造反的嫌疑，弄不好会被灭门，谁都得好好琢磨。

如果你想创业，希望拉前同事一起干，让别人辞职，将心比心，设身处地为当事人想一想，就能明白。

第一，袁绍要起兵，却没有可以讲得出口的理由。如果说反对董卓，可董卓最初没干什么坏事，反而全是好事，朝廷出现了新气象。能勉强说一说的只有董卓搞废立，但是这个事士大夫集团的利益并不受损，况且程序合法，对汉朝未来有利，朝中大臣也不反对。虽说袁绍和董卓翻了脸，但董卓也没怎么样他，还封了他一个渤海太守，有回旋的余地。所以并无起兵的充分理由。

第二，袁绍没有什么资源来吸引大家和他一块起兵。袁绍自己没有一支强大的部队，也没有足够的粮草军饷，号召大家和他一块去打凉州、并州军队，实在是风险太大，没有人愿意干。这和在体制内联合起来反对何进的布局差异性太大。

第三，离开朝廷这个平台，仅靠渤海太守的地位和以前的老感情，袁绍无法指挥这些平级和上级。即使渤海郡内部的有些官员，也未必听从他，没有朝廷和上级的支持，袁绍就是一个光杆司令。大家跟着袁绍干，到底能得到什么好处，并不明显，可仅仅靠义气就去与强悍的董卓对抗，对于韩馥、孔伷这些既得利益者来说，确实难以下决心！



第四，很多问题无法形成共识，也说服不了别人。比如，袁绍反董卓，也不那么认可董卓立的皇帝刘协，但是刘岱、桥瑁这些人未必不认刘协。有什么道理不认呢？他们名义上可是刘协封的官，不认刘协，怎么利用现在的职位讨董？

说一千道一万，虽然大家对董卓多少也有些意见，但是让大家离开体制内出去打董卓，相当于现在的辞职卖房子创业，很难。袁绍的境遇说明了难度。袁绍和董卓的斗争，实质是豪族与军阀的斗争，可豪族内部此时还没有达成共识。

袁绍到了冀州没几天，冀州牧韩馥就到了。冀州牧是渤海太守的上级。本来韩馥是袁家故吏，又是袁绍的好友，韩馥应该支持袁绍，但是实际情况并非如此。韩馥为阻止袁绍起兵，派“各部从事”看住袁绍，严重拖延了袁绍的进度。韩馥能做上冀州牧，是袁绍的死党周毖、伍琼等推荐的结果，但是和孔伷、刘岱不同的是，董卓和韩馥是认识的，有多熟不敢妄言。关键是，董卓也要争夺冠军州的控制权，尤其是袁绍所在的冀州，所以董卓会非常在意冀州牧的人选。之所以能让韩馥去，说破大天，一定是董卓认可韩馥，并且交代韩馥，要对袁绍实施管控。表面上韩馥在官位和利益面前有了二心，实质是韩馥怀有董卓的特殊使命，所以韩馥不可能真心支持袁绍创业。当然韩馥也不愿意得罪袁绍，他希望在平衡中求得平安。后来韩馥收到两封信，一封是三公写的讨董救驾信（桥瑁伪造）；另一封是刘岱大骂了韩馥，韩馥这才老实一些，思想有所改变，开始有限度支持袁绍。

袁绍一方面要到前线指挥；另一方面不愿意与韩馥产生冲突，带着人去了王匡驻扎的河内郡治所怀县。

张邈也是与韩馥一批被任命的。张邈是袁绍的好友，没有袁绍的支持，他当不上太守，最起码袁隗要是不同意肯定当不上。当上以后，感谢归感谢，但是要为报答而再失去，心里肯定不愿意。张邈和张超是亲兄弟，他们哥俩是被臧洪鼓动起来讨董的，他们的目的是趁乱世建不世之功。到底什么是不世之功，按史书上讲是“诛灭国贼”董卓。可诛灭国贼他们到底能得到什么好处吗？如果没好处而去触怒董卓，那可是高风险无收益，这种事张邈兄弟不会干。所以犹豫是必然的。

和韩馥一批被董卓任命的还有张咨，他是被周毖、伍琼推荐到外地为官的人中，唯一没有起兵的人。如果没被孙坚杀害，按理应该起兵。

真正帮助袁绍起兵的是董卓。董卓纵兵抢劫了一次百姓还不算什么，他在公元 189 年 11 月 26 日当了相国，且带剑上殿，和梁冀一样，创了东汉之最，这是王莽的节奏啊！这个事让很多人明白了，士大夫已经没有权力了，武夫专权的时代真的来了。董卓动了士大夫的奶酪，不斗争是不行了。董卓越坏，袁绍起兵越容易，就是这个道理。况且汉室越来越衰微，群雄蠢蠢欲动，这个大趋势大家也都能判断出来。

再加上袁术、袁遗、王匡、鲍信、刘岱、曹操这些人真心讨董，孔伷、韩馥这些人可以只出名不出兵（举旗但不用辞职），到公元 190 年 2 月底，袁绍串联了好多人，打起大旗的有十八路，观望或内心支持讨董但没举旗的会更多一些。公元 190 年 3 月，经过袁绍的工作，以酸枣会盟为标志，终于进入了讨董的第二阶段：起兵。

当时在酸枣集中的，有刘岱、张邈、桥瑁、张超、袁遗、鲍信这六路，还包括没资格成为一路的臧洪（张超的从事、没兵）、五千人马的曹操，总人马十万余。六个太守就能聚集起十万人，说明刘秀裁撤军都尉的政策，已经因为黄巾起义破坏了。酸枣盟誓，核心有三点：讨董、名单、宣誓。讨董的原因是贼臣董卓乘衅纵害，祸加至尊，虐流百姓，大惧沦丧社稷，翦覆四海。这些话非常空洞，普通士兵根本听不懂，它的意思是说，董卓钻了空子，率兵进京，废了皇帝，祸害百姓，我们深深担心他改朝换代。其实直到酸枣会盟时，起兵的理由也就是看出了董卓为恶的苗头，并没有董卓为恶的确凿证据。仅靠怀疑就起兵，盟书的内容显得底气不足。在盟书上列名字的有刘岱、孔伷、张邈、桥瑁、张超五人。宣誓的誓言是，如果不齐心讨董，将不得好死，断子绝孙。

这里插一句话，《三国志・臧洪传》中说董卓杀刘辩在前，酸枣起兵在后。其实是错误。起兵在正月，公元 190 年 2 月 23 日至 3 月 23 日之间。董卓杀刘辩，是公历 3 月 26 日。

当时袁绍、王匡驻扎在河内郡，袁术在南阳郡，孔伷在颍川郡，韩馥在邺县，其余分散在自己的管理的区域，都没有到会，袁绍是缺席被选为盟主的，还是有一定威信的。桥瑁假造了三公讨董的书信，臧洪代表盟主袁绍宣读了反董宣言，会议据说进行得很成功，现在看来有自娱自乐吹嘘的成分。有些文章把北海国相孔融、荆州刺史王睿、奋武将军公孙瓒、徐州刺史陶谦、中牟县令杨原、并州司马张扬、陈愍王刘宠等人也列八十八路诸侯，其实他们并未参加当时的讨董联盟。孔融和公孙瓒忙着打黄巾军；王睿只是想起兵，没等起兵已经被杀；张扬后期才投靠袁绍；刘宠也起兵反董，但是刚开始是他的国相而不是他本人，毕竟陈国的管理权不在诸侯王而在国相；陶谦一直是皇甫嵩的嫡系，他本来很讨厌董卓，但是因与袁绍不熟，袁绍起兵时他持观望态度。袁绍这伙人败了，他才纠集了另一伙人，推举朱俊领头，再讨董卓，朱俊兵败后也消停了；杨原后来帮助曹操与徐荣作战，但是并未举旗，作为县令即使举旗也算不了诸侯。

袁绍牵头，带领十八路诸侯起兵，相当于在东汉这个集团公司里，有十八个中层干部带领手下职工，离开了集团，不再接受集团公司的领导，不交利润，也不接受朝廷派来的干部。同时这十八个人并未成立一个公司，而是十八个公司组建了一个联盟。所谓联盟，就是平级之间的联合，盟主只不过是会议召集人而已，没有组织结构绩效考核，谁都不用听谁的，同意就干，不同意就散。这些乌合之众注定难以做到令行禁止。孙中山最初靠帮会闹革命，失败后重组国民党，要求党员按手模宣誓效忠，就是命令得不到贯彻后，不得已而为之，因为这件事还和黄兴闹翻。

会盟之后，应该按制订好的军事方案出兵了。

军事方案是什么呢？在《三国志・武帝纪》里，曹操在成皋兵败之后说了一段话：袁绍占据孟津、小河津两关；酸枣联军占据敖仓，守住大谷、轩辕两关；袁术、孙坚的部队进入武关。占据之后利用高垒深壁全力防守，之后通告全国，到那时，“可立定也”，就是肯定能取得胜利。这简直就是梦想中的武昌起义。这是曹操说的，但肯定不是他想出来的，应该是袁绍制订的战略方案。曹操没职位，兵又少，他的话谁都不会听，只能用袁绍的话。史书上故意美化曹操而已。

这个军事方案的核心，是利用洛阳八关封锁洛阳。袁绍、王匡去占两个，酸枣联军去占两个，孙坚、孔伷去占武关，冀州供应粮草。如此，形成对洛阳的三面阙一包围，之后以守势逼迫董卓退位。从方案本身来看，如果快速执行，难度并不大，袁绍、王匡的部队已经到位。包围洛阳后据险死守，西北士兵不善攻坚，联军士兵少经训练，如此可以扬长避短，且截断洛阳大部分的粮草供应，胜利的概率很大。但是问题是，这个方案制订得较早，联军组成较晚，随着董卓西北大军陆续进入洛阳，他已经提前派兵占据了这些地方，再要执行这个方案，就需要硬碰硬了。

真要硬碰硬，大部分人没那个胆子。有胆子的孙坚，还在为粮草发愁。

宣誓之后，酸枣联军的头头们天天喝酒，就是不出战。史书并未讲为什么不出战，韩馥供应军粮不足可能是一个原因，但是后来曹操能出战，别人不能出战，说军粮不足肯定不充分。再说行军打仗，哪有那么多军粮充足的时候，不都是一边打仗一边筹粮吗！

除了胆量、粮草以外，起初按兵不动的原因还有董卓方面针对性的报复行动。那时候的董卓，已经稳控了局面。

3 月 26 日，董卓杀了刘辩。

4 月 9 日，开始迁都，4 月 27 日汉献帝到了长安。

4 月 21 日，太尉黄琬、司徒杨彪因劝阻迁都被免职。

4 月 22 日，伍琼、周毖因卧底身份暴露，被杀。

5 月 1 日，董卓焚烧洛阳。

5 月 10 日，董卓杀了袁隗一家。

7 月，董卓派了五个官员，分别和河内、酸枣、南阳的诸侯取得联系，提出要和平不要战争。

面对董卓的一系列动作，酸枣联军方寸大乱，整天开会却讨论不出结果。

第一个，刘辩死了，董卓立的刘协我们认不认？刘辩没死时，还可以驱董复辩，可现在刘辩死了，汉灵帝就剩下这一个儿子了，不认他认谁呢？不认，没别人；认了，他是董卓所立，他和董卓意见一致，那联军就得听董卓的话，这还打什么打？盟主袁绍的意思是不认，咱们什么态度？如果闹下去，董卓把刘协杀了可如之奈何！逼迫董卓杀刘协，可就成了汉朝的罪人。这个事确实挺为难。

第二个，皇帝迁都走了，索性在中原再立一个皇帝不是挺好吗？既维持了汉室江山，又能不起刀兵，百姓免遭生灵涂炭之苦，为什么一定要打？为董卓立的一个小孩子要大家伙拼命，不值得。但是，如果另立一个皇帝，那国家岂不是分裂了吗？这是政治方向、起兵意义、对外宣传的重大问题，这个都搞不清，打什么打？张邈开始顶撞袁绍。

第三个，即便三路大军都到位了，怎么就能搞定董卓，凭什么不战而胜？毕竟还有很多地方没有起兵，如果他们接受董卓的任命和指挥，从背后包围我们，岂不是被包了饺子，死无葬身之地？

第四个，董卓已经决定离开洛阳，我们是等着他走还是拼命赶他走？董卓带着皇帝和洛阳百姓，撤进了关中，留下洛阳一个空壳，那还去洛阳干什么？真要打长安，要过函谷关，面对全国最能打的凉并军团，能行吗？

第五个，很多人的家属在董卓手里，继续闹下去家属被杀怎么办？

第六个，董卓的徐荣部已经开过来了，怎么打？谁去打？

不统一思想，问题不一并解决，士气就上不来，不喝酒还能干什么！

不能过于责怪他们，他们曾经是体制内的官员，写文件、搞汇报、摆弄人是长项，起兵造反可一点经验也没有，根本就不会干。就像现在国有单位出来的人搞创业，必须经过洗礼以后才可能成事，洗礼的办法就是彻底的厮杀，这个过程相当痛苦。

另外，没有解决大家的前途利益问题，实力派动力不足，这才是根本原因。

为了会盟，袁绍也想了很多办法。第一步，自封为车骑将军，名义上是全国武装部队“三把手”。之所以自封车骑将军而不是其他的，是因为前车骑将军何苗是他铲除的，他认为接替何苗理所应当。但因为是自封的，大家不认，不管用。第二步，既然大家只能在讨董问题上达成共识，袁绍妥协，那就只说讨董，不说对皇帝的认可问题。这样，大家才同意在酸枣结成联盟。

会盟结束还不出兵，袁绍实在没办法了，被迫走了第三步，准备另立一个皇帝刘虞，如此大家都有了目标，利益得到承诺，积极性自然提高。但是袁术和曹操反对，刘虞又死活不干，连执行总监（录尚书事）也不干，搞得袁绍真的很无奈。一部分人死认刘协，坚决不认别人；另一部分人没有好处坚决不出兵，袁绍承诺的好处又都不信。袁绍难啊！每个人都曾对袁绍毕恭毕敬，袁绍在他们身上也曾付出过帮助，但是现在他们手里都掌控一支部队，都觉得自己有两下子，还没贡献就开始互相攀比，利益得不到满足就空耗着，袁绍自己资源有限，如此，你是袁绍又能如何？后来袁绍看出靠这帮子人成不了事，才开始了独立创业之路，这才有了夺取冀州，之后占领冀州、青州、幽州、并州四州的创业辉煌。

十八路诸侯里，真正与董卓的部队面对面厮杀的，只有三拨：第一拨是王匡所属韩浩部，算半路，被牛辅突袭，一仗大败；第二拨是曹操和鲍信，以及张邈的一小部分，算一路半，也只打了一仗，结果惨败；第三拨是袁术支持下的孙坚、李旻两路，最后胜。轰轰烈烈的十八路诸侯讨董卓，真正出手的只有四路，雷声大雨点小。

首先开战的是河内太守王匡这一路，史书上并未记载战斗爆发时间，估计是公元 190 年 3—4 月。王匡的从事韩浩带着“泰山军”驻扎在前线，董卓的女婿牛辅明修栈道、暗度陈仓，一举在小河津击垮韩浩。王匡回老家重新募兵，袁绍勉勉强强沾边的讨董就此结束。这一战是被动开战，盟主先败，其他各路谁不害怕？

酸枣这面，相对年轻的曹操，没有选择耗下去。未必他有多高尚，而是耗不起。别人都有地盘和收入，还可以和中央讨价还价，曹操是出逃，没有职位和地盘，靠老家出钱凑了五千人马。如果不速战速决，士兵的工资粮食无以为继；如果将来散伙，他也没地方可去。没退路的曹操只能硬着头皮去闯。于是，别人怕打不过的，他想去试试。他和鲍信找到张邈，张邈借给了他们一部分兵，凑了两万人，去打徐荣部驻守的敖仓。当时整个酸枣联军，打过仗的只有曹操，只不过是与黄巾军这类农民武装作战，而且是配角，配合主力皇甫嵩。

曹操和鲍信到达成皋，与西北军中的东北人徐荣战在一处。徐荣的部队都是西凉老兵，曹操的部队是刚刚招募的新兵，人数虽多但战斗力一般，胜负是注定的。勇敢有余的曹操被徐荣一个后退包围就“包了饺子”，没有曹洪就当场玩完了，说明曹操当时指挥作战的水平还很低，根本不值得信任。战败后的曹操灰头土脸地回到酸枣，没有人再相信他，他无奈脱离酸枣联军，重新去募兵，募兵失败就去河内郡投靠袁绍去了。不投靠袁绍，他的粮草都会断绝。这一战，曹操经过了洗礼，体制内的惰性和良好的自我感觉淡去，开始了踏踏实实创业。他们这一战应该发生在公元 190 年 7 月前。这一战，没有想到的战略意义，是徐荣觉得联军也不那么好打，于是形成了僵持。

再说和曹操同岁的第三拨孙坚。孙坚可是久经战阵，在荆州、凉州都打过大仗。起兵之后，迅速杀了上级领导荆州刺史王睿，又杀了南阳太守张咨，抢了粮草之后向武关进发。第一战，公元 190 年冬到公元 191 年春，孙坚带着豫州的李旻等被徐荣打得大败，李旻被活捉，孙坚差一点被捉。第二战，在阳人聚，孙坚用残兵败将击败了胡轸、吕布、华雄组成的凉州、并州联军，名声大振。取胜的原因，是凉州胡轸与并州吕布有矛盾，吕布背后给胡轸使坏。凉州和并州兵团之间的矛盾可见一斑。第三战，董卓亲自上阵，在皇陵附近数次激战，董卓不能取胜，留朱俊驻守洛阳，自己撤回长安。朱俊不愿与孙坚冲突，撤到中牟，孙坚于是进入洛阳。

至此，三条战线上，所有战役结束了，前后 15 个月，中间长期无战事。三拨进展参差不齐，远未达到效果。结果是董卓主动退到长安，变成了偏安一隅的中央政权。关东诸侯损失了一路诸侯李旻。

在孙坚苦战之前，以刘岱因为私人恩怨杀桥瑁为标志，酸枣联盟解体，开始了各自独立创业，相互厮杀。

为什么轰轰烈烈起兵，惨惨淡淡散伙呢？现代很多人评价这场失败，归结于各路诸侯不思进取，各自保存实力等，基本上都很肤浅，对工作和生活没什么指导意义。

十八路诸侯能起兵，基本是袁绍布局和张罗的结果，但是起兵不是一件小事，每个诸侯都有自己的利益诉求，且经常变化日趋复杂。中国历史上多个组织联合起来对抗单一强大的军事集团，大部分以失败告终。战国时期的六国抗秦，秦朝末年的反秦联军，只有一两次的胜利。双拳难敌四手，好汉架不住人多，这在军事上未必有效。私心是失败的原因，这个病症袁绍解决不了，换成别人也解决不了。

先说袁绍的私心。反董卓最坚决的是袁绍，但他的目的是掌控东汉政权，到底是霍光型、王莽型还是刘秀型，根据形势来决定，反董卓只是他的手段。陷入权争的袁绍，为国为民考虑得少了，其出发点为私，不纯粹，境界自然不高。如果创业不是以解决行业痛点、满足客户需求为目的（梦想），挣钱才是目的（欲望），那么所谓的创业，失败的概率就很大。袁绍这个私心，表现在三个方面：第一，他自己必须是老大，这个永远不能变。这造成他非常注重别人对他是否一贯性尊重，不够尊重他就会不满。袁绍有时还以为自己是朝廷里的司隶校尉，难免在说话时有些惯性的态度，但是在其他人看来，以前很正常的态度现在变成了颐指气使，傲慢矜持。体现在他和张邈之间的沟通上，史书记载，地头蛇张邈就老怼袁绍。袁绍希望张邈无条件服从，张邈认为你已经不是领导了，还装什么蒜，两人由此产生矛盾，矛盾大到袁绍数次指使曹操杀掉张邈。袁绍在河内兵败，却不去仅有100公里远的酸枣指挥，致使酸枣联军群龙无首，也是证明，因为去了也没用。第二，他把自己的意志凌驾于他人之上，而不是把事业看得高于一切。公元190年7月，董卓派了几个朝廷官员安抚各路起兵的诸侯，提出和平邀约，包括大儒韩融、少府阴修、执金吾胡母班、将作大匠吴修等高级官员。袁绍逼着王匡，杀了王匡的妹夫胡母班。其他几人，除了韩融因资格老名气大得以活命之外，都被袁绍和袁术杀了。袁绍此举明显是逼着大家伙与朝廷决裂。而当时并非所有人不认长安的朝廷，这么做确实不得人心。本来董卓派出来的人，也不满董卓，又和袁绍曾经是一个阵营，是袁绍可以团结和争取的对象，只是因为袁绍不想妥协，想自己做大，怕他们影响军心，瓦解联盟，就给杀了，实在是小心眼。第三，他想另立刘虞为帝，这不能算是一步臭棋，但是袁绍亲自出马，就是想得到拥立之功。他直接给袁术写信，当面征求曹操意见，都不应该，这应该是由手下人去联系和解释，如果没意见，那大家伙共同提出来，他再同意，顺理成章。如果有人不同意，也不会对袁绍产生直接敌对。他自己直接出面，没有了回旋的余地，被袁术和曹操看出了私心，引起了他们的反感，造成了分裂。后期郭嘉、荀彧这些高人都跟袁绍创业过一段时间，又陆续离开，就是觉得袁绍私心偏重。

诸侯争斗，谁能最后胜出，是上天的选择。上天选择的标准有三条：第一是谁能得到民心——拥护者人数问题。第二是谁私心最少——经受失败依然还能坚持的问题。这两个都是境界问题。第三是能力资源等——需要时间长短问题。袁绍败给曹操，就在第二条。

其他起兵的人，私心也各不相同。

韩馥任冀州牧之前，是御史中丞，级别千石。从千石的御史中丞直接到二千石中最高的州牧，是以火箭速度升官。如此，以韩馥的能力水平，已属名利双收，到达了人生巅峰，他还有积极性反董卓吗？感激董卓还来不及。

桥瑁曾经做过兖州刺史，刘岱是现任兖州刺史，张邈是酸枣所在地兖州陈留郡的太守，袁遗、桥瑁、鲍信的辖区也都属于兖州，如此形成了兖州的酸枣联盟。刘岱之前的侍中，孔伷是名士，能做到一州的刺史也属于重用。公元188年以前的刺史和以后的刺史差别比较大，原因在于州牧制度的实施，刺史实权化。刘岱和孔伷因重用而带来的满足感增加，对董卓的憎恨肯定没那么强烈。

张邈仗义疏财，绝不是小气之人，但是这个人没什么主意。臧洪劝他建不世之功，他就起兵讨董；曹操说可以与徐荣一搏，他就借兵给曹操出战；陈宫劝他何不成就一番大业，他就反了曹操。完全不知道分析形势，属于不喝酒都能被忽悠瘸的人。他为获得仗义疏财之名，竟然倾家荡产搞赠送。他的问题倒不是有私心，而是没长心。刘岱（太尉刘宠之侄）、桥瑁（太尉桥玄之侄）、袁遗（太傅袁隗之侄）这些世家子弟，再加上能把死的说活、活的说死的孔伷，他们的意见不可能一致，如此张邈根本就不知往哪里走。

公元191年5月，正在洛阳扫墓的孙坚，忽然听说，他的官位豫州刺史被袁绍推荐的周昂占据，马上退兵打周昂。至此，十八路诸侯，没人再死磕董卓、顾及皇帝如何了。

在孙坚与董卓部队战斗之前，联军已经进入自相残杀阶段，标志就是刘岱杀了桥瑁。没事天天喝酒，喝着喝着就自相残杀，心中哪里还有什么盟誓！

公元191年，孙坚被刘表手下暗箭射死。同年，韩馥怀着对曾压制过袁绍的愧疚，以及对与董卓勾结过的情况暴露的担心，自杀。

刘岱、焦和、鲍信，在与黄巾军的战斗中阵亡。

桥瑁、袁遗、王匡、张邈、张超、袁术，死于内部之间争斗。

曹操和张邈有很深的交情，曹操带兵出征，会把家属托付给张邈，由此可见关系不一般。曹操取得的第一个根据地是兖州。为了打徐州的陶谦，曹操从兖州征兵征粮，如此引起兖州军民的反对，在陈宫的撺掇下，张邈、张超、许汜等人，迎接吕布占据兖州，反对曹操。曹操因此与张邈撕破脸，友情变成了攻杀。张邈随吕布逃走，在路上被部将杀死。张超守雍丘城，雍丘城破，张超被曹操灭族。

臧洪是张超的故吏，为救张超而求袁绍，袁绍拒绝，愤而反袁，城破全家被袁绍所杀。

回头再看看酸枣盟誓时的誓言，读盟书的臧洪、参与者张超被灭族，应验了盟誓。出名不出力的孔伷很早病死，张邈、刘岱、桥瑁被杀。看来，有时候真不能乱发誓。

曾经有人问，强大的袁绍，为什么官渡之战后没再起来，最后败给曹操？袁绍死时 56 岁，他之所以失败，不是因为多谋少断，也不是志大智小。如果把袁绍的心看作一个饼图，一大半是私心，为自己位高权重，权倾天下；一小半是公心，国家平安，百姓富足。他拥有四州的地盘后，私心部分基本得到了满足，没心思为公心再打打杀杀了。公心的部分，与小他 9 岁的曹操相比，体积小、重量轻，不足以支撑他长久坚持与曹操对抗。官渡之战失败后，他创业的激情彻底散了。袁绍曾经心怀天下，也曾经立志除暴安良，确也做过铲除宦官的突出业绩，但是他占领四州、欲望基本满足以后，随着自己老去，儿子长大，动力明显不足。从另一个角度讲，可能《孟氏易》这本袁家世代学习的书，对袁绍还是有一定影响的。人在满足无穷的欲望中，往往迷失了本心。秦国嬴姓，七百年的大秦，在越做越大中满足，却在统一全国后，被灭国灭族。早知道会灭族，为什么还要做大呢？董卓不进京，很可能寿终正寝，可进京后满足了自己的所有欲望，还不是不到三年就被点了天灯。争来抢去，你死我活，百姓遭殃，有什么意思！公心不足的袁绍看开了，认为一切没有意义。袁绍，公元202年去世，终年56岁。

到公元195年，起兵讨董的十八路诸侯，大部分死去。十八路诸侯中，8个死于内斗，4个不详，3个死于黄巾，只有1个死于董卓之手。

还是劝韩馥为国家而起兵的刘子惠说得对，如果没那个境界，起兵就是一件凶险的事情，不能当头儿，随便混一混就得了。列不上十八路诸侯名录的小字辈曹操，靠独立创业，最后胜出。

# 第二十章　起兵和暗杀哪个好

之所以写这一篇，是论证面对蛮霸的权臣，该辞职创业，还是潜伏待变。

面对董卓进京后强势的政治压力，东汉在京群臣迅速分化。大体分为四类：第一类是离开后搞武装反抗的，代表人袁绍，还包括袁术、曹操、郑泰、许靖、荀攸、朱俊，属于革命派；第二类是潜伏在董卓身边，准备刺杀董卓的，代表人王允，还包括张温、黄琬、何颙、周毖、伍琼、士孙瑞，属于地下党；第三类是顺从董卓的，有蔡邕、丁宫、宣璠，属于投降派；第四类是人数众多、不服董卓但也不敢反抗的，代表人皇甫嵩，还包括荀爽、杨彪、孔融、种拂等，属于平庸派。

袁绍在外围大张旗鼓地明着干，王允在内部默不作声地阴着搞。他俩路线虽然不同，但都成功了。袁绍用了十年，做大了自身，公元200年前成为中国最大的诸侯，控制了冀、青、幽、并四州。

王允收买了吕布，刺杀了董卓。吕布后来还提着董卓的脑袋，到袁绍大营，找袁绍要人情，袁绍请他喝了顿大酒了事。王允因为没有处理好董卓余部的问题，56岁时被李傕、郭汜所杀。在这个历史的拐点上，后世认为王允要负历史责任。其实他处理不好，当时别人也未必能处理好。面对数万罪恶累累的骄兵悍将，在汉室衰微武力不足的情况下，确实难以降伏这群恶魔。这也是王允的潜伏路线存在的问题：刺杀了一个董卓，反而释放出了更多更坏的董卓，造成形势更加恶化。

侍中蔡邕属于附逆的代表，附逆是王允杀他的根本原因。蔡邕未必亲手做过什么坏事，如果要审判他，他还可能说自己是曲线救国，那些事都是董卓让他干的，他不得不干；而且他还阻止过董卓干坏事，如果没有他，董卓会干得更坏等。虽然无法用贪图富贵来说蔡邕的动机，但是客观上他确实帮助董卓完成了坏事，在他力所能及的范围内，也没有表现出作对董卓的实质性抗争。别人在用鲜血和生命去消灭董卓，他却在帮助董卓，蔡邕至少是缺少气节的，这样的人去写史，难怪王允不放心。《后汉书·蔡邕传》里，首先写他的祖先不仕王莽的事迹，就是为了反衬他的气节低下。另外，作为受益者，随着董卓的灭亡，蔡邕必然受到受害者的鄙视和打击。蔡邕得到部分人的同情，在于他过人的著作才华没有得到施展，以及曾经对董卓进行过部分劝诫。可他真的值得同情吗？最起码他没有除掉董卓的想法，属于被董卓分化过去的人。顺从恶势力，即便没做坏事，也不会有好结果，否则，岂不成了人人效法的对象，谁还愿意前仆后继与黑恶势力作斗争呢？很多历史事件，史学著作者也未必都知道，只能大浪淘沙。实在有空闲，再为蔡邕分辨他的酸甜苦辣和是非曲直吧！

皇甫嵩是最有实力对抗董卓的人，却选择了顺从。公元 184 年黄巾军被基本剿灭后，皇甫嵩的声望如日中天，县令阎忠劝他以韩信为鉴，造反。他没听从。公元 189 年董卓执政后召他进京，长史梁衍劝他不要进京，起兵反董，盖勋也曾希望和他一块干，他还是没听从。进京后被下狱，要不是他儿子皇甫坚寿与董卓是好友，痛哭流涕磕头讲情，皇甫嵩被杀是大概率事件。明朝李贽曾经说：皇甫义真之不死于董卓之手者，幸运也。董卓在洛阳和长安闹腾时，皇甫嵩什么事也没做，仿佛国家怎么样跟他无关。董卓死后王允也不重用他，一直碌碌无为，公元 195 年死去。皇甫嵩为什么不为国锄奸呢？宋元理学家胡三省认为是皇甫嵩自认为弄不过董卓，不是董卓的对手。那倒未必，主要原因可能还是对汉朝的彻底失望，心凉透了，没了奔头。范晔认为，皇甫嵩舍天下之大业，蹈匹夫之小谅，在董卓面前狼狈不堪的样子，让天下智士耻笑："何智勇之不终乎！"

宋朝诗人写了一首诗，评价皇甫嵩：

几多孟德总欺孤，底事山头独望夫。

不听阎忠听梁衍，未应魏阙便当涂。

意思是说：这些年来，像曹孟德这样欺负皇帝的人好些个，一遇到事情大家就站在山头眺望祈盼你。你怎么不来救我们呢！你要是听了阎忠或梁衍的建议，起兵讨灭董卓，就不会出现曹魏代汉的事情了。

魏阙指高大的城门楼。当涂本意是挡路。这句话来自一句谶语：代汉者，当涂高也。就是说，接替汉朝的，应当是“涂高”。可谁是涂高呢？汉武帝以来两百多年谁也说不清。袁术袁公路自作多情，我的“路”就是你说的“途”，于是称帝，很快灭亡。袁术的德不配位，既有本事不够的意思，也有当皇帝不合适的意思。等到魏代替汉，大家才明白，原来是这么回事！知道结果再回头找理由，那就简单了。理由如下：当涂，阻挡大路。高也，指高大的东西。阻挡大路又高大的东西是什么呢？当然是城门楼，当时叫巍阙，也叫魏阙。魏阙，暗指曹魏。所以，代汉者，曹魏也。真够隐晦牵强的。

皇甫嵩这样的人，怪他也没什么用，记住他也没什么必要。除了带兵打仗还行之外，就那么回事儿。

最不应该忘记的，是为反董而牺牲的何颙、李旻、周毖、伍琼、张温。

再看看随着汉献帝迁都到长安的官员们。

荀爽于公元 190 年去世，小心陪了董卓九个月，死在董卓前头。

卢植被董卓免官后，回了老家涿州，与董卓脚前脚后去世，白受了几年凌辱和担惊受怕，终年 54 岁。

黄琬、崔烈、赵谦、种拂，于公元 192 年李傕、郭汜攻下长安时，或病死或被杀。

马日磾奉李傕之命出使寿春，被袁术扣留，袁术看不起他，借了他的符节不还，公元 194 年气愤而死。

算上袁隗公元 189 年杀掉的樊陵、许相，董卓于公元 190 年杀掉的袁隗、张温，公元 193 年被公孙瓒所杀的刘虞（大司马，宗正），公元 180 年到公元 192 年董卓灭亡期间，当过三公的，除了杨彪以外，到公元 195 年全都死去（丁宫死因不详，范晔和陈寿都不愿提他）。

公元 192 年李傕、郭汜攻陷长安，太常、太仆、大鸿胪，九卿中三人战死。公元 196 年汉献帝从长安回洛阳的东归路上，光禄勋、卫尉（士孙瑞）、廷尉（宣璠）、少府、大司农，九卿中的五个被李傕、郭汜乱兵所杀。再加上死去的宗正刘虞，三公九卿全军覆没，没有一个不是憋了巴屈稀里糊涂死去的。对于那些内心里并不甘心情愿服从董卓，但又不敢站出来反抗的人，死死抱住没有前途的朝廷，多活几年真的有意义吗？

这就是董卓进京后、京城官员的最后结局。随汉献帝回到洛阳的高官，只有杨彪一人。

现代人看他们的结局，知道了如果当初换成自己该怎么办，但是如果身在当时，未必知道。他们的很多选择也有无奈的因素。皇甫嵩进了洛阳，就成了笼中老虎，除了摇尾乞怜也没有别的路可走；蔡邕不接受董卓的征召，有性命之忧，附逆实属无奈。当时谁能把董卓看得那么透彻呢！谁又知道会发生李傕、郭汜之乱呢！在洛阳之时，还可能跑出去，到了长安，跑出去就难了。

客观分析，作为当时全国位置最高、读书最多、资源最好的这群人，他们能够看明白两点，即东汉的灭亡不可逆转，董卓的执政难以持续，只是时间问题。在此情况下，身不由己随着东汉的大船沉没，最后被李傕、郭汜一锅端，结局实在是令人唏嘘。

这四类人，代表了四种不同的人生观和价值观，不能简单用君子、小人来衡量。每个人的年龄、资源、经历、志向都不同，选择自然不同。但是让他们重新选择，未必会和原来的选择一样。所以选择是可以改变的，有调整的空间。读史，无非也是通过案例分析，找出更合适的人生之路。

本书的观点，支持袁绍起兵。支持的理由，只有一条：不后悔。不后悔的前提，是知道自己想要什么，能不能得到是能力和环境的问题，结果不重要，努力了就好。总之相信皇甫嵩和蔡邕，不会是主动要骂名和靠哀求求生的人。

关于自己到底想要什么，讲一个案例。东汉初年有个山西人叫王霸（不是随刘秀起兵的王霸），曾是西汉的官员，王莽代汉后，他辞职隐居了。这也没什么，个人选择而已。刘秀称帝后，请他出来做官，他来是来了，但见到刘秀并不下跪称臣，理由就是“天子有所不臣，诸侯有所不友”，意思是你有权有势，我过我的日子，没有谁高谁低之分！当时的司徒侯霸，想把自己的位子让给王霸。另一个叫阎阳的人劝阻说，“王霸只不过是山西太原一个沽名钓誉的凡夫俗子，我看你还是算了”。这个事就撂下了。王霸回了家乡，朝廷再招他，他也不去了，“隐居守志”。

王霸有个朋友任楚国相，有一天想起老朋友王霸，就派自己手下官员、同时也是自己的儿子捎一封慰问信给王霸。朋友的儿子就带着人、驾着车去了王霸家。王霸的儿子正在耕田，远远看见家里来了一群当官的，也兴奋地跑回家里看热闹。客人走后，王霸卧床不起，郁郁寡欢。他媳妇就问他怎么了，他开始还不想说，在媳妇追问下才吐露心声。原来，他看见朋友的儿子，衣着光鲜，举止得体，谈吐不凡，一看就是见过世面的人。而自己的儿子蓬头垢面，牙齿稀疏，局促猥琐，不懂礼仪，见到客人紧张自卑往后缩，相比之下，差距实在太大了。而一切的原因，王霸归结于自己隐居乡野，耽误了孩子的前途。

很明显，王霸对自己真正想要什么产生了怀疑。

他媳妇倒是会开导人，对他说，你朋友的富贵和你的节操哪个更高啊？你怎么能因为儿子不如人，就忘了自己的一贯的节操呢？王霸这才露出笑模样。

那么，王霸的节操到底是什么呢？《周易》上讲：“不事王侯，高尚其事。”荀子说：“志意修则骄富贵，道义重则轻王公。”王霸可能真信了书上的话！《周易》上的话怎么解释，汉朝的人也未必弄得明白，仁者见仁、智者见智，无法评价。现代人对这句话有两种解释：其一是朝廷有奸人掌权，不同流合污，是为高贵；其二是功成身退，以不做王侯为高贵。荀子的话倒好理解，人一旦有较高的境界，或者在一定的情况下，比如宦官当权时，是可以鄙视富贵、看淡功名的。无论怎么说，可以有不当官的选择，但认为当官就一定是不好，不妥，需要一定前提。王霸认为当官就是不好，绝对了。在王霸看来，当官的富贵都是靠下跪得来的，而他不下跪就是有气节，大不了贫穷而已。类似于现在的一句话，叫高官不如高薪，高薪不如高寿，高寿不如高兴。这是追求自由的人的心态，只是不知道，没有政府的管理，哪来的安定有序的环境？如果没有好环境，小官僚欺压你，小流氓欺负你；老人看不起病、小孩上不起学、自己经常受刁难，你还高兴得起来吗？

王霸自己编织了一个伪命题，为此稀里糊涂活着，好不容易被儿子的事刺激了一下，又被老婆忽悠过去。不知道自己活着到底为什么和要什么，是一种悲哀！王霸的书，读到狗肚子里去了。不过最后王霸还是明白过来了，他的两个儿子王殷、王咸，后来都出来做到太守级别的高官。

袁绍知道自己想要什么，那就是铲除污秽、掌握权力，否则不会15年不当官，费劲巴力去铲除宦官。王允也知道自己想要什么，那就是干死董卓，恢复朝纲，否则以他和董卓的好关系，自己又已是高官，不必冒风险与董卓斗。皇甫嵩和蔡邕想要什么，不得而知，士大夫如果失去了气节，真的一文不值。

不知道自己想要什么，也是因为境界的不同。

说有一个关于志向境界的故事，能够证明人的层次差别。这个故事，源自一个成语，叫求田问舍。

说有一天，许汜和刘备、刘表三个人，坐在荆州刘表办公室侃大山，聊天下谁是豪杰。许汜是当时的国士。国士就是全国才华最优秀的人士，"才华盖一国"才能称为国士。按现在的话，最起码是院士加国务院参事。许汜说起一个人，叫陈元龙，说他"湖海人士、豪气不除"，意思就是陈元龙是个江湖人士，粗俗傲慢无礼，是个不尊重人才的一般人。刘备和陈元龙关系不错，内心不太认可许汜的话，又不好直说，就问刘表："你认为许君评价的恰当否？"刘表是个老油条，说："我要说不对吧，许先生是个好人，从不说假话；我要说对吧，陈元龙又是名满天下的人。我就不判断了。"看看刘表的回答，真是滴水不漏。刘备只能又问许汜，说你说他粗俗傲慢，可有什么证据吗？"许汜说："有一次，我避难路过陈元龙家，他可倒好，不懂待客之道，吃饭喝酒时长时间不和我说话，之后自顾自上大床睡觉去了，根本不理我，连床都没给准备。"刘备那是多么聪明的人啊，立刻听出来，许汜的证据有两个，一个是陈元龙不陪着客人聊天，另一个是自己睡床不管客人。于是刘备针对这两点，说："你去陈元龙家的事我听说了。许先生您有国士的大名，应该知道国家现在的情况。现在天下大乱，皇帝失去了权力，大家都希望你能为朝廷和百姓考虑，给出一些好主意。我听说你们刚开始聊天时，你净说一些无关大局的事，什么在哪里买地能挣钱啊，在哪里投资楼盘能升值之类的话，救国之道一句没有。你那些话，不是陈元龙关心的，他哪有心思听你聊那些没有用的啊！如果换作我呀，直接睡在百尺高楼上，谁管你睡床上还是地上！”刘表听了一顿大笑。刘备继续说，“像陈元龙这样有文武胆志的人，只能在古人中才能找到了，一般人哪里比得了啊！（造次难得比也）”

以上这段故事，来自《三国志》。陈元龙就是陈登。陈登是江苏淮安人，出身名门，突出的事迹有三个：第一个，不顾吕布以其三个弟弟做人质要挟，打败吕布。第二个，不惧对手十倍于己的兵力，连出妙计，打败孙策、孙权。第三个，爱民。他离开广陵去当东郡太守时，差不多整个广陵的老百姓都跟着他走了。史书上讲：“广陵吏民，佩其恩德，共拔郡随登。”抱着孩子追随！

陈登这人，因为死的比较早，仅 39 岁，没能成为历史上最出名那类人，遗憾。可是，他和袁绍、曹操、刘备、吕布等牛人在一起，不但乱世中能保持人格独立，还受到领导和对手的尊重，且能建功立业造福一方，这就不是一般的本领了。说陈登是一个国家级的豪杰，绝对没人有意见。

刘备当面贬损许汜，话虽难听，却是实话。陈登和许汜，一个想为国家做些贡献，是为国为民的英雄豪杰；另一个想为自己谋点利益，是为名为利的蝇营狗苟之辈，差别何其大也！这两个人的人生高度，如何能同日而语！用这个故事，能够衡量出东汉末年四类人四种选择的高下。

其实和平时期，绝大多数人都是许汜这样的人，求田问舍也不是什么大毛病，毕竟生活本身就不容易。那些为国为民的志向，也不是想树立就能树立的，需要上天的青睐、环境的锤炼及个体的领悟。人生缺少际遇，感悟自然就少，视同老天没选上你，不做普通人又能如何！

人的精神层次，分志向、梦想、欲望，高下的标准在境界，境界的标准在心中有多少别人。人到 40 岁，基本知道自己所在的层次了，可知道时已经晚了，因为进入哪个层次，是成长过程中自然形成的，出身和环境已经把个体定位了。出过国的人更容易爱国，就是这个道理。岳飞若没见过金人杀害汉人的惨状，不会那么坚决抗金；李小龙若没见过“华人与狗不得入内”的牌子，哪有那么强烈的爱国热情？让不让你看见，在你看来是偶然，机遇决定的；能不能看见，是人生经历决定的；老在家待着，看不见的概率大；见过受不受刺激，是出身和文化决定的；见过的人多了，能不能将刺激转化为志向或梦想，那就只能看个人造化了。李斯见到不同环境下的两只老鼠，就知道自己人生目标在哪里，这就是上天的青睐和自己的造化。所谓的上天青睐，就是让不让你看见。张良在桥上走，看见一个老汉故意把鞋掉桥下，老汉让他捡鞋。捡，就是受刺激；不捡，就是没缘分。让你看见了，给了你机会缘分，你却熟视无睹，那老天爷哪里还会再搭理你。

对自己来说，明确知道自己想要的东西在哪个层次，是好事，因为活着的目标清晰，标准明了，没那么纠结痛苦，做到了活着有意义，做不到也只能认命。比如谭嗣同。但是对别人看来未必是好事，为了梦想家破人亡的大有人在。

多数人活着，是为了欲望的满足，包括物质层面和精神层面的欲望。生活中经常存在鄙视链，开豪车的看不起开出租车的，干个体的羡慕当官的。只有处于层面相同的人，才会彼此鄙视或羡慕，其实没什么本质高下之别，都是普通人。高境界的人对普通人都是心存怜悯和帮助爱护的，只有高衙内才会欺负西门庆，他们两个要不违法，岳飞没时间找他们麻烦。

根据欲望之不同，主要分三大类人群。第一种人追求人生的高度，比如做官希望越做越大，挣钱希望越挣越多。古代皇帝大多如此，秦始皇、汉武帝、成吉思汗。为什么毛主席说他们略输文采、稍逊风骚、只识弯弓射大雕？是他们享受不到，为更多的人谋福祉这种高级的快乐。成吉思汗本质就是个猎户，抢夺地盘，为得到不同的女人和各种口味的美酒而已。第二种是追求生命的长度、深度，如希望高寿的人，希望运动成绩越来越好的人，想要探明世界本源的人等。他们活着就为了跟自己较劲，这是核心特点，所以修炼、苦练、苦苦钻研。道家是，科学家是，运动员也是。代表人物王阳明。第三种是追求生命的宽度，他们要的是体验生活的美好，不在乎活多久，不在乎做多大的官，不和自己较劲，目的是获得生命的不同体验。美食吃腻了，就去要饭；要饭要烦了，就去办学。高兴了穿上军装上战场；不高兴了痛打一个不认识的人进监狱待几天。别人看他是任性，他看别人是傻冒。

在欲望这个层面，这三种人无所谓高下，和职业无关。要饭的可能有大志向，当面仁义道德背后鼠窃狗盗的多了，研究经学的也不都是为往世继绝学。而且，去哪个方向，表面上看是个人的选择，其实不是，是不知不觉、自然而然、迫不得已就走向了那条路。让陶渊明当官，他难受；不让他当官，他还难受，成长的经历把他塑造成了一个多欲望、定位模糊的诗人而已。

定位一旦模糊，就经常抱怨，歪理还很多，比如许汜，自持名士身份，实际处于欲望层面，身居高位而混吃等死，陈登哪里有兴趣搭理他。

能坐到台面上的，还得是袁绍和王允这样的志士。那么，起兵和刺杀，哪一个更可取呢？之所以提出这个问题，是为了论证袁绍和王允，在目标和层面大体相同的情况下，不同方法之高下，论证面对蛮霸的领导，该辞职还是潜伏。

比较袁绍起兵和王允刺杀，要从三个角度来分析。

第一个是从消灭董卓肉体的角度分析。从事件结果看，无疑，王允采取的刺杀手段效果更好，毕竟王允完成了任务，袁绍没有完成。没有满足前提，袁绍的方法就直接废掉。

袁绍的方法太慢。起兵模式，是坐大自己再消灭对方，正大光明，但是成功的概率比较低。第一，能不能坐大是个问题。第二，即使坐大了，对方等不等你还是个问题。袁绍坐大以后，董卓早死了，袁绍无法报袁隗举家被杀之仇。第三，自身坐大后能不能一定灭得了对方，还是问题。

所以从难度比较，袁绍更难。袁绍虽然有前期布局的基础，但是因为董卓反击加内部不合，十八路诸侯讨董卓以失败告终。拿下冀州后，袁绍还不是董卓的对手，为了壮大自己，还要打黄巾军、打河北流寇、打公孙瓒、打张燕、打袁术等，这就非常不容易了。袁绍用了十多年时间坐大，王允只用了两年多的时间；袁绍要团结很多人，王允只要吕布一人。这说明袁绍更难。

王允的难度有两个，一个是取得董卓的信任，另一个是与吕布结盟。这两个因为王允做到了，显得容易。仔细想想虽没袁绍难但也不容易。吕布当时是董卓唯一的漏洞，是刺杀董卓的七寸，利用吕布是王允最巧妙的地方。历史几千年，除了利用吕布刺杀董卓，到今天没见谁想出更好的办法弄死董卓。

但无论如何，只要董卓残暴，他身边总会有人反他，没有吕布也有别人，王允有机会，只是时间问题。

从险的角度，王允的风险更大，因为董卓很难对付。吕布只是和董卓的婢女私通，就吓得整天提心吊胆；张温暗中谋划刺杀董卓，刚有苗头就被董卓斩杀。狼戾贼忍的董卓，非常的敏感小心。吕布的手下李肃刺杀董卓时，紧张得大戟都刺不进去，还是恐惧。只要走漏消息，王允必死，且会被灭族。袁绍虽也有战争阵亡的风险，但毕竟手下多，打不过还可以跑，出事概率小，要死也是一个人。

总之，王允的方法比袁绍的方法险和巧，且短期内就有效果，所以，仅以消灭董卓个体而言，王允高于袁绍，刺杀好于起兵。

第二个是从消灭董卓集团角度来分析。从这个角度说，袁绍的起兵模式更彻底，所以也更可取。董卓不是一个人在战斗，像董卓那样嗜血的武夫有一大群，牛辅、董越、段煨（段颎的族人）、李傕、郭汜、胡轸、樊稠、张济、徐荣、华雄、李蒙、王方、杨整修等，是董卓手下“十三太保”，都是能征善战的将军。消灭了一个董卓，起不到根本的作用，王允刺杀也刺杀不过来，反倒被杀就是证明。要想彻底消灭董卓集团的核心人员，王允的办法不灵。

第三个是站在未来发展角度来分析。王允潜伏刺杀的目的，是夺回汉室统治权，对自己最大的好处是能掌控汉室政权。在汉室衰微没有实力做后盾的情况下，掌权仅是陪葬而已，不比霍光的年代。在汉室有实力后盾的情况下，即便王允成功，也仅是汉朝权臣，后果如何实难预料。霍光死后举家被灭族，可为前车之鉴，毕竟如后世曹丕替了刘汉，司马氏篡了曹魏这种做法，在王允的思想世界里还不接受。袁绍起兵，可以维护汉室正统，也可以独立单干，可进可退，进退自如，不受过多干涉，空间很大。所以从未来发展的角度，袁绍模式比王允模式更好。当然这个好，一定是建立在汉室衰微基础上的，如果不是，那就未必好，或很难说谁更好，只是此一时彼一时的好或不好。类似于现代的打工和创业，经济大形势好，创业更容易获成功；经济形势不够好，体制内工作更稳健。

抛开当时东汉衰微的大形势，应该说，袁绍起兵模式更符合现代人的观点，毕竟，生活不只是报仇雪恨这一件事，还有希望，还有更精彩的人生，不应该为了一人而毁了自己一生。

# 第二十一章　读史能规避风险吗

历史题材的小说和电视剧，多多少少都予以了艺术加工和篡改，这给了历史人物一张鲜活的面容，同时也扭曲了他们的本来面目，失去了借鉴的基础。正史同样给人以无数的遐想空间，可看过之后想想，对生活，又有多少实际指导意义呢？

读史的目的，是以史为鉴。唐太宗以史为鉴，目的是判断一个政权的兴衰；士大夫以史为鉴，目的是学习治国理念和官场的生存智慧。古代帝王将相之所以重视历史，是因为大量事实证明，历史都是会重演的，“惊人的相似”。东汉宦4代“五侯”与外戚6代大将军梁冀的斗争，宦5代曹节、王甫与外戚7代大将军窦武的斗争，宦6代张让、赵忠与外戚8代大将军何进的斗争，路数都差不多；司马氏代曹魏，与曹魏代汉，基本就是翻拍；金灭北宋的过程，和蒙古灭金的过程，也非常相似。

一般人读史的目的，除了兴趣，无非是以史为鉴，看清千古不变的人性，从而在生活中趋利避害。第一认清人性，认清自己，进而完善自己，形成个体与环境的和谐相处，即所谓适应社会；第二是找到事物发展的客观规律，提早发现趋势、规避风险，从而改造社会。往大里说，寻找规律和树立正确的人生观是读史的目的；往现实里说，适应社会和避祸是读史的基本目的。

作为读者，再怎样的记忆超强领会深入，也不如熟悉那段历史的作者。中国历史上最有价值的正史，首推前四史，即《史记》《汉书》《后汉书》《三国志》，作者分别是司马迁、班固、范晔、陈寿。这四个人，应该对自己所写的那段历史如数家珍，从大的发展脉络到具体的为人处世，都无时无刻不影响他们的生活，而且他们都是官员，可以说是最有活学活用条件的人。

那么，他们的一生又过得如何呢？如果他们活得好，说明读史有用；如果连他们都过不好，看来读史没那么有用。

首先说说司马迁。司马迁是秦朝平定巴蜀的大将司马错的后人，祖上世代为官，家学渊源深厚。年幼时司马迁就在父亲的指导下习字读书，十岁时已能阅读背诵《尚书》《左传》《国语》这些现代博士读起来都费劲的书籍。20 岁时开始游历天下。读过万卷书、行过万里路，回来后因为父亲的关系直接当了郎官。父亲死后三年，他 37 岁左右，做了父亲生前的位置，太史令，一个掌管天文历法的官，级别六百石，年薪 740 石。汉武帝时期是个牛人辈出的年代，司马迁曾向董仲舒、孔安国这些大儒讨教过学问，在与长辈和同事的交往切磋中，认知水平得到了很大的提高，按现在的说法，四十岁左右的司马迁，做史学的博导师是一点问题都没有。一个学识渊博、久经官场的人，应该知道如何适应社会和规避风险了吧。

司马迁的日子过得很安稳。公元前 99 年，李陵带兵打匈奴，兵败投降的消息传回长安，司马迁的日子突然发生了断崖式改变。

李陵这个事并不复杂。按史书记载，汉武帝派自己宠妃的哥哥李广利率兵三万打匈奴，让李广的孙子李陵运送粮草。李陵不愿意当运粮官，希望带本部人马独立作战。汉武帝看他主动求战勇气可嘉，也就同意了。李广家族的战将运气都不太好，李陵出兵就遇到了匈奴的主力。在没有救援的情况下，李陵以五千步兵对匈奴陆续赶来的八万骑兵，杀伤上万敌军后弹尽粮绝，分头突围，仅四百人生还，李陵兵败投降。

在信息不发达的时代，李陵是真降还是诈降成为最主要问题。如果是诈降，那就说明汉武帝用人不错；如果是真降，那就是皇帝所用非人。汉武帝是鼓励尽职后诈降的。公元前 103 年，汉将赵破奴全军覆没后投降，与李陵情况基本一致。公元前 100 年，也就是李陵兵败投降的前一年，赵破奴从匈奴逃了回来，汉武帝让他官复原职，没受投降的影响。

群臣一致认为李陵是真降，汉武帝拿不准李陵的心思，就征求研究星象历法的司马迁的意见。司马迁根据李陵平时的表现，认为他对母亲孝顺，对士卒信义，有国士之风，如此过硬的人品，不会是真投降，找机会还会回来效忠朝廷。况且李陵以少敌众，孤军苦战，仅凭这一战的成绩足以名扬天下。总之是为李陵辩护，第一，苦战有功；第二，不是真降。

汉武帝当时并未因司马迁这个观点就处分他。接下来派人找李陵回来，可惜没见到李陵，却带回来一个匈奴俘虏传出来的消息，说李陵在帮助匈奴练兵。这时距离李陵兵败已经一年多了。汉武帝因此判断李陵是真投降了，杀了李陵的全家，司马迁也被酷吏定为“诬罔之罪”，处以宫刑。这就是李陵事件引起司马迁受罚的大体过程。

李陵身体确实投降了，心里也真的是诈降，司马迁的判断准确。李陵听说全家被杀后伤心透顶，彻底投降了匈奴。再后来汉使见到李陵，才知道那个帮匈奴练兵的，是汉人都尉李绪。一字误差，李陵彻底毁了，再也没回汉国。

诬罔之罪是汉代三大罪名之一。诬是把有的说成没的，罔是蒙蔽欺骗的意思。酷吏的观点是司马迁把李陵真降说成诈降，蒙蔽皇帝。宫刑在当时是非常非常丢人的惩罚，尤其是对司马迁这样的士大夫来说，简直难以承受，自己活着活着，活成了士大夫最鄙视的半人半鬼的“竖阉”，绝对的奇耻大辱。司马迁的生活，从此跌入愤懑难以自抑的深渊。

司马迁被阉这件事，主要是汉武帝的责任。即便司马迁推断错误，也不该受这么重的刑罚。司马迁因言获罪，值得同情。

另外，酷吏也有责任。汉武帝为了战争，横征暴敛，为配合敛财，颁布了好多法令。刘邦入关时“约法三章”，可汉武帝时法律有359章。在没有律师的年代，谁能弄清那么多的法律条文？这就给酷吏留下了很大空间，想让你活命有依据，不想让你活命也有先例，任由酷吏操控。什么事都是一样，不怕没好事，就怕没好人，案子放到酷吏手里，结果好不了。用司马迁的话说，一旦进了大狱，吓都吓坏了，只能老老实实认罪伏法，哪里还敢据理力争？

作为司马迁来说，敏感残暴的汉武帝和凶狠谄媚的酷吏是他的生存环境，客观存在，无法改变。如此环境下，他不替李陵出头不就万事皆休了吗？李陵跟他又没什么交情。所以要想总结经验规避风险，还要从司马迁身上找原因。

根据司马迁写给朋友任安的信——《报任安书》，分析一下，他之所以受宫刑的原因。

司马迁自述，他“少负不羁之才”，长大后，位列下大夫之间，引经据典，高谈阔论。爱表达与众不同的观点，是司马迁的第一特点。司马迁是靠父亲荫袭做的官，所以对皇帝感恩戴德。这份感激有些过分，表现出了极端的状态，包括杜绝与宾客往来，根本不顾家庭，等等，一心工作的目的，就是“求媚于主上”。这是司马迁的第二个特点。

因为这两个特点，在知道汉武帝因李广利和李陵兵败而承受群臣背后议论纷纷的压力、群臣一致谴责李陵、汉武帝要求司马迁发言的情况下，标新立异的司马迁巴结心切，提出了李陵功大，且不是真降的观点，以示李陵不能叫战败，皇帝用人英明。司马迁的本意，是想为皇帝开脱。

司马迁的观点，开始确实起到了开脱的作用。但是随着李陵帮助匈奴练兵的消息传来，汉武帝被现实抽了一个响亮的耳光，恼火程度可想而知。皇帝所用非人、穷兵黩武、陷李陵于不救、偏袒李广利等议论恐怕在所难免。

汉武帝固然因军事失败而懊恼，但更担心群臣百姓在背后嘀嘀咕咕，致使他威信下降和政治动荡。要想阻止议论，最好的办法是杀人立威。可杀谁呢？李陵是汉武帝自己派出去的，与别人无关，况且他还在匈奴那里。这时司马迁这个无足轻重的小人物就会引起汉武帝的狞笑。很明显，你司马迁又不是李陵肚子里的蛔虫，怎么知道李陵是诈降？这不是故意把有的说成没的、主观臆断蒙蔽欺骗吗！汉武帝就是要拿司马迁的生殖器来封众人之口。你们士大夫不是有骨气不怕死吗，我也不弄死你，只是让你受辱，看你们谁还敢背后瞎议论？处理了司马迁，用人不当、拖延处理的责任就模模糊糊地归结于身边那些胡乱参谋的书呆子身上。

为了此事能就此打住，汉武帝牺牲了自己的粉丝司马迁。

司马迁因言获罪，被阉后怨气非常大，但又不敢在汉武帝面前流露，全发泄在书里。汉武帝也知道不是司马迁的错，本意也只是杀鸡儆猴，所以惩罚完司马迁，风头过去后来还重用了他，让他做了中书令，相当于大秘书。

打一巴掌再给颗甜枣，政治手腕而已。

等到李陵的事情澄清，司马迁的命根子早没了。读了一辈子书的司马迁，就这么被汉武帝轻松利用，毫无准备，毫无警惕，毫无反抗。一片好心一腔热血，最后落得这么个下场，可怜可悲呼！

司马迁不知道伴君如伴虎吗？不知道因言能获罪吗？肯定知道。他自己写的《史记·秦始皇本纪》记载，卢生议论秦始皇专制独裁，“乐以刑杀为威”，秦始皇便以卢生等诽谤罪，逮捕460余人，活埋在咸阳。这就是著名的“坑儒”事件。历史事件言之凿凿，历历在目，可自己却又成了新的受害案例。司马迁肠子都悔青了，用他自己的话说，“是以肠一日而九回”。

司马迁被判宫刑，但不一定就会执行，因为汉朝有规定，受了刑罚可以花钱赎罪，叫“赎刑”。李广、公孙敖、苏武的父亲苏建，全军覆没一人逃回，按律当斩，可都花钱消灾，免官了事。可是，司马迁“家贫，财产不足以自赎，交游莫救，左右亲近不为一言”，他自己认为这才是他最后被阉割的原因。事实果然如此吗？

汉朝最初规定，赎死罪的钱是二金八两，赎宫刑是一金四两，也就是1.25万钱。司马迁被宫刑是在公元前98年。公元前97年汉武帝规定，死罪犯人可以上缴50万钱，减死罪一等。由此推测，由于战争，物价飞涨，已经不执行二金八两那个数了。宫刑的赎金多少没有记载，但是也少不了多少，估计25万钱还是要的。西汉太史令的年薪740石，按一石100钱计算，一年收入7.4万钱（包括370石粮食）。在养了三个孩子的家庭里，要想一次性拿出25万钱，确实有难度。工资不涨物价涨，司马迁的贫困可能是真的。

司马迁真的没朋友吗？不说秦桧还有三个好友，司马迁当官多年，不可能没朋友。史载，他和贾谊之孙贾嘉，樊哙之孙樊他广，冯唐之子冯遂，苏武的父亲苏建等，都有交往。即便为避免皇帝猜忌，断绝了与他们的交往，他还有儿女亲家。他女儿的婆家是世袭的赤泉侯杨家，“关西孔子”杨震的祖上。司马迁一辈子没遇到大事，偶尔求一回人，凑二三十万钱不会是大问题。所以真实的情况很可能是，司马迁被判宫刑后，所有大臣全猜到了汉武帝的心思，那就是皇帝要借用司马迁的生殖器封众人之口，如此谁敢跳出来不让皇帝满意？有钱也不敢借给司马迁来赎刑，那等于跟汉武帝对着干，找死。不但不敢借钱给他，连为他说一句好话都不敢。

对司马迁来说，在暴君酷吏横行的年代，你自己没多少钱，朋友又没胆，老老实实工作多好，偏偏为李陵出头！万一李陵真降、自己判断错了可咋办？这些基本常识，根本无须读书就能明白的道理，司马迁愣是往枪口上撞。司马迁被宫刑是在46岁时候，早在十年前就开始准备写书的史料，应该说当时没有人能比司马迁更熟悉历史，那他怎么没有从历史上得到避祸的方法呢？看来知识归知识，使用归使用，没有“存乎一心”的智慧，当然也没有“运用之妙”。

人说书到用时方恨少，其实明知还犯更可悲。读书有什么用？读史可能使司马迁更能理解李陵，也促进了司马迁的忠君思想，这才为李陵出头，结果呢？反倒害了他。

司马迁被阉割后，身上的浮躁和对皇帝的谄媚才一并消除，不太在意那个所谓的大汉平台，真正开始接地气，走上了文人的根本出路——著书立说。不知他想过没有，自己写了书又能怎样？读他书的人，对生活中的祸事就能最大限度避免吗？班固在《汉书·司马迁传》中最后一句说，“既明且哲，能保其身”，太难做到了！

其次说说东汉时期史学家班固。

班固是楚国令尹（相当于丞相）子文的后人，从五世祖开始家里辈辈出中高官。他的姑奶是西汉汉成帝的老婆，第三等级的婕妤。班婕妤在当时以文采和谦逊而全国闻名。班固的父亲班彪曾是窦融的从事，做过县令，很有才干，尤其喜爱写史。因为司马迁的《史记》只写到汉武帝，西汉的历史不完整，当时很多人都续写《史记》，包括刘向、刘歆、扬雄等。班彪看后觉得写得不太好，于是参照他们写的史实，加入自己听到的趣事异事，重新续写《史记》65篇。自以为很满意，拿给儿子班固看。班固一看，写的什么玩意，乱七八糟的，还是我来写吧！

班固自幼聪明过人，因为出身儒学世家，家学底蕴深厚，9岁便能写诗诵赋，16岁进太学深造。对比一下，神童邓禹13岁才能朗诵诗篇，刘秀20岁才进太学，就知道班固的聪颖程度。班彪死后，22 岁的班固因为没有经济来源，从洛阳搬回老家扶风（今陕西咸阳）居住，开始写《汉书》。

有一天他正在老家埋头写书，忽然来了一大群官兵，连人带书稿一并带走。原来他被邻居以“私修国史”的罪名举报。班固的弟弟班超是个猛人，担心哥哥一个文弱书生，受不住压力，骑着马就奔京城，去找皇帝理论。汉明帝还真就接见了班超，看来班家有些人脉。听班超讲完，再看了书稿，什么刘邦的母亲与龙交合生出刘邦，刘邦斩白蛇起兵，等等，觉得没什么毛病，这不是夸我们汉朝天命所归、宣传我们老刘家是真命天子吗，为什么不让写？于是释放班固，并任命他做了兰台令史，掌管国家图书馆，可以随便查资料。这样，有工资、不违法、有资料、有同事参详，班固写书的节奏一下子加快了。从公元 58 年一直写到公元 82 年，写了 25 年。

主体写完时，国家出钱出版，学子们争相传诵。本来做了这么一件大事，挺了不起，一辈子也值了，但是班固不满意。不是对书不满意，是对自己的位置不满意。公元 82 年，50 岁的班固职位仅仅是玄武司马，就是洛阳十二个城门之一玄武门的大门卫，级别比二千石。对这个职位班固觉得不够光宗耀祖，他要再进步。其实那时候《汉书》还没彻底写完，班固也没心思写了。

班固想当大官，可他除了会写书写文章，别的不擅长，一直熬到了公元 89 年，大将军窦宪要再次带兵出击匈奴。班家祖上打过匈奴，与窦家又是世交，于是班固找到窦宪，愿意随军。这样班固转到大将军幕府，做了中护军，级别比两千石。相对满意的班固跟着窦宪出征，窦宪打到哪里，班固的颂文就写到哪里，把窦宪吹美了。窦宪这人，睚眦必报，心狠手辣，诡计多端，胆大妄为。强买公主的庄园、大白天当街刺杀刘姓王侯、逼死不同意见的官员等，什么事都敢干，是个惹是生非的主儿。窦宪有妹妹做太后，有家族成员和小团体成员拥护，权势熏天，于是欲望膨胀，据说有了不臣的想法。

窦家被汉和帝一举灭掉。窦家一倒，窦宪的亲信还能无恙？追查中很快就把班固牵扯进来。61 岁的班固首先被免职，接着被陷害，再就是被捕入狱，最后死于狱中。

你说你个研究历史的，马上 60 岁的人了，掺和到外戚团队干啥？是不是想当官想疯了！一般低调的外戚，好下场的都不多，更别说像窦宪这样张扬且心狠手辣惹是生非的人了。生活在东汉研究西汉历史的班固，怎么能不清楚吕后家族被灭族，外戚窦婴、田蚡之死，霍光死后被灭族等一系列事件？这些事件核心就一句话："外戚再牛，也是皇帝盯着的对象，不老实就可能会被灭"。可班固依附的恰恰是极其不老实的窦宪。聪明人都离窦宪远远的，比如崔烈的爷爷崔骃，宁可辞官回家也不做窦宪的主簿，班固还主动往上靠，是不是白读了那么多年书！

范晔在《后汉书》里说："班固哀痛司马迁见闻广博、知识丰富，却不能凭智慧免于极刑，可他自己也身陷囹圄死于狱中，不能保全自身。唉，这就是古人之所以要讨论眼睛看不到睫毛这一现象的原因啊！"意思是说，班固是乌鸦落在猪身上，看见别人黑看不见自己黑。

那范晔就能看到自己的黑吗？

官四代范晔也是出生在书香世家，自幼酷爱读书，家学渊源深厚，尚未成年，便以博涉经史、善写文章而负盛名。公元420年，刘裕代晋称帝，是为南朝宋武帝。因为范晔的父亲深受刘裕的信任，这一年范晔出来做官。

刘裕是一代明主，可惜公元422年就死了。长子不学无术，被刘裕的托孤大臣废掉，立了老三刘义隆为帝。刘义隆身体不好，朝政基本由老四打理。范晔出来做官，就跟着老四，彭城王刘义康。

范晔承袭了祖上的侯爵爵位，有才华有性格，爱喝酒弹琴，形成了狂狷不羁的性格。他在刘义康的母亲去世时，喝酒取乐，被刘义康降级为宣城太守。在任职宣城期间，范晔写出了《后汉书》，用了六七年时间。当时写《后汉书》的人很多，不管写完的没写完的，看了范晔所著，基本都不再写了，因为范晔写得太好了。现代人如果仔细读《后汉书》，会发现其实没那么完美，错误、夸张、疏漏还是有的。

按理，写完《后汉书》，40多岁的范晔，应该熟悉东汉的事情、吸取东汉的教训了吧？没有，他参与了一件谋反事件。

随着刘老四掌权日久，权倾朝野，引起了皇帝刘老三的不安和猜忌，找个借口把刘老四贬官，杀了他几个死党，刘老三自己掌权。刘老四不甘心，这样一些不得志的人就团结在刘老四身边，准备干掉刘老三、立刘老四为皇帝。当时范晔掌管禁军，他又曾是刘老四的手下，自然成为串联者重点拉拢的目标。经过喝酒、打牌、输钱、结交等一系列过程，范晔最终加入了谋反的队伍，并成为骨干。后被同伙告发，还没起事就被捕，连同三个儿子被杀。

这就是范晔的一生，终年47岁。

范晔不知道前朝历代废立的案例吗？不知道谋反废立这等事，难度很大，风险很高吗？

东汉阴谋阳谋干过废立事件的，有外戚、宦官，还有王芬、董卓、袁绍等人。王芬刺杀汉灵帝另立合肥王，袁绍另立刘虞两件事，范晔在《后汉书》里，确实记载很少，只是在《刘虞传》里说了刘虞的态度：你们不尽心王室，却造反谋逆，拉我进泥坑。范晔自己写出的话，一定是知道废立之风险的。

王芬刺杀汉灵帝一事、袁绍立刘虞一事，《三国志》里有记载。《三国志》范晔不可能没看过，所以范晔对王芬事件中曹操的态度、袁绍另立刘虞事件中袁术、曹操的态度，都必然一清二楚。事实证明这些正确的态度，包括“夫废立之事，天下之至不祥也。”“君只见其易，未见其难，……不亦危乎！”等，以及梁冀、王芬自杀，董卓被杀，袁绍另立流产，这些结果，范晔知道是知道，全都当成了耳旁风，根本没有吸取教训。

难道范晔认为自己比他们都有把握吗？那只能说他过于天真，一群酒肉朋友就想换天子，那不是痴人说梦吗！

最后说说陈寿。

陈寿出生在三国的蜀汉，父亲是马谡帐下一个军官，诸葛亮挥泪斩马谡后，陈寿的父亲免官回家。陈寿出生于公元233年（次年诸葛亮去世），比范晔早出生165年。他从小刻苦好学，聪明机敏，熟悉《史记》《汉书》。

陈寿不能靠父亲而做官，但是他一辈子遇到三个贵人。第一个就是他的老师谯周。谯周是蜀汉大儒，和朝廷重臣能说得上话。这样陈寿很容易就做了官，从姜维的办公室主任开始干起。当时刘禅信任宦官黄皓，而陈寿看不起宦官，总是与黄皓作对，黄皓就经常给陈寿穿小鞋，曾把陈寿从黄门侍郎贬为观阁令史。黄门侍郎是皇帝的随从，观阁令史相当于图书馆的资料员，权力地位差距很大。

如果说陈寿因为与奸佞小人斗争而遭到排挤，郁郁不得志，可以理解，也值得同情。公元 263 年蜀汉灭亡，黄皓退出历史舞台，按理以陈寿的才华应该出头了吧？可还是不行，因为一件事。陈寿的父亲去世后，他在守丧期间生了病，让婢女服侍他喝药，被来访的客人看见，乡亲因此对他有了非议。这有什么问题吗？史书上没写，但是乡亲们因此非议他，绝不是空穴来风，只能发挥想象空间吧！比如婢女是他父亲的小妾，而他却勾引撩拨甚至与父亲的小妾关系不正常等。

郁闷的陈寿这时遇到人生第二个贵人，张良的后人张华，时任大都督司马昭府长史，兼皇帝秘书（中书郎）。张华挺同情陈寿的，就逐步推荐他，先做县令，后做修国史的著作郎。张华准备推荐他做中书郎时，被荀爽的曾孙、中书监荀勖（xù）摆了一道，暗中指使吏部把陈寿外放太守。荀勖是西晋的开国功臣，和张华不和。陈寿受了影响，以老母需要照顾为由，没去上任。

时间飞逝。到公元 278 年，45 岁的陈寿又遇到第三个贵人——司马昭的妹夫、时任财政部长（度支尚书）的杜预。这一年，在杜预推荐下，陈寿做了治书侍御史，一个负责监察弹劾官员的官，六品，薪酬六百石。

不久，陈寿的母亲去世，他遵照母亲遗命，把母亲安葬在洛阳。因此又遭到非议，贬官。父母合葬是周公制定的礼仪，自周朝以来一直如此，可陈寿却不管这些礼仪。既然让母安心，理应接受世人谴责和贬官，陈寿也习惯了。

公元 297 年，陈寿去世，终年 65 岁。三个贵人，两件家事，两个小人，结果是一生徘徊于科员、处长之间，最高才做了几天副司长。要不是写出《三国志》，泯然众人矣！

夏侯渊的曾孙夏侯湛，当时正在写《魏书》，写到一半，看到了《三国志》，直接把《魏书》烧了。还写什么呀，有了《三国志》，谁看他的《魏书》！说明《三国志》写得确实不错。

从作品上看，陈寿思路清晰，语言精系，且熟悉三国时期上百人的成长轨迹、性格特点、长项不足，怎么就没给自己找个晋升的途径呢？

看来，史学知识未必能改变命运。是自身史学知识不够，还是史学本身不行？或者，要是没知识，会比现在的命运更差？真的没法说。

司马迁、班固、范晔、陈寿，这四个人都是私人修史，都是一边做官一边写作，可以说是一边学一边用，为什么都没有汲取太多的营养呢？不说做大官，单说避祸，也做不到。可见，作者自己也未必能以史为鉴，提高生活质量，防范自身风险，何况读者！

有人说，史书的作者毕竟只熟悉一小段历史，比不了了解长期历史的人，比如修史的总编辑。好，再看看最著名的总编，包括北宋神宗时期《资治通鉴》的总编辑司马光，明朝朱棣时期《永乐大典》的总编辑解缙，清乾隆时期《四库全书》的总编辑纪晓岚。这三人的才华不用说，可从他们一生来看，也未必就好到哪里。司马光誓死反对王安石变法，临死前把王安石的变法全部废除，这就有两个大问题。第一，反对变法容易，解决国家的问题难，面对国家冗兵、冗官、冗费等问题，司马光却束手无策。第二，王安石的新法，不是都有问题，择其善者而从，不善者而改，这才是科学态度，一棍子打死，不是理智的表现，也不是为国为民的态度。司马光读了一辈子史书，竟然一棒子打死新法，这个做法和水平，实在让人对其给皇帝提供借鉴的能力产生怀疑。从避祸的角度，如果不是因为修史躲开了十一年，新党那些人也会像对付苏轼一样把他整个半死。如果政见不合就逃避，当然可以避祸，只是这种避祸方式，和隐士没什么区别，没什么意义。顺便说一下苏轼。苏轼之才，在中华上下五千年的历史上，算得上出类拔萃。苏轼年轻时，曾把 70 万字的《后汉书》抄写了三遍，《宋史》专门提到他学习范滂的故事，可见他对《后汉书》的熟悉程度。可是，一个乌台诗案就把他弄得胆战心惊，整天琢磨避祸，到地方任职，远离政治斗争，可最后还是被发配到海南岛儋洲，可以说是北宋被发配最远的官员，最后也没有回到首都，在常州病逝。

解缙就更不用说了，因为参与朱棣立太子事件，利用出差时间私会太子朱高炽，47 岁被锦衣卫拉出监狱，冻死在大雪天里。

纪晓岚的结果比解缙好很多，81 岁才安然去世。可是，《四库全书》却被后世广为诟病，原因是这本书大量篡改中国历史，这一方面说明清朝的文字狱厉害；另一方面也说明了纪晓岚基本就是一个犬儒。一个甘心当文化奴才的人，结局再好，为活而活，有什么意义呢？还不如一个普通的自食其力的劳动者。

还是那句话，对历史事件了然于胸，又能如何？

当然，读史也不是一点好处没有，最起码会写书。司马迁他们八人，如果不是编写出了经典，谁能知道他们是谁呢！能写好文章，也算读书的一种收获，对仕途也有帮助。班固的《两都赋》，陈寿的《诸葛亮集》，都给他们的名声和仕途加了分。但是所加的分和读史付出的时间比起来，实在微不足道，那些写不出来好文章的，一样可以通过其他渠道升官。

为什么写万卷书，依然规避不了现实的风险呢？因为从知道到做到，差着十万八千里。知道“道”是怎么回事，还要知道什么是“德”，即该怎么做合适。而要想在各种势力博弈之间庖丁解牛，做到恰到好处，根本就是不可能的。一方面个人对外界的认知有限；另一方面也克服不了自身人性的弱点。之所以克服不了，是史学知识的力量，敌不过本能和欲望。就像人人知道吸烟有害健康，就是戒不掉，直到大夫说再抽就没救了，才马上就戒了，就在于知识远不如内化的欲望管用。

本书无意充当布道者传授心灵鸡汤，只是想说明一件事：希望通过读史来规避风险，缘木求鱼；花大量时间从史书中找对策，得不偿失。假如一个新董卓来到你的单位，即便你读过关于董卓的历史，可能依然不知该何去何从。

人活一生，一帆风顺的概率极其小，不太现实。可能有人不服，说谁谁谁就做得好，一辈子平安无事。其实，那只是还没有登上擂台而已。换句话说，只要不停妥协，容易平安无事，可那样快乐吗？风险和苦难是必然要来临的，怎么读史都难以规避，正确对待吧！

本篇没有说读史无用，也不是说读史对避祸绝对无用，而是说读史对避祸的用处不大，和所付出的时间相比，投入大产出小，不划算。所以如果有爱好，读读可以；如果爱好不大，放下史书，想干什么就去干什么，像董卓、袁绍一样，潇潇洒洒过一生。别为书所误，别将来后悔，别怕有祸事，是祸躲不过。

这也是读史的一点收获吧！

# 附录1：天人三策逻辑关系

公元前134年，17岁的汉武帝刘彻，对偌大一个帝国该怎么管理，有诸多困惑。比如，既然皇帝是天子，那就有上天庇佑，为什么周天子和秦始皇都灭亡了？天下怎么才能一直姓刘呢？秦国实行法家治国理念，一度强大之后反倒灭亡了；大汉初期实行道家无为而治，可常年受匈奴的欺负，证明道家的思想不灵。到底该按什么思想体系治国呢？

当时汉朝里面充斥各种学说，也不知该听谁的，于是刘彻就出了题目，找了一百多个饱学之士，让大家都写一篇文章，认真回答一下。一百多篇文章看完，他觉得有个叫董仲舒的儒生写得比较贴近自己的内心和现实情况，于是又加了几个题目，比如，不同时期执政方法不同，舜帝讲究轻松愉快治天下，而大禹主张勤政，为什么不同？单独让董仲舒回答。接着又有了第三次提问，董仲舒也连续回了三篇文章。这就是历史上著名的"天人三策"。

"天人三策"对年轻的刘彻太重要了，重要到振聋发聩的程度，大汉的政策因此而发生了九十度转弯。董仲舒讲的有几条确实很新鲜，比如"天人感应""独尊儒术""大一统""设立太学"等。要说董仲舒灌输给刘彻的，可不是纯粹的儒家思想，而是包含了阴阳家、道家等多家糅在一起的思想，好用就行。他的某些主张，在中国施行了两千多年，了解这些思想，就明白后世的很多历史事件中，为什么大家要吵得不可开交，打得头破血流。

第一，董仲舒提出，天是最大的权力机关，天管天子，天子管天下。天子，就是皇帝，是老天爷选中的人物，由他代表天来管理万民有充分的依据。

第二，天和天子之间是有感应的。如果天子治理得好，老天爷就会高兴，就风调雨顺。反之，老天对天子不满意，就会用异常天气来提醒他，比如地震、雷劈、大旱、蝗灾，天子就应该反省。如果天子仍然不改，老天就要惩罚他。这个理论可以解释，王安石变法为什么那么多人反对，尤其是包括司马光那样的道德典范和史学大师也反对。这是因为王安石有一个提法，叫“天变不足畏”，意思是老天爷算个啥，不用怕他。这就与天人感应理论形成了对立和矛盾。司马光他们未必不知道个人道德与刮风打雷没啥关系，只是不能取下皇帝脑袋上的紧箍咒，否则在皇帝独裁情况下，后果不堪设想。所以他才激烈反对，又不能明说。

王安石变法过程中，一个叫郑侠的进士，还是王安石的学生，经过调查研究，认为新法害民，于是在大旱之际，给宋神宗进献了《论新法进流民图疏》，并说如果按照他的建议废除新法，十天内必然下雨，否则砍了他的脑袋。宋神宗还真和他对赌了，废除了部分新法，第三天果然大雨滂沱。由此可见，北宋，距离董仲舒三策已经1200年了，大家仍相信天人感应。

董仲舒说，因为天人感应存在，所以天子应该做的，就是按正确的原则来行事。

第三，什么是正确的原则呢？就是天道。天之道，就是阴阳。阳就是夏天，万物生长；阴就是冬天，万物停滞；阳就是道德，阴就是刑罚；用道德教育百姓就是让百姓生，用刑罚惩治百姓就是让百姓死；让人生的，老百姓就喜欢；让人死的，老百姓就不喜欢。周武王以礼教化，所以大家都喜欢；秦王朝用法严惩，只经历二世而亡。周朝之所以灭亡，是幽王、厉王不按天道行事。道从来不会亡，只是有些帝王不按“道”行事，朝代才亡了。

第四，要想实行德政，首先要正心，正心首先正皇帝的心，皇帝的心正了，百官的心才能正；百官的心正了，万民的心才能正；万民的心正了，四海的心就正了；四海的心正了，国家也就长治久安了。

第五，怎么才能正心呢？就要法天而立道。道太多了，法家有法家的道，道家有道家的道，那就要选择一家的道，标准先要统一，大家都按同一个道来行事，就不会有歧义和纠纷。统一到谁家呢？皇帝您选一个。要让我提建议，那就是儒家。为什么是儒家呢？儒家讲究“仁”，仁以爱人让人生，以道德感化为主，符合天之道。

第六，如果用儒家，就得学习儒家经典。中国儒家学派创始人孔子，在晚年整理了《诗》《书》《礼》《易》《乐》《春秋》，后人称为“六经”，即为儒家经典。可秦始皇把很多儒家经典都烧了，尤其是《乐》失传，只好重新梳理以后，建立一套可用的儒家经典。有了经典，再有学校和老师教育，录用有德行之官员，那慢慢地，就可以达到天人合一，天下永远姓刘。

董仲舒的观点层层递进，逻辑相当强。在这个逻辑指导下，太学、举孝廉等应运而生。

这就是古人的科学发展观。现在看来，逻辑有问题，但在当时，就是这么个认知水平。

# 附录2：马援《诫侄书》启示

公元42年，马援在战争前线，给自己的侄子写了一封信，后世叫它《诫侄书》，这封信引起了一场骚动。

马援是扶风人，世代官宦家庭出身。他爷爷是汉宣帝时代的持节郎官，父亲是看守城门的司马，两个姑姑是汉成帝的婕妤，三个哥哥在王莽新朝做过二千石的太守。

马援自小不喜读书，而立之前干过最个性的事件，是当督邮时，因为同情，私自把押送的犯人放了。之后独自跑到一个人烟稀少的地方，一边放牧一边种地，一段时间下来，养了几万头牲口，为富一方。发财后忽然觉得发财没什么意思，连卖带送，把牲口都处理了，把钱也分给老亲少友，然后一个人，过着简单的生活。

王莽末年招兵平叛，无事可干的马援参军了，没几年就当上了二千石的郡太守。公元25年刘秀称帝的时候，他在隗嚣那里任职绥德将军。从公元33年47岁投奔刘秀开始，马援打隗嚣、平西羌、打匈奴、平交趾，直到在平叛武陵战斗中得病去世，终年63岁。

马援出名，不在于他留下了“马革裹尸”“老当益壮”这样的成语，也不是为东汉开国建立多么大的功劳，而在于他征战一生，死在前线，忠心廉洁，却被举报诬陷为贪污受贿，刘秀还下令尸体不得下葬。这为他的一生赋予了悲剧的色彩，令人扼腕叹息。马援社会经验丰富，依然不能避祸。

要了解马援的思想，应该看马援在平定交趾叛乱的前线，写给侄子的《诫侄书》。当时马援大约五十六七岁。背景是马援听说自己的两个侄子马严和马敦有两个表现：第一是喜欢讨论时事，多有讽刺；第二是结交豪侠。因为感觉不安，所以就写信劝诫。

吾欲汝曹闻人过失，如闻父母之名，耳可得闻，口不可得言也。好议论人长短，妄是非正法，此吾所大恶也，宁死不愿闻子孙有此行也。

我要求你们，听到别人的过错，就像听到自己父母的名字，可以听，但自己不能说。喜欢议论别人的家长里短，胡乱讨论是非对错，这是我最讨厌的，我宁可死去也不愿意子孙有这样的行为。

汝曹知吾恶之甚矣，所以复言者，施衿结缡，申父母之戒，欲使汝曹不忘之耳。

你们知道我最讨厌这些事，而我之所以反复地说，重申长辈的戒律，就是要使你们终生不忘。[施衿（jīn）结缡，本指古代女子出嫁，母亲将五彩丝绳和佩巾结于其身。后来比喻长辈对子女的教育、劝告和爱护。]

龙伯高敦厚周慎，口无择言，谦约节俭，廉公有威。吾爱之重之，愿汝曹效之。杜季良豪侠好义，忧人之忧，乐人之乐，清浊无所失，父丧致客，数郡毕至。吾爱之重之，不愿汝曹效也。

龙伯高敦厚周密谨慎，从来不说别人坏话，谦虚节俭，清廉且有威仪，我非常敬重他，希望你们向他学习。杜季良豪爽侠义，别人的忧虑就是他的忧虑，别人的好事他也为人家高兴，好人坏人他都愿意与之结交。他父亲去世，几乎所有的郡都派人参加送葬，我也非常敬重他，但不希望你们向他学习。

效伯高不得，犹为谨敕之士，所谓"刻鹄不成尚类鹜"者也。效季良不得，陷为天下轻薄子，所谓"画虎不成反类狗"者也。迄今季良尚未可知，郡将下车辄切齿，州郡以为言，吾常为寒心，是以不愿子孙效也。

学习龙伯高，即便达不到他的水平，还可以成为一个谨慎的人，无非是画天鹅不成，画成了野鸭。学习杜季良，达不到他的水平，就会陷入轻薄浮浪的旋涡，成为天下人鄙视的轻薄之人，这就成了画虎不成反类犬。到目前为止杜季良的前途什么样还不好说，不过我知道，各郡的将军一到任就对他很忌恨，百姓对他意见也很大，我常常感到寒心，所以不愿意子孙效法他。

以上就是信的内容。

一个从不说人是非的人，该何等的谦虚谨慎；一个教育子女敦厚持重老实做人，反对豪侠仗义、拉帮结派的人，又如何能去得罪人？即便如此，依然不能避祸。

# 附录 3：苏不韦报仇事件

苏不韦，陕西扶风人，生活在东汉末年。他的七世祖宗里有个牛人，叫苏武。苏武牧羊，19 年不降，是当时世人和苏家的楷模。可能因为苏武的关系，苏家从文化自豪感里，凝结出了一根筋的基因。苏不韦的父亲苏谦，汉桓帝时曾任职扶风督邮，类似于现在的督导组长。说起督邮，很多人马上想起三件事。第一件是刘备鞭打督邮后辞职；第二件是陶渊明因督邮贪腐蛮霸而不为五斗米折腰；第三件是督邮张俭杀了宦官侯览的老妈。督邮官小权大，口碑不太好，唐代以后废掉。公元 162 年，苏谦挑战了一个没人敢惹的主：美阳县令李暠（gǎo）。美阳就是董卓美阳之战那个美阳县，耿弇的封地。李暠有大宦官具瑗做后台，贪污腐败，欺压百姓，民愤很大，但一直逍遥法外。苏谦不管那一套，法办了李暠，“输作左校”，就是到建筑工地去劳动改造。按李暠的罪行，杀头也不为过，但是汉朝有规定，可以花钱赎刑，如此，李暠保住性命。汉代还经常大赦，最长五年的劳改，用不了多长时间就出来了。出来后李暠很快复职升迁，公元 166 年做到了司隶校尉。当时苏谦已从太守位置上退了下来，成了普通百姓。这一年苏不韦被公车征召，到京城去做后备干部。按照汉朝法律规定，退下来的太守，没有诏令不能进京。苏谦可能只顾送 18 岁的儿子去上任，高兴得忘记了律令，陪儿子进了洛阳。不巧被李暠逮个正着，在监狱里严刑拷打致死。死了还不行，又鞭尸。要说苏谦违法，没有错，但是当时谁也没把这条法律当真，基本不怎么执行。李暠所为，纯粹就是打击报复。

苏不韦登场。首先，他把父亲的尸体拉回老家扶风，偷偷埋了；其次，把母亲藏到大山里，找人照顾；接着，更名换姓；最后，把家里值钱的都卖了，招募刺客。之后，写信给李暠，约定在皇陵附近决斗。堂堂司隶校尉李暠，能和小孩子一般见识，去决斗吗？苏不韦的所有努力，全部没用。

很快李暠又做了大司农，住宅恰好挨着存储粮草的库房。这小苏，叫上几个堂兄弟，晚上潜伏到库房，开始挖地道，天亮再离开。就这么着挖了一个多月，终于有一天晚上，挖到了李暠卧室的床下。小苏他们从地洞里钻出来，对着床上人就是一顿刀砍斧剁。正巧，李暠去上厕所，不在床上，他的小妾和儿子被砍死。小苏见杀错了人，留下一封信，告诉李暠，人是我杀的。之后离开。李暠回来一看，"大惊惧"。从此不敢固定在一个地方睡觉，一晚上换好几个房间。每个房间四周围上荆棘，地上还铺上木板。估计中国人搞装修铺木地板就是从李暠开始。

李暠确实吓着了，这种事搁在谁身上不害怕？李暠加强戒备，从此刀枪不离身，身穿重甲，保镖一群，比董卓都防备严密。小苏一看没机会下手，声东击西，到了李暠的老家，把李暠老父亲的尸体挖出来，砍下脑袋，放在闹市区，还立了一块牌子，上写五个大字："李君迁父头"。意思是李暠把父亲的脑袋搬到这里了。

这下可就闹大了，全国人民都知道了。当朝九卿之一的大司农，其老爸的脑袋被从棺材里扔到菜市场。这在以孝治天下的时代，该是何等爆炸性新闻，又是何等血海深仇！

按《礼记》记载，孔子讲，父仇不共戴天，见到仇人面，回家取兵器都不算孝子，随便抄起家伙，直接上去杀即可。秦汉时期民间对报私仇持支持态度，政府虽有明文规定，但社会普遍支持，所以遇到私人报仇事件时，常常举棋不定。东汉时期，因报私仇而杀人，不受法律制裁的人很多，祭遵、阳球、王允、何颙、郅恽、崔瑗、杜诗、女子赵娥都干过，有时主动投案县令都不抓，甚至愿意陪着逃走。在这样的大环境下，苏家又是多年官宦，小苏报仇，没人管。

李暠含恨辞官回家，重新埋葬了父亲，开始个人组织人手，抓捕小苏。可小苏从此销声匿迹，隐姓埋名，不知藏哪了。

李暠愤怒至极，无法排解，吐血而死。

转眼到了公元168年，汉灵帝即位，大赦天下。小苏又出现了。太尉陈蕃征辟他去做官，他没去，在扶风做了个与督邮平级的五官掾，不想再折腾了。

公元172年，段颎做了司隶校尉。段颎有一个好哥们，是李暠。恰好张奂也有一个好兄弟，叫苏谦。恰好，段颎和张奂不和。段颎要弄死在家待着的张奂，就想拿小苏练练手。段颎先是征召小苏，来我手底下工作，我慢慢折磨你。小苏当然不敢来。段颎生气了，你想避祸，我偏要收拾死你。他首先追究李暠杀苏谦的事，认为李暠做得没错，苏谦违法确实该杀，以此理由报仇违法。其次，指使小苏的老乡举报，说小苏带领门客抢夺小苏舅舅的家产。最后，老段派自己的从事捕杀小苏，并派人准备了毒酒放在从事的父亲面前，告诉从事，你要不杀小苏，你爹就得喝酒。从事不得已，领着人马到了扶风，杀小苏全家六十余口。苏家从此衰落。张奂给段颎写了封信，只字未提小苏之事，仅为自己，极尽阿谀道歉之能事，得以保命。

不胜唏嘘！

公元179年，段颎被阳球在监狱里弄死；阳球又被宦官曹节弄死。一场督邮引发的连锁冤冤相报案，至此才算结束。

小苏够狠！一个不到20岁的小伙子，活活逼死了大司农李暠，真不是一般的狠，有他祖宗苏武那股咬住一个理，死也不松口的劲。

当时有些人觉得，小苏拿李暠父亲的人头整李暠，太过了。唯独郭泰郭林宗不这样认为。郭泰，是“八顾”之首，一个没受到政府处罚的党人，当时属于能够引导舆论、制定评价标准的人。后世把他和介子推、文彦博，合称“介休三贤”。介休，山西一个县级市，挨着平遥县。

郭泰认为小苏报仇这件事，很不一般。第一，单枪匹马，没有人资助，对手却是高官；第二，李暠内外戒备森严，小苏随时有生命危险，他全然不顾，竟然安然无恙；第三，用死人逼死活人，手段高、效果好，有如神助。结论：小苏比伍子胥还厉害，应该受到尊崇。伍子胥，不过是靠着阖闾的支持和吴国军队的力量才报仇而已。

经郭泰这么一说，大家对苏不韦刮目相看，小苏的名声一下高涨。

# 附录4：东汉历代皇帝、皇后、外戚、宦官

**东汉历代皇帝、皇后、外戚、宦官**

| 序号 | 顺序 | 帝王 | 登基时年纪 | 去世时年纪 | 皇后 | 外戚次序 | 外戚代表 | 宦官次序 | 宦官代表 |
|---|---|---|---|---|---|---|---|---|---|
| 1 | 刘1代 | 光武帝刘秀 | 31 | 62 | 郭氏 | | 樊宏 | | |
| 2 | | | | | 阴氏 | | | | |
| 3 | 刘2代 | 汉明帝刘庄 | 30 | 48 | 马氏 | 外戚1代 | 阴识 | | |
| 4 | 刘3代 | 汉章帝刘炟 | 19 | 31 | 窦氏 | 外戚2代 | 马防 | | |
| 5 | 刘4代 | 汉和帝刘肇 | 10 | 27 | 阴氏 | 外戚3代 | 窦宪 | 宦1代 | 郑众 |
| 6 | | | | | 邓氏 | | | | |
| 7 | | 汉殇帝刘隆 | 百天 | 2 | | 外戚4代 | 邓骘 | | |
| 8 | 刘5代 | 汉安帝刘祜 | 13 | 32 | 阎氏 | | | 宦2代 | 江京 |
| 9 | | 北乡侯 | 在位207天 | | | 外戚5代 | 阎显 | | |
| 10 | 刘6代 | 汉顺帝刘保 | 11 | 30 | 梁氏 | | | 宦3代 | 孙程19侯 |
| 11 | | 汉冲帝刘炳 | 2 | 3 | | 外戚6代 | 梁冀 | | |
| 12 | | 汉质帝刘缵 | 8 | 9 | | | | | |
| 13 | 刘6代 | 汉桓帝刘志 | 15 | 37 | 梁氏 | | | | |
| 14 | | | | | 邓氏 | | | 宦4代 | 单超等5侯 |
| 15 | | | | | 窦氏 | 外戚7代 | 窦武 | 宦5代 | 曹节、王甫 |
| 16 | 刘7代 | 汉灵帝刘宏 | 12 | 33 | 宋氏 | | | 宦6代 | 十常侍<br>赵忠、张让 |
| 17 | | | | | 何氏 | 外戚8代 | 何进 | | |
| 18 | | 刘辩 | 14 | 14 | | | | | |
| 19 | 刘8代 | 汉献帝刘协 | 9 | 54 | 伏寿 | | | | |
| 20 | | | | | 曹节 | | | | |

# 附录5：东汉开国功臣

东汉开国功臣表（按去世时间排序）

| 序号 | 姓名 | 籍贯 | 起兵前职务 | 封地 | 去世时间 | 谥号 | 结论 | 战争时期职务 |
|---|---|---|---|---|---|---|---|---|
| 1 | 景丹 | 冯翊栎阳 | 耆生，国相 | 司隶冯翊：栎阳侯 | 公元26年 |  | 薨/卒军中 | 骠骑大将军公元25年 |
| 2 | 万脩 | 扶风茂陵 | 信都令 | 司隶扶风：槐里侯 | 公元26年 |  | 病卒 | 右将军，攻破邯郸 |
| 3 | 刘植 | 巨鹿昌城 | 宗室 | 冀州：昌城侯 | 公元26年 |  | 战死 | 骁骑将军公元24年 |
| 4 | 任光 | 南阳宛县 | 郡县吏 | 冀州涿郡：阿陵侯 | 公元29年 |  | 病卒 | 左大将军公元24年春 |
| 5 | 邳彤 | 信都 | 太守 | 冀州常山国：灵寿侯 | 公元30年 |  | 卒 | 后大将军公元24年春 |
| 6 | 傅俊 | 颍川襄城 | 亭长 | 豫州：昆阳侯 | 公元31年 | 威侯 | 卒 | 积弩将军公元27年 |
| 7 | 祭遵 | 颍川颍阳 | 县吏 | 豫州：颍阳侯 | 公元33年 | 成侯 | 伤/卒军中 | 征虏将军公元26年 |
| 8 | 冯异 | 颍川父城 | 颍川郡掾 | 豫州陈国：阳夏侯 | 公元34年 | 节侯 | 薨/卒军中 | 征西大将军公元27年春 |
| 9 | 铫期 | 颍川郏县 |  | 豫州汝南：安成侯 | 公元34年 | 忠侯 | 伤重 | 虎牙大将军公元25年初 |
| 10 | 岑彭 | 南阳棘阳 | 县长 | 豫州：舞阴侯 | 公元35年 | 壮侯 | 战死薨 | 征南大将军公元26年秋 |
| 11 | 来歙 | 南阳新野 |  | 豫州汝南：当乡县 | 公元35年 | 节侯 | 战死 | 中郎将公元29年 |
| 12 | 寇恂 | 上谷昌平 | 功曹 | 幽州渔阳：雍奴县侯 | 公元36年 | 威侯 | 病卒 | 河内/颍川/汝南太守 |
| 13 | 王常 | 颍川舞阳 |  | 豫州汝南：山桑侯 | 公元36年 | 节侯 | 薨 | 横野大将军公元31年 |

续表

| 序号 | 姓名 | 籍贯 | 起兵前职务 | 封地 | 去世时间 | 谥号 | 结论 | 战争时期职务 |
|---|---|---|---|---|---|---|---|---|
| 14 | 耿纯 | 钜鹿宋子 | 纳言士 | 冀州渤海：东光侯 | 公元 37 年 | 成侯 | 伤/卒官 | 前将军 |
| 15 | 王梁 | 渔阳要阳 | 郡吏 | 冀州安平：阜成侯 | 公元 38 年 | | 卒在官位 | 偏将军<br>公元 27 年 |
| 16 | 盖延 | 渔阳要阳 | 郡掾 | 冀州安平：安平侯 | 公元 39 年 | | 薨 | 虎牙大将军<br>公元 25 年 |
| 17 | 李通 | 南阳宛县 | 巫县县丞 | 豫州汝南：固始侯 | 公元 42 年 | 恭侯 | 卒 | 前将军<br>公元 29 年 |
| 18 | 杜茂 | 南阳冠军 | 未明 | 冀州渤海信都：脩侯 | 公元 43 年 | | 卒 | 骠骑大将军<br>公元 26 年 |
| 19 | 李忠 | 东莱莫县 | 郎官 | 冀州：河间中水侯 | 公元 43 年 | | 病卒 | 右大将军<br>公元 24 年春 |
| 20 | 吴汉 | 南阳宛县 | 亭长 | 冀州巨鹿：广平侯 | 公元 44 年 | 忠侯 | 伤/薨 | 大司马<br>公元 25 年 |
| 21 | 陈俊 | 南阳西鄂 | 郡吏 | 青州平原：祝阿侯 | 公元 47 年 | | 卒 | 强弩大将军<br>公元 26 年 |
| 22 | 朱祐 | 南阳宛县 | | 青州平原：鬲侯 | 公元 48 年 | | 卒 | 建义大将军<br>25 年 |
| 23 | 邓晨 | 南阳新野 | | 汝南：西华侯 | 公元 49 年 | 惠侯 | 卒 | 常山太守 |
| 24 | 坚镡 | 颍川襄城 | 郡县吏 | 扬州九江：合肥侯 | 公元 50 年 | | 伤/卒 | 扬化将军<br>公元 25 年 |
| 25 | 贾复 | 南阳冠军 | 盐吏县掾 | 青州北海：胶东侯 | 公元 55 年 | 刚侯 | 伤重/卒 | 左将军 |
| 26 | 马成 | 南阳棘阳 | 县吏 | 扬州九江：全椒侯 | 公元 56 年 | | 卒 | 扬武将军<br>公元 28 年 |
| 27 | 刘隆 | 南阳安众 | | 豫州汝南：慎侯 | 公元 57 年 | 靖侯 | 卒 | 诛虏将军<br>公元 28 年 |
| 28 | 邓禹 | 南阳新野 | | 青州北海：高密侯 | 公元 58 年 | 元侯 | 薨 | 右将军 |
| 29 | 耿弇 | 扶风茂陵 | | 司隶右扶风：好畤侯 | 公元 58 年 | 愍侯 | 伤/卒 | 建威大将军<br>公元 25 年 |
| 30 | 藏宫 | 颍川郏县 | 亭长游檄 | 豫州汝南：朗陵侯 | 公元 58 年 | | 卒 | 辅威将军<br>公元 29 年 |
| 31 | 王霸 | 颍川颍阳 | 狱吏 | 徐州下邳：淮陵侯 | 公元 59 年 | | 卒 | 讨虏将军<br>公元 29 年 |

续表

| 序号 | 姓名 | 籍贯 | 起兵前职务 | 封地 | 去世时间 | 谥号 | 结论 | 战争时期职务 |
|---|---|---|---|---|---|---|---|---|
| 32 | 马武 | 南阳湖阳 | 新市兵将领 | 青州平原：杨虚侯 | 公元61年 |  | 卒 | 捕虏将军 公元28年 |

# 附录6：东汉各郡人口数量

**公元140年东汉各郡人口数量**

| 序号 | 郡名 | 人数（万人） | 所属 | 序号 | 郡名 | 人数（万人） | 所属 | 序号 | 郡名 | 人数（万人） | 所属 |
|---|---|---|---|---|---|---|---|---|---|---|---|
| 1 | 河南尹 | 101 | 司隶 | 41 | 济北国 | 23 | 兖州 | 81 | 代郡 | 13 | 幽州 |
| 2 | 河内郡 | 80 | 司隶 | 42 | 山阳郡 | 61 | 兖州 | 82 | 上谷郡 | 5 | 幽州 |
| 3 | 河东郡 | 57 | 司隶 | 43 | 济阴郡 | 66 | 兖州 | 83 | 渔阳郡 | 44 | 幽州 |
| 4 | 弘农郡 | 20 | 司隶 | 44 | 兖州总数 | 405 | 兖州 | 84 | 右北平郡 | 5 | 幽州 |
| 5 | 京兆尹 | 28.5 | 司隶 | 45 | 颍川郡 | 143.6 | 豫州 | 85 | 辽西郡 | 8 | 幽州 |
| 6 | 左冯翊 | 14.5 | 司隶 | 46 | 汝南郡 | 210 | 豫州 | 86 | 辽东郡 | 8 | 幽州 |
| 7 | 右扶风 | 9 | 司隶 | 47 | 梁国 | 43 | 豫州 | 87 | 玄菟郡 | 4 | 幽州 |
| 8 | 司隶总数 | 310 | 司隶 | 48 | 沛国 | 25 | 豫州 | 88 | 乐浪郡 | 26 | 幽州 |
| 9 | 魏郡 | 70 | 冀州 | 49 | 陈国 | 154 | 豫州 | 89 | 辽东属国 |  | 幽州 |
| 10 | 巨鹿郡 | 60 | 冀州 | 50 | 鲁国 | 41 | 豫州 | 90 | 幽州总数 | 204 | 幽州 |
| 11 | 常山国 | 63 | 冀州 | 51 | 豫州总数 | 616.6 | 豫州 | 91 | 陇西郡 | 3 | 凉州 |
| 12 | 中山国 | 66 | 冀州 | 52 | 东海郡 | 71 | 徐州 | 92 | 汉阳郡 | 13 | 凉州 |
| 13 | 安平国 | 65 | 冀州 | 53 | 琅琊国 | 57 | 徐州 | 93 | 武都郡 | 8 | 凉州 |
| 14 | 河间国 | 64 | 冀州 | 54 | 彭城国 | 49 | 徐州 | 94 | 金城郡 | 2 | 凉州 |
| 15 | 清河国 | 76 | 冀州 | 55 | 广陵郡 | 41 | 徐州 | 95 | 安定郡 | 3 | 凉州 |
| 16 | 赵国 | 19 | 冀州 | 56 | 下邳郡 | 61 | 徐州 | 96 | 北地郡 | 2 | 凉州 |
| 17 | 渤海郡 | 110 | 冀州 | 57 | 徐州总数 | 279 | 徐州 | 97 | 武威郡 | 3 | 凉州 |
| 18 | 冀州总数 | 593 | 冀州 | 58 | 南阳郡 | 244 | 荆州 | 98 | 张掖郡 | 3 | 凉州 |
| 19 | 济南国 | 45 | 青州 | 59 | 南郡 | 75 | 荆州 | 99 | 酒泉郡 | 4 | 凉州 |
| 20 | 平原郡 | 100 | 青州 | 60 | 江夏郡 | 26 | 荆州 | 100 | 敦煌郡 | 3 | 凉州 |
| 21 | 乐安国 | 42 | 青州 | 61 | 零陵郡 | 100 | 荆州 | 101 | 张掖属国 | 2 | 凉州 |
| 22 | 北海国 | 85 | 青州 | 62 | 桂阳郡 | 50 | 荆州 | 102 | 张掖居延属国 |  | 凉州 |
| 23 | 东莱郡 | 48 | 青州 | 63 | 武陵郡 | 25 | 荆州 | 103 | 凉州总数 | 46 | 凉州 |
| 24 | 齐国 | 49 | 青州 | 64 | 长沙郡 | 106 | 荆州 | 104 | 南海郡 | 25 | 交州 |
| 25 | 青州 | 369 | 青州 | 65 | 荆州总数 | 626 | 荆州 | 105 | 苍梧郡 | 47 | 交州 |
| 26 | 上党郡 | 13 | 并州 | 66 | 汉中郡 | 26 | 益州 | 106 | 合浦郡 | 9 | 交州 |

续表

| 序号 | 郡名 | 人数(万人) | 所属 | 序号 | 郡名 | 人数(万人) | 所属 | 序号 | 郡名 | 人数(万人) | 所属 |
|---|---|---|---|---|---|---|---|---|---|---|---|
| 27 | 太原郡 | 20 | 并州 | 67 | 巴陵郡 | 108 | 益州 | 107 | 九真郡 | 21 | 交州 |
| 28 | 上郡 | 3 | 并州 | 68 | 广汉郡 | 51 | 益州 | 108 | 日南郡 | 10 | 交州 |
| 29 | 西河郡 | 2 | 并州 | 69 | 蜀郡 | 135 | 益州 | 109 | 郁林郡 |  | 交州 |
| 30 | 五原郡 | 2 | 并州 | 70 | 犍为郡 | 41 | 益州 | 110 | 交趾郡 |  | 交州 |
| 31 | 云中郡 | 3 | 并州 | 71 | 群舸郡 | 26 | 益州 | 111 | 交州总数 | 112 | 交州 |
| 32 | 安襄郡 | 1 | 并州 | 72 | 越嶲郡 | 62 | 益州 | 112 | 九江郡 | 43 | 扬州 |
| 33 | 雁门郡 | 24 | 并州 | 73 | 益州郡 | 11 | 益州 | 113 | 丹阳郡 | 63 | 扬州 |
| 34 | 朔方郡 | 1 | 并州 | 74 | 永昌郡 | 190 | 益州 | 114 | 庐江郡 | 42 | 扬州 |
| 35 | 并州 | 69 | 并州 | 75 | 广汉属国 | 20 | 益州 | 115 | 会稽郡 | 48 | 扬州 |
| 36 | 陈留郡 | 87 | 兖州 | 76 | 蜀郡属国 | 47 | 益州 | 116 | 吴郡 | 70 | 扬州 |
| 37 | 东郡 | 60 | 兖州 | 77 | 犍为蜀国 | 4 | 益州 | 117 | 豫章郡 | 166 | 扬州 |
| 38 | 东平国 | 45 | 兖州 | 78 | 益州总数 | 721 | 益州 | 118 | 扬州总数 | 432 | 扬州 |
| 39 | 任城国 | 19 | 兖州 | 79 | 涿郡 | 63 | 幽州 | 郡国总数（个） |  | 105 |  |
| 40 | 泰山郡 | 44 | 兖州 | 80 | 广阳郡 | 28 | 幽州 | 人口合计（万人） |  | 4782.6 |  |

# 附录7：东汉历届三公、太傅

东汉历届太傅、三公

| 序号 | 太尉（公元51年5月改大司马） | | 司徒（公元51年5月去“大”字） | | 司空（公元51年5月去“大”字） | |
|---|---|---|---|---|---|---|
| 1 | 吴汉 | 公元25年7月至公元44年5月去世 | 邓禹 | 公元25年7月至公元27生3月免职 | 王梁 | 公元25年7月至公元26年2月免职 |
| 2 | 刘隆 | 公元44年6月至公元51年5月免职 | 伏湛 | 公元27生3月至公元11月免职 | 束弘 | 公元26年2月至公元30年12月免职 |
| 3 | 赵熹 | 公元51年5月至公元60年2月免职 | 侯霸 | 公元27年11月至公元37年正月去世 | 李通 | 公元311年5月至公元36年9月免职 |
| 4 | 虞延 | 公元60年2月至公元65年正月免职 | 韩歆 | 公元37生3月至公元39年正月自杀 | 马成 | 公元36年12月至公元37年3月免职 |
| 5 | 赵憙 | 公元65年正月至公元75年11月免职 | 欧阳歙 | 公元39年正月至公元39年11月处死 | 窦融 | 公元37年4月至公元44年4月免职 |
| 6 | 牟融 | 公元75年11月至公元79年2月去世 | 戴涉 | 公元39年12月至公元44年4月处死 | 朱浮 | 公元44年6月至公元46年10月免职 |
| 7 | 鲍昱 | 公元79年5月至公元81年6月去世 | 蔡茂 | 公元44年6月至公元47年5月去世 | 杜林 | 公元46年10月至公元47年8月去世 |
| 8 | 邓彪 | 公元81年7月至公元84年8月免职 | 玉况 | 公元47年9月至公元51年4月去世 | 张纯 | 公元47年10月至公元56年3月去世 |
| 9 | 郑弘 | 公元84年8月至公元86年4月免职 | 冯勘 | 公元51年5月至公元56年6月去世 | 冯鲂 | 公元56年6月至公元61年10月免职 |
| 10 | 尹睦 | 公元92年8月至公元93年10月去世 | 李沂 | 公元56年10月至公元60年2月免职 | 伏恭 | 公元61年10月至公元69年7月免职 |
| 11 | 张酺 | 公元93年11月至公元100年9月免职 | 郭丹 | 公元60年2月至公元61年10月免职 | 牟融 | 公元69年7月至公元75年11月免职 |
| 12 | 张禹 | 公元100年9月至公元106年正月 | 范迁 | 公元61年10月至公元65年正月去世 | 第五伦 | 公元75年11月至公元86年5月 |
| 13 | 徐防 | 公元106年正月至公元107年9月免职 | 虞延 | 公元65年正月至公元70年月免职自杀 | 袁安 | 公元86年5月至公元87年6月免职 |

续表

| 序号 | 太尉（公元51年5月改大司马） | | 司徒（公元51年5月去“大”字） | | 司空（公元51年5月去“大”字） | |
|---|---|---|---|---|---|---|
| 14 | 张禹 | 公元107年9月至公元111年5月免职 | 邢穆 | 公元70年4月至公元73年2月处死 | 任隗 | 公元87年6月至公元92年8月去世 |
| 15 | 李修 | 公元111年5月至公元114年9月免职 | 王敏 | 公元73年6月至公元74年2月去世 | 刘方 | 公元92年10月至公元94年6月免职 |
| 16 | 司马苞 | 公元114年9月至公元115年6月去世 | 鲍昱 | 公元74年3月至公元79年5月免职 | 张奋 | 公元94年6月至公元97年12月免职 |
| 17 | 马英 | 公元115年7月至公元121年7月去世 | 桓虞 | 公元79年5月至公元87年6月免职 | 韩棱 | 公元97年12月至公元98年7月去世 |
| 18 | 刘恺 | 公元121年8月至公元123年10月免职 | 袁安 | 公元87年6月至公元92年3月去世 | 巢堪 | 公元98年8月至公元102年10月免职 |
| 19 | 杨震 | 公元123年10月至公元124生3月免职 | 丁鸿 | 公元92年闰三月至公元94年6月去世 | 徐防 | 公元102年11月至公元104年10月免职 |
| 20 | 冯石 | 公元124年4月至公元125年3月免职 | 刘方 | 公元94年6月至公元97年9月免职自杀 | 陈宠 | 公元104年10月至公元106年4月去世 |
| 21 | 耿宝 | 公元125年3月至公元125年4月处死 | 吕盖 | 公元97年11月至公元101年11月免职 | 尹勤 | 公元106年6月至公元107年9月免职 |
| 22 | 刘熹 | 公元125年4月至公元126年正月免职 | 鲁恭 | 公元101年12月至公元104年7月免职 | 周章 | 公元107年9月至公元107年11月自杀 |
| 23 | 朱宠 | 公元126年2月至公元127年7月免职 | 张酺 | 公元104年7月至公元104年8月去世 | 张敏 | 公元107年12月至公元112年4月免职 |
| 24 | 刘光 | 公元127年7月至公元128年8月免职 | 徐防 | 公元104年10月至公元106年正月免职 | 刘恺 | 公元112年4月至公元115年12月免职 |
| 25 | 庞参 | 公元128年9月至公元133年7月免职 | 梁鲔 | 公元106年正月至公元107年2月去世 | 袁敞 | 公元115年12月至公元117年4月去世 |
| 26 | 旅延 | 公元133年8月至公元136年4月免职 | 鲁恭 | 公元107年5月至公元109生3月免职 | 李郃 | 公元117年5月至公元120年10月免职 |
| 27 | 庞参 | 公元136年4月至公元136年11月免职 | 夏勘 | 公元109年4月至公元115年12月免职 | 陈褒 | 公元120年10月至公元122年4月免职 |
| 28 | 王龚 | 公元136年12月至公元140年9月免职 | 刘恺 | 公元115年12月至公元120年12月免职 | 刘授 | 公元122年4月至公元125年11月免职 |
| 29 | 桓焉 | 公元140年9月至公元142年10月免职 | 杨震 | 公元120年12月至公元123年10月免职 | 陶敦 | 公元125年12月至公元126年10月免职 |
| 30 | 赵峻 | 公元142年11月至公元144年8月免职 | 刘憙 | 公元123年10月至公元125年4月免职 | 张皓 | 公元126年10月至公元128年8月免职 |
| 31 | 李固 | 公元144年8月至公元146年闰6月免职 | 李郃 | 公元125年4月至公元126年正月免职 | 王龚 | 公元128年9月至公元133年5月免职 |

续表

| 序号 | 太尉（公元51年5月改大司马） | | 司徒（公元51年5月去“大”字） | | 司空（公元51年5月去“大”字） | |
|---|---|---|---|---|---|---|
| 32 | 胡广 | 公元146年闰6月至公元147年6月免职 | 朱伥 | 公元126年2月至公元127年7月免职 | 孔扶 | 公元133年6月至公元135年11月免职 |
| 33 | 杜乔 | 公元147年6月至公元147年9月免职 | 许敬 | 公元127年7月至公元128年9月免职 | 王卓 | 公元135年11月至公元13年3月去世 |
| 34 | 赵戒 | 公元147年10月至公元149年10月免职 | 刘崎 | 公元128年12月至公元135年11月免职 | 郭虔 | 公元137年3月至公元141年3月免职 |
| 35 | 袁汤 | 公元149年10月至公元153年10月免职 | 黄尚 | 公元135年11月至公元138年8月免职 | 赵戒 | 公元141年3月至公元146年闰6月免职 |
| 36 | 胡广 | 公元153年10月至公元154年9月免职 | 刘寿 | 公元138年9月至公元142年10月免职 | 袁汤 | 公元146年闰6月至公元147年10月免职 |
| 37 | 黄琼 | 公元154年9月至公元157年7月免职 | 胡广 | 公元142年11月至公元146年闰6月免职 | 胡广 | 公元147年10月至公元151年10月免职 |
| 38 | 胡广 | 公元157年7月至公元158年7月免职 | 赵戒 | 公元146年闰6月至公元147年10月免职 | 黄琼 | 公元151年11月至公元152年11月免职 |
| 39 | 黄球 | 公元158年7月至公元160年3月免职 | 袁汤 | 公元147年10月至公元149年10月免职 | 赵戒 | 公元152年12月至公元153年10月免职 |
| 40 | 刘矩 | 公元160年4月至公元161年11月免职 | 张歆 | 公元149年10月至公元151年4月免职 | 房植 | 公元153年10月至公元155年6月免职 |
| 41 | 杨秉 | 公元161年11月至公元164年5月去世 | 吴雄 | 公元151年1月至公元153年10月免职 | 韩演 | 公元155年6月至公元156年11月免职 |
| 42 | 陈善 | 公元164年7月至公元165年7月免职 | 黄琼 | 公元153年10月至公元154年9月免职 | 孙朗 | 公元156年11月至公元158年7月免职 |
| 43 | 周景 | 公元165年9月至公元167年4月去世 | 尹颂 | 公元154年9月至公元156年11月去世 | 盛允 | 公元158年7月至公元159年7月免职 |
| 44 | 刘矩 | 公元167年5月至公元167年11月免职 | 韩演 | 公元156年11月至公元158年7月免职 | 虞放 | 公元159年7月至公元160年5月免职 |
| 45 | 闻人袭 | 公元167年11月至公元168年5月免职 | 祝恬 | 公元158年7月至公元159年6月去世 | 黄琼 | 公元160年5月至公元160年9月免职 |
| 46 | 刘宠 | 公元168年5月至公元168年11月免职 | 盛允 | 公元159年7月至公元160年2月免职 | 刘宠 | 公元160年9月至公元162年11月免职 |
| 47 | 郭禧 | 公元168年11月至公元169年4月免职 | 种暠 | 公元160年2月至公元162年2月去世 | 周景 | 公元162年12月至公元164年10月免职 |
| 48 | 闻人袭 | 公元169年4月至公元170年3月免职 | 许栩 | 公元162年3月至公元165年4月免职 | 刘茂 | 公元164年10月至公元165年9月免职 |
| 49 | 李咸 | 公元170年3月至公元173年3月免职 | 胡广 | 公元165年5月至公元167年9月免职 | 宣酆 | 公元165年12月至公元167年4月免职 |

续表

| 序号 | 太尉（公元51年5月改大司马） | | 司徒（公元51年5月去“大”字） | | 司空（公元51年5月去“大”字） | |
|---|---|---|---|---|---|---|
| 50 | 段颎 | 公元173年5月至<br>公元173年12月免职 | 刘宠 | 公元167年9月至<br>公元168年5月免职 | 王畅 | 公元167年4月至<br>公元167年8月免职 |
| 51 | 陈耽 | 公元174年2月至<br>公元176年5月免职 | 许训 | 公元168年5月至<br>公元170年3月免职 | 刘宠 | 公元167年8月至<br>公元167年9月免职 |
| 52 | 许训 | 公元176年5月至<br>公元176年7月免职 | 桥玄 | 公元170年3月至<br>公元170年7月免职 | 许栩 | 公元167年9月至<br>公元168年5月免职 |
| 53 | 刘宽 | 公元176年7月至<br>公元177年10月免职 | 许栩 | 公元170年7月至<br>公元172年12月免职 | 刘嚣 | 公元168年5月至<br>公元169年7月免职 |
| 54 | 孟戫 | 公元177年12月至<br>公元177年12月免职 | 袁隗 | 公元172年12月至<br>公元176年10月免职 | 桥玄 | 公元169年7月至<br>公元170年3月免职 |
| 55 | 张颢 | 公元178年3月至<br>公元178年9月免职 | 杨赐 | 公元176年11月至<br>公元177年12月免职 | 来艳 | 公元170年4月至<br>公元170年7月免职 |
| 56 | 陈球 | 公元178年9月至<br>公元178年11月免职 | 袁滂 | 公元178年2月至<br>公元179年3月免职 | 宗俱 | 公元170年7月至<br>公元173年正月去世 |
| 57 | 桥玄 | 公元178年12月至<br>公元179年3月免职 | 刘郃 | 公元179年3月至<br>公元179年10月处死 | 杨赐 | 公元173年2月至<br>公元173年7月免职 |
| 58 | 段颎 | 公元179年3月至<br>公元179年4月处死 | 杨赐 | 公元179年12月至<br>公元181年闰6月免职 | 唐珍 | 公元173年7月至<br>公元174年12月免职 |
| 59 | 刘宽 | 公元179年5月至<br>公元181年6月免职 | 陈耽 | 公元181年闰6月至<br>公元182年3月免职 | 许训 | 公元174年12月至<br>公元176年5月免职 |
| 60 | 许戫 | 公元181年6月至<br>公元182年10月免职 | 袁隗 | 公元182年4月至<br>公元185年2月免职 | 刘逸 | 公元176年6月至<br>公元177年7月免职 |
| 61 | 杨赐 | 公元182年10月至<br>公元184年4月免职 | 崔烈 | 公元185年2月至<br>公元187年5月免职 | 陈球 | 公元177年7月至<br>公元177年11月免职 |
| 62 | 邓盛 | 公元184年4月至<br>公元185年5月免职 | 许相 | 公元187年5月至<br>公元188年8月免职 | 陈耽 | 公元177年12月至<br>公元178年4月免职 |
| 63 | 张延 | 公元185年5月至<br>公元186年2月免职 | 丁宫 | 公元188年8月至<br>公元189年7月免职 | 来艳 | 公元178年4月至<br>公元178年9月去世 |
| 64 | 张温 | 公元186年2月至<br>公元187年4月免职 | 黄琬 | 公元189年7月至<br>公元189年12月免职 | 袁逢 | 公元178年10月至<br>公元179年3月免职 |
| 65 | 崔烈 | 公元187年4月至<br>公元187年11月免职 | 杨彪 | 公元189年12月至<br>公元190年2月免职 | 张济 | 公元179年3月至<br>公元184年4月免职 |
| 66 | 曹嵩 | 公元187年11月至<br>公元188年4月免职 | 王允 | 公元190年2月至<br>公元192年5月处死 | 张温 | 公元184年4月至<br>公元185年8月免职 |
| 67 | 樊陵 | 公元188年5月至<br>公元188年6月免职 | 赵谦 | 公元192年5月至<br>公元192年8月免职 | 杨赐 | 公元185年9月至<br>公元185年10月去世 |

续表

| 序号 | 太尉（公元51年5月改大司马） | | 司徒（公元51年5月去“大”字） | | 司空（公元51年5月去“大”字） | |
|---|---|---|---|---|---|---|
| 68 | 马日磾 | 公元188年7月至公元189年4月免职 | 淳于嘉 | 公元192年9月至公元194年9月免职 | 许相 | 公元185年10月至公元187年5月免职 |
| 69 | 刘虞 | 公元189年4月至公元189年9月大司马 | 赵温 | 公元194年9月至公元206年正月免职 | 丁宫 | 公元187年5月至公元188年8月免职 |
| 70 | 董卓 | 公元189年9月至公元189年11月进相国 | 公元206年6月曹操自为丞相，废三公 | | 刘弘 | 公元188年8月至公元189年8月免职 |
| 71 | 黄琬 | 公元189年12月至公元190年2月免职 | 历届太傅 | | 董卓 | 公元189年8月至公元189年9月免职 |
| 72 | 赵谦 | 公元190年2月至公元191年7月免职 | 卓茂 | 公元144年8月至公元145年9月去世 | 杨彪 | 公元189年9月至公元189年12月免职 |
| 73 | 马日磾 | 公元191年7月至公元192年5月免职 | 邓禹 | 公元57年3月至公元63年5月去世 | 荀爽 | 公元189年12月至公元190年5月去世 |
| 74 | 皇甫嵩 | 公元192年8月至公元192年12月免职 | 赵憙 | 公元75年11月至公元80年5月去世 | 种拂 | 公元190年6月至公元191年7月免职 |
| 75 | 周忠 | 公元192年12月至公元193年6月免职 | 邓彪 | 公元88年2月至公元93年2月去世 | 淳于嘉 | 公元191年7月至公元192年9月免职 |
| 76 | 朱俊 | 公元193年6月至公元194年7月免职 | 张禹 | 公元106年正月至公元107年9月 | 杨彪 | 公元192年9月至公元193年10月免职 |
| 77 | 杨彪 | 公元194年7月至公元196年9月免职 | 冯石 | 公元125年4月至公元126年正月免职 | 赵温 | 公元193年10月至公元193年12月免职 |
| 78 | | | 桓焉 | 公元126年2月至公元127年12月免职 | 张害 | 公元193年12月至公元196年9月免职 |
| 79 | | | 赵峻 | 公元144年8月至公元145年9月去世 | 曹操 | 公元196年9月至公元206年6月自为丞相 |
| 80 | | | 陈善 | 公元167年正月至公元167年9月处死 | | |
| 81 | | | 胡广 | 公元167年9月至公元172年正月去世 | | |
| 82 | | | 袁隗 | 公元189年4月至公元190年3月处死 | | |
| 83 | | | 董卓 | 公元191年2月太师至公元192年4月处死 | | |
| 84 | | | 马日珲 | 公元192年7月至公元194年12月去世 | | |

# 附录 8：东汉官员级别和俸禄

东汉官员级别和薪酬一览表

| 序号 | 秩级 | 俸禄 | 官职 |
| --- | --- | --- | --- |
| 1 | | 350 斛，月 | 大将军、太傅 |
| 2 | | 350 斛，月 | 太尉、司徒、司空 |
| 3 | 中二千石 | 180 斛，月 | 太常，光禄勋，卫尉，太仆，廷尉，大鸿胪，宗正大司农，少府，执金吾，太子太傅 |
| 4 | 二千石 | 120 斛，月 | 度辽将军，大长秋，太子少傅，将作大将，太守，皇子王国傅、相 |
| 5 | 比二千石 | 100 斛，月 | 司隶校尉，光禄五中郎将，光禄三都尉，侍中，中常侍，城门校尉，北军五校，蜀国都尉，属国中尉，光禄大夫，使匈奴中郎将 |
| 6 | 千石 | 80 斛，月 | 三公等长史，右扶风京兆大县令，洛阳令，尚书令，御史中丞，北军校尉司马，九卿丞，太中大夫，军司马，廷尉正左监 |
| 7 | 六百石 | 70 斛，月 | 博士祭酒，太史令，尚书仆射，尚书，小黄门，黄门侍郎，黄门令，钩盾令，谏议大夫中散大夫，兰台令史，北军中侯，刺史，次县令 |
| 8 | 比六百石 | 50 斛，月 | 五官中郎，光禄左右中郎，光禄虎贲中郎，太子洗马 |
| 9 | 四百石 | 45 斛，月 | 县长，洛阳县丞，洛阳市长，黄门署长，尚书左右丞，尚书侍郎，中宫谒者，令相千石的丞尉，小县县长 |
| 10 | 比四百石 | 40 斛，月 | 太尉东西曹禄，光禄侍郎，皇子封王国谒者 |
| 11 | 三百石 | 40 斛，月 | 钩盾令丞，六百石令相的丞尉，小县县长侯国相，先帝陵食监丞，公主家丞 |

续表

| 序号 | 秩级 | 俸禄 | 官职 |
| --- | --- | --- | --- |
| 12 | 比三百石 | 37 斛，月 | 太尉诸曹掾，光禄五官郎中，光禄左郎中，光禄右郎中，光禄虎贲郎中，光禄羽林郎中，光禄灌谒者郎中，中黄门 |
| 13 | 二百石 | 30 斛，月 | 太常太史丞，皇子封国郎中，尚书令史，符节令史，郎中，太仆文学史，少府文学史，卫尉史，大司农洛阳市丞，太子舍人，河南尹员外，果丞 |
| 14 | 比二百石 | 27 斛，月 | 大将军屯长，太尉属，光禄节从虎贲 |
| 15 | 一百石 | 16 斛，月 | 乡里设有秩，三老，游徼，洛阳员外，州曹诸掾，司隶校尉州功曹从事，别驾从事，光禄员外，卫尉文学史，太仆史，少府史，少府兰台令史 |
| 16 | 斗食 | 11 斛，月 | 太常名堂员吏，九卿员吏，洛阳令员吏 |
| 17 | 佐使 | 8 斛，月 | 太常佐，洛阳令佐，执金吾佐，少府佐，大鸿胪大行令佐，光禄佐，太常名堂佐 |